Grundlagen der Agrarmarktpolitik

Peter Rieder
Dr.sc.techn., Professor für Agrarwirtschaft
an der ETH Zürich
Sibyl Anwander Phan-huy
Dipl.Ing.-Agr.ETH

v/d/f Hochschulverlag AG an der ETH Zürich

4., vollständig überarbeitete Auflage 1994

ISBN 3 7281 2112 6

Der Verlag dankt dem Schweizerischen Bankverein
für die Unterstützung zur Verwirklichung seiner Verlagsziele

Vorwort

Das vorliegende Buch über Grundlagen der Agrarmarktpolitik ist aus den entsprechenden Vorlesungen an der Eidgenössischen Technischen Hochschule Zürich entstanden. Es ist eine vollständig überarbeitete und in vielen Bereichen ergänzte Version des gleichnamigen Buches aus dem Jahr 1982. Eine Neuauflage wurde insbesondere nötig durch die im Buch beschriebene Neuausrichtung der schweizerischen Agrarpolitik und die nötigen Anpassungen der Agrargesetzgebung im Rahmen der 1993 abgeschlossenen GATT-Uruguay-Runde.

Das Buch richtet sich in erster Linie an die Studierenden der Fachrichtungen Agrarwissenschaften, Umweltwissenschaften und Volkswirtschaft. Die praxisnahen Ausführungen zur Agrar- und Umweltpolitik vermögen auch den Leserinnen und Lesern ausserhalb der Hochschule ein besseres Verständnis für agrarwirtschaftliche Fragen zu vermitteln.

Es ist uns ein besonderes Anliegen, allen, die zum guten Gelingen des Buches beigetragen haben, herzlich für ihre Mitarbeit zu danken. Namentlich gilt unser Dank Priska Baur, die wertvolle Anregungen zu den Kapiteln VIII und X gegeben hat, und Dr. Robert Jörin für seine frühere Fassung von Kapitel VII. Ein ganz besonderer Dank gilt jedoch Franz Hofer, der nicht nur mit grosser Sorgfalt für das Layout besorgt war, sondern auch den Text und die Abbildungen kritisch und mit grossem Sachverstand auf ihre Richtigkeit überprüfte.

Für die verbleibenden Fehler und Unklarheiten, wofür wir an dieser Stelle um Nachsicht bitten wollen, übernehmen die Autoren die Verantwortung.

Wir wünschen den Leserinnen und Lesern, darunter insbesondere den Studierenden, viel Freude beim Lesen und Studium.

Peter Rieder

Sibyl Anwander Phan-huy

Inhaltsübersicht

Inhaltsverzeichnis

Verzeichnis der Abbildungen

IV. Angebotstheorie und -entwicklung

VI. Preisbildung bei Agrarprodukten

VII. Marktstrukturen und Marktformen

VIII. Agrarinterventionismus

IX. Instrumente der Agrarpolitik

X. Umweltbezogene Agrarpolitik

XI. Ernährungssicherung und internationaler Agrarhandel

Verzeichnis der Tabellen

I. Einleitung und historischer Rückblick

II. Ziele und Zielsystem der schweizerischen Agrarpolitik

III. Erscheinungsbild des Agrarsektors

VIII. Agrarinterventionismus

IX. Instrumente der Agrarpolitik

X. Umweltbezogene Agrarpolitik

XI. Ernährungssicherung und internationaler Agrarhandel

Verzeichnis der Abkürzungen

AK	Arbeitskraft
Art.	Artikel
BB	Bundesbeschluss
BfS	Bundesamt für Statistik
BG	Bundesgesetz
BIGA	Bundesamt für Industrie, Gewerbe und Arbeit
BSP	Bruttosozialprodukt
BV	Bundesverfassung
CSE	Consumer Subsidy Equivalent
EFTA	European Free Trade Agreement
EG	Europäische Gemeinschaften
EL	Entwicklungsländer
ETH	Eidgenössische Technische Hochschule
EU	Europäische Union
EVD	Eidg. Volkswirtschaftsdepartement
EWR	Europäischer Wirtschaftsraum
FAO	Food and Agricultur Organization der UNO
FAT	Eidg. Forschungsanstalt für Landtechnik in Tänikon
GAP	Gemeinsame Agrarpolitik der Europäischen Union
GATT	General Agreement on Tariffs and Trade
GGF	Genossenschaft für Getreide und Futtermittel
GschG	Gewässerschutzgesetz
GSF	Genossenschaft für Schlachtvieh und Fleischverwertung
GUS	Gemeinschaft Unabhängiger Staaten
GVE	Grossvieheinheit
ha	Hektare
IAW	Institut für Agrarwirtschaft
IL	Industrieländer
Kcal	Kilokalorien
LG	Lebendgewicht

LMDH	Lebensmitteldetailhandel
LmG	Lebensmittelgesetz
LN	Landwirtschaftliche Nutzfläche
LVG	Landesversorgungsgesetz
LwG	Landwirtschaftsgesetz
NAFTA	North American Free Trade Agreement
NFP	Nationales Forschungsprogramm
NHG	Natur- und Heimatschutzgesetz
NZZ	Neue Zürcher Zeitung
OECD	Organisation für wirtschaftliche Entwicklung und Zusammenarbeit
ORL	Orts-, Regional- und Landesplanung
PSE	Producer Subsidy Equivalent
RPG	Raumplanungsgesetz
SBN	Schweizerischer Bund für Naturschutz
SBS	Schweizerisches Bauernsekretariat des SBV
SBV	Schweizerischer Bauernverband
SR	Systematische Rechtssammlung
SZG	Schweizerische Zentralstelle für Gemüsebau
TS	Trockensubstanz
TschG	Tierschutzgesetz
UNCTAD	United Nations Conference on Trade and Development
UNO	United Nations Organization
USG	Umweltschutzgesetz
V	Verordnung
WHO	World Health Organization der UNO
WWF	World Wildlife Found
ZU	Zuerwerb
ZVSM	Zentralverband Schweizeischer Milchproduzenten

I. Einleitung und historischer Rückblick

1. Einleitung

Landwirtschaftliche Marktlehre und Agrarpolitik sind zwei Bereiche, die stark ineinander hineingreifen, obwohl weltweit Tendenzen zu deren Entflechtung auszumachen sind: Privatisierung der Landwirtschaft in den ehemaligen Zentralverwaltungswirtschaften, Einbezug des Agrarhandels in die GATT-Uruguay-Runde, Reformen zur Entflechtung der landwirtschaftlichen Preis- und Einkommenspolitik in den westlichen Industrieländern.

Der Begriff **Agrarmarktpolitik** umfasst daher die landwirtschaftliche Marktlehre einerseits und die Begründung sowie die Instrumente agrarpolitischer Eingriffe in das Marktgeschehen andererseits.

Das Buch ist als Lehrbuch konzipiert und entsprechend als "Grundlagen der Agrarmarktpolitik" bezeichnet. Damit findet eine Abgrenzung gegenüber der Darstellung einzelner Produkt- oder Faktormärkte statt, wofür wir auf die beiden Bücher "Schweizerische Agrarmärkte" und "Internationale Agrarmärkte" verweisen.[1]

Das vorliegende Buch folgt einem problemorientierten Ansatz. Es enthält deshalb auch Ausführungen historischer und juristischer Natur sowie eine Fülle von Daten. Andererseits erhebt das Buch keinen Anspruch auf Vollständigkeit bei der Darstellung mikroökonomischer Ansätze, sondern beschränkt sich auf eine Auswahl, die zur Behandlung der aufgeworfenen Fragen relevant ist.

Nach einem gleich anschliessenden historischen Abriss gehen wir auf das Agrarpolitische Zielsystem und die daraus abgeleitete Agrargesetzgebung ein. Kapitel III zeigt den Wandel der Agrarstrukturen auf, während Kapitel IV (Angebot), Kapitel V (Nachfrage) und Kapitel VI (Preisbildung) das Wesen von Agrarmärkten charakterisieren. Sie entsprechen Standardkapiteln einer landwirtschaftlichen Marktlehre, werden aber bewusst auch problemorientiert behandelt. Das Kapitel VII geht der Frage der Marktstrukturen und Marktformen im Agrarbereich

---

1 Rieder P., Egger U., Flückiger St., 1992, Schweizerische Agrarmärkte, Zürich
Egger U., Rieder P., Clemenz D., 1992, Internationale Agrarmärkte, Zürich

nach - eine Fragestellung, die parallel zur angestrebten Deregulierung an Bedeutung zunimmt. Kapitel VIII ist ein volkswirtschaftliches und wohlfahrtsökonomisches Theoriekapitel, welches die Begründung und Voraussetzung für die staatlichen Eingriffe in das Marktgeschehen gibt, aber ohne Verlust für die Verständlichkeit auch weggelassen werden kann. Kapitel IX beschreibt die verschiedenen Instrumente des Agrarprotektionismus bezüglich ihrer Ausgestaltung, ihrer Effizienz und ihrer Wirkungsweise auf die verschiedenen gesellschaftlichen Gruppen. Es folgt Kapitel X über die agrarbezogene Umweltpolitik, der weltweit eine steigende Bedeutung zukommt. Das letzte Kapitel befasst sich mit den beiden wichtigen Bereichen der weltweiten Ernährungssicherung und des internationalen Agrarhandels.

2. Historischer Rückblick

2.1 Die Versorgungslage um 1850

Die Ernährung in der Zeit, in der der Kartoffelanbau noch nicht weit verbreitet war, bestand für das einfache Volk hauptsächlich aus Brot, Suppe oder Mus, Obst und Gemüse. Fleisch kam nur selten auf den Tisch. Erst die Ausbreitung des Kartoffelanbaus enthob viele Familien der Nahrungssorgen. Die Ernährung wurde vielseitiger und reichhaltiger.

Die inländische Produktion um 1850 war charakterisiert durch die Dominanz des Ackerbaus. Die offene Ackerfläche wird für 1855 auf 581'400 ha geschätzt [2], während sie heute noch rund 310'000 ha beträgt. Dazu kamen noch rund 28'000 ha Reben im Vergleich zu rund 13'000 ha heute. Die Getreide allein dürfte rund 320'000 ha betragen haben. Die Kartoffelfläche wird für 1855 auf 70'000 ha geschätzt, während sie heute gerade noch 18'000 ha beträgt.

Um 1800 war die Kartoffel erst vereinzelt als Gartenpflanze anzutreffen. Die Einführung des Kartoffelanbaus erwies sich für die Schweiz als entscheidend in drei Hinsichten:

---

[2] Brugger H., 1956, Die schweizerische Landwirtschaft in der ersten Hälfte des 19. Jahrhunderts, Frauenfeld

- Aufbrechen der traditionellen Dreizelgenwirtschaft (Winterfrucht, Sommerfrucht, Brache), welches die Voraussetzung war für die Einführung weiterer agronomischer Verbesserungen (Klee-Einsaat zur Gründüngung, ausgewogene Fruchtfolgen),
- Sicherung der Ernährung und Verbesserung der Versorgung mit Vitaminen und
- Freistellen von Ackerfläche für die Viehhaltung und damit Verbesserung des Nährstoffkreislaufes (Hofdünger)

Aufgrund des ausgedehnten Ackerbaus war die Viehhaltung im Vergleich zu heute weniger bedeutend: 1850 betrug der Rindviehbestand rund 875'000 Stück - heute umfasst er etwa 1,8 Mio. Auch die Schweinehaltung hat stark zugenommen: während damals rund 280'000 Schweine gehalten wurden, sind es heute rund 1,9 Mio. Trotz der bescheidenen Ernährungslage wurden 1850 die beachtliche Zahl von 40'000 Stück Rindvieh pro Jahr ins benachbarte Ausland exportiert. Es wurden auch 3'200 Pferde, etwa 11'000 Schweine und 8'000 Schafe ausgeführt. Der Käseexport betrug etwa 60'000 q - er hat sich in der Zwischenzeit verzehnfacht auf 600'000 q. Ferner wurde relativ viel frisches Obst und Wein ausgeführt.

Dieser recht grossen Ausfuhr stand namentlich die Einfuhr von Getreide gegenüber, die etwa 30 Prozent des Inlandverbrauchs ausmachte. Bereits um diese Zeit gab es eine kantonale Getreide-Aussenhandelspolitik, indem Zölle festgelegt und gelegentliche Kompensationsgeschäfte ausgehandelt wurden.

2.2 Die erste Agrarkrise als Folge des Anschlusses an das internationale Verkehrsnetz

In die Zeit von 1870 bis 1890 fällt die sogenannte Erste Agrarkrise, von der die Landwirtschaft in ganz Europa betroffen war. Sie wurde ausgelöst durch die Entwicklung der Dampfmaschine und dem anschliessenden Bau von Dampfschiffen und Eisenbahnen. Damit wurden Transportmöglichkeiten geschaffen, die unter anderem den Weizen der neuerschlossenen amerikanischen Prärien nach Europa und somit auch in die Schweiz brachten. Der inländische Preis für Getreide fiel infolge dieser Importe zusammen und der Getreideanbau ging stark zurück. 1870 waren es noch 240'000 ha, 1895 bereits nur noch 196'000 ha, 1913 gar nur noch 134'000 ha. Daneben nahmen auch billige Importe von Wein, Rindvieh und Schweinen zu.

Trotz anfänglich steigenden Exporten an Käse und Rindvieh geriet die Landwirtschaft in eine schwere Krise, die von einem "Bauernsterben" mit vielen Konkursen begleitet war.[3] In diese Zeit fällt die entscheidende Ausdehnung der Milch- und Fleischproduktion im ackerbaufähigen Mittelland. Für die Landwirtschaft bedeutet dies vorläufig nur eine Verschiebung der "Kornkrise" in eine Milchkrise.

Der 27. Juni **1884** kann als **Geburtsstunde des Agrarschutzes** betrachtet werden. Der damals von sehr liberal gesinnten Männern geführte Staat nahm sich erstmals eines einzelnen Wirtschaftszweiges an, indem ein **Bundesbeschluss betreffend Förderung der Landwirtschaft** erlassen wurde, welcher die Grundlage für erste Subventionen an die Landwirtschaft bildete.

1891 führte eine für die Nahrungsmittelversorgung wichtige Volksabstimmung zu einem **allgemeinen Zolltarif,** durch den die einheimischen Produkte teilweise vor billiger Importkonkurrenz geschützt wurden.

1892 trat das **erste Landwirtschaftsgesetz** in Kraft. Dieses ermöglichte insbesondere die staatliche Förderung der landwirtschaftlichen Forschung.

In den Jahren 1890 bis 1914 erholte sich die Landwirtschaft allmählich von der Ersten Agrarkrise. Es hat ein bedeutender Strukturwandel und eine grosse Abwanderung in die Industrie stattgefunden. Die inländische Selbstversorgung lag allerdings auf einem bedenklich tiefen Niveau, als Europa in den Ersten Weltkrieg hineingeriet, wie dies Tabelle 1.1 zeigt.

---

[3] Hauser A., 1961, Schweizerische Wirtschafts- und Sozialgeschichte, Erlenbach

Tabelle 1.1: Selbstversorgungsgrade bei ausgewählten Nahrungsmitteln

Jahr	Brotgetreide	Kartoffeln	Rindfleisch	Schweinefleisch	Trinkmilch	Käse	Butter	Zucker	Eier
1896	20	-	76	78	99	167	89	-	-
1911	19	87	72	79	99	173	72	3	50
1921	27	92	80	91	99	109	62	7	65
1926/30	25	81	92	94	99	176	64	4	65
1931/35	28	92	95	98	99	152	88	4	64
1936/40	32	89	95	96	99	150	93	7	64
1941/45	55	100	100	100	100	108	99	27	90
1946/50	42	96	81	100	100	118	65	11	65
1951/55	48	95	89	100	100	145	84	16	70
1986/90	113	99	92	99	98	142	83	45	47

Quelle: Brugger H., 1968, Statistisches. Handbuch der schweiz. Landwirtschaft; SBS, Statische Erhebungen und Schätzungen, div. Jg

2.3 Der Erste Weltkrieg und seine Folgen

Die Vorbereitungen für die Nahrungsmittelversorgung zu Beginn des Ersten Weltkrieges waren ungenügend. Bei Kriegsausbruch bestand nur noch rund 20% Eigenversorgung bei Getreide und gleichzeitig riesige Milchüberschüsse, da die grossen Exporte der letzten Friedensjahre kriegsbedingt wegfielen. Nur mit **Anbauvorschriften für Getreide und Kartoffeln**, verbunden mit einem starken Preisdruck auf die Milchprodukte, konnte die Produktion allmählich dem Ernährungsbedarf angepasst werden. Der Bund übernahm zudem das alleinige Recht des Getreideimportes und garantierte erstmals Produzentenpreise für Brotgetreide (Importmonopol, Preis- und Absatzgarantie für Getreide).

Der landwirtschaftliche Produzentenpreisindex stieg von 1914 (=100) auf 257 im Jahr 1919. Die mangelnde Organisation der Kriegswirtschaft führte dazu, dass sich Einzelne in dieser Zeit bereicherten, während grosse Teile der Bevölkerung Not litten.

In den 80er Jahren des 19. Jahrhunderts gab es soziale Spannungen in der Landwirtschaft: Grosse Preiszusammenbrüchen auf den Agrarmärkten führten zu einem gewaltigen Strukturwandel. Während des Ersten Weltkrieges verursachte der Nahrungsmittelmangel, verbunden mit entsprechenden Preisanstiegen, erneut starke soziale Spannungen. Die Eigenarten landwirtschaftlicher Märkte, nämlich geringe Angebots-

und Nachfrage-Elastizitäten bei Grundnahrungsmitteln, wirkten sich voll aus. Darauf wird später noch verschiedentlich eingetreten.

Nach dem Krieg wurden die kriegswirtschaftlichen Massnahmen auf den europäischen Agrarmärkten wieder weitgehend aufgehoben und es wurde wieder mehr importiert. Die USA kam erneut mit billigen Produkten auf den europäischen Markt. Die internationalen Agrarpreise stürzten in der Folge um gut 50 Prozent. Man kann diese Zeit zwar als Überschussperiode bezeichnen, aber ihre Ursache liegt neben der angestiegenen Produktion vor allem in der geringen Kaufkraft der europäischen Währungen. Das kriegswirtschaftlich bedingt aufgeblähte Produktionsvolumen fand eine zu geringe Nachfrage. Andererseits war das ausserlandwirtschaftliche Arbeitsplatzangebot sehr klein, so dass keine Abwanderung aus der Landwirtschaft stattfinden konnte - der nötige Strukturwandel war blockiert.

Besonders hart getroffen von der Nachkriegskrise wurde die Milchwirtschaft. Wegen der schwindenden ausländischen Kaufkraft stockte der Käseexport. Gleichzeitig stieg die Produktion an, und der Import billiger Konkurrenzprodukte nahm zu. Der Produzentenpreis für Käsereimilch sank 1922 innert weniger Monate von 35,5 Rappen auf 20 Rappen, derjenige von Konsummilch von 38 auf 23 Rappen.[4]

Der Bund griff ein, indem er insbesondere **Exportbeiträge für Inlandkäse** ausrichtete. Die privatrechtliche Genossenschaft "Käseunion" war in finanzielle Not geraten. In der Folge übernahm der Zentralverband schweizerischer Milchproduzenten (ZVSM) anstelle der "Käseunion" eine Abnahme- und Preisgarantie für Käse. 1924 übernahm der ZVSM auch die Preis- und Abnahmegarantie für Butter. Der Bund half mit finanziellen Zuschüssen, einen allgemeinen Preiszusammenbruch zu vermeiden.

Zwischen 1924 und 1928 stieg die Kaufkraft vorübergehend wieder an. Gleichwohl begannen damals die Auseinandersetzungen zwischen Anhängern eines staatlichen Protektionismus einerseits und Freihandel andererseits. So wurde 1926 in einer Volksabstimmung die Beibehaltung des staatlichen Getreidemonopols verworfen. **1929** stimmte das Volk hingegen einem neuen **Getreidegesetz** ohne Staatsmonopol zu, welches jedoch eine Preis- und Absatzgarantie beinhaltete.

---

4 Durtschi E., 1961, Landwirtschaftliche Marktlehre, Frauenfeld

2.4 Die Zweite Agrarkrise

Trotz sinkender Preise auf den europäischen Agrarmärkten stieg die Produktion in den Zwanziger Jahren stets weiter an. Der Produktionsanstieg war einerseits bedingt durch mangelnde alternative Verwendungsmöglichkeiten für die landwirtschaftlichen Produktionsfaktoren und andererseits durch biologisch-technischen Fortschritt. In diese Zeit fiel die Weltwirtschaftskrise, die wegen eines erneuten allgemeinen Kaufkraftschwundes zur weltweiten Zweiten Agrarkrise führte. Der Wert des Welthandels ist zwischen 1929 und 1932 um rund 60 Prozent gefallen.[5] Der Käseexport der Schweiz fiel beispielsweise von rund 330'000 q im Jahre 1929 auf 170'000 q im Jahre 1934. Erstaunlich ist aber, dass das Produktionsvolumen in den Dreissiger Jahren gleichwohl ungefähr konstant blieb. Der Grund dafür liegt vor allem in mangelnden alternativen Einsatzmöglichkeiten der Arbeitskräfte ausserhalb der Landwirtschaft.

In der Schweiz wurden in dieser Zeit die Grundlagen für die noch heute geltenden Marktordnungen geschaffen: **1929** wurde das **Getreidegesetz, 1932** das **Alkoholgesetz** und **zahlreiche Massnahmen zugunsten der Milchwirtschaft** eingeführt, welche den Grundstein für die staatliche Preis- und Absatzgarantie legten.

2.5 Der Zweite Weltkrieg

Die Vorbereitungen zur Sicherstellung der Nahrungsmittelversorgung im Zweiten Weltkrieg waren viel weitsichtiger geplant als jene vor dem Ersten Weltkrieg. Bereits am 1. April **1938** wurde ein **Bundesgesetz über die Sicherstellung der Landesversorgung** mit lebenswichtigen Gütern erlassen. Darin wurde der Bundesrat ermächtigt, nach seinem Ermessen notwendige Massnahmen, namentlich auch zur Ausdehnung und Umstellung der inländischen Agrarproduktion, zu ergreifen. Am 6. April **1939** wurde mit einem **Bundesbeschluss** die sogenannte **Anbauschlacht** in die Wege geleitet, welche den inländischen Anbau, den Aussenhandel sowie die Rationierung und die Preisbildung von Nahrungsmitteln umfasste.[6]

---

5 Durtschi E., 1961, a.a.O.

6 Eidg. Zentralstelle für Kriegswirtschaft, 1950, Die Schweizerischen Kriegswirtschaft 1939/48, Bern

Tabelle 1.2 zeigt an ausgewählten Grössen auf, wie sich die Ernährung, die Produktion und der Aussenhandel an die kriegerischen Verhältnisse in der Welt anpassen mussten.

Tabelle 1.2: Veränderungen in der Nahrungsmittelversorgung während des zweiten Weltkrieges (1939 = 100)

	1939	1940	1941	1942	1943	1944	1945	1946
Kalorien-verbrauch	4 708 000 Mio.Kal. = 100	98.8	97.6	96.4	95.2	99.2	83.2	101.5
inländ. Pro-duktion in Kalorien	2 803 000 Mio.Kal. =100	103.0	106.1	109.1	112.1	116.5	99.8	102.7
offene Ackerfläche	209 301 ha =100	101.5	125.9	143.1	163.0	169.3	169.7	164.1
Kartoffel-fläche	47 321 ha = 100	108.5	132.6	160.0	186.1	190.0	187.1	167.9
Milchpro-duktion	26 930 000 q = 100	97.2	91.8	84.0	82.4	78.5	78.7	80.2
Import von Zucker	1 969 000 q =100	72.8	29.1	41.2	31.8	28.8	17.0	45.7
Import von Brotgetr.	4 555 000 q = 100	83.0	75.1	85.3	55.2	17.8	38.1	55.5

Quelle: SBS, Stat. Erhebungen und Schätzungen, div. Jhg.

In den Jahren 1939 bis 1946 musste einerseits der Kalorienverbrauch durch Rationierung eingeschränkt werden, namentlich in den letzten Kriegsjahren, andererseits wurde die inländische Produktion wesentlich ausgedehnt. Sie war 1944 um 15% höher als 1939 und im wesentlichen bedingt durch eine Ausdehnung der offenen Ackerfläche von rund 210'000 ha (1939) auf 355'000 ha im Jahr 1945. Die grössten Zunahmen verzeichneten die Flächen für Brotgetreide und Kartoffeln, während die Milchproduktion eingeschränkt wurde.

Die Organisation der schweizerischen Nahrungsmittelversorgung während des Zweiten Weltkrieges wird sowohl bezüglich der mengenmässigen Verteilung als auch bezüglich Preisgestaltung als vorbildliche staatliche Leistung anerkannt. Ebenso anerkannt werden aber auch die Anstrengungen der vielen Landwirte, welche mit ihren Familien zum Teil aus sehr kargem Boden Ackerland machten und damit wesentlich zur ausreichenden Versorgung unserer Bevölkerung mit Nahrungsmitteln beitrugen.

3. Lehren aus hundert Jahren Agrargeschichte

Die Geschichte der Nahrungsmittelversorgung zwischen 1850 und 1950 lässt sich in sechs Perioden unterteilen. Drei Perioden, nämlich die Zeit vor 1850 sowie die Zeit der beiden Weltkriege, können als Mangelzeiten bezeichnet werden. Dazwischen liegen drei Überschussperioden. In diesen Zeiten führten Inlandproduktion und Importe zu Preisstürzen, während in den Mangelzeiten die Preise für Nahrungsmittel jeweils stark anstiegen. Besonders krass zeigte sich dies während des Ersten Weltkrieges, als trotz grossem Mangel staatliche Preiskontrollen zu spät eingeführt wurden. Dies führte zu sozialen Härten bei den ärmeren Bevölkerungsschichten. Während des Zweiten Weltkrieges konnten diese weitgehend verhindert werden, weil durch Rationierung der Lebensmittel und entsprechende Preiskontrollen für eine gerechtere Verteilung gesorgt wurde.

Extreme Preisanstiege in Mangelzeiten lassen sich darauf zurückführen, dass Nahrungsmittel lebensnotwendig sind. Das bedeutet ökonomisch gesprochen, dass die Nachfrage stark preisunabhängig ist, oder anders ausgedrückt die Nachfrage eine geringe Preiselastizität aufweist; die entsprechenden Nachfragekurven verlaufen sehr steil.

Auf der Angebotsseite sind Agrarmärkte dadurch charakterisiert, dass die Anbieter, d.h. Landwirte nicht unverzüglich auf Preissignale reagieren können. Die Agrarproduktion ist bei der Pflanzenproduktion an den Jahreszyklus und in der Tierproduktion an den Reproduktionszyklus gebunden. Die kurzfristige Angebotselastizität ist ebenfalls sehr klein; die entsprechende Angebotskurve verläuft sehr steil.

Diese beiden Eigenarten der Agrarmärkte sind in der Abbildung 1.1 schematisch dargestellt.

Fallen Importe überraschend weg, wie in der Abbildung 1.1 links dargestellt, so steigen als Folge davon die Preise schockartig an.

Die Abbildung rechts zeigt den Preiseffekt von erntebedingten Schwankungen. Ein Angebotsrückgang (Verschiebung der Kurve A zu A_1), bedingt durch Produktionsausfälle, führt unverzüglich zu grossen Preissteigerungen (von p_0 zu p_1). Umgekehrt gilt aber auch, dass Angebotszunahmen (Verschiebung der Kurve A zu A_2) zu starken Preiseinbrüchen (von p_0 zu p_2) führen.

Abbildung 1.1: Kurzfristige Preisreaktionen auf Veränderungen des Angebots

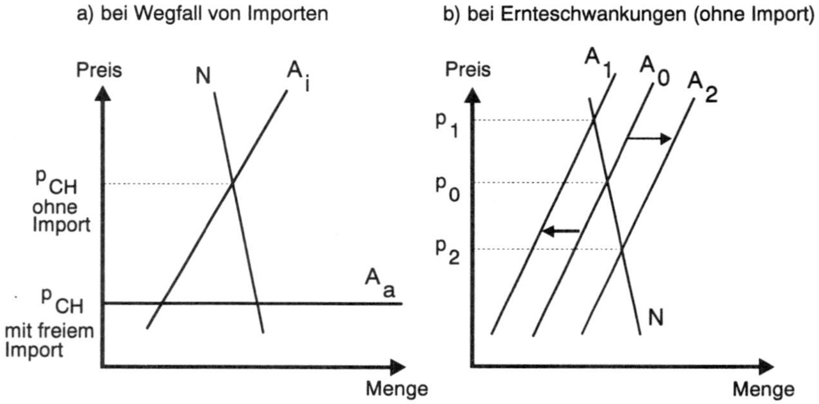

Agrarmärkte sind wegen ihrer Abhängigkeit von der Natur äusserst instabil. Von daher lässt es sich erklären, dass die Staaten sehr früh und immer wieder in das Marktgeschehen eingegriffen haben. Von der Unsicherheit betroffen ist einerseits die landwirtschaftliche Bevölkerung in ihrem Einkommen. Bei grosser Unsicherheit ist zudem die Tendenz zu risikoaversem Verhalten gross, was zu einer suboptimalen Verwendung der Produktionsfaktoren führt.

Betroffen ist aber auch die Bevölkerung eines Landes, bedeuten doch unsichere Erwartungen bezüglich Nahrungsversorgung in der Regel soziale Spannungen. Andererseits bildet die Versorgungssicherheit die Voraussetzung für Wirtschaftswachstum, Fortschritt und Wohlfahrt.

Die Erfahrungen aus Mangel- und Überschusszeiten in hundert Jahren weckten das politische Bedürfnis nach einer stabileren Versorgungs- und Agrarpolitik. Damit beginnt in der Nachkriegszeit eine neue Ära, in der vorerst die Erhaltung der Landwirtschaft für Zeiten gestörter Zufuhr im Zentrum steht. Diese Erhaltungspolitik wird begleitet und überlagert von der verbreitenden Anwendung biologisch-technischen Fortschrittes und von einer allgemeinen wirtschaftlichen Prosperität. Erst Ende der

80er Jahre soll diese Nachkriegs-Paradigma in breiten Kreisen in Frage gestellt und abgelöst werden von der Idee einer multifunktionalen Landwirtschaft. Diese Entwicklung ab 1947 wollen wir im nächsten Kapitel skizzieren, um dann im Kapitel III auf das heutige Erscheinungsbild der schweizerischen Landwirtschaft einzutreten.

II. Ziele und Zielsystem der schweizerischen Agrarpolitik

1. Agrarschutz in der Bundesverfassung

Im vorangehenden Kapitel wurden Überschuss- und Mangelzeiten in der Nahrungsversorgung der Schweiz während hundert Jahren beschrieben. Auch wurde gezeigt, wann und mit welchen Massnahmen der Bund in das Marktgeschehen eingegriffen hat. Wie dargelegt, hatte der Bund bis 1947 entweder aufgrund sehr spezifischer Artikel der Bundesverfassung (Getreideartikel und Alkoholartikel) oder aber überhaupt ohne verfassungsrechtliche Grundlage in die Agrarproduktion eingegriffen.[1]

1947 wurde diese Situation in einer Volksabstimmung durch die Aufnahme **neuer Wirtschaftsartikel** in die Bundesverfassung geändert. Der neue **Artikel 31*bis***, Absatz 3, vor allem die Buchstaben b,c,e, sind für die hier zur Diskussion stehenden Fragen derart wichtig, dass sie im Wortlaut wiedergegeben werden:

> " 3 Wenn das Gesamtinteresse es rechtfertigt, ist der Bund befugt, nötigenfalls in Abweichung von der Handels- und Gewerbefreiheit, Vorschriften zu erlassen:
>
> a) Zur Erhaltung wichtiger, in ihren Existenzgrundlagen gefährdeter Wirtschaftszweige und Berufe sowie zur Förderung der beruflichen Leistungsfähigkeit der Selbständigerwerbenden in solchen Wirtschaftszweigen oder Berufen;
>
> b) Zur Erhaltung eines gesunden Bauernstandes und einer leistungsfähigen Landwirtschaft sowie zur Festigung des bäuerlichen Grundbesitzes;
>
> c) zum Schutz wirtschaftlich bedrohter Landesteile;
>
> d) gegen volkswirtschaftlich oder sozial schädliche Kartelle oder ähnliche Organisationen;
>
> e) über vorsorgliche Massnahmen für Kriegszeiten."

---

1 Vögeli E., 1975, Zielsetzungen der Agrargesetzgebung nach der schweizerischen Bundesverfassung, Zürich

Der oft als Landwirtschaftsartikel zitierte Absatz 3 von Art. 31*bis* bildet fortan die Grundlage zahlreicher agrarpolitischer Gesetze, auf die nachfolgend näher eingegangen wird.

Von besonderer Bedeutung ist, dass die Erhaltung der Landwirtschaft nicht Selbstzweck ist, sondern im Einklang mit dem Gesamtinteresse zu erfolgen hat.[2] Das Gesamtinteresse kann als Summe von Einzelzielen verstanden werden, die durch staatliche Tätigkeit erreicht werden sollen. Allerdings ist Art. 31*bis* innerhalb der Bundesverfassung in die Wirtschaftsartikel eingeordnet. Daraus lässt sich ableiten, dass es vornehmlich um Erfüllung wirtschaftspolitischer Einzelziele im Rahmen des Gesamtinteresses geht. Die heutige Diskussion um den Agrarschutz geht dabei über die Wahrung der wirtschaftlichen Interessen der verschiedenen gesellschaftlichen Gruppen hinaus und bringt die Anliegen der Umwelt und einer nachhaltigen Bewirtschaftung als zusätzliches Element ein.

Die in der Bundesverfassung aufgeführten agrarpolitischen Ziele bedürfen einer Interpretation. Insbesondere die Begriffe "**Gesunder Bauernstand**" und "**Leistungsfähige Landwirtschaft**" werden zum Teil sehr unterschiedlich interpretiert und unterliegen auch dem Wandel der Zeit. Zum einen kann unter Erhaltung eines gesunden Bauernstandes die zahlenmässige Erhaltung von Betrieben oder landwirtschaftlichen Arbeitskräften verstanden werden. Zum anderen kann damit ein Bekenntnis zum Familienbetrieb als Organisationsform verstanden werden. Der Begriff "gesunder Bauernstand" erhält damit eine sozialpolitische Komponente, indem Familienbetriebe "gesund" sein sollen. Das würde bedeuten, dass ihnen wirtschaftliche Entfaltungsmöglichkeiten und ein Verdienst, der dem Aufwand entspricht, zugestanden werden. Diese zweite Interpretation ist zumindest in der offiziellen Agrarpolitik vorherrschend.

Der Ausdruck "leistungsfähige Landwirtschaft" ist als Effizienzkriterium im Hinblick auf übergeordnete Ziele zu interpretieren. Es muss aber mehr bedeuten als nur eine möglichst günstige Produktion von Nahrungsmitteln, wenn den Zielen der nachhaltigen Erhaltung der Kulturlandschaft, der Kriegs- und Krisenvorsorge und der dezentralen

---

2 Vögeli E., a.a.O., interpretiert den Begriff "Gesamtinteresse" als das Wertungskonzept der Bundesverfassung und setzt ihn mit dem Artikel 2 BV gleich, in dem festgehalten wird, dass die "Beförderung ihrer (der Eidgenossen) gemeinsamen Wohlfahrt" der Zweck des Bundes sei. In einer Rangordnung von Einzelzielen wird daher das Gesamtinteresse stets als oberstes und letztes Ziel des Staates stehen.

Besiedlung Rechnung getragen werden soll. Im weiteren wird im Landwirtschaftsgesetz deutlich, wie der Gesetzgeber die zwei Begriffe aufgefasst hat.

Der Vollständigkeit halber sei auf zwei weitere Verfassungsartikel hingewiesen, die die Landwirtschaft zwar betreffen, aber nicht deren Schutz und Förderung zum Ziel haben:

1929 wurde der Artikel 23*bis* als **Getreideartikel** verabschiedet, in dem dem Bund die Sicherung der Versorgung mit Brotgetreide übertragen wurde. Er tut dies mit dem Unterhalt von Vorräten, der Aufrechterhaltung der inländischen Produktion und des Müllereigewerbes und durch die Regelung des Getreideimportes.

1932 wurde der Artikel 32*bis* als **Alkoholartikel** in die Bundesverfassung aufgenommen. Er hat das Ziel, den Konsum des Trinkbranntweins zu vermindern. Ein wichtiges Instrument ist dabei die brennlose Verwertung von Obst und Kartoffeln, die Bewilligungspflicht für Brennereien und die Kontrolle des Handels mit Alkohol, was zur Schaffung der Eidg. Alkoholverwaltung führte.

2. Bestehende gesetzliche Grundlagen

2.1 Das Landwirtschaftsgesetz von 1951

Das Bundesgesetz über die Förderung der Landwirtschaft und die Erhaltung des Bauernstandes (Landwirtschaftsgesetz) vom 3.Okt. 1951 enthält im Ingress den Hinweis auf den BV Art. 31*bis* Absatz 3, dass es in der Absicht stehe, "einen gesunden Bauernstand und im Dienste der Landesversorgung eine leistungsfähige Landwirtschaft zu erhalten und sie unter Wahrung der Interessen der schweizerischen Gesamtwirtschaft zu fördern".

Der Bezug auf die Landesversorgung entspringt nicht zuletzt den Erfahrungen aus dem Zweiten Weltkrieg und hat die agrarpolitische Diskussion bis in die 80er Jahre dominiert.

Im Landwirtschaftsgesetz selber sind eine Reihe von untergeordneten Zielen mit Mittelcharakter sowie eine grosse Anzahl von Massnahmen aufgeführt. Die folgende Zusammenstellung soll dazu einen Überblick vermitteln:

Tabelle 2.1: Ziele und Massnahmen im Landwirtschaftsgesetz von 1951

Ziele	**Massnahmen**
Produktion von und Versorgung mit gesunden Nahrungsmitteln	• Förderung der landwirtschaftlichen Berufsbildung, der Beratung und der Forschung (v.a. Art. 5 ff.) • Produktspezifische Bestimmungen (v.a. Art. 40 ff.) • Festlegung von Qualitätsvorschriften • Regelung des Hilfsstoffeinsatzes
Erhaltung eines gesunden Bauernstandes (unter Wahrung der Interessen der schweizerischen Gesamtwirtschaft)	Gewährleistung der inländischen Produktion über • die Regelung der Ein- und Ausfuhr • Preispolitik (Grundsatz von produktionskostendeckenden Preisen in Art. 29) • ergänzende Direktzahlungen (Art. 31a und b) • Produktionslenkung über Prämien, Bewilligungspflicht u.a. (v.a. Art. 19)
Leistungsfähige Landwirtschaft	• Förderung von Bildung, Beratung und Forschung (v.a. Art. 5ff.) • Förderung der Tierzucht (v.a. Art. 47 f.) • Massnahmen zur Strukturverbesserungen und Meliorationen (Art.77 ff.)
Schutz wirtschaftlich benachteiligter Gebiete	• Spezielle Berücksichtigung des Berggebietes (v.a. Art. 2)

2.2 Das Landesversorgungsgesetz von 1982

Durch das Bundesgesetz über die wirtschaftliche Landesversorgung vom 8. Oktober 1982 wurde dem Bundesrat die Aufgabe übertragen, im Rahmen der Gesamtverteidigung die Versorgung des Landes mit lebenswichtigen Gütern und Dienstleistungen in schweren Mangellagen sicherzustellen. Im Sinne von vorsorglichen Massnahmen hat er die Kompetenz,

- organisatorische und rechtliche Vorbereitungen zu treffen,
- private Firmen zur Vorratshaltung zu zwingen (Pflichtlagerhaltung),
- eigene Vorräte an Nahrungsmitteln zu halten und
- die Einfuhr bestimmter Güter der Bewilligungspflicht zu unterstellen.

Im Falle ernstlicher Störung oder Gefährdung der Zufuhr von lebenswichtigen Gütern oder bei unmittelbarer Kriegsgefahr kann der Bundesrat Massnahmen treffen (nach LVG Art. 23 und 24)

- zur Steigerung und Anpassung der inländischen Produktion in der Landwirtschaft und Energiewirtschaft (Anbau- und Ablieferungspflicht bzw. Ausbau- und Nutzungsprogramme),
- zur Schaffung und Erhaltung von Produktionsstätten,
- zur Lenkung der Verarbeitung und Lagerhaltung und
- zur angemessenen Verteilung dieser Güter (Höchstpreisvorschriften, Kontingentierung, Rationierung, Verwendung der Pflichtlager).

Dieses Ziel ist ganz auf die Versorgung von Volk und Armee in Zeiten gestörter Zufuhr ausgerichtet. Seine Ziele lassen sich voll dem Oberziel von Art. 31bis, Absatz 3 Buchstabe e der Bundesverfassung unterordnen, welcher zum Ziel hat, die Aufrechterhaltung einer angemessenen Nahrungsmittelversorgung sicherzustellen.

2.3 Produktspezifische Gesetze

Neben dem Landwirtschaftsgesetz und dem Landesversorgungsgesetz gibt es eine Reihe von produktspezifischen Gesetzen bzw. Bundesbeschlüssen oder bundesrätlichen Verordnungen.

Ihnen allen gemeinsam ist der Schutz der inländischen Produktion, indem über die Regelung von Import und Export, über inländische Preisregulierung und / oder Produktionslenkung kostendeckende Preise nach Art. 29 des Landwirtschaftsgesetzes angestrebt werden[3].

2.4 Regionsspezifische Gesetze

Das Landwirtschaftsgesetz von 1951, das vor allem auf einer Preis- und Absatzgarantie beruht, schreibt in Artikel 2 vor, dass die speziellen Produktions- und Lebensbedingungen im Berggebiet zu berücksichtigen sind. Angesichts wachsender Einkommensdisparitäten zwischen Berg- und Tallandwirtschaft hat man schrittweise spezifische Förderungsmassnahmen für das Berggebiet eingeführt. Sie beruhen auf folgenden gesetzlichen Grundlagen:

---

3 Für Einzelheiten siehe: Rieder P., Egger U., Flückiger St., 1992, Schweizer Agrarmärkte, Zürich

- 15. Juni 1962: Bundesgesetz über die Förderung des Absatzes von Zucht- und Nutzvieh aus dem Berggebiet (Viehabsatzgesetz)
- 28. Juni 1974: Bundesgesetz über Kostenbeiträge an die Viehhalter im Berggebiet und in der voralpinen Hügelzone
- 14. Dez. 1979: Bundesgesetz über Bewirtschaftungsbeiträge an die Landwirtschaft mit erschwerten Produktionsbedingungen

Weitere Stützungsmassnahmen für das Berggebiet sind:

- 11. Nov. 1970: Weisung des EVD über Beiträge zur Verbesserung von Tierhaltung und Tierhygiene im Berggebiet (Betriebsbeiträge)
- 2. April 1980: Produktionsbeiträge für den Ackerbau unter erschwerten Bedingungen (wurden 1992 aus ökologischen Gründen und wegen überlasteter Märkte auch bei Getreide und Kartoffeln wieder gestrichen bzw. in Betriebsbeiträge umgewandelt).

Mit diesen Massnahmen will man drei Ziele erreichen:

- Erhaltung einer dezentralen Besiedlung, die in meist agrarischen Gebieten stark von der Einkommenssituation in der Landwirtschaft und von Nebenerwerbsmöglichkeiten abhängig ist.
- Erhaltung und Pflege der Kulturlandschaft als Potential für Zeiten gestörter Zufuhr, aber auch als Erholungsgebiete für in- und ausländische Touristen.
- Erhaltung von landwirtschaftlichen Kenntnissen und dezentralen Verarbeitungskapazitäten im Hinblick auf die wirtschaftliche Kriegsvorsorge.

2.5 Umweltrelevante Agrargesetzgebung

Anfang der 70er Jahre gingen die Probleme der Endlichkeit der Ressourcen und der Gefahr einer schleichenden Vergiftung von Luft, Wasser und Boden in das Bewusstsein einer breiten Bevölkerungsschicht ein. In Bezug auf die Landwirtschaft wurde der grosse Verlust von Kulturland als besorgniserregend eingestuft. Verschiedene Schätzungen[4] beziffern den jährlichen Kulturlandverlust in der Schweiz auf 2000-3000 ha - genaue Statistiken fehlen. Es kamen Zweifel auf, ob mit der verbleibenden Fläche in einer Versorgungskrise die Ernährung sichergestellt werden könnte. Darauf wurden auf Bundesebene landesplanerische Leitbilder ausgearbeitet, unter anderem auch für die Landwirtschaft. In Studien des Institutes für Orts-, Regional- und Landesplanung an der ETH (ORL) [5] wurden zwei Leitbilder für die Landwirtschaft einander gegenübergestellt, nämlich eine "produktions-orientierte Landwirtschaft" und eine "Landwirtschaft mit Schwergewicht auf Landschaftspflege im Komplementärraum". In der nachfolgenden politischen Auseinandersetzung ergab sich zu Beginn der 70er Jahre ein deutliches Bekenntnis zur "produktionsorientierten Landwirtschaft".

Mit dem Raumplanungsgesetz von 1979 wird gleich im Zweckartikel (Art. 1) die "...Sicherung der ausreichenden Versorgungsbasis des Landes" angestrebt. Weiter ist in diesem Gesetz festgelegt, dass bei der Ausscheidung von Nutzungsgebieten (Zonen) dem Landwirtschaftsgebiet a) dafür geeignetes Land und b) solches Land, das im Gesamtinteresse landwirtschaftlich genutzt werden soll, zugeordnet werde. Der gleiche Artikel hält fest, dass bei der Ausscheidung des Landwirtschaftsgebietes die Erfordernisse einer rationellen produktionsorientierten Landwirtschaft zu berücksichtigen sind.

Das wachsende Bewusstsein über die Auswirkungen einer intensivierten Landwirtschaft auf die Umwelt hat dazu geführt, dass seit Beginn der 70er Jahren mit einer Reihe von Auflagen und Geboten die Umweltbelastung durch die Landwirtschaft eingeschränkt wird:

- 1971: Gewässerschutzgesetz
- 1978: Tierschutzgesetz
- 1983: Umweltschutzgesetz

Eine vollständige Übersicht über die umweltrelevante Agrargesetzgebung und die Umweltschutzgesetzgebung, die die Landwirtschaft betrifft, findet sich in Kapitel X. Dort wird auch näher auf die Wirkungsweise der einzelnen Massnahmen eingegangen.

---

4 Gantner U., 1991, Dynamik der landwirtschaftlichen Bodennutzung, Themenbericht der landwirtschaftlichen Bodennutzung, des NFP "Boden", Bern-Liebefeld, zitiert Rotach (1988), Sticher (1988), Rumley (1984), Bürcher (1974) und Häberli (1975)

5 ORL ETH (Hrsg.), 1971, Landesplanerische Leitbilder der Schweiz, Zürich

3. Agrarpolitisches Zielsystem und Konzept der Multifunktionalität

Die Diskussion um das Leitbild der Schweizer Landwirtschaft ("produktionsorientierte Landwirtschaft" versus "Bauern als Landschaftsgärtner") stellt die Frage nach den Zielen der Agrarpolitik, nach deren gegenseitigen Abhängigkeiten (Interdependenzen) und nach deren hierarchischer Einordnung.

Wir wollen im folgenden versuchen, ein Zielsystem der Agrarpolitik, basierend auf dem Wirtschaftsartikel 31*bis* der Bundesverfassung und dem Landwirtschaftsgesetz von 1951, aufzustellen, um dann die Verschiebung der Gewichtung einzelner Ziele im Laufe der Zeit darzulegen. Zuletzt soll das neue Leitbild der Multifunktionalität der Landwirtschaft erläutert werden.

3.1 Das landwirtschaftliche Leitbild aus den Nachkriegsjahren

Der erwähnte Wirtschaftsartikel der Bundesverfassung gab dem Gesetzgeber ab 1947 die Möglichkeit, in Abweichung von der Handels- und Gewerbefreiheit Massnahmen zu ergreifen in der Absicht, im Dienste der schweizerischen Nahrungsmittelversorgung einen gesunden Bauernstand und eine leistungsfähige Landwirtschaft zu erhalten. Die konkrete Ausgestaltung erfolgte mit dem Landwirtschaftsgesetz von 1951. Die Entstehung dieses Leitbildes lässt sich aus der gesellschaftspolitischen Anerkennung der enormen Anstrengungen der Landwirte zur Nahrungsmittelproduktion während des Zweiten Weltkrieges erklären. Für die Landwirte bedeutete es aber vielmehr einen Schutz vor billigen Agrarimporten und inländischen Preiszusammenbrüchen, die sie von den 30er Jahren her noch in Erinnerung hatten.

Die Ziele der Agrarpolitik gemäss diesem Nachkriegs-Leitbild lassen sich mit dem Schema in Tabelle 2.2 abbilden. Die Ziele sind dabei auf drei hierarchischen Stufen angeordnet, wobei die erste Stufe die in der Verfassung festgelegten (Ober-)Ziele wiedergibt. Die untergeordneten Ziele haben Mittelcharakter, d.h. sie haben eine nicht näher bestimmte Mittelfunktion bezüglich eines der Oberziele. Ihnen wird aber klar auch ein Eigenwert zugesprochen.

Tabelle 2.2: Zielsystem der schweizerischen Agrar- und Vorsorgepolitik

	Produktionsziele	Sicherungsziele	Verteilungsziele
Stufe 1	• Produktion von Nahrungsmitteln • Landschaftspflege	• Krisenvorsorge für Zeiten gestörter Zufuhr	• gesunder Bauernstand
Stufe 2		• Erhaltung der Kulturlandschaft • leistungsfähige Landwirtschaft	• Schutz benachteiligter Regionen
Stufe 3	• Rationelle Produktionsformen	• Dezentrale Besiedlung	• Nahrungsmittelversorgung zu günstigen Preisen • bäuerliche Einkommenssicherung und -verteilung • gerechte Kostenverteilung

Produktionsziele unterstehen den ökonomischen Effizienzkriterien der Marktwirtschaft. Sicherungsziele versuchen Unsicherheiten, die vom Marktprozess nicht erfasst werden, im Sinne des Gesamtwohles abzubauen. Der Nutzen von Sicherungszielen zeigt sich meist erst in der Zukunft. Verteilungsziele schliesslich lassen sich sozialpolitisch begründen - die Ziele haben gerechte Einkommens- und Kostenverteilung zum Gegenstand.

Auf der **ersten Stufe** sind die Ziele der **Nahrungsmittelproduktion** und der **Landschaftspflege** als gleichberechtigt unter den Produktionszielen eingeordnet. Sie unterscheiden sich insofern, als Nahrungsmittel private Güter sind, für die sich auf freien Märkten eine Preisbildung aufgrund von Angebot und Nachfrage einstellen würde (die Preise für viele landwirtschaftlichen Güter sind jedoch staatlich festgelegt). Die Landschaftspflege ist aber ein öffentliches Gut (auf die Theorie der öffentlichen Güter wird in Kapitel VIII näher eingetreten), für das sich keine Zahlungsbereitschaft aufzeigen lässt - eine Preisbildung kann nicht stattfinden. Wenn Landschaftspflege "produziert" wird bzw. als Koppelprodukt der Nahrungsmittelproduktion anfällt, kann sie von jedermann "konsumiert" werden, ohne direkt dafür zahlen zu müssen. Der Entscheid, dass Landschaftspflege angeboten werden soll, ist ein politischer, und deren Produktion muss über die Öffentlichkeit abgegolten werden. Sinnvollerweise geschieht dies direkt über Steuergelder. Im "Nachkriegs-Leitbild" erfolgt die Abgeltung für das öffentliche Gut "Landschaftspflege" über die Produzentenpreise für landwirtschaftliche Produkte. Die politischen Vertreter der Landwirte brauchten die Leistung "Landschaftspflege" u.a., um höhere Produktpreise zu fordern, als sie sich aus dem freien Spiel der Marktkräfte (Angebot und Nachfrage) ergeben hätten.

Auf gleicher Stufe (verfassungsmässige Verankerung) steht das **Sicherungsziel der Vorsorge für Zeiten gestörter Zufuhr**. Obwohl eine starke Interdependenz zwischen dem Ziel der laufenden Produktion und der Versorgung mit Nahrungsmitteln besteht, genügt das laufende Angebot an Nahrungsmitteln nicht, den erhöhten Bedarf für Zeiten gestörter Zufuhr sicherzustellen. Die Sicherstellung der Versorgung mit Nahrungsmitteln könnte über die individuelle Vorratshaltung oder mittels Verträgen zwischen Konsumenten und Produzenten privat geregelt werden. Aufgrund von sozialpolitischen Überlegungen und den unterschiedlichen Erfahrungen aus den beiden Weltkriegen wurde der politische Entscheid gefasst (Kriegsvorsorgegesetz, neu: Gesetz über wirtschaftliche Vorsorge), dass die Sicherstellung der Nahrungsmittelversorgung eine öffentliche Aufgabe sei und auch von der Öffentlichkeit (Steuergelder) finanziert werde.

Das Ziel eines **gesunden Bauernstandes** wird den Verteilungszielen zugeordnet, da es den Gedanken des sozialen Ausgleichs zwischen den Sektoren enthält. Wenn wir - gemäss unseren Ausführungen unter Punkt 1 - den gesunden Bauernstand mit dem Bekenntnis zum bäuerlichen Familienbetrieb gleichsetzen, so muss es bei diesem Ziel darum gehen, den gesunden = lebensfähigen = mit den übrigen Sektoren vergleichbaren Lebensstandard der bäuerlichen Familien zu gewährleisten. Dieses Ziel ist als einziges Oberziel über den Paritätslohn auch quantifizierbar und die Zielerreichung kontrollierbar. Das Ziel ist auch operabel, lässt sich der Familienbetrieb doch über die Flächengebundenheit und den Anteil familieneigener Arbeit von anderen Betriebsformen abgrenzen.

Die **zweite Stufe** enthält Ziele mit hohem Eigenwert, die aber Mittelcharakter bezüglich der Oberziele auf Stufe 1 haben.

Die **Kulturlanderhaltung** ist Voraussetzung für die beiden Produktionsziele und das Ziel der Vorsorge. Für die Erhaltung des gesunden Bauernstandes war sie lange eine notwendige Bedingung - angesichts steigender Flächenproduktivität und gesättigter Märkte ist Boden für den gesamten Sektor kein limitierender Faktor mehr. Vielmehr ist in agrarpolitischen Diskussionen die Rede von Brache und Flächenstillegungen.

Eine **leistungsfähige Landwirtschaft** ist nötig für eine effiziente Erfüllung der vier Oberziele. Dazu braucht es Fachwissen bzw. einen gut ausgebildeten Bauernstand, es braucht eine zeitgemässe Ausstattung mit Realkapital (Gebäude, Maschinen etc.) und schliesslich muss der Boden - unter Achtung ökologischer Anforderungen - fruchtbar erhalten werden. Die Abgeltung der Leistungen der Landwirtschaft über hohe Produktpreise hat generell zu einer effizienten Kapitalausstattung geführt, aber gleichzeitig sind Böden zum Teil übernutzt worden. Der hohe Agrarschutz hatte auch eine tendenzielle Übermechanisierung, hohe Intensitäten und verhältnismässig kleinstrukturierte Betriebe zur Folge.

Auch der **wirtschaftliche Schutz benachteiligter Regionen** ist im Hinblick auf die übergeordneten Ziele der nachhaltigen Landschaftspflege und des gesunden Bauernstandes zu interpretieren.

Alle drei Ziele auf der zweiten Stufe wollen irreversible Störungen vermeiden, die die Erfüllung der vier Oberziele gefährden könnten. Ihnen gemeinsam ist die Ausrichtung auf Bedürfnisse in der Zukunft, die sich über den Markt nicht befriedigen lassen.

Auf der **dritten Stufe** stehen weitere, abgeleitete Ziele, wobei ein Schwergewicht bei den Verteilungszielen auszumachen ist:

Das Ziel "**rationelle Betriebsformen**" weist auf die geforderte wirtschaftliche Effizienz der Agrarproduktion hin und ruft nach Massnahmen im Rahmen der Agrarstrukturpolitik. Die **dezentrale Besiedlung** ist als Sicherungsziel aufgeführt, weil sie als Voraussetzung gilt, die übergeordneten Ziele sinnvoll zu erreichen. Die Anhäufung von Verteilzielen auf der dritten Stufe stellt ein Abbild der gängigen agrarpolitischen Auseinandersetzungen dar. In diesen werden folgende Forderungen gestellt:

- **Einkommenssicherung** für die landwirtschaftliche Bevölkerung trotz Überschusslagen auf den Agrarmärkten,
- **gerechte Verteilung** der Kosten des Agrarschutzes auf Produzenten, Konsumenten und Steuerzahler und
- eine preislich **günstige Nahrungsmittelversorgung**, um die Lebenskosten in der Schweiz gegenüber dem benachbarten Ausland nicht ansteigen zu lassen.

3.2 Verschiebung in der Gewichtung agrarpolitischer Ziele

Im Laufe der Zeit hat sich eine Veschiebung der Gewichtung einzelner Agrarziele ergeben. Während im Anschluss an den Zweiten Weltkrieg die Krisenvorsorge prioritäres **Sicherungsziel** war, nahm deren Bedeutung angesichts wachsender Überschüsse auf den Agrarweltmärkten und der langen Zeit relativen Friedens in Europa ab. Es wurde zunehmend abgelöst von den Sicherungszielen in den Bereichen Erhaltung der dezentralen Besiedlung, Pflege und Schutz der Landschaft und Schonung von Umwelt und Gesundheit.

Die **Produktionsziele** beinhalteten vorerst prioritär die Steigerung der Nahrungsmittelproduktion. Mit dem starken Anstieg der landwirtschaftlichen Produktion und der damit nötig gewordenen Angebotslenkung und Absatzkontingentierung verloren die Produktionsziele insgesamt an Bedeutung und räumten den **Verteilungszielen** grösseren Raum ein. Dabei geht es im ganzen Betrachtungsraum um die Suche nach einer gerechten Lastenverteilung zwischen Konsumenten und öffentlicher Hand.

Abbildung 2.1: Veränderte Gewichte im Zielsystem der Agrarpolitik

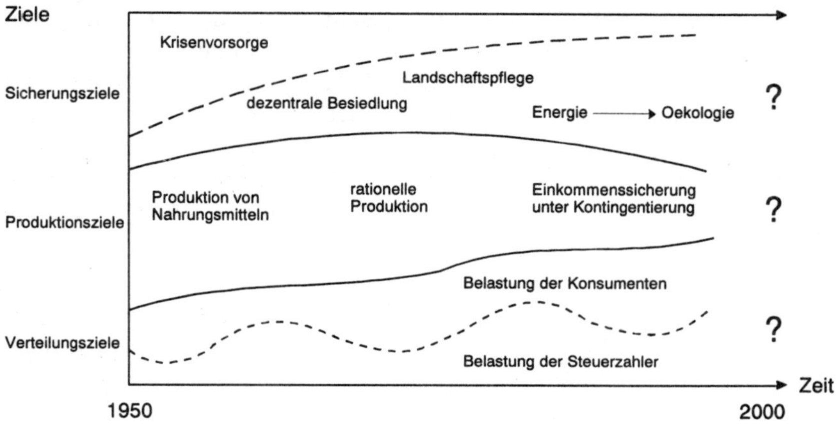

Die Diskussion um das Agrarleitbild der Schweiz spiegelt sich auch in den Volksinitiativen wieder, wie dies die folgende Übersicht zeigt.

Tabelle 2.3: Volksinitiativen im Agrarbereich

Eingereicht	Titel	Nr.	Erledigung
1963	Gegen Bodenspekulation	1	1967 abgelehnt
1978	Gegen übermässige Futtermittel-importe	2	1983 zurück-gezogen
1983	Stadt-Land-Initiative gegen Boden-spekulation	3	1988 abgelehnt
1985	Kleinbauern-Initiative	4	1989 abgelehnt
1990	Für eine umweltgerechte und leistungsfähige bäuerliche Landwirt-schaft	5	hängig
1991	Bauern- und Konsumenten - für eine naturnahe Landwirtschaft	6	hängig
1994	"Gnueg Heu dune"	7	hängig

Dabei liegt das Schwergewicht zuerst bei den raumplanerischen Problemen, gekoppelt mit der Verschuldungsfrage der Landwirtschaft (Initiativen 1 und 3). Dann richtete sich das politische Interesse auf die

Frage nach der gewünschten Struktur der Schweizer Landwirtschaft (2, 4, aber auch 5, 6 und 7). Erst in den zwei Initiativen 5 und 6 tritt die "Umwelt" oder "Natur" direkt zur Beschreibung des Leitbildes der Landwirtschaft auf. Sie stehen vor dem Hintergrund des 7. Landwirtschaftsberichtes des Bundesrates[6], in dem zum ersten Mal explizit Abstand genommen wird von der Garantie kostendeckender Preise und ein Übergang zur Einkommenssicherung durch Direktzahlungen als Abgeltung öffentlicher Leistungen programmiert ist. Diese Leistungen sollten entsprechend in der Verfassung festgelegt und deren Abgeltung verankert werden.

Gründe für die Abkehr von der fast ausschliesslich auf die Einkommenssicherung der bäuerlichen Familienbetriebe ausgerichteten Agrarpolitik lassen sich sowohl innerhalb als auch ausserhalb der Landwirtschaft ausmachen:

- Verschärfung der Überschussprobleme bei den wichtigsten Agrarprodukten
- Zunahme der Einkommensdisparitäten zwischen Berg- und Talgebiet, Klein- und Grossbetrieben
- ökologische Probleme der Über- und Unternutzung (Brachland im Berggebiet, Gewässer- und Bodenbelastung im Talgebiet)
- Rückstände von Pestiziden und Dünger in Nahrungsmitteln
- Weltweit sinkende Agrarpreise, nicht zuletzt bedingt durch Agrar-Exportsubventionen, bzw. angestiegene Preisdifferenz zwischen einheimischen und importierten Nahrungsmitteln. (vgl. dazu auch Kap. XI)

3.3 Das Konzept der Multifunktionalität

National wie international fand also eine Zuspitzung der Agrarprobleme statt. Eine Ausrichtung allein auf die Einkommenssicherung der bäuerlichen Familienbetriebe genügte nicht mehr, um die Agrarprotektion im Rahmen der GATT-Verhandlungen zu rechtfertigen.

Seitens der europäischen (und japanischen) Bauernvertreter wird nun die Multifunktionalität der Landwirtschaft betont und damit deutlich gemacht, dass dem Agrarsektor neben der Produktion von Nahrungs-

---

6 Bundesrat, 1992, 7. Landwirtschaftsbericht, Bern

mitteln noch andere Aufgaben zufallen. Deshalb könne die Liberalisierung der Agrarmärkte und des Agrarhandels nicht alleiniges Ziel sein. Vielmehr müsste im Rahmen der zukünftigen GATT-Bestimmungen Protektionismus soweit erlaubt sein, als damit die Erfüllung der anderen Aufgaben der Landwirtschaft sichergestellt werde.

Der Begriff Multifunktionalität wurde in die politische Diskussion geworfen, ohne klarzustellen, was damit konkret gemeint ist. Im folgenden soll eine entsprechende Analyse für die Schweiz vorgenommen werden, um den Begriff für die praktische Politik operabel zu machen.

Die verschiedenen Funktionen, welche die Landwirtschaft erfüllen soll, müssen erstens physisch definiert werden. Zweitens müssen wir uns über die ökonomischen Eigenschaften dieser Funktionen im klaren sein (vgl. dazu auch Kapitel VIII). Drittens müssen die sozio-ökonomischen Ebenen, auf denen die einzelnen Funktionen verankert sind, identifiziert werden. Tabelle 2.4 zeigt eine Zusammenstellung der wichtigsten Funktionen, die der schweizerischen Landwirtschaft zugeordnet werden können.

Tabelle 2.4: Funktionen der Landwirtschaft und ihre ökonomischen Eigenschaften

Funktionen	Privates Gut	öffentliches Gut (+/-)	positive Externalität	negative Externalität
Vorsorge für Krisenzeiten		X		
Preiswerte gesunde Nahrungsmittel	X			
umweltgerechte Produktion		X	X	
Umweltbelastung				X
Erhaltung Kulturlandschaft		X	X	
Dezentrale Besiedlung		X	X	
Erholungs- und Erlebniswert der Landwirtschaft	X	X	X	
Leistungsfähige Betriebe	X			
Einkommenssicherung	X			
Nationale Konkurrenzfähigkeit	X			
Internationale Konkurrenzfähigkeit	X			

Das Aufgabenspektrum reicht von der Vorsorge für Krisenzeiten über ökologische Anforderungen bis hin zur dezentralen Besiedlungsstruktur und internationalen Wettbewerbsfähigkeit. Diese vielfältigen Funktionen der Landwirtschaft zeichnen sich durch unterschiedliche ökonomische Eigenschaften aus. **Private Güter** sind Wirtschaftsgüter, die in einer Marktwirtschaft von (meist) privaten Anbietern produziert und von privaten Nachfragern gekauft werden. Die effizienteste Verteilung erfolgt über den Markt. Diese Güter unterliegen dem Ausschlussprinzip. **Öffentliche Güter** können nicht von der Zahlung eines Preises auf einem Markt abhängig gemacht werden. Es findet auch keine effiziente Verteilung des Gutes über den Markt statt. Das Gut unterliegt nicht dem Ausschlussprinzip - jeder Konsument hat freien Zugang zum Gut und kann davon konsumieren, ohne dass damit der Konsum eines anderen eingeschränkt wird. Weil sich kein Preis bildet, ist die Schaffung eines öffentlichen Gutes nicht a priori sichergestellt, sondern Ergebnis eines kollektiven Entscheidungsprozesses. **Positive bzw. negative Externalitäten** sind Auswirkungen einer ökonomischen Tätigkeit auf unbeteiligte Dritte. Externalitäten entstehen durch Marktversagen, d.h. deren Nutzen oder Schaden schlägt sich nicht in Marktpreisen nieder. Manche Externalitäten haben gleichzeitig den Charakter von öffentlichen Gütern oder Schäden.

Je nach ökonomischem Charakter der einzelnen Funktionen werden es jeweils unterschiedliche Massnahmen sein, die zu einer effizienten Funktionserfüllung führen. Jedenfalls wird klar, dass es theoretisch unmöglich ist, mit einer Politik von hohen Produktpreisen die Erfüllung sämtlicher Funktionen sicherzustellen.

In Tabelle 2.5 wird jede Funktion jener sozio-ökonomischen Ebene zugewiesen werden, die davon direkt betroffen ist.[7] Diese Ebenen werden im folgenden als Landwirtschaftsbetrieb, als Dorf, als Region, als Schweiz und Europa bzw. internationale Ebene bezeichnet.

---

7 nach Frey B., 1981, Theorie der Wirtschaftspolitik, München

Tabelle 2.5: Sozioökonomische Betroffenheitsebenen der landwirtschaftlichen Funktionen

Funktionen	Betrieb	Dorf	Region	Schweiz	International
Vorsorge Krisenzeiten				X	
Preiswerte gesunde Nahrungsmittel				X	
umweltgerechte Produktion		X	X		
Umweltbelastung		X	X		
Erhaltung Kulturlandschaft		X			
Dezentrale Besiedlung		X	X		
Erholungs- und Erlebniswert der Landwirtschaft		X	X		
Leistungsfähige Betriebe	X				
Einkommenssicherung	X				
Nationale Konkurrenzfähigkeit			X		
Internationale Konkurrenzfähigkeit				X	X

Viele der aufgeführten Funktionen weisen einen dorf- oder regionsbezogenen Charakter auf. Dies entspricht der Beobachtung in der Praxis, dass sich zunehmend Dörfer und Regionen mit ihrer Landwirtschaft auseinandersetzen. Es geht dabei

- um Lebensqualität (sauberes Trinkwasser, Naherholungs- und Erlebnisraum, Schönheit einer Blumenwiese oder von blühenden Obstbäumen als positive Externalitäten landwirtschaftlicher Tätigkeit, Vermeidung von Geruchs- und Lärmimmissionen)
- um den Beitrag der Landwirtschaft zur Erhaltung von Arbeitsplätzen und der dezentralen Besiedlung (Aufrechterhaltung von dörflicher Infrastruktur) und
- um die Pflege des Landschafts- und Dorfbildes als Voraussetzung für einen erfolgreichen Tourismus.

Die Multifunktionalität ist also umschrieben mit der physischen Definition der Funktionen, mit dem Aufzeigen des jeweiligen ökonomischen Charakters und mit der Zuordnung zu einer Betroffenheitsebene. Daraus lassen sich konkrete Massnahmen zur Erfüllung der Funktionen ableiten, wobei die Kriterien Verhältnismässigkeit und Effizienz Beachtung finden sollen.

III. Erscheinungsbild des Agrarsektors

1. Wirtschaftssektoren - Abgrenzung und Entwicklung

1.1 Einteilung in Sektoren

Die Volkswirtschaft kann in einen primären (v.a. landwirtschaftlichen), sekundären (industriellen) und tertiären (dienstleistenden) Sektor unterteilt werden. Trotz gewisser Definitionsschwierigkeiten ist das Drei-Sektoren-Modell von Fourastié[1] geeignet, die langfristigen Entwicklungen der einzelnen Sektoren abzuschätzen. Er definiert die drei Sektoren nach Unterschieden in der Anwendung des technischen Fortschrittes und bei der Einkommenselastizität der Nachfrage.

Die drei Sektoren lassen sich folgendermassen charakterisieren:

Primärsektor: mittlere Steigerung der Arbeitsproduktivität, relativ starre Güternachfrage bei geringer Einkommenselastizität

Sekundärsektor: grosse Arbeitsproduktivitätssteigerungen aufgrund grossen technischen Fortschritts möglich, relativ grosse Einkommenselastizität

Tertiärsektor: geringe oder keine Steigerung der Arbeitsproduktivität möglich, hohe Einkommenselastizität

1.2 Das Entwicklungsmodell von Fourastié

Fourastié leitet auf Grund von beobachteten langfristigen Entwicklungen ein Modell her, das im wesentlichen den ökonomischen Entwicklungspfad von der Agrar- über die Industrie- bis zur Dienstleistungsgesellschaft abbildet.

---

1 Fourastié J., 1949, Le grand espoir du XXème siècle, Paris; dt. Übersetzung: 1969, Die grosse Hoffnung des zwanzigsten Jahrhunderts, Köln

Abbildung 3.1: Entwicklungsmodell der drei Wirtschaftsektoren

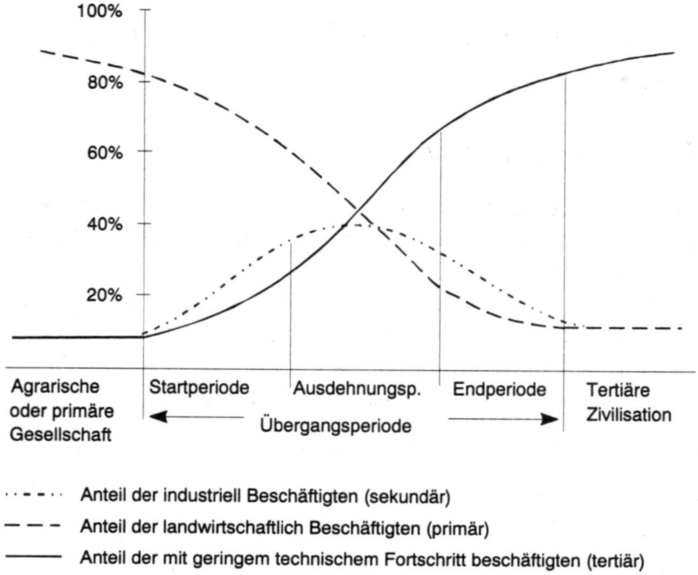

Quelle: Stamer H., 1966, Landwirtschaftliche Marktlehre, Hamburg u. Berlin, S. 114

Wie Abbildung 3.1 zeigt, findet im Laufe der wirtschaftlichen Entwicklung eine grosse Verschiebung der Anteile der Beschäftigten in den drei Sektoren statt. Treibende Kräfte der sektoralen Umschichtung sind die Produktivitätsveränderungen und die jeweiligen Einkommenselastizitäten der Nachfrage. Per Saldo findet permanent eine Wanderung von Erwerbstätigen aus dem primären und später auch aus dem sekundären in den tertiären Sektor statt.

Die Übergangsperiode von der primären zur tertiären Gesellschaft lässt sich bei einer differenzierteren Betrachtung in drei Phasen unterteilen die Startphase, die Ausdehnungsphase und die Endphase.

Ausgangspunkt der Startphase bildet die vorwiegend agrarische Zivilisation. Dabei zählen über drei Viertel der Beschäftigten zum primären Sektor. Die Anteile der anderen Sektoren sind dagegen vergleichsweise gering. Viele Länder Afrikas befinden sich heute noch vorwiegend in dieser Situation. Mit Beginn der Industrialisierung setzt die Differenzierung in der Anwendung des technischen Fortschrittes und in der Steigerung der Arbeitsproduktivität ein. In der Landwirtschaft braucht es zunehmend weniger Beschäftigte, um die zunehmende Nachfrage einer wachsenden Bevölkerung zu decken. Auf der anderen Seite ist in den Anfängen einer Industriegesellschaft ein merklicher Zuwachs der Beschäftigten im sekundären Sektor zu verzeichnen, weil eine grosse Nachfrage nach Hilfsmitteln technischer Art besteht. Der akute Mangel an Kapital ist ein prägendes Merkmal der Startphase. Kapital muss erspart werden und letztlich in die Investitionsgüterindustrie einfliessen. Länder, die heute dieser Entwicklungsstufe zugeordnet werden können, sind die sogenannten Schwellenländer, zum Beispiel Brasilien oder China.

Charakteristisch für den Übergang von der Start- zur Ausdehnungsphase ist eine enorme Rationalisierung im sekundären Sektor, so dass dessen Beschäftigungsanteil vorerst kaum mehr ansteigt. Bei weiter ansteigendem durchschnittlichen Einkommen in einer Gesellschaft steigt die Nachfrage nach Leistungen des tertiären Sektors stark an. Produktionskosten senkender technischer Fortschritt ist aber im tertiären Sektor nicht gleichermassen wie im primären und sekundären Wirtschaftsektor umzusetzen, so dass für die Mehrproduktion von Dienstleistungen auch vermehrt Arbeitskräfte benötigt werden. Dies ist ein Grund, weshalb die Preise im Dienstleistungssektor einem überproportionalen Anstieg unterliegen. Nach und nach ist die Wirtschaft mit den nötigen Investitionsgütern ausgerüstet. Der tertiäre Wirtschaftssektor beginnt anteilsmässig über den sekundären hinauszuwachsen.

In der eigentlichen Endphase nimmt der tertiäre Sektor die vorderste Position ein und baut diese Stellung sogar noch aus. Der sekundäre Sektor schrumpft anteilsmässig, und der primäre steuert wegen der weit überdurchschnittlichen Zunahme seiner Arbeitsproduktivität (dies in Abweichung zur Charakterisierung durch Fourastié), insbesondere durch den vermehrten Einsatz von Maschinen und ertragsteigernden Produktionsfaktoren wie Dünger und Pestizide, einem sehr tiefen Niveau zu. Die meisten westlichen Industrieländer befinden sich nach dem Modell von Fourastié in der Endphase.

2. Wirtschaftssektoren und Wirtschaftszweige in der Schweiz

2.1 Beschäftigte nach Wirtschaftssektoren

Bei der Betrachtung der Anteile der Beschäftigten nach Wirtschaftssektoren in der Schweiz zwischen 1970 und 1990, zeigt sich, dass diese einen beachtlichen Wandel aufweisen.

Tabelle 3.1: Beschäftigte nach Wirtschaftssektoren in der Schweiz

	Primärer Sektor		Sekundärer Sektor		Tertiärer Sektor	
	%	absolut	%	absolut	%	absolut
1970	7.7	228'000	48.2	1'430'000	44.1	1'308'000
1980	6.3	193'000	39.4	1'208'000	54.3	1'665'000
1990	4.2	149'000	31.8	1'128'000	64.0	2'269'000

Quelle: NZZ, 1994, Statistisches Jahrbuch der Schweiz

Es lassen sich folgende Aussagen machen:

- Der Primärsektor schrumpft nach wie vor. Dieser Vorgang dürfte weiterhin anhalten, weist die Schweiz im internationalen Vergleich doch relativ kleine Betriebsstrukturen auf. Es bestehen noch beachtliche Potentiale zur Produktionssteigerung bei weitgehend stagnierender Nachfrage.
- Der Sekundäre Sektor schrumpft in der Schweiz sowohl absolut als auch relativ. Hier ist allerdings zu erwähnen, dass mit der Automatisierung von Fertigungsprozessen die Abgrenzung zwischen dem zweiten und dritten Sektor unscharf geworden ist.
- Mit mehr als 60% der Beschäftigten weist der Tertiäre Sektor im internationalen Vergleich ein hohes Niveau auf. Die nachfolgende Analyse der schweizerischen Volkswirtschaft nach Wirtschaftszweigen liefert hierzu die Erklärungen.

2.2 Wirtschaftszweige und deren Wertschöpfung

Vertieften Einblick in eine Volkswirtschaft erhält man, wenn diese weiter nach Wirtschaftszweigen oder Branchen unterteilt wird. Sind der statistische Anteil der jeweiligen Bruttowertschöpfung[2] und die Anzahl Erwerbstätige bekannt, kann daraus die Arbeitsproduktivität berechnet werden. Tabelle 3.2 zeigt einen solchen Vergleich zwischen der Landwirtschaft und den übrigen Wirtschaftszweigen für die Schweiz. Daraus geht hervor, dass der Anteil der in der Landwirtschaft Erwerbstätigen 1990 noch 5,2%, der Anteil der Landwirtschaft an der Wertschöpfung jedoch nur 3,0% beträgt. Ein Blick auf die übrigen Wirtschaftszweige zeigt, dass es eine Anzahl von "schwachen" Branchen gibt, bei denen der Anteil der Wertschöpfung kleiner als jener der Erwerbstätigen ist. Neben der Landwirtschaft sind dies die meisten Branchen des sekundären Wirtschaftssektors und das Gastgewerbe. Auf der anderen Seite ist die mit Abstand höchste Wertschöpfung pro Kopf in den Bereichen Bankwesen, Chemie sowie Elektrizitäts-, Wasser- und Gasversorgung zu finden[3].

Entweder sind Wirtschaftszweige am Schrumpfen, weil die Produktivitätsfortschritte die Nachfragezunahme übertreffen und deshalb ein steter Abwanderungsdruck herrscht, wie wir dies in der Landwirtschaft beobachten; oder es handelt sich um Wirtschaftszweige, die überwiegend mit relativ unqualifizierten, also niedrig entlöhnten Arbeitskräften ausgestattet sind, was vor allem für das Gast- und Baugewerbe zutrifft. Die "starken" Wirtschaftszweige liegen vor allem im tertiären Bereich, mit einer grossen Nachfrage nach deren Dienstleistungen, obwohl dort die Produktivitätsfortschritte (abgesehen von der elektronischen Datenverarbeitung) relativ gering sind. Bei der Beurteilung der Arbeitsproduktivität - der Wertschöpfung pro Erwerbstätigen - darf der aus der Aggregation der einzelnen Unternehmen entstandene Durchschnittswert nicht darüber hinwegtäuschen, dass innerhalb grösserer Branchen wie etwa der Maschinen- und Metallverarbeitungsindustrie auch grosse Produktivitätsunterschiede bestehen. Unterschiedliche Produktivitäten sind nicht zuletzt Ausdruck eines hohen strukturellen Anpassungsbedarfs.

---

2 Gesamterlös abzüglich Angaben für variable Produktionsfaktoren

3 NZZ, 1992, Die Schweizer Branchenstruktur im Wandel, Nr. 277, S. 35

Tabelle 3.2: Wertschöpfung nach Wirtschaftszweigen (1990)

	Wertschöpfung				
	Bruttowertschöpfung		Pro Erwerbstätigen		Anteil der Erwerbstätigen
Wirtschaftszweige	in Mio Fr.	%	in 1000 Fr.	% vom Durchschnitt	%
Land- und Forstwirtschaft	**9664**	**3,0**	**52**	**57**	**5,2**
Nahrungs- u. Genussmittel	7298	2,3	107	118	1,9
Energie, Wasser	6011	1,9	239	264	0,7
Textilien u. Bekleidung	2951	0,9	62	69	1,3
Chemische Erzeugnisse	9981	3,1	135	150	2,1
Metallindustrie	8384	2,6	82	91	2,8
Holzindustrie	4735	1,5	71	79	1,9
Elektronik, Optik	12160	3,8	93	103	3,6
Maschinen u. Fahrzeuge	13404	4,1	87	96	4,3
Baugewerbe	26224	8,1	77	85	9,6
übrige Sektor II	17809	5,5	89	98	5,6
Subtotal Sektor II	**108957**	**33,6**	**90**	**100**	**33,8**
Handel	45976	14,2	88	98	14,5
Banken	23920	7,4	185	205	3,6
Verkehr	11620	3,6	74	82	4,4
Gastgewerbe	10555	3,3	51	56	5,8
Beratung, Planung	20267	6,3	101	112	5,6
Gesundheitswesen	6364	2,0	99	110	1,8
Öffentl. Verwaltung und Sozialversicherungen	37070	11,4	87	96	11,9
Non-Profit-Organ. und Hausdienste	6783	2,1	46	51	4,1
übrige Sektor III	42727	13,2	129	143	9,3
Subtotal Sektor III	**205282**	**63,4**	**94**	**104**	**61,0**
Total	**323903**	**100,0**	**90**	**100**	**100,0**

Quelle: NZZ, 1994, Statistisches Jahrbuch der Schweiz

3. Analyse des Endrohertrages des Agrarsektores

In den landwirtschaftlichen Statistiken der Schweiz wird stets vom Begriff Endrohertrag ausgegangen. Dieser Wert entspricht dem nominellen Bruttoproduktionswert des Agrarsektors. Er umfasst somit sämtliche vom Sektor veräusserten und selbst verbrauchten Produkte. Nachfolgend soll dieser Wert dargestellt und nach verschiedenen Kriterien aufgegliedert werden.

3.1 Endrohertrag absolut und nach Produktions- und Betriebszweigen

Eine erste Frage bezüglich Endrohertrag gilt seiner Zusammensetzung nach Produktionszweigen und der relativen Mengenentwicklung. Wie Tabelle 3.3 zeigt, stieg der Fünfjahresdurchschnitt des Endrohertrages bis 1986/90 stets an. Nach dem Rekordjahr 1989 zeichnet sich eine abnehmende Tendenz des Endrohertrages ab, was bereits als Auswirkung der Neuausrichtung der Agrarpolitik des Bundes gedeutet werden kann (vermehrte Trennung von Preis- und Einkommenspolitik, siehe auch Kapitel IX). Bei den Produktionsmengen kann jedoch auf Grund der Zahlen in Tabelle 3.3 noch nicht von einer Trendwende gesprochen werden.

Die relativ gleichmässige Mengenentwicklung bei der Pflanzen- und Tierproduktion und die entsprechenden Anteile am Endrohertrag weisen auf die Konstanz der schweizerischen Agrarpreispolitik der vergangenen Jahrzehnte hin, die alle Produktionszweige sogenannt paritätisch stützte. Daraus ergaben sich für die Produzenten kaum Anreize, wesentliche Produktionsumstellungen vorzunehmen.

Tabelle 3.3: Endrohertrag absolut und nach Produktionszweigen

Jahre	Endrohertrag			Mengenentwicklung		
	Total	Anteile		1939 = 100		
	nominell	Pflanzenbau	Tierhaltung	Total	Pflanzenbau	Tierhaltung
1956/60	2820	25%	75%	120	145	113
1961/65	3389	25%	75%	133	155	126
1966/70	4219	23%	77%	150	160	146
1971/75	5759	22%	78%	162	158	163
1767/80	7009	22%	78%	178	163	182
1981/85	8365	24%	76%	191	190	191
1986/90	9150	24%	76%	194	202	192
1986	8775	24%	76%	195	196	195
1987	8846	23%	77%	189	179	192
1988	9183	24%	76%	193	207	189
1989	9564	26%	74%	201	226	193
1990	9458	24%	76%	192	203	189
1991	9381	24%	76%	193	195	193
1992	8825	26%	74%	194	210	190
1993	8684	24%	76%	190	201	187

Quelle: SBS, Statistische Erhebungen und Schätzungen, div. Jahrgänge

Die agrarpreispolitisch bedingte Konstanz zeigt sich auch in der Zusammensetzung des Endrohertrages nach Betriebszweigen in Tabelle 3.4. Dabei fällt die grosse Bedeutung der Milchproduktion auf, welche mit rund einem Drittel am gesamten Endrohertrag beteiligt ist.

Tabelle 3.4: Prozentuale Zusammensetzung des Endrohertrages nach Betriebszweigen

Jahr	Milch	Rind-fleisch	Schwei-ne-fleisch	Eier/ Geflü-gel	Ge-treide	Hack-früchte	Obst, Gemüse Wein
1956/60	34,5	17,9	15,8	5,1	6,9	3,7	13,5
1961/65	33,4	18,0	16,9	4,4	7,2	3,4	13,8
1966/70	32,9	19,5	17,8	4,3	5,8	3,4	13,3
1971/75	31,7	20,6	19,1	4,1	5,1	3,0	13,4
1976/80	31,7	20,8	19,8	3,9	4,7	3,1	12,9
1981/85	32,2	19,5	18,8	4,0	5,1	3,1	14,1
1986/90	33,7	19,3	16,9	4,3	4,9	3,2	14,5

Quelle: SBS, Stat. Erhebungen und Schätzungen, div. Jahrgänge

3.2 Der landwirtschaftliche Endrohertrag nach Faktorverwendung

In diesem Abschnitt soll der Endrohertrag nach Faktorverwendung gegliedert werden. In Abbildung 3.2 wird für 1990 und 1979 der Endrohertrag gleich 100% gesetzt. Davon ausgehend erfolgt je die prozentuale Aufteilung für beide Stichjahre. Die Zeichnung entspricht in etwa der Aufteilung im Jahre 1990, die erste Prozentzahl steht für das Jahr 1990 und die zweite für das Jahr 1979.

Abbildung 3.2: Aufteilung des Rohertrages nach seiner Faktorverwendung, 1990 und 1979

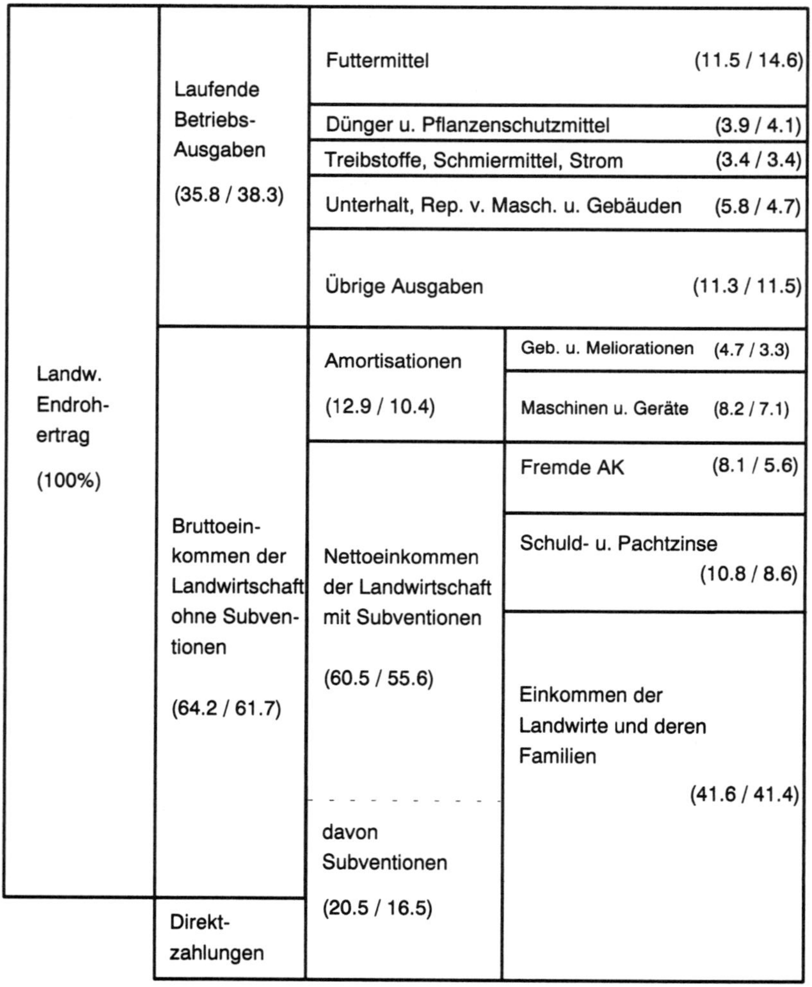

Quelle: SBS, Statistische Erhebungen und Schätzungen, div. Jhg.

- Der Anteil der laufenden Betriebsausgaben ist im Vergleich zum Jahre 1979 gesunken. Insbesondere der Aufwand für Futtermittel hat im angesprochenen Zeitraum deutlich abgenommen. Die Einführung der Milchkontingentierung (1977), verbesserte Rauhfutterqualität, Zuchtfortschritte bezüglich Futterverwertung und, im Verhältnis zu anderen Produktionsfaktoren, geringe Preissteigerungen haben zu dieser Abnahme geführt. Die anderen beiden Gruppen von ertragssteigernden Produktionsmitteln, Dünger- und Pflanzenschutzmittel und Treibstoffe, blieben hingegen anteilsmässig konstant. Als Folge dieser Einsparung stieg der Anteil des Bruttoeinkommens der Landwirtschaft am Landwirtschaftlichen Endrohertrag an.

- Der Anteil der Amortisationen am Landwirtschaftlichen Endrohertrag stieg wegen der sich weiterhin ausdehnenden Mechanisierung.
- Der Anteil des Nettoeinkommens am Landwirtschaftlichen Endrohertrag nahm anteilsmässig um 4,9% zu. Für diesen Anstieg sind bei agrarpolitisch bedingter Konstanz des Einkommens der Landwirte und deren Familien die Positionen für Entschädigung fremder Arbeitskräfte und Schuld- und Pachtzinsen verantwortlich.
- Prozentual am stärksten zugenommen haben die im Endrohertag nicht enthaltenen Subventionen. Hierbei handelt es sich um Direktzahlungen wie zum Beispiel Kostenbeiträge an Rindviehhalter im Berggebiet oder um Anbauprämien.

3.3 Einkommensunterschiede nach Zonen und Betriebsgrössen

Aus wirtschaftspolitischer Sicht interessant ist auch die jeweilige Einkommensverteilung innerhalb eines Sektors, insbesondere dann, wenn der Staat diese mit zahlreichen Massnahmen zu beeinflussen versucht. Aus statistischen Gründen können wir jedoch solche Angaben nicht für den ganzen Agrarsektor angeben, sondern ziehen dafür die Ergebnisse der Testbetriebe bei. Diese sind zwar nur für die Gruppe der rationell geführten Haupterwerbsbetriebe repräsentativ, welche jedoch auch den agrarpolitischen Preisbeschlüssen zugrunde gelegt wird. Aus den Angaben der Testbetriebe werden jährlich nach normierten Verfahren Arbeitsverdienste für einzelne Gruppen berechnet. Diese werden dem Paritätslohnanspruch[4] gegenübergestellt, welcher aufgrund der Einkommen in der übrigen Bevölkerung berechnet wird. In Abbildung 3.3 werden solche Gegenüberstellungen für die Betriebe der Tal- und Bergzone für die letzten zwölf Jahre gezeigt.

---

4 vgl. dazu Bundesrat, 1992, 7. Landwirtschaftsbericht, S. 155 ff

Abbildung 3.3: Entwicklung der Arbeitsverdienste je Tag, 1981-1992

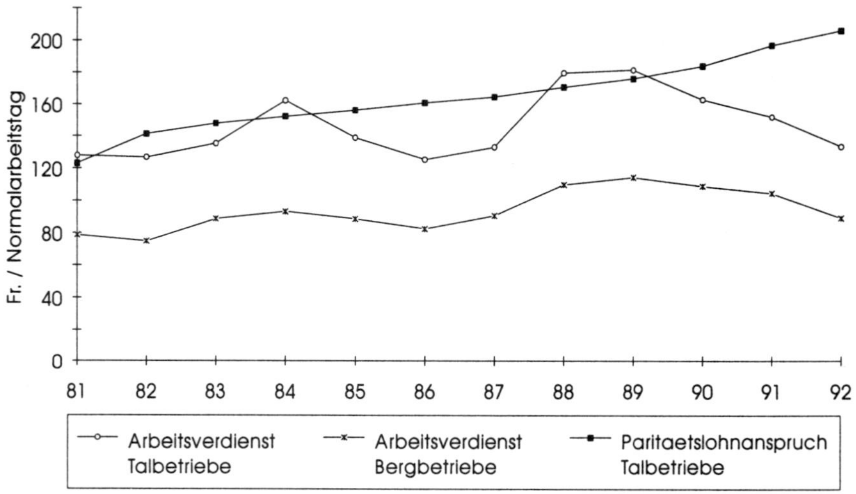

Quelle: FAT, 1992, Hauptbericht

Aus Abbildung 3.3 lassen sich einige relevante Erkenntnisse herauslesen: Talbetriebe erreichen im Durchschnitt nahezu den Paritätslohn. Ihre Verdienste schwanken allerdings wesentlich stärker als jene der Bergbetriebe. Als Ursachen dieser Schwankungen sind die Ertragsschwankungen beim Ackerbau und die Preisschwankungen beim Rind- und Schweinefleisch zu nennen. Demgegenüber bekommen die Bergbauern bedeutende Direktzahlungen, welche die Schwankungen bei den Zuchtrindern offensichtlich stark ausgleichen. Aber insgesamt betragen ihre Arbeitsverdienste nur etwa 65 % des Paritätslohnanspruchs. Für Tal- wie für Bergbetriebe zeigt sich ab 1989 eine sinkende Tendenz der Arbeitsverdienste.

Von agrarökonomisch besonderem Interesse ist die Einkommensverteilung innerhalb des Agrarsektors, da diese ja durch viele Agrargesetze "verbessert" werden soll. Auch hier greifen wir auf die Ergebnisse der Testbetriebe zurück. Wegen der eben beschriebenen grossen Unterschiede nach Berg- und Talgebiet führen wir die Einkommensverteilung entsprechend auch separat auf.

Abbildung 3.4: Streuung der Arbeitsverdienste je Tag in den Tal- und Bergbetrieben, 1992

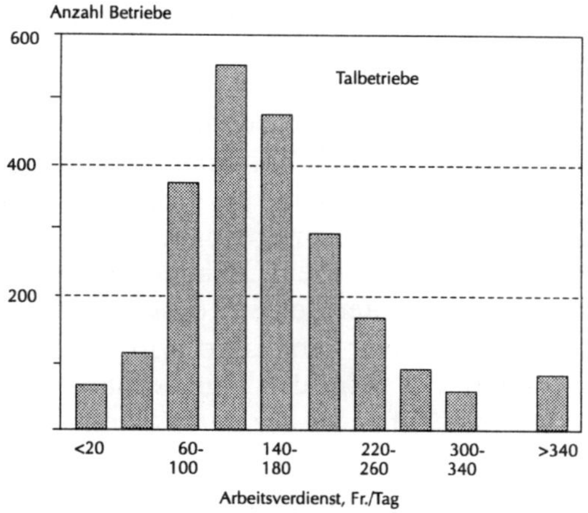

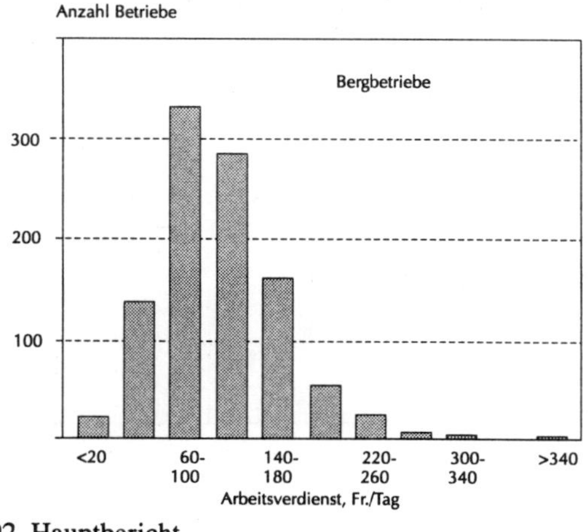

Quelle: FAT, 1992, Hauptbericht

Es zeigt sich deutlich, dass im Berggebiet die Streuung der Arbeitsverdienste kleiner ist. Dies ist einerseits bedingt durch die homogenere Produktionsstruktur (überwiegend Rindviehhaltung), weiter durch geringeres natürliches Potential zur Diversifizierung und schliesslich durch die Agrarpolitik. Diese sieht für die meisten Direktzahlungen Struktur- und Einkommensobergrenzen vor, welche einen egalisierenden Effekt auf den Arbeitsverdienst haben.

4. Agrarstrukturen der Schweizer Landwirtschaft

4.1 Eine Übersicht zur Entwicklung zwischen 1939 und 1990

Es gibt unterschiedliche Kriterien, Strukturwandel im Agrarsektor aufzuzeigen. Für den weitaus grössten Teil aller Landwirtschaftsbetriebe in der Schweiz ist die Fläche eine stark bestimmende Grösse. Deren Bedeutung hat in jüngster Zeit stark zugenommen, weil viele agrarpolitische Massnahmen aus ökologischen Gründen an die Fläche gebunden sind. Wir werden jedoch später zeigen, dass zumindest auf Haupterwerbsbetrieben umso intensiver produziert wird, je kleiner sie flächenmässig sind. Abbildung 3.5 zeigt den Agrarstrukturwandel anhand der Anzahl Betriebe und der Zunahme der durchschnittlichen Betriebsgrösse.

Abbildung 3.5: Entwicklung der Zahl der Betriebe und der durchschnittlichen Betriebsgrösse, 1939-1990

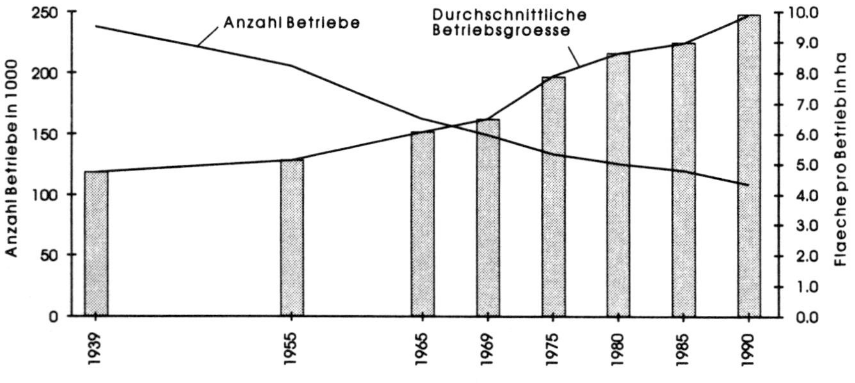

Quelle: SBS, Statistische Erhebungen und Schätzungen, div. Jhg.

4.2 Strukturanalyse nach Haupt- und Nebenerwerbsbetrieben

Dafür müssen die Kriterien vorangestellt werden, nach denen das Bundesamt für Statistik in landwirtschaftliche Haupt- und Nebenerwerbsbetriebe unterscheidet. Als Haupterwerbsbetriebe gelten jene, welche mehr als 50% des Einkommens aus der landwirtschaftlichen Tätigkeit erwirtschaften und hiefür nach Normen mindestens 1500 Stunden pro Jahr aufbringen müssen. Haupterwerbsbetriebe werden zusätzlich unterschieden in Voll- und Zuerwerbsbetriebe; Vollerwerbsbetriebe weisen weniger als 10% ausserlandwirtschaftliches Einkommen auf. Wir treten hier nicht weiter auf diese Unterscheidung ein.

Abbildung 3.6 enthält eine Verteilung der Haupt- und Nebenerwerbsbetriebe nach Flächengrössenklassen für die Jahre 1975 bis 1990. Diese Abbildung gibt folgende Einsichten: Nebenerwerbsbetriebe befinden sich zum allergrössten Teil in den Grössenklassen unter 1 bzw. unter 5 Hektaren. Diese beiden Kategorien haben seit 1975 relativ stark abgenommen. In den grösseren Flächenkategorien befinden sich nur sehr wenig Nebenerwerbsbetriebe.

Die Verteilungskurven der Haupterwerbsbetriebe haben seit 1975 das absolute Maximum bei der Grössenklasse 10 bis 15 Hektaren behalten, jedoch ist die Zahl dieser und der noch kleineren Betriebe um fast die Hälfte gesunken. Damit werden die Kurven in jedem folgenden Jahrfünft flacher. Bei den Haupterwerbsbetrieben hat die durchschnittliche landwirtschaftliche Nutzfläche (LN) in der Periode von 1980-1990 von 13,6 ha auf 15,2 ha zugenommen. Ein anderes Bild zeigt sich bei den nebenberuflich geführten Betrieben. Hier vergrösserte sich in derselben Periode die durchschnittliche betriebliche Flächenausstattung nur von 1,8 ha auf 2,6 ha.

Abbildung 3.6: Entwicklung der Flächengrössenklassen bei Haupt- und Nebenerwerbsbetrieben, 1975-1990

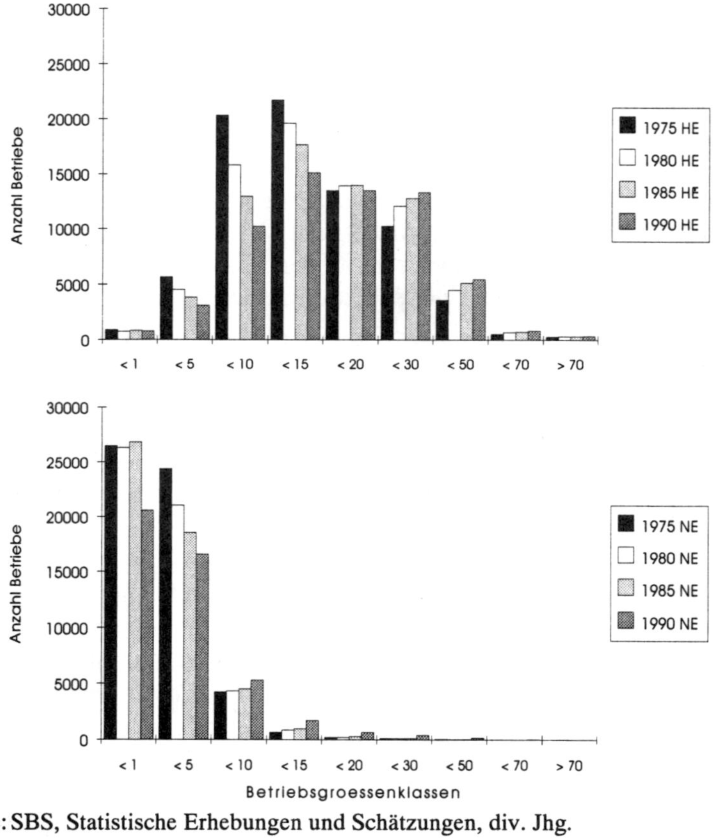

Quelle: SBS, Statistische Erhebungen und Schätzungen, div. Jhg.

Nebenerwerbsbetriebe bearbeiten nur rund 11% der landwirtschaftlichen Nutzfläche der Schweiz. Ihre Bedeutung für den Ackerbau ist bei einem Anteil von 9% an der Offenen Ackerfläche eher klein. Bei der Bewirtschaftung der Naturwiesen und von Spezialkulturen beanspruchen sie 15% bzw. 21% der landwirtschaftlichen Nutzfläche.

Eine andere Richtung der Strukturentwicklung ist die innere Aufstokkung über die flächenunabhängige Tierproduktion, namentlich in der Schweine-, Geflügel- und Eierproduktion. Durch die Loslösung der Futterbeschaffung von der betriebseigenen Fläche konnten Technologien eingeführt werden, die auch Grösseneffekte erzielen liessen. Allein durch grössere Bestände und entsprechende Produktionsanlagen konnten beachtliche Kostensenkungen realisiert werden. Die betriebliche Expansion war nicht mehr an die relativ fixe Betriebsfläche gebunden.

4.3 Strukturwandel im europäischen Vergleich

Tabelle 3.5 enthält einen Vergleich von Strukturgrössen und -veränderungen einiger europäischer Länder. Dabei fällt folgendes auf: Die Abnahme der Betriebszahl seit 1970 bzw. 1975 war in Österreich und der Schweiz weitaus am grössten. Dies ist auf die günstige Arbeitsmarktlage (Sog der Wirtschaft v.a. für Töchter und Söhne von Landwirten) in jener Zeit zurückzuführen. Die Arbeitslosigkeit war in diesen Ländern im Vergleich zu den übrigen sehr klein (vgl. auch Abschnitt 5). Zudem sind die Betriebe abgesehen vom hier nicht vergleichbaren Italien relativ klein. Österreich und die Schweiz weisen 1987 bzw. 1990 auch die weitaus grössten Anteile an Neben- und Zuerwerbsbetrieben auf. Dies wiederum lässt sich nur durch die dezentralisierte Wirtschaft bzw. den überaus grossen Winter- und Sommertourismus in den Alpenregionen dieser Länder erklären.

Tabelle 3.5: Veränderung der Betriebszahlen und durchschnittliche Betriebsgrösse

	Abnahme der Betriebszahl zwischen 1970 - 87 (CH: 1975 - 90)	durchschnittl. landwirt. Nutzfläche (LN) je Betrieb 1987 (CH: 1990)	Anteil Betriebe mit mehr als 30 ha LN 1987 (CH: 1990)	Anteil Neben- und Zuerwerbsbetriebe 1987 (CH: 1990)
Schweiz	18,7%	11,4 ha	4%	52,4%
Deutschland	6,4%	16,8 ha	17%	43,5%
Frankreich	6,3%	28,6 ha	34%	29,0%
Italien	9,5%	5,6 ha	3%	24,1%
Holland	5,5%	15,3 ha	14%	23,9%
Belgien	11,0%	14,8 ha	14%	32,5%
Dänemark	5,6%	32,2 ha	38%	33,5%
Grossbrit.	5,4%	64,4 ha	45%	24,8%
Österreich	22,8%	12,8 ha	-	65,3%

Quelle: BfS, 1990, Betriebszählungen; Eurostat

Auch durch die Angaben zu den Anteilen von Betrieben mit über 30 ha Land wird ersichtlich, wie - abgesehen von Italien - die Schweiz eine vergleichsweise sehr kleinflächige Betriebsstruktur aufweist. Dass sie daher auch sehr viel höhere Produktionskosten aufweist, zeigt sich u.a. auch in den rund doppelt so hohen garantierten kostendeckenden Preisen als in den EU-Ländern. Daher kann die Inlandproduktion nur mit sehr hohem Agrarschutz aufrecht erhalten werden.

5. Entwicklung des Faktoreinsatzes

Die Veränderung des Einsatzes von Produktionsfaktoren ist besonders hilfreich, um einen Wirtschaftszweig zu charakterisieren bzw. seine strukturelle Anpassung nachzuvollziehen.

Tabelle 3.6 zeigt die Entwicklung des Einsatzes der Produktionsfaktoren Arbeit, Realkapital und Boden seit 1955. Daraus geht hervor, dass sich vor allem der Einsatz der Faktors Arbeit stark verringert hat. Bei der landwirtschaftlichen Kulturfläche ist die Abnahme nur gering. Das Realkapital hat sich nicht über die ganze Zeit in die gleiche Richtung entwickelt.

Tabelle 3.6: Entwicklung der drei Produktionsfaktoren seit 1955

Jahr	Arbeitskräfte männlich über 15 J.		Realkapital (Gebäude und Maschinen)[1]		Landw. Kulturfläche (ohne Alpweiden), ha	
	absolut	Index	Mio Fr. real	Index	absolut	Index
1955	274863	100	2000	100	1254153	100
1960	232667	88	2203	110	-	-
1965	183102	66	2182	109	1213420	97
1969	161152	58	2210	110	1207837	96
1975	131383	48	1614	81	1173855	94
1980	121372	44	1845	92	1202006	96
1985	113748	41	2077	104	1199811	96
1990	97349	35	2258[2]	113	1202357	96

[1] Schätzung aufgrund der Sektoralen Einkommensberechung [2] 1988

Quelle: SBS, Statistische Erhebungen und Schätzungen, div. Jhg

Nachfolgend wollen wir kurz auf die Gründe für die Entwicklung bei den einzelnen Faktoren eintreten.

5.1 Arbeitskräfte

Die Abwanderung landwirtschaftlicher Arbeitskräfte in andere Sektoren ist in allen Ländern ein politisches Thema. Ökonomisch denkenden Vertretern geht die Abwanderung bzw. die Strukturanpassung in der Regel zu langsam. Bauernpolitiker andererseits beklagen in der Regel die zu schnelle Abwanderung, indem sie diese auf die ungenügenden Einkommen in ihren Reihen zurückführen. Tatsächlich ist die Erklärung der jeweiligen Abwanderung eine komplexe Angelegenheit; entsprechend gibt es zahlreiche Untersuchungen dazu.

In diesem Abschnitt soll mit zwei Abbildungen ein erster Einblick in mögliche Ursachen der Abnahme der landwirtschaftlichen Arbeitskräfte in der Schweiz gegeben werden. In Kapitel IV werden wir auf theoretische Erklärungsansätze eintreten.

In Abbildung 3.7 ist vorerst die Anzahl ständiger männlicher Arbeitskräfte über 15 Jahre zwischen 1955 und 1990 graphisch dargestellt. Daraus sind variierende Abwanderungsraten in verschiedenen Phasen ersichtlich. Diese Raten sind hoch bis 1965, verlangsamen sich in den siebziger Jahren und nehmen in den achtziger Jahren wieder zu.

Abbildung 3.7: Abwanderung aus der Schweizer Landwirtschaft, 1955-1990

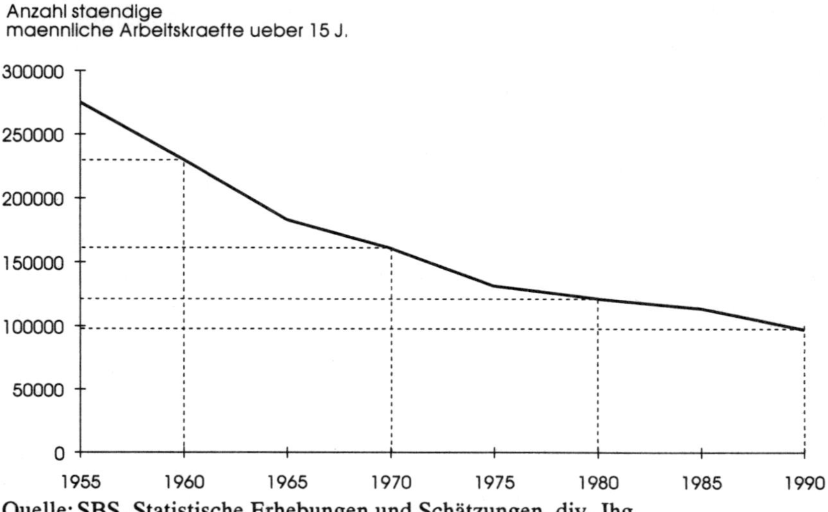

Quelle: SBS, Statistische Erhebungen und Schätzungen, div. Jhg.

Abbildung 3.8: Betriebsleiter nach Altersklassen, 1990

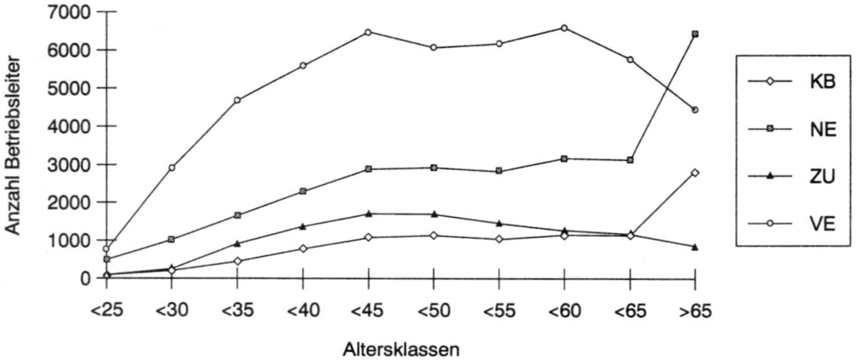

Quelle: SBV, 1992, nach BfS, Betriebszählung 1990

Bevor wir Hypothesen zur Abbildung 3.7 aufstellen, soll auf Abbildung 3.8 verwiesen werden, die den Altersaufbau der Betriebsleiter nach vier Betriebskategorien für 1990 enthält. Diese Abbildung liefert folgende Einsichten: Kleinbetriebe und Nebenerwerbsbetriebe weisen einen absolut untypischen Altersaufbau auf. Ein grosser Teil dieser Betriebe entfällt auf Personen, die über 65 Jahre alt sind. Daraus geht hervor, dass die Zahl bzw. der Altersaufbau dieser Landwirte sich nicht mit den gleichen Ursachen erklären lässt wie jene der Voll- und Zuerwerbsbetriebe. Diese beiden Kategorien weisen allerdings auch eine untypische Altersstruktur auf, nämlich zwei Maxima, eines bei den 45-jährigen und ein zweites bei den 65-jährigen. Als Hinweis sei gesagt, dass die 1990 ungefähr 65-jährigen um 1950 etwa 25 Jahre alt waren und damit ihre Berufsentscheidungen schon getroffen hatten. Andererseits waren die 1990 rund 50-jährigen um 1955 gerade in Berufsentscheidung, als die übrige Wirtschaft ein sehr hohes Wirtschaftswachstum aufwies. Dieser Zeitabschnitt entspricht in Abbildung 3.7 der starken Abnahme zwischen 1955 und 1965.

Aus den statistischen Angaben der zwei Abbildungen 3.7 und 3.8 wird nun folgende Hypothese zur Abwanderungsrate der Landwirte abgeleitet: Die Abwanderungsrate lässt sich zum dominanten Teil durch den Sog der übrigen Wirtschaft auf Söhne und Töchter im Lehrlingsalter und nur zu einen geringen Teil durch den innerbetrieblichen Druck der Betriebsvergrösserung erklären. Letzterer tritt erst auf, wenn über mehrere Jahre der Sog der übrigen Wirtschaft wegfallen würde, was im Untersuchungszeitraum nie der Fall war (wohl aber in den dreissiger Jahren als Folge der Weltwirtschaftskrise). Von 1955 bis 1970 war ein sehr grosser Sog als Folge des allgemeinen Wirtschaftswachstums festzustellen. Neben den Söhnen im Lehrlingsalter fanden auch viele ältere Bauern ausserlandwirtschaftliche Beschäftigungsmöglichkeiten, ohne Wohnort und Betrieb zu verlassen. Aus letzteren wurden teilweise Nebenerwerbsbetriebe. In den siebziger Jahren trat die erste Nachkriegsrezession auf und es gab viele Arbeitslose. Der Sog nach Lehrlingen nahm ab. Die landwirtschaftlichen Berufsschulen waren wieder überfüllt, weil in dieser ersten "grünen Welle " auch viele Söhne und Töchter aus nichtbäuerlichen Familien den Landwirtschaftsberuf ergreifen wollten.

In den achtziger Jahren nahm die Anzahl der Jungbauern wieder stark ab, weil ein äusserst grosser Sog auf sie wirkte. Das Wirtschaftswachstum war gross, und neu trat hinzu, dass jetzt die demographisch kleinen Jahrgänge ins Berufsleben eintraten, also weniger Anwärter auf Lehrstellen da waren.

Es ist nun eine zweite Frage, wer jeweils abwandert oder eben nicht abgewandert ist. Zur Beantwortung dieser Frage gibt es keine einzelbetrieblichen Untersuchungen, jedoch verschiedene Umfragen[5] bei über 50-jährigen Bauern, ob bei ihnen die Nachfolge gesichert sei. Erwartungsgemäss ergeben solche Umfragen, dass potentielle Nachfolger auf kleinen und schlecht eingerichteten Betrieben leichter dem Sog der übrigen Wirtschaft folgen.

5.2 Realkapital

Im wesentlichen handelt es sich dabei um Gebäude und Maschinen, nicht jedoch um variable Inputfaktoren, die laufend "verbraucht" werden. Wie schon in Tabelle 3.6 aufgeführt, ist der Realkapitalbestand 1988 ungefähr gleich hoch wie 1955. Dazwischen war er aber tiefer, am tiefsten mitte der Siebzigerjahre. Ab Ende der Achtzigerjahre wird wieder eine abnehmende Tendenz geschätzt[6].

Welches sind nun die Gründe dieser Entwicklung? Die Veränderung des Realkapitalbestandes spiegelt die Nettoinvestitionen. Diese sind

---

5 BfS, Betriebszählungen
6 SBS, mündliche Auskunft

abhängig von verschiedenen Faktoren. Für eine Abnahme spricht die Reduktion der Betriebszahl durch den Strukturwandel. Andererseits hat parallel dazu eine Substitution der abgewanderten Arbeitskräfte durch Maschinen stattgefunden (Mechanisierung). Des weitern führen die Nettoinvestitionen in Gebäude (Stallsanierungen und -neubauten) zu einer Zunahme.

Der Umfang der getätigten Investitionen hängt unter anderem von der wirtschaftlichen Lage und den Zukunftserwartungen des Sektors ab. Zusätzlich wurden die Investitionen durch die Agrarpolitik (Subventionen, Investitionskredite, Einkommenssicherung) unterstützt oder durch Umweltauflagen (Tier- und Gewässerschutz) erforderlich.

5.3 Boden[7]

Die Analyse des Einsatzes des Produktionsfaktors Boden gibt aus sektoraler Sicht wenig her. Die Abnahme der landwirtschaftlich nutzbaren Fläche ist vielmehr ein umwelt- und versorgungspolitisches Problem, dem über die Raumplanung und die Sicherung der Fruchtfolgeflächen begegnet wird.

Die Abnahme des Kulturlandes beträgt jährlich 2000 bis 3000 ha[8] und ist hauptsächlich auf Überbauungen zurückzuführen.

---

7 Für eine Analyse des landwirtschaftlichen Bodenmarktes sei verwiesen auf: Rieder P., Huber R., 1992, Landwirtschaftlicher Bodenmarkt und Bodenpolitik, Schriftenreihe Institut für Agrarwirtschaft, Zürich

8 Gantner U., 1991, Dynamik der landwirtschaftlichen Bodennutzung, Themenbericht des NFP "Boden", Liebefeld

6. Produktivitäten und Intensitäten

6.1 Produktivität

Der Begriff Produktivität ist eine Verhältniszahl bzw. ein Vergleichsmassstab und drückt die *mengenmässige* Beziehung zwischen Output und Input aus:

$$\text{Produktivität} = \frac{\text{Produktionsmenge (Output)}}{\text{Faktoreinsatz (Input)}}$$

Da zur Herstellung der Produktionsmenge zugekaufte Vorleistungen verwendet werden, ist es sinnvoll, diese von der Bruttoproduktionsmenge abzuziehen. Damit gelangt man zur Nettoproduktionsmenge.

Werden Produktion und Faktoreinsatz mit den (deflationierten) Preisen bewertet, so ergibt sich eine *monetäre*, bereinigte Produktivität:

$$\text{bereinigte Produktivität} = \frac{\text{Wertschöpfung (Output)}}{\text{Faktoraufwand (Input)}}$$

Die Produktivität lässt sich für alle drei Produktionsfaktoren - Arbeit, Boden und Kapitel - berechnen:

6.1.1 Arbeitsproduktivität:

Sie ist die häufigste Vergleichsgrösse und ermöglicht einen direkten Vergleich zwischen einzelnen Wirtschaftszweigen:

$$\text{Arbeitsproduktivität} = \frac{\text{Wertschöpfung (Output)}}{\text{Arbeitskräfte (Input)}}$$

In Tabelle 3.2 in Abschnitt 2 wurde die Wertschöpfung nach Wirtschaftszweig pro Erwerbstätigen aufgeführt. Diese Angaben entsprechen der Arbeitsproduktivität, indem der Output monetär bewertet wurde und der Input durch die Zahl der Erwerbstätigen ausgedrückt ist. Die Tabelle zeigt auch, dass die Arbeitsproduktivität der Landwirtschaft nur 57 % des schweizerischen Durchschnittes beträgt (1990).

Tabelle 3.7 belegt nun andererseits, dass die Arbeitsproduktivität in der Landwirtschaft bis zu den 80er Jahren sehr grosse Zuwachsraten aufweist. Seither sind die Zuwachsraten bedeutend kleiner geworden.

Tabelle 3.7: Wertschöpfung und Arbeitsproduktivität in der Landwirtschaft, 1946-1990

Jahre	Wertschöpfung zu konstanten Preisen (in Mio Fr.) 1)	Erwerbstätige	Arbeitsproduktivität absolut (in Fr./AK)	durchschnittl. jährliche Veränderung (in %)
1946/50	1401	353340	3990,5	
1951/55	1582	300896	5257,6	6,35
1956/60	1700	264137	6436,1	4,48
1961/65	1874	241254	7767,8	4,14
1966/70	2118	215899	9810,1	5,26
1971/75	2289	175311	13056,8	6,62
1976/80	2515	142999	17587,6	6,94
1981/85	2698	133818	20161,8	2,93
1986/90	2745	121592	22575,6	2,39

Quelle: SBS, Stat. Erhebungen und Schätzungen, div. Jhg. 1) zu Preisen von 1939

Offensichtlich liegt in der Landwirtschaft immer noch ein beträchtliches Rationalisierungspotential.

Die Wertschöpfung andererseits ist insofern eine problematische Grösse, als die Preise landwirtschaftlicher Produkte in der Schweiz vorwiegend administrierte Preise sind (mit abnehmender Tendenz, siehe Kapitel IX), die nicht eigentlich die Wirtschaftskraft ausdrücken. Vielmehr liegen sie weit über den Preisen, die sich auf freien Märkten ergeben würden. Mit dem Systemwechsel weg von produktionsdeckenden Preisen hin zur Abgeltung öffentlicher Leistungen über Direktzahlungen wird statistisch gesehen die Arbeitsproduktivität rasch sinken, obwohl auch in Zukunft technischer Fortschritt und Rationalisierungen realisiert werden.

6.1.2 Kapitalproduktivität:

Die Kapitalproduktivität ist das Verhältnis der Wertschöpfung (Produktionsmenge abzüglich zugekaufter Vorleistungen) zum eingesetzten Kapital. Dieses umfasst die Abschreibungen auf dem Realkapital und alle weiteren Produktionsmittel wie Dünger, Pflanzenschutzmittel, Energie usw. Es handelt sich also um eine sehr heterogene Gruppe. Deshalb hat die Kapitalproduktivität eine relativ geringe Aussagekraft, insbesondere wenn Aussagen über die an sich schon heterogene Gesamtlandwirtschaft gemacht werden sollen.

6.1.3 Bodenproduktivität:

Das gleiche gilt auch für die Bodenproduktivität: Wie immer man den Output misst, ob in Kalorien oder in Franken, die Unterschiede in der Bodenbeschaffenheit sind so gross, dass die Berechnung einer Einheitsproduktivität wenig Einsicht bringt.

6.1.4 Gesamtproduktivität:

Die faktorbezogenen Produktivitäten werden auch partielle Produktivitäten genannt. Daneben lässt sich auch eine Gesamtproduktivität berechnen. Sie ist Ausdruck für das Verhältnis zwischen Produktmenge (Rohertrag zu konstanten Preisen) und den eingesetzten Mengen an Produktionsmitteln, Arbeit und Kapital (Produktionskosten zu konstanten Preisen).

Tabelle 3.8: Ertrags-, Aufwands- und Produktivitätsentwicklung

Erfolgs- bzw. Aufwandgrösse	**zu Preisen von 1976**		**Veränderung**	
	1976 bis 1978	1987 bis 1989	Veränderung 78/89	% pro Jahr
Produktionsmenge (Rohertrag) Fr./ha	8 855	10 291	+1 436	+1,5
Produktionsmitteleinsatz (Sachaufwand) Fr./ha	4 551	4 880	+ 329	+ 0,7
Arbeitseinsatz (Löhne und Lohnansprüche) Fr./ha	3 422	2 894	- 528	- 1,4
Kapitaleinsatz (Zinse und Zinsansprüche) Fr./ha	1 195	1 550	+ 355	+ 2,7
Aufwand total (Produktionskosten) Fr./ha	9 168	9234	+156	+0,2
Arbeitsproduktivität (Betriebseinkommen/Tag) Fr./Tag	109	157	+ 48	+ 3,7
Globalproduktivität (Rohertrag /Produktionskosten) Fr./Fr.	0,97	1,10	+ 0,13	+ 1,1

Quelle: Bundesrat, 1992, 7. Landwirtschaftsbericht, berechnet aufgrund der Buchhaltungsdaten der Testbetriebe im Tal- und Hügelgebiet

Der Arbeitseinsatz pro Hektare nahm im Betrachtungszeitraum jährlich um 1,4% ab. Gleichzeitig war der Anstieg des Sachaufwandes mit 0,7% jährlich wesentlich geringer als der Anstieg des Rohertrages mit 1,5%. Die Reduktion des Arbeitsaufwandes war möglich dank eines höheren Kapitaleinsatzes in Form von Maschinen und Gebäuden. Der Anstieg des Kapitalaufwandes ist prozentual zwar grösser, in Franken pro Hektare jedoch geringer als der Rückgang bei der Arbeit.

6.2 Intensitäten

Intensität definiert das Verhältnis eines Produktionsfaktors zu einem anderen.

$$\textit{Intensität} = \frac{\textit{Produktionsfaktor 1}}{\textit{Produktionsfaktor 2}}$$

Dabei können drei Intensitäten unterschieden werden;

- Die Intensität **Kapital/Arbeit** gibt an, wieviel Kapital (Futter, Dünger, Vieh, Maschinen etc.) pro Arbeitskraft eingesetzt wird. Von kapitalintensiver Bewirtschaftung wird gesprochen, wenn pro landwirtschaftliche Arbeitskraft viel Kapital eingesetzt wird; dies wird in der Regel mit hoher Mechanisierung gleichgesetzt.
- Im Verhältnis **Kapital/Boden** liegt die ökologische Problematik der Überdüngung und der viehintensiven, bodenarmen oder bodenunabhängigen Betriebe.
- Dem Verhältnis **Arbeit/Boden** liegt die Frage nach der gewünschten Agrarstruktur zugrunde. Es drückt aus, wieviel Arbeitskräfte nötig sind, um eine bestimmte Fläche zu bewirtschaften. Bei deutlich arbeitsextensiver Bewirtschaftung wird gerade in Randregionen der Abwanderung und Entleerung von Siedlungsgebieten Vorschub geleistet.

Wir wollen im folgenden die Entwicklung der drei Intensitäten in der Schweizer Landwirtschaft mit einigen Zahlen belegen und gleichzeitig begründen.

6.2.1 Entwicklung der Intensität Kapital / Arbeit

Auch wenn die Kapital/Arbeit-Intensität als Durchschnittsgrösse begrenzten Aussagewert besitzt, sei doch auf deren sehr grossen Anstieg hingewiesen. Wie aus den Angaben in Tabelle 3.6 herausgelesen werden kann, hat sich diese Grösse seit 1955 fast verdreifacht. Entsprechend ist, wie wir oben gezeigt haben, die Arbeitsproduktivität seither kontinuierlich stark angestiegen. Auf die hiefür nötige ökonomische Erklärung wird erst in Kapitel IV eingetreten.

6.2.2 Entwicklung der Intensität Kapital / Boden

Werden für diese Betrachtung richtigerweise das investierte Realkapital als auch die variablen Inputfaktoren (Dünger, Pestizide, etc.) berücksichtigt, so lassen sich Aussagen zur teilweise ökologisch höchst problematischen Intensität machen. An zwei Beispielen, nämlich am Düngeraufwand pro Hektare Nutzfläche (Abbildung 3.9) und am Schweinebestand pro Flächengrössenklasse (Abbildung 3.10) soll die Problematik dargestellt werden.

Abbildung 3.9: Handelsdüngereintrag pro ha Landwirtschaftliche Nutzfläche (ohne Sömmerungsweiden), 1946-1990

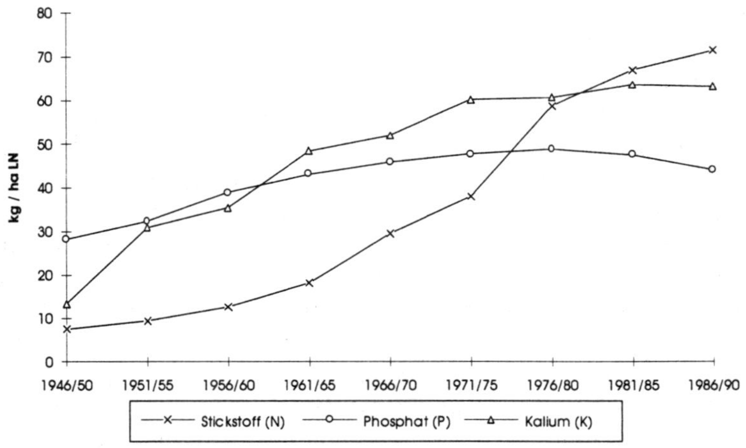

Bekanntlich ist mit einem übermässigen oder nicht sachgerechten Düngereintrag pro Hektare Kulturland das Problem der Auswaschung von Nährstoffen und damit der Gewässerverschmutzung verbunden. Wie wir in Kapitel IV zeigen werden, ist es betriebswirtschaftlich einleuchtend, dass es sich stets lohnte, mehr ertragssteigernden Dünger einzusetzen, obwohl dadurch zunehmend ökologische Gefahren auftraten.

Abbildung 3.10: Verteilung des Schweinebestandes nach Flächen- und Bestandesgrössenklassen, 1988

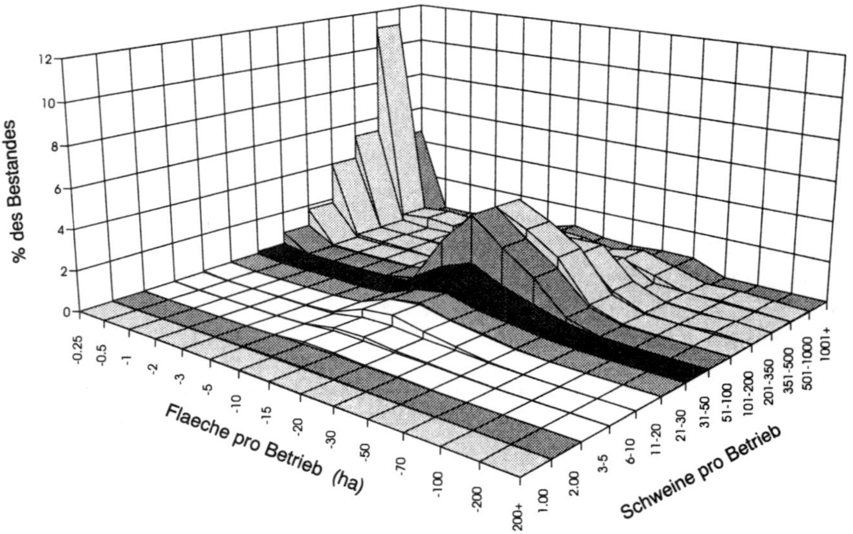

Abbildung 3.10 zeigt die Anzahl Schweine pro Betrieb im Verhältnis zur Betriebsfläche und bringt damit die Verteilung des Schweinebestandes zum Ausdruck. Auffällig sind zwei "Buckel". Die vordere Erhebung ersteckt sich auf Betriebe, die grösstenteils eine Fläche von 10-30 ha aufweisen. Es sind zumeist Betriebe in der voralpinen Hügelzone, die durch innere Aufstockung ihre fixen Faktoren auf kleiner Betriebsfläche mittels Futtermittelzukauf besser auslasten. Der hintere Buckel umfasst jene Betriebe, die bodenunabhängig Schweine halten. Diese beiden Arten der Produktion sind von einer hohen Kapitalintensität geprägt und bergen die Gefahr von Gewässerverschmutzung (Eutrophierung durch Nährstoffeintrag). Dieser wird mit dem im Januar 1991 in Kraft getretenen Gewässerschutzgesetz[9] entgegengetreten.

9 Bundesgesetz über den Schutz der Gewässer, BBl 1987 II 1061; vgl. dazu auch Kapitel X

6.2.3 Entwicklung der Intensität Arbeit / Boden

Trotz der Vorbehalte wegen der Heterogenität der natürlichen Verhältnisse seien einige Angaben dazu wiedergegeben. Insbesondere ist auch darauf hinzuweisen, dass die Relation nicht einfach der reziproken Betriebsgrösse entspricht, denn die Zahl der Arbeitskräfte pro Betrieb hat trotz Betriebsvergrösserungen auch abgenommen. Im Zeitablauf ergeben sich hierfür folgende Werte:

Tabelle 3.9: Arbeitskräfte (AK) je Hektare bzw. bewirtschaftete Fläche je Arbeitskraft

Jahr	AK / ha	ha / AK
1955	0,22	4,5
1965	0,15	6,7
1975	0,11	9,0
1985	0,09	11,0
1990	0,08	12,5

Quelle: SBS, Statistische Erhebungen und Schätzungen, div. Jhg.

Die Intensität Arbeit pro Flächen hat im Zeitablauf sehr stark abgenommen. Vor allem hat diese Entwicklung dazu geführt, dass die Zahl der landwirtschaftlichen Arbeitskräfte bei gleicher Flächennutzung in den Dörfern (ohne Städte) zu Minoritäten von durchschnittlich rund 10 % der Bevölkerung wurden.

7. Selbstversorgung und Ernährungsplanung

7.1 Selbstversorgung: Ausmass und Relevanz

Fragen der Nahrungsmittelversorgung nehmen im Rahmen der schweizerischen Neutralitätspolitik und damit vor allem in der Agrarpolitik nach wie vor eine wichtige Stellung ein. Die folgenden Ausführungen sind deshalb auch in diesem grösseren Zusammenhang zu verstehen.

Abbildung 3.11: Modell der inländischen Nahrungsmittelversorgung

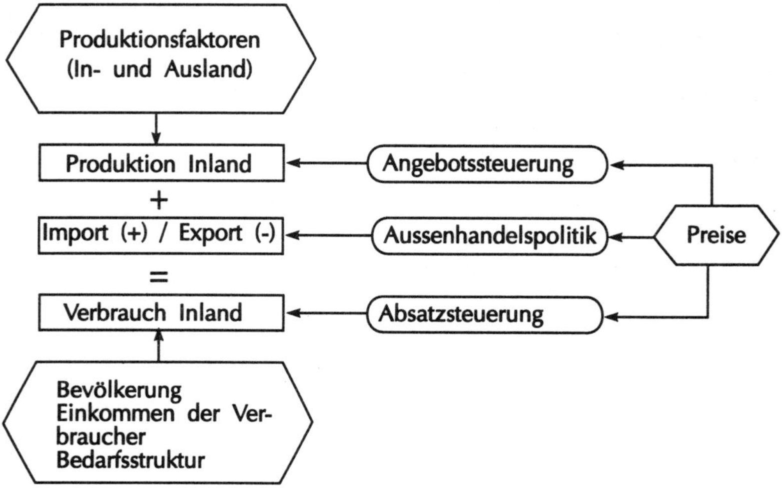

Das Inlandangebot zuzüglich Importe bzw. abzüglich Exporte ergeben den inländischen Verbrauch. Zur inländischen Produktion werden in- und ausländische Produktionsfaktoren benötigt. Auf die Bilanzgleichung kann der Bund Einfluss nehmen durch Angebotssteuerung, Aussenhandelspolitik und Absatzsteuerung. Dabei werden vor allem die inländischen Preise beeinflusst. Von Bedeutung sind nachfrageseitig die Bevölkerung, die Einkommen der Verbraucher und die Bedarfsstruktur. Der Anteil der Inlandproduktion am Inlandverbrauch wird als **Selbstversorgungsgrad** bezeichnet.

Tabelle 3.10 enthält die Selbstversorgungsgrade der Schweiz auf Kalorienbasis und für wichtige Nahrungsmittel in den letzten vierzig Jahren.

Tabelle 3.10: Selbstversorgungsgrade der Schweiz (Angaben in %), 1950 -1990

Jahre	Kalorien bzw. Joules	Brotgetreide	Kartoffeln	Zucker	Gemüse	pflanzl. Fette	Fleisch total	Milch und Milchprodukte[2]
1951/55	57	48	95	16	77	7[1]	92	[3]
1956/60	57	44	113	15	73	7[1]	91	101
1961/65	56	51	107	15	66	5[1]	85	101
1966/70	59	53	122	21	46	8	83	102
1971/75	61	58	118	23	43	11	85	102
1976/80	63	53	105	34	46	13	89	103
1981/85	65	94	104	43	54	19	83	109
1986/90	60	113	99	45	54	23	80	110

Quelle: SBS, Stat. Erhebungen und Schätzungen, div. Jhg. 1) inkl. Schlachtfette
2) ohne Butter
3) keine Daten verfügbar

Diese Angaben sind aufgrund der geltenden Agrargesetzgebung als Ergebnis der offiziellen Agrar- und Versorgungspolitik zu werten. Im internationalen Vergleich weist die Schweiz einen sehr tiefen durchschnittlichen Selbstversorgungsgrad an Kalorien auf[10].

Produktegruppen mit grossem Importbedarf (Zucker, Gemüse etc.) stehen andere mit Überschüssen (Milchprodukte, in früheren Jahren Kartoffeln, heute Brotgetreide) gegenüber. Es stellt sich dabei die Frage, wie weit die Inlandproduktion im Bedarfsfall auf Selbstversorgung umgestellt werden könnte.

7.2 Kriterien zur Beurteilung der Nahrungsmittelversorgung

Es gibt mehrere Möglichkeiten, quantitative Aussagen über die Nahrungsmittelversorgung zu machen:

- Kalorien- und Grundnährstoffbilanzen
- Einzelnahrungsmittelbilanzen
- Wertmässige Bilanzen

[10] vgl. dazu Bundesrat, 1992, 7. Landwirtschaftsbericht, S. 76

Diesen drei Bilanzrechnungen ist gemeinsam, dass jeweils auf der Stufe der Endprodukte nach der Herkunft des Produktes gefragt wird. Im einzelnen ergänzen sich die drei Berechnungsarten sehr gut. Eine reine Kalorien- oder Grundnährstoffbetrachtung (Eiweiss, Fett, Kohlenhydrate) ermöglicht dank des gemeinsamen Nenners eine Addition über alle Nahrungsmittel, weist aber den Nachteil auf, dass nichts über die Zusammensetzung des Nahrungsmittelangebotes ausgesagt wird. Die Einzelnahrungsmittelbilanz schliesst diese Lücke. Eine wertmässige Bilanzierung ermöglicht dank des gemeinsamen Nenners (Franken) die Berechnung einer einzigen Selbstversorgungsziffer. Es handelt sich dabei allerdings um eine undifferenzierte, qualitativ nicht bewertbare Messzahl. Zudem fliessen Preisschwankungen in die Betrachtung ein.

Eine Bilanz der Nahrungsmittelversorgung auf der Endstufe (Nahrungsmittel) verdeckt die Frage nach der Abhängigkeit der Produktion von den Produktionsfaktoren. Deren Einfuhr müsste unter Berücksichtigung des Wirkungsgrades für die inländische Produktion in die Berechnung des Selbstversorgungsgrades einbezogen werden.

Eine Statistik in diese Richtung würde ersichtlich machen, welche importierten Produktionsmittel beispielsweise mit welchem Anteil energiemässig an der einheimischen Versorgung beteiligt sind. Weiter ergeben sich Fragen nach der Ersetzbarkeit importierter Produktionsfaktoren und nach der Empfindlichkeit der inländischen Produktion bei Wegfall oder starker Verteuerung von importierten Faktoren. Damit sind wir bei der wirtschaftlichen Vorsorge angelangt. Zur relevanten Beurteilung einer Nahrungsmittelversorgung werden im folgenden eine Anzahl von Kriterien aufgeführt und kurz kommentiert:

- **unterschiedliche Gestehungskosten**:

  Aus wohlfahrtsökonomischer Sicht ist eine möglichst kostengünstige Nahrungsmittelversorgung der Bevölkerung anzustreben. Da die Importpreise (Weltmarktpreise) in der Regel tiefer liegen als die inländischen Produktionskosten, wäre aus dieser Sicht allein möglichst viel zu importieren. Der relativ starke Franken verbilligt zudem die Importe[11].

- **Substituierbarkeit der Inlandprodukte**

  Aus langer Sicht betrachtet hat die schweizerische Landwirtschaft gezeigt, dass sie anbau- und produktionstechnisch in der Lage ist,

[11] vgl. Kapitel VIII, Abschnitt 2.3.2

wesentliche Umstellungen vorzunehmen, um anderen Anforderungen der Nahrungsmittelversorgung zu genügen. Einerseits lassen sich die meisten Ackerkulturen substituieren, und andererseits lässt sich das Ackerland als solches ausdehnen. Die Ausdehnung der einzelnen Kulturflächen dürfte weitgehend eine Frage der Wirtschaftlichkeit (Preis-Kosten-Relationen) oder im Bedarfsfall von behördlichen Anordnungen sein.

- **Bedarf an Produktionsfaktoren**

  Der Bedarf an Produktionsfaktoren ist bei allen Ackerkulturen, abgesehen vom Saatgut und einigen Spezialmaschinen, gleicher Art. Stehen Dünger, Treibstoff und Maschinen zur Verfügung, besteht eine relativ grosse Verwendungsflexibilität. Ob eine Nahrungsmittelproduktion sich wandelnden Bedürfnissen anpassen kann, ist auch davon abhängig, ob die benötigten Faktoren zum gewünschten Zeitpunkt zur Verfügung stehen. Die in früheren Jahren wichtigen Importe von Kraftfutter stellen heute keine Begrenzung mehr dar, da der Selbstversorgungsgrad bei Futtergetreide nahezu 100% erreicht hat. Viel grössere Einschränkungen ergeben sich aus den Abhängigkeiten beim Import von Energie oder von Saatgut.

- **Substituierbarkeit im Verbrauch**

  Eine Nahrungsmittelversorgung kann auch auf die Frage hin untersucht werden, ob sie Engpässe ernährungsphysiologischer Art aufweist. Mit anderen Worten: Können durch wahrscheinliche Ereignisse Nahrungsmittel ausfallen, die nicht ersetzbar sind? Von den in Tabelle 3.10 aufgelisteten Nahrungsmitteln wären dabei vor allem Zucker, Gemüse und in gewissem Ausmass pflanzliche Fette zu erwähnen. Über Verschiebungen im Anbau und im Konsum können diese Engpässe jedoch weitgehend überwunden werden.

- **Lagerfähigkeit von Produkten**

  Unter dem Aspekt mehrjähriger Nahrungsmittelversorgung spielt die Lagerfähigkeit der Produkte eine wichtige Rolle: Hierzu kann festgestellt werden, dass jene Produkte, die bei uns einen geringen Selbstversorgungsgrad aufweisen, eine relativ gute Lagerfähigkeit (Zucker, pflanzliche Öle, Getreide) haben.

- **Anforderungen an die Verarbeitungsindustrie**

  Die Versorgung mit einzelnen Nahrungsmitteln hängt in sehr unterschiedlicher Weise von vorhandenen Verarbeitungskapazitäten ab. Am offensichtlichsten ist dies bei Zucker und Raps der Fall. Es braucht zu deren Ausbeutung spezialisierte Grossanlagen, die Gewähr für die Bereitstellung des Endproduktes bieten. Für die übrigen Produkte besteht zur Zeit noch ein genügend dezentrales Gewerbe, so dass bei allfälligen Umstrukturierungen in der Nahrungsmittelversorgung keine unüberwindbaren Engpässe zu erwarten sind.

7.3 Konzeption der schweizerischen Ernährungsplanung

Damit sind wir zu den Kernfragen der schweizerischen Ernährungsplanung vorgestossen. Ausgehend von den Erfahrungen mit dem "Plan Wahlen"[12] im Zweiten Weltkrieg hat das Bundesamt für Kriegswirtschaft[13] mathematische Modelle[14] zur Planung der Nahrungsmittelproduktion und deren Verteilung in Auftrag gegeben. Damit wird berechnet, wie sich die Ernährung der Bevölkerung in Zeiten gestörter Zufuhr erreichen lässt.

Abbildung 3.12 zeigt die nötigen Änderungen auf der Produktionsseite. Dabei entspricht eine Periode einem Jahr.

---

[12] Der Plan Wahlen, genannt nach dem Bundesrat Friedrich Traugott Wahlen, hatte während des Zweiten Weltkrieges die Ernährung der Schweizer Bevölkerung sichergestellt, indem er die Autarkie anstrebte. Schritte dazu waren die Einschränkung der Tierhaltung zugunsten des Ackerbaus, die Ausdehnung der Ackerfläche ("Anbauschlacht") und die Rationierung der Lebensmittel.

[13] heute: Bundesamt für Wirtschaftliche Landesversorgung

[14] vgl. dazu Rieder P., 1969, Studie über den Übergang von der Friedenswirtschaft zur Kriegswirtschaft in der Landwirtschaft und Ernährung, Zürich

Onigkeit D. et al., 1976, Schweizerischer Ernährungsplan für Notzeiten, Ernährungsplan 1975 (vertraulich), Zürich

Egli G., 1980, Ein Multiperiodenmodell der linearen Programmierung für die schweiz. Ernährungsplanung in Krisenzeiten, Dissertation Univeristät Fribourg, Bern

Haettenschwiler P., 1984, Risikoanalyse zur Ernährungsplanung, Dissertation ETH Nr. 7638, Zürich

Abbildung 3.12: Konzeption der Ernährungsplanung: Ausdehnung der offenen Ackerfläche, Verminderung des Ernährungsniveaus und Einsatz der Vorräte

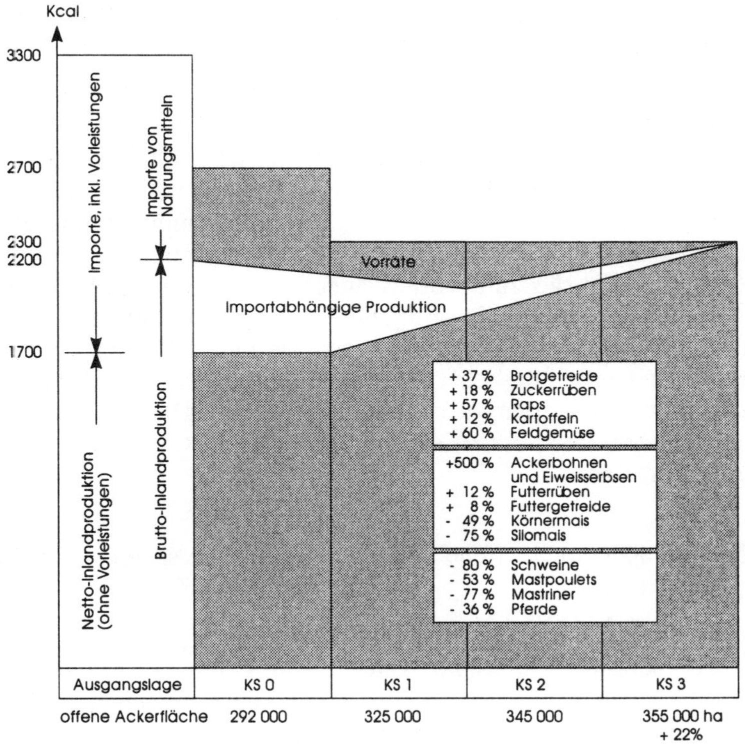

Im Vergleich zu früheren Ernährungsplänen (1975 und 1980) hat sich die Ausgangslage massiv verbessert: [15]

- Die offene Ackerfläche ist ausgedehnt worden, so dass ausgehend von der Basis 1990 im Rahmen der Kriegswirtschaft nur noch eine Erhöhung um 22% gegenüber 28% bei Ausgangsbasis 1980 nötig ist.
- Dank biologisch-technischem Fortschritt sind bei den Ackerkulturen die Hektarerträge um 5-11% und die durchschnittliche Milchleistung je Kuh um 18% gestiegen.

---

[15] Trüeb M., 1990, Un nouveau "Plan Wahlen" est-il réalisable en cas de crise ou de guerre?, Fribourg

- Die Kartoffelration pro Person ist gegenüber früheren Plänen um rund einen Drittel gekürzt worden, was zu einer tieferen Versorgung mit Kohlenhydraten führt, dafür aber mehr Spielraum bei der Anbauplanung lässt (weniger Arbeitsaufwand für die Kartoffelernte, mehr Fläche für Raps und Soja).
- Der Ernährungsplan sieht eine bessere Auswertung der Rohprodukte vor, insbesondere den Konsum von Vollkornbrot.

Die Ernährungsplanungskonzeption enthält, wie aus Abbildung 3.12 ersichtlich, eine zeitliche Anpassungskomponente. Diese beginnt unmittelbar nach dem Eintritt eines unterstellten Importstopps. Für das erste Produktionsjahr stehen die im letzten Normaljahr produzierten Lebensmittel und die zum voraus angelegten Vorräte zur Verfügung. Die Modelle berechnen die optimale Nahrungsmittelration für die Bevölkerung, die einerseits ernährungsphysiologischen Ansprüchen genügt, andererseits möglichst wenig Lagerentnahmen erfordert. Die nächste Stufe der Planung besteht darin, einen möglichst harmonischen Übergang vom Beginn der Krisenwirtschaft (KSO) bis zur Autarkie (KS3) aufzuzeigen.

Es bleiben aber noch offene Fragen, was die Umsetzung des Ernährungsplanes betrifft:[16]

- **Landwirtschaftliche Nutzfläche**

  Der Ernährungsplan stellt keine quantitative Anforderungen an Flächen. Die rechtliche Sicherstellung dieser Flächen obliegt im Rahmen des Raumplanungsgesetzes den Kantonen.

  Die landwirtschaftliche Nutzfläche ist seit 1939 um jährlich über 3000 ha zurückgegangen, hauptsächlich durch Überbauung im Mittelland und die Aufgabe von Grenzertragsland im Berggebiet. Ersteres macht die nötige Ausdehnung der offenen Ackerfläche um 22% schwierig. Wäre zudem die Versorgung mit landwirtschaftlichen Hilfsstoffen massiv gestört, so ist mit kleineren Hektarerträgen zu rechnen, was eine zusätzliche Ausdehnung der Fläche nötig machen würde.

---

16 Trüb M., 1990, a.a.O., S. 100ff

- **Energieversorgung**:[17]

  Der Ernährungsplan geht davon aus, dass der Land- und Ernährungswirtschaft Energie unbeschränkt zur Verfügung steht, obwohl heute bis zu 80% der Energie importiert wird.

  Solange die Reduktion der Treibstoffimporte 25% nicht überschreitet, ist die Ernährungsplanung 1990 in ihrer Umsetzung nicht gefährdet. Würden aber die Energie-Importe um 50 und mehr Prozent zurückgehen, so würde dies ein Umsteigen auf alternative Energiequellen bedingen: Biogas, Holzdiesel, Alkohol, Rapsöl, Windenergie. Dies wiederum bedingt die Erforschung und Förderung dieser Energiequellen bereits in Normalzeiten. Wenn die Treibstoffimporte um über 75% zurückgehen, muss ein erneuter Umstieg auf Pferdezug ins Auge gefasst werden.

- **Arbeitskräfte**:

  Hier stellt sich die Frage, ob der heutigen spezialisierten Landwirtschaft wie im Zweiten Weltkrieg zusätzliche Arbeitskräfte zur Verfügung stehen würden und ob solche sinnvoll eingesetzt werden könnten.

  Die geringen landwirtschaftlichen Kenntnisse in der nicht-landwirtschaftlichen Bevölkerung und der Wegfall ausländischer Arbeitskräfte dürften dazu führen, dass landwirtschaftliche Fachkräfte in einem Krisenfalle ein stark limitierender Faktor würden.

- **Landwirtschaftliche Hilfsstoffe**

  Die Versorgung mit landwirtschaftlichen Hilfsstoffen (Dünger, Pflanzenschutzmittel, Agrarmaschinen), die hohe Erträge ermöglichen, ist nicht vollumfänglich sichergestellt. Am meisten zu befürchten ist die Verknappung von stickstoffhaltigem Dünger, dessen Herstellung sehr energieintensiv ist.

- **Radioaktive Strahlung**:[18]

  Es gibt keine Aussage darüber, wie die Ernährung der Bevölkerung sichergestellt werden kann, wenn ein Teil des Bodens und/oder der Vorräte radioaktiv verseucht werden.

---

[17] vgl. dazu auch Hättenschwiler P., Moresino M., 1986, Energieplanung für die Ernährungssicherung in Krisenzeiten, NFP-Projekt 44, Fribourg

[18] Bundesamt für Wirtschaftliche Landesversorgung, 1988, Die Rolle der wirtschaftlichen Landesversorgung im Lichte neuer Bedrohungsformen, Bern

IV. Angebotstheorie und -entwicklung

1. Produktions- und Angebotstheorie in der Landwirtschaft

Die landwirtschaftliche Produktion war in der Vergangenheit in allen entwickelten Ländern trotz sinkenden realen Produktpreisen durch eine starke Angebotsausdehnung geprägt. Aufgabe des Agrarökonomen ist es, dafür Gründe und Erklärungsansätze zu suchen, um Empfehlungen für die Agrarpolitiker ableiten zu können.

Als erstes treten wir auf die Bestimmungsgründe des Angebotes auf Agrarmärkten ein, um daraus die Angebotsfunktion der Landwirte herzuleiten.

1.1 Bestimmungsgründe des Agrargüterangebotes

Das Marktangebot eines Landes an Agrargütern kann sich zusammensetzen aus

- der laufenden inländischen Produktion,
- den in der Vergangenheit gebildeten Vorräten und
- Importen aus anderen Ländern.

Wir wollen vorerst nur auf das einheimische Angebot eingehen, dessen wichtigste Bestimmungsgründe sind:

- die Preise der erzeugten Agrarprodukte
- die Preise der eingesetzten variablen Produktionsfaktoren
- die Bestände an fixen Produktionsfaktoren (Stallkapazitäten, mehrjährige Kulturen, Maschinen etc.)
- der Stand der Produktionstechnik
- die institutionellen Rahmenbedingungen (Agrarpolitik, Umweltpolitik) und die Einflussmöglichkeiten darauf
- die Zielsetzungen und Verhaltungsweisen der bäuerlichen Familie
- der Einfluss von Zufallsfaktoren (Wetter, Seuchen etc.)

Im folgenden sollen die einzelnen Bestimmungsgründe näher erläutert werden, wobei wir mit den Zielsetzungen der bäuerlichen Familie beginnen.

1.2 Das Zielsystem der Landwirte als Unternehmer

Alle folgenden Überlegungen gehen vom Landwirt bzw. der bäuerlichen Familie als Kleinunternehmer aus.

Die neoklassische Wirtschaftstheorie unterstellt, dass private Unternehmer unter gegebenen Bedingungen ihren Gewinn und damit ihr Einkommen maximieren. Diese Annahme ist vermutlich eine zu wenig differenzierte Abbildung der Realität. Vielmehr dürften weitere Zielvorstellungen, die jedoch kaum quantifizierbar und somit schwer in ökonomische Fragestellungen einzubeziehen sind, das Verhalten beeinflussen. Welches sind solche Zielvorstellungen und in welcher Beziehung stehen diese Ziele zueinander?

Abbildung 4.1: Individuelles Zielsystem von Landwirten

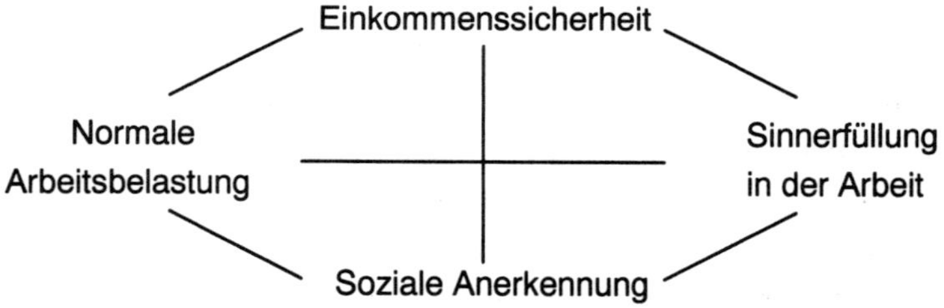

Wir gehen von der Annahme aus, dass Landwirte bzw. bäuerliche Familien ihre kurz- und langfristigen Entscheide so treffen, dass sie sich vor allem für die Erreichung jenes Zieles einsetzen, welches für sie den niedrigsten Erfüllungsgrad aufweist. Also stehen die verschiedenen Ziele in gegenseitiger Abhängigkeit. Diese ganzheitliche Betrachtung ist äusserst wichtig, um die Wirkung agrarpolitischer Massnahmen oder die Reaktion auf technische Neuerungen abschätzen zu können. Auch für die Interpretation des Verhaltens der Landwirte gegenüber der Natur ist sie unumgänglich.

Dennoch wird sie in der neoklassischen Angebotstheorie, auf die im folgenden abgestützt wird, weitgehend aufgegeben, weil sie schwierig zu quantifizieren ist.

2. Neoklassische Produktions- und Angebotstheorie

Um eine analytische Untersuchung des Angebotsverhaltens zu ermöglichen, wird in der neoklassischen Angebotstheorie dem Landwirten unterstellt, dass er nur das Ziel der Einkommens- bzw. Gewinnmaximierung anstrebt. Wie wir im vorangehenden Abschnitt gesehen haben, stellt dies eine mehr oder weniger starke Abweichung von der Realität dar. Trotzdem können so viele Erklärungen des Angebotsverhaltens der Landwirte gemacht werden.

2.1 Produktionsfunktionen

Der Landwirt setzt Produktionsfaktoren ein, um Güter zu erzeugen. In der Produktionsfunktion wird der physische Ertrag in Abhängigkeit der eingesetzten Faktoren dargestellt. Der Grenzertrag entspricht der Steigung (erste Ableitung) der Produktionsfunktion. Oder anders ausgedrückt, der Grenzertrag ist derjenige Ertrag, der durch die letzte eingesetzte Einheit eines Faktors produziert wird

Abbildung 4.2: Die Produktionsfunktion

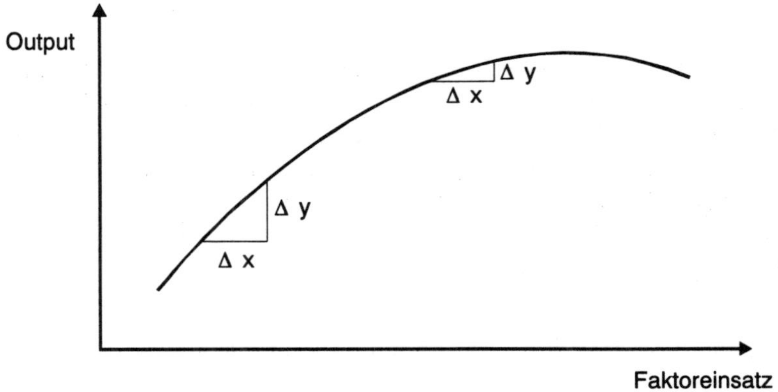

Die produktionstechnischen Zusammenhänge von biologischen Wachstumsprozessen entsprechen weitgehend den Annahmen, wie sie für

klassische bzw. neoklassische Produktionsfunktionen getroffen werden: die ertragssteigernden Produktionsmittel lassen sich beliebig variieren und innerhalb bestimmter Grenzen kontinuierlich gegeneinander substituieren. (z.B. Düngeraufwand und Flächeneinsatz; Kraftfutter und Rauhfutter). Bei schrittweiser Erhöhung *eines* Faktors ergeben sich (bei Konstanz der übrigen Faktoren = 'ceteris paribus'-Bedingungen) abnehmende Ertragszuwächse. Vor dem Hintergrund biologischer Wachstumsprozesse wurde das "**Gesetz vom abnehmenden Grenzertrag**" formuliert, das auch ausserhalb der Landwirtschaft Anwendung findet. Bei sehr hohem Faktoreinsatz kann der Grenzertrag sogar negativ werden (z.B. 'Abliegen' des Getreides bei zu hohem Stickstoffeinsatz).

Wir wollen im folgenden drei typische Produktionsfunktionen aus der Landwirtschaft ansehen:

Abbildung 4.3: Milchleistung einer Kuh in Abhängigkeit des Futtereinsatzes

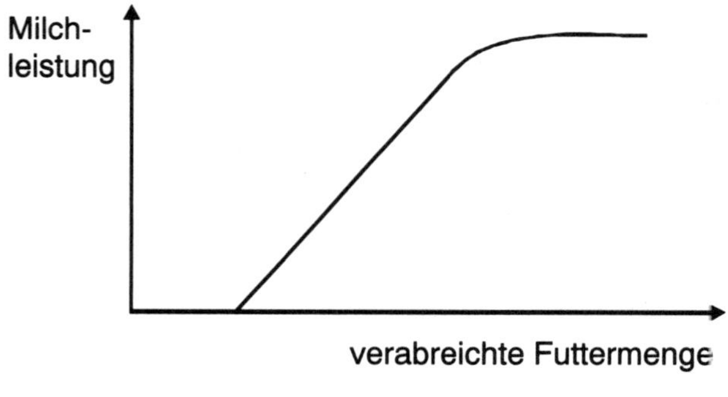

Die Kurve sagt aus, dass mit dem ersten Teil des verabreichten Futters noch keine Milch produziert wird, da zuerst der Erhaltungsbedarf der Kuh gedeckt werden muss. Mit zunehmendem Futtereinsatz folgt ein Bereich, in dem die Milchleistung weitgehend linear vom Futtereinsatz abhängig ist. Ist das genetische Potential der Kuh ausgeschöpft, führt ein weiterer Einsatz von Futter zu keiner weiteren Produktionssteigerung.

Abbildung 4.4: Weizenertrag in Abhängigkeit des Stickstoffeinsatzes

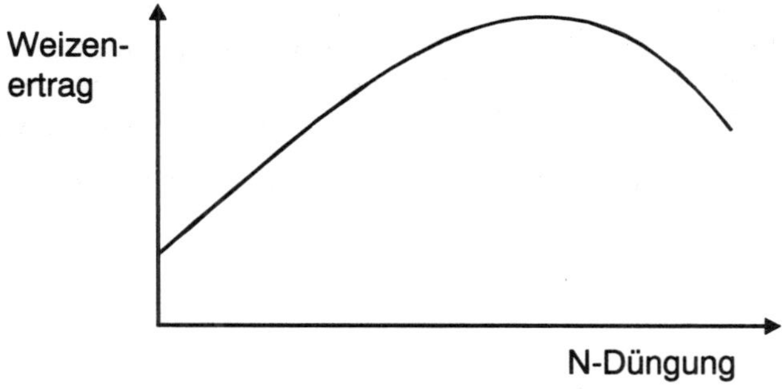

In Abbildung 4.4 wird eine für die Düngung elastische Produktionsfunktion dargestellt. Sie zeigt, dass es auch ohne Einsatz von Stickstoff einen Grundertrag gibt (Mineralisierung von organischem Stickstoff im Boden). Sobald Stickstoff eingesetzt wird, nimmt der Ertrag zu, allerdings mit zunehmendem Düngereinsatz in unterdurchschnittlichem Ausmasse (Gesetz des abnehmenden Grenzertrages). Ab einer bestimmten Düngermenge nimmt der Ertrag wieder ab (verschlechterte Standfestigkeit, Versauerung des Bodens).

Abbildung 4.5: Weizenertrag in Abhängigkeit des Pflanzenschutzes

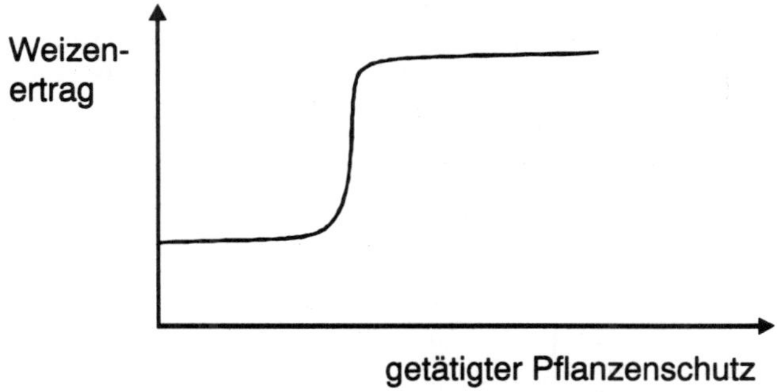

In Abbildung 4.5 wird nun der Einsatz von Pflanzenschutz variiert. Bei einem sehr geringen Einsatz von Pflanzenschutz hat dieser fast keinen Einfluss auf den Weizenertrag. Ab einem bestimmten Niveau nimmt der Ertrag sprunghaft zu. Danach bleibt er auf dem Ertragspotential der entsprechenden Sorte ziemlich konstant.

2.3 Isoquanten und Minimalkostenkombination

Bei der Produktionsfunktion wird immer nur ein Faktor oder eine Faktorgruppe variiert. Nun wird der Ertrag in Abhängigkeit von zwei variablen Faktoren betrachtet. Dies ergibt die folgende Darstellung:

Abbildung 4.6: Isoquanten und Minimalkostenkombination

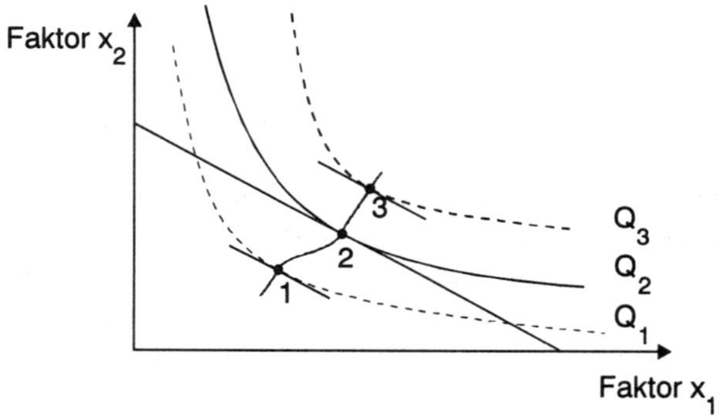

Die mit Q_1 bis Q_3 bezeichneten Linien stellen Isoquanten dar. Eine Isoquante verbindet alle Faktorkombinationen miteinander, die den selben physischen Ertrag liefern. Die optimale Kombination von zwei Faktoren finden wir dort, wo ein bestimmter Ertrag mit minimalen Kosten erreicht werden kann, was als Minimalkostenkombination bezeichnet wird. Auf jeder Isoquante finden wir eine **Minimalkostenkombination** (Punkte 1 bis 3). Sie liegen dort, wo die Grenzrate der technischen Substitution ('Steigung' der Isoquante) gleich dem umgekehrten Verhältnis der Faktorpreise ist.

$$\frac{|d_{x1}|}{|d_{x2}|} = \frac{p_2}{p_1}$$

Werden diese Minimalkostenkombinationen miteinander verbunden, lässt sich ein sogenannten **Expansionspfad** herleiten.

Zur Illustration der Ausführungen zum Konzept der Minimalkostenkombination soll mit den Abbildungen 4.7 und 4.8 die Entwicklung der Faktorpreise und des Faktoreinsatzes in der schweizerischen Landwirtschaft für die Zeit von 1960 bis 1990 dargestellt werden:

Abbildung 4.7: Entwicklung der Faktorpreise in der Schweiz, 1960-1990

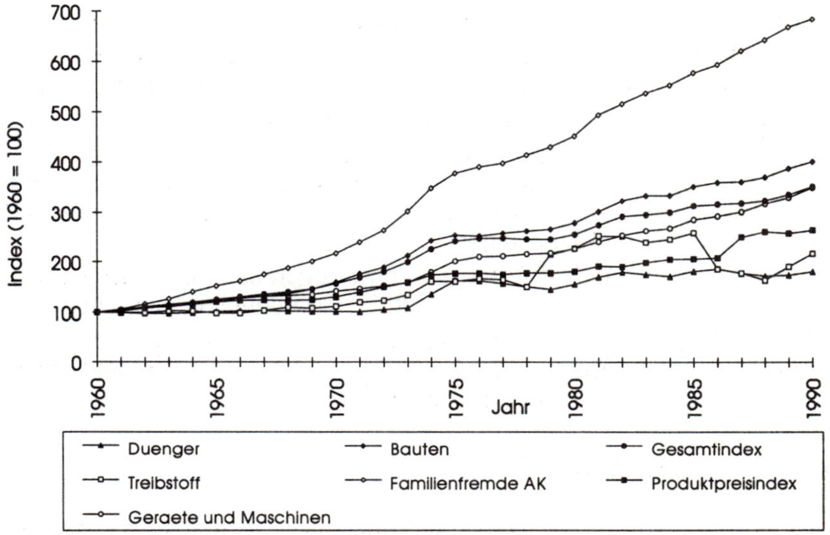

Quelle: nach Daten SBS, Statistische Erhebungen und Schätzungen, div. Jhg.

Abbildung 4.8: Einsatz von Produktionsfaktoren, 1960-1990

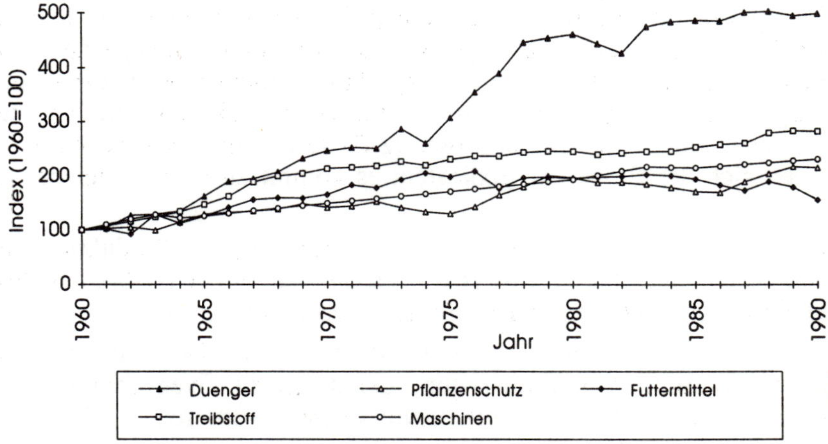

Quelle: nach Daten SBS, Statistische Erhebungen und Schätzungen, div. Jhg.

Nach dem oben dargestellten Konzept der Minimalkostenkombination setzen die Landwirte die verfügbaren Produktionsfaktoren so ein, dass sie einen bestimmten Ertrag mit minimalen Kosten erreichen. Veränderte Verhältnisse zwischen den Preisen von einzelnen Faktoren führen zu andern Faktorkombinationen. Dabei liessen sich in der Schweiz in den vergangenen Jahren folgende Tendenzen feststellen:

- Der starke Anstieg der Löhne für landwirtschaftliche Arbeitskräfte hat zu einer starken Substitution von Arbeitskräften durch Kapital geführt (Mechanisierung), obwohl auch für Maschinen und Geräte steigende Preistendenzen nachzuweisen sind.
- Der Einsatz von Kraftfutter hat stark zugenommen, da dieses trotz Zuschlägen an der Grenze[1] verhältnismässig günstig geblieben ist.
- Die ertragssteigernden Produktionsfaktoren wie Dünger und Pestizide sind ebenfalls verhältnismässig günstig geblieben und weisen deshalb hohe Verbrauchszunahmen auf.

2.3 Kostenfunktion

Die gesamten Kosten *TK* der Produktion setzen sich aus den fixen Kosten *FK* und den variablen Kosten *VK* zusammen.

$$TK = FK + VK$$

Unter **fixen Kosten** werden diejenigen Kosten verstanden, welche in der Planungsperiode unabhängig von der Produktionsmenge anfallen. Beispiele dafür sind Unterhalts- und Abschreibungskosten für in der Vorperiode getätigte Investitionen, Entwicklungskosten, Boden etc. Verändert ein Betrieb seine Grösse (z.B. durch einen Stallneubau), so ändert sich der Block der Fixkosten; es kommt zu einer sprunghaften Erhöhung.

Variable Kosten sind unmittelbar vom Umfang der Produktion abhängig. Darunter fallen die für die Produktion direkt benötigten Produktionsfaktoren (Dünger, Kraftfutter, Traktorstunden...)

Das Verhältnis zwischen fixen und variablen Kosten ist im allgemeinen nicht starr, sondern die Auslastung der durch die fixen Faktoren bestimmten Kapazität kann innerhalb von Grenzen variieren.

[1] vgl. dazu Rieder P., Egger U., Flückiger St., 1992, Schweizerische Agrarmärkte, Zürich, S. 30ff

Aus dem für die Landwirtschaft charakteristischen Verlauf der Produktionsfunktion in Abbildung 4.2 ist ersichtlich, dass

- bei niedriger Produktion die fixen Faktoren schlecht ausgelastet sind,
- mit steigender Produktion ein Mehreinsatz von Faktoren bis zu einem Punkt zu einer überdurchschnittlichen Produktionssteigerung und somit zu einer hohen Produktivität der variablen Faktoren führt und
- ab diesem Punkt die Produktivität der variablen Faktoren wieder abnimmt oder gar negativ wird (Gesetz des abnehmenden Grenzertrages).

Die Funktion der variablen Kosten kann aus der Produktionsfunktion hergeleitet werden.[2] Werden in dieser die variablen Faktoren mit ihren Preisen ausmultipliziert (Schritt 1), erhält man eine Funktion für den Ertrag in Abhängigkeit der variablen Kosten. Durch Spiegelung an der Symmetrieachse (Schritt 2) werden die variablen Kosten in Abhängigkeit des Ertrages gebracht (Umkehrfunktion). Die Funktion der variablen Kosten ist also das Spiegelbild der Produktionsfunktion und wird in ihrem Verlauf von den Input-Output-Beziehungen der Gesamtertragskurve bestimmt.

Abbildung 4.9: Herleitung der Funktion der variablen Kosten

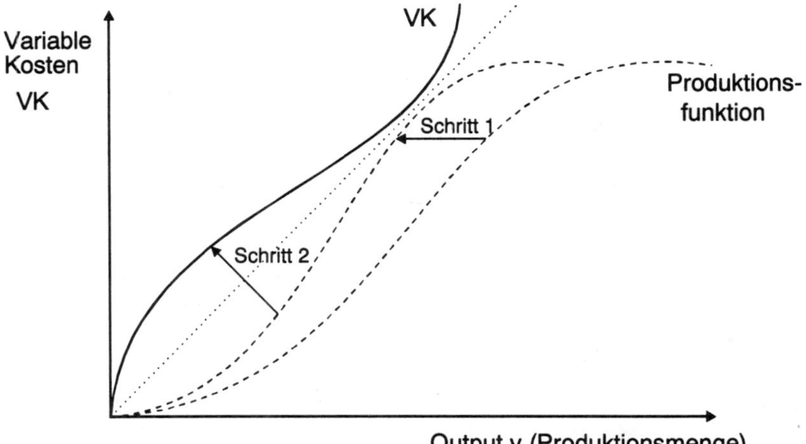

2 vgl. dazu etwa Steinhauser H., Langbehn C., Peters U., 1992, Einführung in die landwirtschaftliche Betriebslehre, Band 1: Allgemeiner Teil, Stuttgart, S. 104ff.

Die fixen Kosten sind unabhängig von der produzierten Menge. Sie können zur Funktion der Variablen Kosten addiert werden. Das ergibt die Gesamtkostenkurve *TK*, wie sie in Abbildung 4.10 gezeigt wird:

Abbildung 4.10: Gesamtkosten, Grenzkosten, Durchschnittskosten

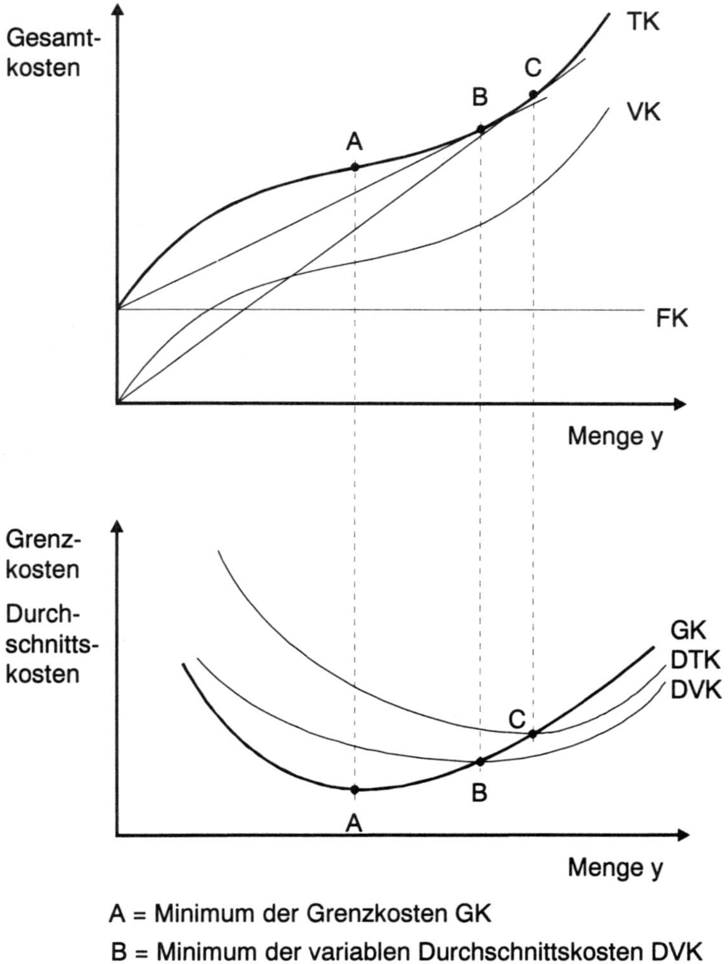

A = Minimum der Grenzkosten GK

B = Minimum der variablen Durchschnittskosten DVK

C = Minimum der totalen Durchschnittskosten DTK

Die Grenzkosten *GK* sind die Kosten, die bei der Produktion einer zusätzlichen Einheit anfallen. Sie stellen die erste Ableitung der Gesamtkosten nach dem Produkt dar. Sie sind von den fixen Kosten unabhängig.

$$\boxed{GK = \frac{dTK}{dy} = \frac{dVK}{dy}}$$

Die totalen Durchschnittskosten *DTK* entsprechen den Gesamtkosten *TK* dividiert durch die produzierte Menge *y*.

Die variablen Durchschnittskosten *DVK* sind gleich den variablen Kosten *VK* dividiert durch die produzierte Menge *y*.

Diese Kostenfunktionen enthalten implizit bereits eine Optimierung. Es wird unterstellt, dass jede Produktionsmenge *y* mit derjenigen Faktorkombination produziert wird, bei der die kleinsten Kosten entstehen (Minimalkostenkombination).

2.4 Angebotsoptimum des Unternehmers

Zu Beginn dieses Abschnittes wurde die Gewinnmaximierung als Ziel der Produzenten unterstellt. Darauf wollen wir jetzt zurückkommen.

Die optimale Produktionsmenge, also diejenige Produktionsmenge, welche dem Betrieb den höchsten Gewinn bringt, kann mit Hilfe der Kostenfunktion bestimmt werden. Das Angebotsoptimum ergibt sich aus der Gegenüberstellung der Grenzerlös- und Grenzkostenkurve. Offenbar lohnt es sich, so lange zusätzliche Güter zu produzieren, wie der zusätzliche Erlös (Grenzerlös) höher ist als die Kosten für die letzte produzierte Einheit (Grenzkosten). Deshalb lautet die Bedingung für das Angebotsoptimum:

$$\boxed{GE = GK}$$

Anhand von Abbildung 4.11 kann die optimale Produktionsmenge auch geometrisch bestimmt werden. Es sind die aus den Kostenkurven abgeleiteten *DTK*-, *DVK*- und die *GK*-Kurve dargestellt (vgl. Abbildung 4.10):

Abbildung 4.11: Bestimmung der optimalen Produktionsmenge

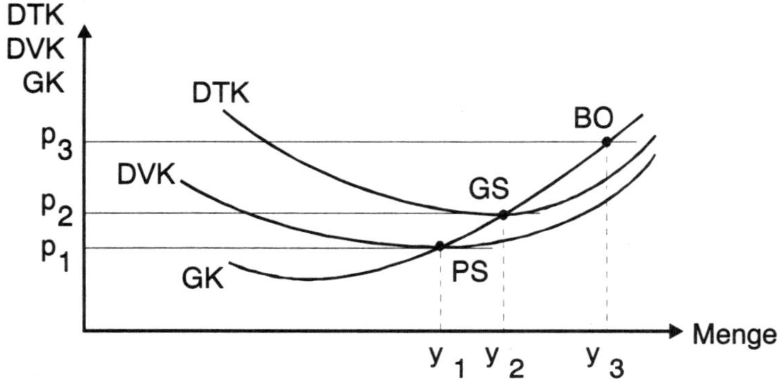

Auf der Grenzkostenkurve sind die drei betriebswirtschaftlich wichtigen Punkte des Kostenverlaufs, nämlich die Produktionsschwelle *PS*, die Gewinnschwelle *GS* und das Betriebsoptimum *BO* eingezeichnet. Die Grenzkostenkurve schneidet die *DVK*-Kurve in deren Minimum. Dieser als **Produktionsschwelle** *PS* gekennzeichnete Schnittpunkt stellt einen wichtigen Punkt des Kostenverlaufs dar - bis zu diesem Niveau muss der Preis mindestens steigen, damit vom wirtschaftlichen Standpunkt aus die Produktion fortgeführt wird. Sinkt der Preis bis zum Niveau p_1, so werden bei der Menge y_1 gerade die entstehenden variablen Kosten gedeckt, nicht jedoch die anfallenden Fixkosten. Sinkt der Preis unter dieses Niveau, so ist es ökonomisch sinnvoller, überhaupt nicht zu produzieren, um die Verluste gering zu halten.

Steigt der Preis über p_1 an, so erhöht sich die optimale Produktionsmenge. Bei einem Mengenanpasser (vgl. Abschnitt 2.5), bei dem von einem konstanten Preis ausgegangen werden kann, entspricht die optimale Produktionsmenge dem Schnittpunkt der Grenzkostenkurve mit der Preisgeraden. Erreicht der Produktpreis eine Höhe zwischen p_1 und p_2, so verbleibt dem Betrieb nach Abgeltung der variablen Kosten ein Überschuss, der zur Deckung der fixen Kosten verwendet werden kann. Ein Gewinn wird jedoch noch nicht erzielt, da der Preis noch unterhalb der Stückkosten liegt. Dennoch lohnt sich in diesem Bereich zur Minimierung der Kosten die Aufnahme der Produktion. Erst beim Preisniveau p_2 werden die minimalen Stückkosten bzw. die Gesamtkosten der Produktion durch den Erlös voll gedeckt. Die diesem Preisniveau entsprechende optimale Menge y_2 wird deshalb auch **Gewinnschwelle** *GS* des Betriebs genannt. Das **Betriebsoptimum** *BO* liegt, unter der Annahme der Preis steige bis zum Niveau p_3, bei y_3 (Schnittpunkt der Grenzkostenkurve mit der Preisgeraden). Bis zu dieser Produktionsmenge steigt der Gewinn bei Erhöhung der Produktionsmenge, da der Erlös für die zusätzliche Produktion die damit verbundenen Kosten übersteigt. Nach Überschreiten des Betriebsoptimums sinkt der Gewinn wieder.

2.5 Angebotsmenge und Erlös in Abhängigkeit der Marktform[3]

Der Erlös ergibt sich aus der produzierten Menge *y* und dem dafür gelösten Preis *p*, welche ihrerseits bestimmt sind durch die Marktform.[4] Wir wollen dabei zwei Fälle unterscheiden:

- **Mengenanpasser**: Dies ist die Lage, in der sich der einzelne Landwirt im allgemeinen befindet. Seine Angebotsmenge ist zu klein, um den Preis zu beinflussen. Um seinen Gewinn zu optimieren, kann er nur seine Menge dem gegebenen Preis anpassen ('**price-taker**'). Er steht einer vollkommen elastischen Nachfrage gegenüber.
- **Konjekturist**: Das ist ein Anbieter, dessen Angebotsmenge so gross ist, dass er den Preis beeinflussen kann. Er steht einer weniger elastischen Absatzfunktion gegenüber.

---

3 vgl. dazu etwa Kleinewefers H., Pfister R., Gruber W., 1993, Die schweizerische Volkswirtschaft, S. 188ff.

4 In Kapitel VII wird näher auf die verschiedenen Marktformen eingegangen.

Abbildung 4.12: Angebotsoptimum in Abhängigkeit von der Marktform

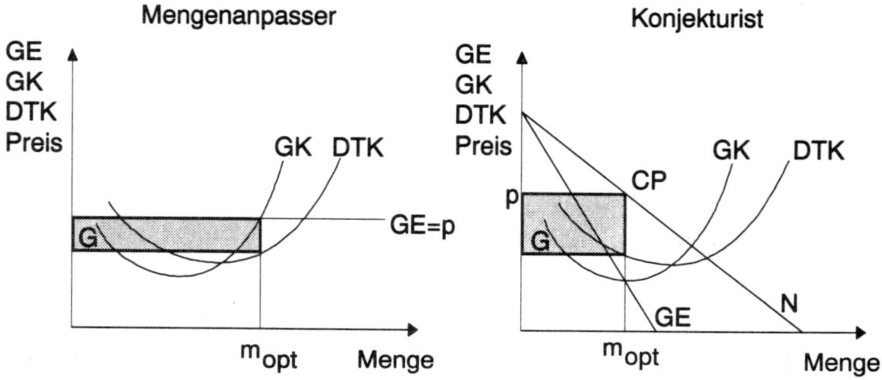

Beim Mengenanpasser entspricht die Grenzkostenkurve der einzelbetrieblichen Angebotskurve. Auf die Bestimmung der Gewinnschwelle und des realisierbaren Gewinn sind wir im Abschnitt 2.4 eingegangen.

Für den Landwirten als Mengenanpasser gilt, dass der Grenzerlös gleich dem Produktpreis ist. Deshalb gilt im Optimum:

$$P = GK$$

Auch der Konjekturist optimiert sein Angebot beim Schnittpunkt der Grenzkosten- und der Grenzerlöskurve. Der dazugehörige Punkt auf der Absatzkurve *N* (**Cournotscher Punkt** *CP*) ergibt den optimalen Preis für die angebotene Menge. Der Gewinn *G* ist in beiden Marktformen gleich der Differenz zwischen den durchschnittlichen Totalkosten und dem Preis, multipliziert mit der entsprechenden Menge.

Der Monopolist oder Konjekturist sieht sich der gesamten Marktnachfrage gegenüber. Er kann nicht zu einem gegebenen Preis soviel absetzen wie er will, sondern aufgrund seiner Grösse beeinflusst er durch sein Angebot die Marktsituation. Dehnt er seine Produktion aus, muss er entsprechend die Preise senken, will er nicht auf seiner Produktion sitzen bleiben. Daraus resultiert eine von links oben nach rechts unten fallende Absatzfunktion (Abb 4.13).

Abbildung 4.13: Erlös- und Grenzerlösfunktionen der Einzelbetriebe

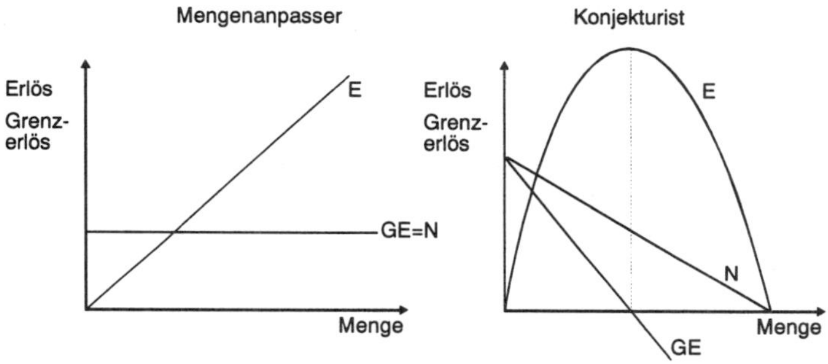

Die Marktform bestimmt auch die Erlösfunktion *E* und, davon abgeleitet, die Grenzerlösfunktion *GE* (Erlös für eine zusätzlich verkaufte Einheit). Beim Mengenanpasser lässt sich der Erlös einfach berechnen als Multiplikation der Menge mit dem Preis.

Wenn der Konjekturist mehr absetzen will, kann er nicht einfach den Preis für die zusätzlichen Verkäufe herabsetzen, sondern er muss seinen Preis generell senken. Sein zusätzlicher Erlös (Grenzerlös) ist demnach nicht gleich der zusätzlich abgesetzen Menge, multipliziert mit dem Preis. Dieser Mehrerlös wird durch den Mindererlös gekürzt, der deshalb entsteht, weil der Konjekturist die bisher abgesetzte Menge in Zukunft ebenfalls zum tieferen Preis verkaufen muss.

Beim Konjekturisten ist der Grenzerlös abhängig von der Preiselastizität der Nachfrage (**Amoroso-Robinson-Relation**)[5]. Im Vergleich zum Mengenanpasser bietet der Konjekturist bei gleicher Kostenstruktur und gleicher Nachfrage des Marktes eine kleinere Menge an.

2.6 Das Gesamtangebot

Die Angebotskurve des gesamten Sektors Landwirtschaft ergibt sich durch Addition der einzelbetrieblichen Angebotsfunktionen. Die aggregierte Angebotskurve gibt also die Beziehung zwischen Preis und Menge für alle Anbieter zusammen an. Zur Illustration sei das Beispiel von drei Anbietern gegeben. Sie haben verschiedene Kostenstrukturen. Ihr Angebot ist abhängig vom Preis. Werden bei den verschiedenen

---

5 Aussage der Amoroso-Robinson-Relation ist, dass das Gewinnmaximum links vom Erlösmaximum liegt. Für die Herleitung der Formel wird auf Kapitel V verwiesen.

Preisen die einzelbetrieblichen Angebote zusammengezählt, ergibt sich das jeweilige Gesamtangebot.

Abbildung 4.14: Aggregation der einzelbetrieblichen Angebotskurven zum Gesamtangebot

a) individuelle Grenzkostenkurven

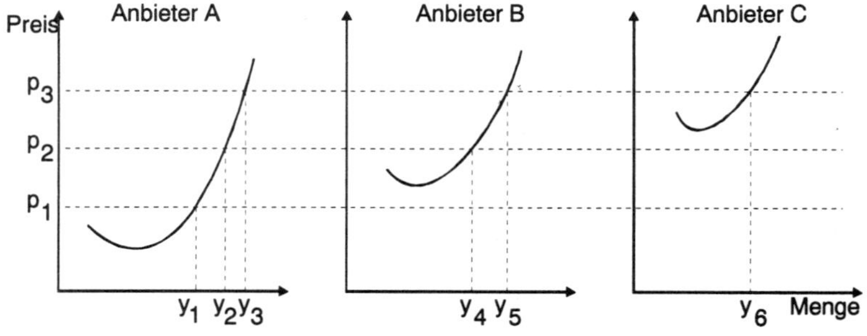

b) Gesamtangebot

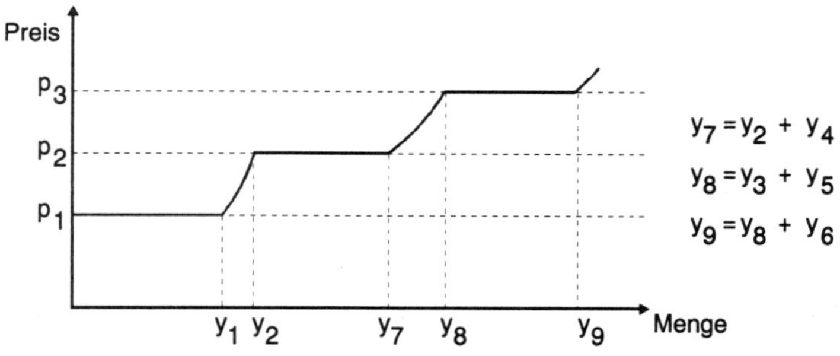

Die Reaktion des Gesamtangebotes auf Preisänderungen ist also abhängig vom Verlauf der einzelbetrieblichen Angebotskurven und von der Anzahl der auf Preisänderungen reagierenden Landwirte.

Die Berechnung der Gesamtangebotskurve und der dazugehörigen Angebotselastizität stösst auf zahlreiche statistische und methodische Schwierigkeiten. In der Regel fehlen genügende statistische Grundlagen, um aus einzelbetrieblichen Angebotsfunktionen gesicherte aggregierte Funktionen herzuleiten. Es stellt sich das

- Problem der Konsistenz, wenn betrieblich variable, aber regional oder sektoral fixe Produktionsfaktoren (z.B. landwirtschaftliche Nutzfläche) beansprucht werden und nicht sichergestellt ist, dass die einzelbetrieblichen Entscheidungen über den Faktoreinsatz regional oder sektoral miteinander vereinbar sind, und das

- Problem der unzureichenden Komplexität, wenn auf der einzelbetrieblichen Ebene unterstellte Annahmen über die Konstanz der übrigen Produkt- und Faktorpreise nicht mehr haltbar sind, weil fühlbare Auswirkungen auf andere Produkt- und Faktormärkte bestehen.

Trotz diesen Einschränkungen wird in den folgenden Ausführungen das Konzept einer Angebotsfunktion, wie sie in Abbildung 4.15 dargestellt ist, verwendet.

Abbildung 4.15: Schematisierte Angebotsfunktion

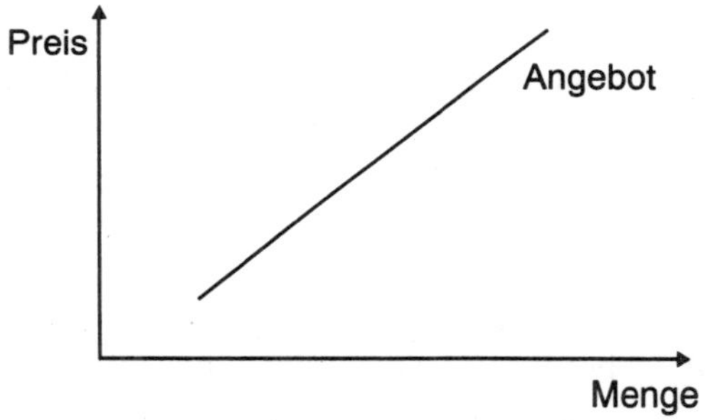

Im allgemeinen ist nur ein sehr beschränkter Ausschnitt der Angebotsfunktion bekannt, nämlich derjenige in der Nähe des heutigen Angebots. Über die Extremalbereiche können keine exakten Aussagen gemacht werden.

2.7 Elastizität des Angebotes

Die Charakterisierung einer bestimmten Angebotskurve bzw. eines bestimmten Abschnittes der Angebotskurve geschieht mit Hilfe der Elastizitäten. Die **Preiselastizität** gibt an, welche mengenmässigen Auswirkungen auf das Angebot eine Preisveränderung nach sich zieht. Sie ist im allgemeinen positiv. Preiselastizität der angebotenen Menge:

$$\eta_{P_A} = \frac{\textit{prozentuale Mengenänderung}}{\textit{prozentuale Preisänderung}} = \frac{\frac{\Delta M}{M}}{\frac{\Delta P}{P}} = \frac{P * \Delta M}{M * \Delta P}$$

Auch Preisveränderungen bei andern Gütern können sich auf das Angebot eines Gutes auswirken. Deshalb kann eine Kreuzpreiselastizität des Angebots definiert werden als:

$$\eta_{p_A, y_B} = \frac{\textit{prozentuale Mengenveränderung des Gutes B}}{\textit{prozentuale Preisveränderung des Gutes A}} = \frac{dy_B}{dp_A} * \frac{p_A}{y_B}$$

Die **Kreuzpreiselastizität** ist je nach Substituierbarkeit der beiden Güter verschieden:

- **Substitute**: Eine Preiserhöhung bei A bewirkt eine Angebotsausdehnung von A, diese bewirkt eine Angebotsreduktion bei B. Das heisst, dass η_{p_A, y_B} negativ ist. Beispielsweise nimmt das Angebot von Weizen ab, wenn der Preis von Gerste steigt.
- **Koppelprodukte**: Eine Preiserhöhung bei A mit entsprechender Mengenausdehnung bewirkt auch bei B eine Mengenausdehnung, da die Güter nur in Kombination produziert werden können. Das heisst, dass η_{p_A, y_B} positiv ist. Beispielsweise nimmt das Angebot von Zuckerrübenschnitzel zu, wenn infolge einer Zuckerrübenpreiserhöhung das Angebot von Zuckerrüben zunimmt.

Ein preiselastisches Angebot ($\eta_p > 1$) drückt sich in einer flachen, ein inelastisches Angebot ($\eta_p < 1$) in einer steilen Angebotskurve aus. Die Elastizität des Angebotes hängt ab von

- den Lagermöglichkeiten; je besser, desto elastischer ist das Angebot, und von
- den Produktionsmöglichkeiten: je unmittelbarer eine Neuproduktion möglich ist, desto elastischer ist das Angebot.

Die Elastizität des Angebotes ist also abhängig vom unterstellten Zeithorizont. Je kurzfristiger der Zeithorizont gewählt wird, desto weniger Reaktionsmöglichkeiten stehen dem Landwirten offen und desto inelastischer ist dessen Angebot. Dies zeigt sich im untenstehenden Schema, in dem die kurzfristige Angebotskurve steiler gezeichnet ist als die langfristige.

Abbildung 4.16: Angebotsfunktionen unterschiedlicher Fristigkeit

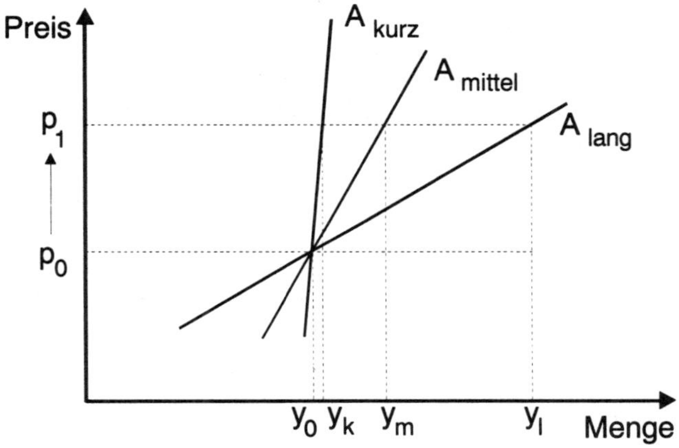

Bei einer **kurzfristigen** Betrachtung ist die Faktorausstattung vorgegeben und das Produktionsprogramm steht fest. Gewisse Vorleistungen lassen sich noch den ökonomischen Bedingungen anpassen (Pflanzenschutzeinsatz, Kopfdüngung, Ernteverfahren; Kraftfuttereinsatz etc.). Demnach bewirkt eine Preiserhöhung von p_0 zu p_1 nur eine sehr geringe Mengensteigerung von y_0 zu y_k. (Abb. 4.16).

In der **mittelfristigen** Betrachtung ist zwar die grundsätzliche Faktorausstattung gegeben, doch der Landwirt kann das Produktionsprogramm und den Vorleistungseinsatz den ökonomischen Bedingungen anpassen. Im Rahmen der gegebenen Flächen-, Arbeits-, Gebäude- und Maschinenkapazitäten kann er nicht nur die spezielle Intensität anpassen, sondern auch durch Produktsubstitution auf Preisänderungen reagieren. Die aggregierte Angebotselastizität erhöht sich nur wenig, dafür steigt die Angebotselastizität für einzelne Produkte.

In der **langfristigen** Betrachtung können auch die betrieblichen Faktorkapaziäten an veränderte ökonomische Rahmenbedingungen angepasst werden. Die vorher als fix gegebenen Faktoren werden zunehmend variabel: Maschinen, Fremdarbeitskräfte, Pachtfläche, Gebäude, Eigentumsfläche und schliesslich familieneigene Arbeitskräfte. Mit zunehmender Faktorbeweglichket wird die Angebotsfunktion elastischer und eine Preissteigerung von p_0 zu p_1 in Abbildung 4.17 führt zu einer grossen Mengenausdehnung von y_0 zu y_l.

3. Verschiebungen der Angebotsfunktion

3.1 Ursachen von Angebotsverschiebungen

Bei allen Untersuchungen des Angebotsverhaltens ist zwischen Bewegungen auf einer gegebenen Angebotskurve (Angebotsverlauf) und Verschiebungen der betreffenden Kurve zu unterscheiden. Eine Angebotsfunktion wird wie Abb. 4.17 zeigt, verschoben, wenn sich Variablen ändern, die bei der Ableitung der Funktion konstant gehalten werden.

Abbildung 4.17: Angebotsverschiebungen innerhalb des Preis-Mengen-Diagrammes

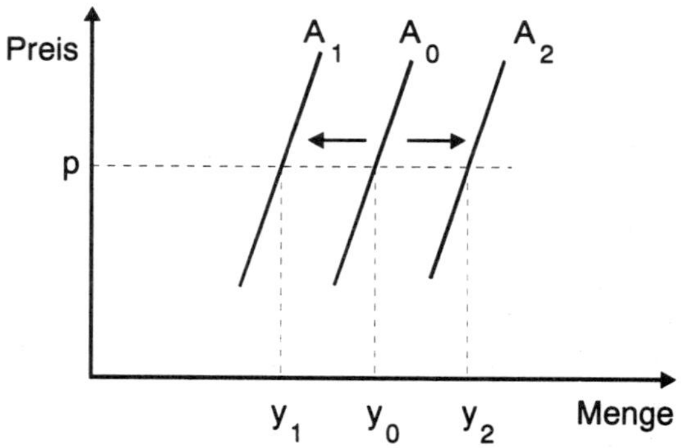

Angebotsverschiebungen können, ausgehend von einer Referenz-Angebotsfunktion A_0, sowohl nach links als auch nach rechts erfolgen. Bezogen auf ein gegebenes Preisniveau p_0 bedeutet dies ein Rückgang des Angebotes von y_0 auf y_1 bzw. eine Ausdehnung auf y_2.

Als Ursachen einer **Linksverschiebung** gelten folgende Einflüsse:

- Preisanstieg bei einem Substitutionsprodukt
- Preissenkung bei einem Komplementärprodukt
- Internalisierung externer Kosten (z.B. über Umweltauflagen)
- Faktorpreissteigerungen

Als Ursachen einer **Rechtsverschiebung** gelten folgende Einflüsse:

- Preissenkung bei einem Substitutionsprodukt
- Preisanstieg bei einem Komplementärprodukt
- Realisierung von biologisch-technischem oder organisatorischem Fortschritt, der zu Kostensenkung führt
- Faktorpreissenkung
- 'economies of scale'[6] d.h. reine Grösseneffekte, unabhängig vom technischen Fortschritt

In Abbildung 4.18 werden die Ursachen von Angebotsverschiebungen in einer Übersicht gegeben.

Bei der **ökonomischen Fragestellung** geht es um den Einfluss der Agrarpolitik auf die Organisation von Märkten und um die administrative Festsetzung von Preisen mit dem hauptsächlichen Ziel der Einkommenssicherung. Darauf werden wir in Kapitel IX detailliert eingehen.

Bei der **umweltbezogenen Fragestellung** werden aufgrund der Kenntnisse von Produktionsfunktionen, Intensitäten und Produktivitäten Aussagen gemacht zum Einfluss der landwirtschaftlichen Produktion auf die Umwelt bzw. Massnahmen diskutiert, mit denen die negativen externen Effekte der Landwirtschaft vermindert werden sollen. Diese Problemstellung ist Inhalt von Kapitel X.

---

6 nach Gabler, 1989, Wirtschaftslexikon, 12. Auflage, Wiesbaden: Economies of scale drücken die Beziehung zwischen Grössenordnung und Wirtschaftlichkeit bei wachsender Betriebsgrösse aus. Möglichkeiten der Kostensenkung liegen in der Beschaffung, in der Produktion, im Absatz sowie in der Organisation. Grundsätzlich steigen die Produktionskosten bei Betriebsgrössenerweiterungen langsamer an als die Outputmenge.

Abbildung 4.18: Ursachen von Angebotsverschiebungen

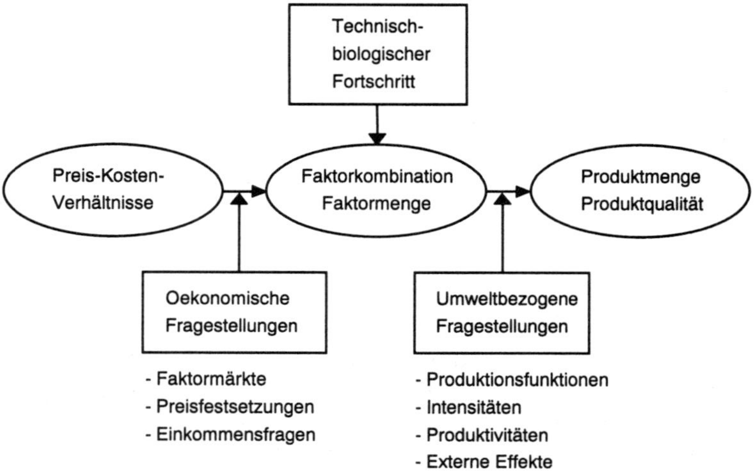

Die Menge und die Qualität der Produktion hängen von drei Einflussgrössen ab:

- von den Konkurrenzbeziehungen zwischen den Produkten
- von der Menge und der Kombination der eingesetzten Faktoren und
- von den Preis-Kosten-Verhältnissen.

3.1.1 Substitution in der Produktion

Die Substitutionsbeziehungen zwischen Produkten können durch Transformationskurven dargestellt werden. Transformationskurven beschreiben die Produktionsmöglichkeiten eines Betriebes oder eines Sektors bei gegebener Technologie und gegebenen Faktorbeständen unter der Annahme, dass die Faktoren technisch effizient eingesetzt werden. In Abbildung 4.19 werden drei Beispiele von (vereinfachten) Substitutionsbeziehungen dargestellt:

Abbildung 4.19: Darstellung von Substitutionsbeziehungen durch Transformationskurven

a) lineare Grenzrate der Substitution (z.B. Weizen X_1 /Gerste X_2)

b) Zunehmende Grenzrate der Substitution (z.B Weizen X_1/ Zucker X_2)

c) keine Substitutionsmöglichkeiten (z.B. Milch X_1 / Gerste X_2)

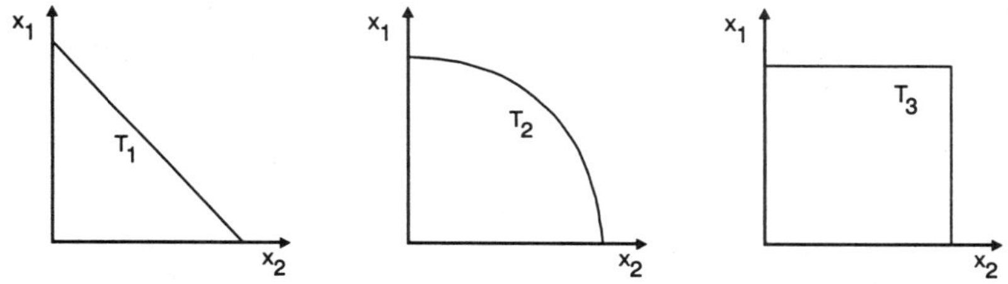

a) Die beiden Produkte Weizen und Gerste stellen die gleichen Faktoransprüche an Boden, Mechanisierung und Arbeit. Substitutionen sind damit bei unveränderter Grenzrate der Transformation möglich, so dass die entsprechende Kurve T_1 einen linearen Verlauf aufweist.

b) Die Kurve T_2 mit kontinuierlich zunehmender Grenzrate der Transformation entspricht den neoklassischen Annahmen. Die Produkte Weizen und Zucker stellen unterschiedliche Ansprüche an die Produktionsfaktoren, so dass bei zunehmender Substitution der Produkte einer der Faktoren immer begrenzender wirkt. Das Gesetz vom abnehmenden Grenzertrag wird zunehmend wirksam. Im Ackerbau vermindern zudem Fruchtfolgerestriktionen die Substitutionsmöglichkeiten.

c) Wenn bestimmte Produktionsfaktoren ausschliesslich für die Herstellung eines Gutes und andere Faktoren ausschlisslich für die Herstellung eines anderen Gutes verwendbar sind, besteht nur eine sehr eingeschränkte oder gar keine Substitutionsmöglichkeit zwischen den Gütern. Es ergibt sich eine geknickt verlaufende Transformationskurve T_3. Dies ist beispielsweise bei Milchproduktion auf absolutem Grünland und Getreideanbau der Fall.

Die **Substitutionsbeziehungen** zwischen Produktionsfaktoren zur Herstellung eines bestimmten Gutes wird durch die **Substitutionselastizität** σ[7] ausgedrückt. Je höher die Substitutionselastizität ist, desto leichter sind Faktoren gegeneinander substituierbar. Die Substitutionselastizität liegt zwischen 0 (keine Substituierbarkeit, was einer Leontieff-Produktionsfunktion entspricht) und ∞ (vollkommene Substituierbarkeit bzw. lineare Produktionsfunktion). Bei der häufig verwendeten Cobb-Douglas-Produktionsfunktion wird vereinfachend eine konstante Substitutionselastizität von 1 angenommen.

3.1.2 Technischer Fortschritt in der Landwirtschaft

Der technische Fortschritt wirkt als exogene Einflussgrösse auf Faktoreinsatz und Zusammensetzung der Produktion und äussert sich als Verschiebung der Produktionsfunktion. Als "neutral" wird ein Fortschritt bezeichnet, wenn bei konstanten Faktorintensitäten alle Grenzproduktivitäten in gleichem Ausmass steigen (parallele Verschiebung der Produktionsfunktion). Bei einem nicht-neutralen Fortschritt wird nicht nur der Faktoreinsatz reduziert, sondern die Faktorkombination wird neu optimiert. Bei gestiegenen Grenzproduktivitäten besteht bei konstanten Produktpreisen eine Tendenz zur Produktionsausdehnung, wie dies in Abbildung 4.21 gezeigt wird.

Bei unveränderten Preis-Kosten-Verhältnissen ergibt sich ein neues Optimum zur Gewinnmaximierung. Sowohl Input wie Output nehmen im allgemeinen bei der Realisierung von Fortschritt zu. Diese Veränderung kann in zwei Schritte zerlegt werden (vgl. Abbildung 4.20):

Schritt 1: Bei gleicher Menge eines eingesetzten Faktors (Input) wird ein höherer physischer Ertrag (Output) erreicht (Veränderung von Punkt A zu Punkt B).

Schritt 2: Der Landwirt dehnt seine Produktion entlang der Produktionsfunktion aus, bis bei Punkt C das neue Optimum erreicht ist (GK=GE).

---

[7] Nähere Erläuterungen zur Substitutionselastizität siehe Henrichsmeyer W., Gans O, Everss J., 1990, Einführung in die Volkswirtschaftslehre, Frankfurt; Gardener B., 1990, Economics of Agricultural Policies, New York

Abbildung 4.20: Veränderung der Produktionsfunktion durch biologisch-technischen Fortschritt

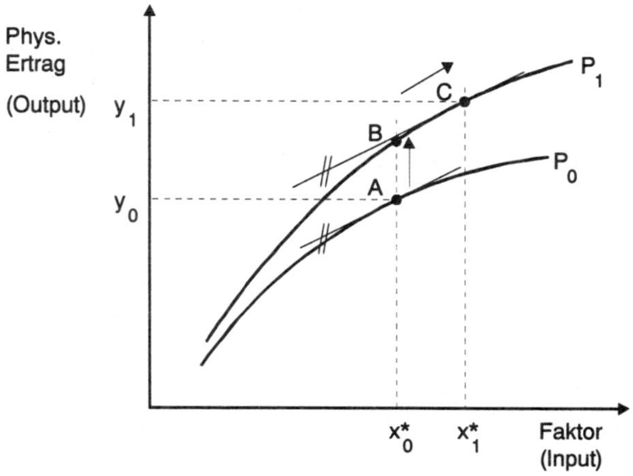

In der Landwirtschaft werden drei Formen von Fortschritt unterschieden:

- Der **mechanisch-technische** Fortschritt bewirkt meist eine Substitution des teuren Faktors Arbeit durch Kapital (leistungsfähigere Maschinen, funktionsfähigere Ökonomiegebäude). Mechanisch-technischer Fortschritt ist meist nicht betriebsgrössen-neutral, d.h. zur Realisierung dieser Fortschritte sind grössere Viehbestände oder Flächeneinheiten nötig.
- Der **biologisch-technische Fortschritt** beruhte in der Vergangenheit im wesentlichen darauf, dass neugezüchtete Tier- und Pflanzenarten grössere Mengen an ertragssteigernden Produktionsfaktoren (Dünger, Pflanzenschutz, Kraftfutter) in höhere Erträge je Flächeneinheit bzw. je Stallplatz umsetzen konnten. Die neuere Ausrichtung der Forschung tendiert nicht zuletzt unter dem Druck verstärkter ökologischer Auflagen eher in Richtung Einsparung von Produktionsfaktoren und Beibehaltung des Ertragsniveaus und Erforschung von Möglichkeiten zur Ertragsstabilisierung (Krankheits- und Trockenheitsresistenzen, Tiergesundheit etc.). Biologisch-technischer Fortschritt ist weitgehend betriebsgrössenneutral.
- Unter **organisatorisch-technischem Fortschritt** wird die Verbesserung der Betriebsführung durch Beratung, Buchhaltung, Informatik, überbetrieblichen Faktoreinsatz (z.B. Maschinenringen) verstanden. Er ist weitgehend betriebsgrössenneutral und auch neutral in dem Sinne, als alle Grenzproduktivitäten gleichmässig gehoben werden. Damit können variable Kosten (z.B. höhere

Effizienz in der Fütterung dank Informatik) und Fixkosten (z.B. tiefere Investitionen in Maschinen dank überbetrieblicher Zusammenarbeit) eingespart werden.

Im folgenden wollen wir näher auf die Frage eintreten, wie sich der biologisch-technische Fortschritt auf das Sektorangebot auswirkt.

3.1.3 Der Einfluss von biologisch-technischem Fortschritt auf das Sektorangebot

Theorie von Cochrane

Einen interessanten Beitrag zur Erklärung von Angebotsverschiebungen hat der Amerikaner W. Cochrane geliefert: Er hat 1958 in seinem Buch "Farm Prices, Myth and Reality" den Ausdruck **'the Agricultural Treadmill'** geprägt. Cochrane sagt unter anderem, dass die aggregierte Angebotskurve der Landwirtschaft in den USA vollständig preisunelastisch gewesen sei. In jeweils längeren Zeiträumen hätte sich das Gesamtangebot kaum ausgeweitet, obwohl der gewichtete Preisindex sich stark verändert habe. Aus der Gegenüberstellung verschiedener Zeiträume mit je unelastischen Angebotskurven (Abb. 4.21) versucht Cochrane zu zeigen, dass ausschliesslich der technisch-biologische Fortschritt die jeweilige Ausdehnung der Gesamtproduktion verursacht habe.

Abbildung 4.21: Unelastische Angebotskurven für die USA, 1912 - 1970

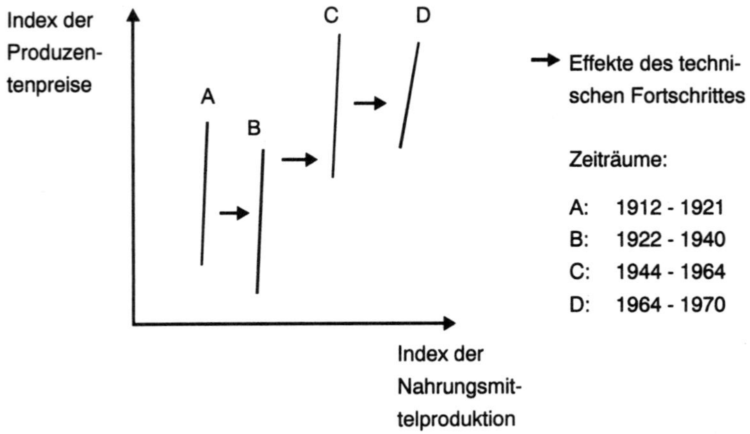

Quelle: nach Wilcox W.W. et al., 1974, Economics of American Agriculture, Englewood Cliffs

Dieses Verhalten lässt sich nach Cochrane folgendermassen erklären:

Der einzelne Landwirt sieht, dass er auf die Produktpreise keinen Einfluss hat (Mengenanpasser). Die Preise sind aber im Lauf der Zeit wegen Überangebot tendenziell real gesunken. Ferner kann gezeigt werden, dass sich in der gleichen Zeit der gesamte Input in die Landwirtschaft (zu konstanten Preisen) kaum wesentlich verändert hat. Dagegen ist die Produktivität der Inputfaktoren stets gestiegen, so dass die Angebotskurve bei gleichem Input nach rechts verschoben wurde.

Diese Entwicklungen erklären, dass die Landwirte wegen der sinkenden Preise gezwungen gewesen waren, kostensparende Technik anzuwenden, um ihre Einkommen zu halten. Die neue Technik hat jeweils zur Senkung der durchschnittlichen Produktionskosten pro Produkteinheit geführt. Dies ist aber in der Regel nur möglich gewesen, wenn gleichzeitig pro Inputeinheit absolut mehr produziert werden konnte. So hat die angewandte Technik zu einer Produktionsausdehnung geführt. Fallende Preise führten nicht zu einem Produktionsrückgang. Man hat vielmehr mit der einmal angeschafften Technik die Verluste minimiert und die Faktoren bei sinkenden Produktpreisen nicht wieder verkauft. (vgl. dazu die Theorie von Johnson in Abschnitt 3.2.1)

Das grössere Gesamtangebot hat erneut zu Produktpreissenkungen geführt und der Zwang, kostensparende neue Technik anzuschaffen, hat erneut bestanden. Als Folge davon musste die Produktion weiter ausgedehnt werden. Diesen Prozess nennt Cochrane die "landwirtschaftliche Tretmühle". Dass die Landwirte trotzdem immer wieder neue Techniken anwenden, ist darauf zurückzuführen, dass sie als Mengenanpasser keinen Einfluss auf den Preis haben. Die ersten (Pioniere), die die neue Technik anwenden, können ihre Kosten senken. Da sie nur einen kleinen Teil des Angebotes produzieren, sinken die Preise (noch) nicht. Sie kommen vorübergehend zu einem grösseren Gewinn ('windfall-profit'). Dieser zieht Nachahmer an, die Produktionsmenge steigt und die Preise fallen. Rechtsverschiebungen der preisunelastischen Angebotskurven (Ausdehnung der Gesamtproduktion bzw. Anschaffung neuer Technologien) haben jeweils vor allem dann stattgefunden, wenn die Zukunft bzw. die Einkommenserwartungen der Landwirte nicht allzu risikoreich gewesen sind.

3.2 Einfluss von veränderten Preis-Kosten-Verhältnissen auf das Angebot

3.2.1 Preis-Kosten-Verhältnisse

Nebst den eher technisch bedingten Substitutionsbeziehungen zwischen Produkten und Faktoren sind die Preis-Kosten-Verhältnisse von entscheidender Bedeutung für die Zusammensetzung der Produktion. Dabei muss zwischen den Preisverhältnissen zwischen Faktoren, zwischen Produkten und Faktoren und zwischen Produkten unterschieden werden. Die Minimalkostenkombination, wie sie im Abschnitt 2.3 vorgestellt wurde, optimiert die Faktorkombination. Die diesbezügliche Entwicklung in der Schweizer Landwirtschaft wurde in den Abbildungen 4.7 und 4.8 gezeigt. In Abschnitt 4 dieses Kapitels werden dann die Entwicklung der Preis-Verhältnisse zwischen verschiedenen Produkten, aber auch zwischen den Faktoren und den Produkten kommentiert werden.

3.2.2 Erweiterung der neoklassischen Theorie durch Johnson

Veränderte Preis-Kosten-Verhältnisse verändern die Kostenstrukturen der einzelnen Betriebe. Die Landwirte werden ihr Angebotsoptimum (vgl. Abschnitt 2.4) entsprechend anpassen. Werden diese neuen Angebotsmengen aggregiert, ergibt sich daraus eine neue Gesamtangebotskurve.

Eine wesentliche Erweiterung der neoklassischen Produktionstheorie zur Erklärung des landwirtschaftlichen Angebotsverhaltens hat Glenn L. Johnson[8] entwickelt. Seine Theorieerweiterung besteht darin, dass er die auf den Betrieben vorhandenen Faktoren neu definiert, indem er explizit unterscheidet zwischen **Anschaffungskosten** ('acquisition costs') und den **Wiederveräusserungswerten** ('salvage values') der Faktoren.

Johnson geht dabei von folgender Definition für fixe Faktoren aus:

$$p_A > WGP > p_V$$

Diese Bedingung sagt aus, dass die Menge eines eingesetzten Faktors dann fix ist, wenn der Wert seines Grenzproduktes *WGP* sowohl kleiner

8 Johnson G.L., 1972, The overproduction Trap in: US Agriculture, Washington

als sein Anschaffungspreis p_A als auch grösser als sein Wiederveräusserungswert p_V ist. Wenn der Wert des Grenzproduktes ausserhalb dieser Schranken liegt, wird ein Faktor zusätzlich zugekauft (wenn $WGP > p_A$), beziehungsweise verkauft (wenn $WGP < p_V$). Der Wert des Grenzproduktes *WGP* hängt vom Grenzprodukt *GP* und dem Produktepreis p_P ab. Er verändert sich also entweder durch veränderte Produktivitäten oder durch veränderte Produktpreise.

Faktoren können nach obiger Definition innerhalb eines Betriebszweiges, innerhalb eines Betriebes oder innerhalb der Landwirtschaft als Wirtschaftszweig fix sein.

Auf das neoklassische Modell der Minimalkostenkombination wurde im Abschnitt 2.3 näher eingetreten. Abbildung 4.22 zeigt nun die Ergänzung durch die Theorie von Johnson:

Abbildung 4.22: Minimalkostenkombination nach der Theorieerweiterung durch Johnson

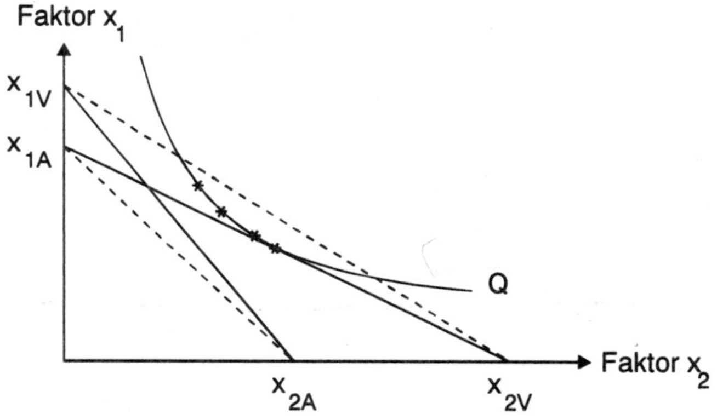

Werden für die Faktoren x_1 und x_2 je Anschaffungskosten und Wiederveräusserungswerte als Faktorpreise verwendet, so ergeben sich insgesamt vier Kostengeraden unterschiedlicher Neigungen und deshalb vier Minimalkostenkombinationen auf jeder Isoquante (angedeutet mit *).

Die Unterschiede zwischen Anschaffungskosten und Wiederverkaufswerten sind für einzelne Gruppen von Faktoren unterschiedlich:

- **Unbewegliche Anlagen** (Obstbäume, Drainagen, landwirtschaftliche Gebäude...): Die Anschaffungskosten entsprechen den Erstellungskosten der Anlagen. Der Wiederverkaufswert ausserhalb der

Landwirtschaft ist in der Praxis gleich Null. Er kann sogar negativ sein, wenn Kosten für deren Entfernung auftreten.

- **Bewegliche Anlagen** und **grössere Spezialmaschinen** (Beregnungsanlagen, Mähdrescher, Traktoren etc.): Der Wiederveräusserungswert ist ebenfalls geringer als die Anschaffungskosten. In Zeiten von Produktionsausdehnungen besteht zwar für den Einzelbetrieb die Möglichkeit, die Maschine auf dem Occasionsmarkt, jedoch kaum ausserhalb der Landwirtschaft, zu verkaufen. Aber auch dann dürfte zu einem bestimmten Zeitpunkt eine beachtliche Differenz zwischen den Zu- und Verkaufspreisen auftreten. Im Normalfall vergrössern zudem Händlermargen und Transportkosten die Differenz.
- **Tiere** (die auf dem Betrieb stehen): Die Anschaffungskosten entsprechen dabei den Aufzuchts- bzw. Zukaufskosten. Der Wiederverkaufswert hängt stark von der jeweiligen Marktlage ab. Für Kühe ab einem bestimmten Alter dürfte nur noch der Schlachtwert relevant sein. In Zeiten von Milchüberschüssen dürfte der Handelspreis auch deshalb tief liegen, weil ja alle anderen Landwirte der gleichen Absatzlage gegenüberstehen. Im allgemeinen dürfte daher auch für Tiere gelten, dass eine bedeutende Differenz, inklusive Handels- und Transportkosten, zwischen den beiden Werten besteht.
- **Arbeitskraft**: Von der Differenz zwischen "Anschaffungskosten" und "Wiederveräusserungswert" hängt das Ausmass der Mobilität der landwirtschaftlichen Arbeitskräfte ab. Die "Anschaffungskosten" entsprechen hier den Opportunitätskosten des Faktors Arbeit, d.h. dem Verdienst, den eine Arbeitskraft mit gleicher Fähigkeit erzielt, wenn diese einen Beruf ausserhalb der Landwirtschaft ergriffen hat. Der "Wiederverkaufswert" entspricht dem Verdienst, den ein Landwirt erzielen würde, wenn er *heute* ausserhalb der Landwirtschaft zu arbeiten beginnen würde. Wegen der spezialisierten Berufskenntnisse wird dieser Lohn unter anderem stark vom Alter abhängen. Miteinzubeziehen in die Differenz sind hier allfällige Umsiedlungs- und Umschulungskosten.

Hierin liegt eine theoretische Erklärung, weshalb die Abwanderung aus der Landwirtschaft weitgehend dadurch erfolgt, dass die Söhne von Landwirten Berufe ausserhalb der Landwirtschaft ergreifen. Für diese ist die Differenz zwischen "Anschaffungs- und Wiederverkaufspreis" gleich Null, während sie mit zunehmendem Alter, tendenziell anwächst.

- **Boden**: Abgesehen von allfälligen Handänderungssteuern und Gebühren treten keine wesentlichen Differenzen zwischen Anschaffungskosten (Zukaufspreisen bzw. Zupachtzinsen) und Wiederveräusserungswerten (Verkaufspreisen bzw. Verpachtzinsen) auf.
- **Futtermittel** (auf dem Betrieb produziert): Sie weisen höhere Anschaffungskosten (Produktionskosten) als Wiederverkaufswerte auf, weil ein Zukauf von aussen mit Transportkosten verbunden ist. Dies trifft namentlich für Heu, Silage, Futterkartoffeln und, in geringerem Masse, auch für Futtergetreide und Körnermais zu.
- **Zugekaufte Produktionsmittel** (Handelsdünger, Pestizide): Deren Zukauf entspricht weitgehend dem kurzfristigen Verbrauch. Es bestehen höchstens sehr geringe Differenzen zu den Wiederveräusserungswerten.

Zusammenfassend lässt sich festhalten, dass in der Realität zu jedem Zeitpunkt wesentliche Unterschiede zwischen Anschaffungskosten und Wiederverkaufswerten für landwirtschaftliche Produktionsfaktoren auftreten. Dies erklärt, weshalb in der Landwirtschaft stets mehr Faktoren in der Produktion sind als zu erwarten ist, wenn die Anschaffungskosten und die Wiederverkaufswerte der Faktoren gleich gross wären (neoklassischen Produktionstheorie). Die Theorie von Johnson ist also eine wertvolle Hilfe, um einige für die Landwirtschaft zutreffende Beobachtungen zu erklären:

- Bei rückläufigen Preisen und enttäuschten Preiserwartungen ist die Landwirtschaft im Durchschnitt mit einer tiefen Kapitalrendite konfrontiert.
- Das Agrargüterangebot reagiert unter bestimmten Voraussetzungen auf steigende Preise stärker als auf sinkende Preise (irreversible Angebotsfunktion).
- Das Problem der Übermechanisierung der Landwirtschaft ist zumindest teilweise ökonomisch rational begründbar, wenn die neue Mechanisierung ein Wertgrenzprodukt aufweist, das über den Anschaffungskosten liegt und gleichzeitig die alten Maschinen ein Wertgrenzprodukt grösser als die Wiederveräusserungswerte aufweisen.

Durch die Theorie von Johnson, aber auch die Überlegungen von Cochrane - die sich insofern decken, also beide von zukünftigen Preiserwartungen als entscheidende Grösse für das Investitions- und damit das mittelfristige Angebotsverhalten der Landwirtschaft ausgehen - lassen sich das Angebotsverhalten auch der Schweizer Landwirte erklären und allfällige Auswirkungen agrarpolitischer Massnahmen besser abschätzen.

Werden die oben skizzierte Theorieerweiterung auf eine aggregierte Angebotsfunktion übertragen, so ergibt sich eine irreversible Angebotskurve, wie sie in Abbildung 4.23 dargestellt ist.

Abbildung 4.23: Irreversible Angebotsfunktion

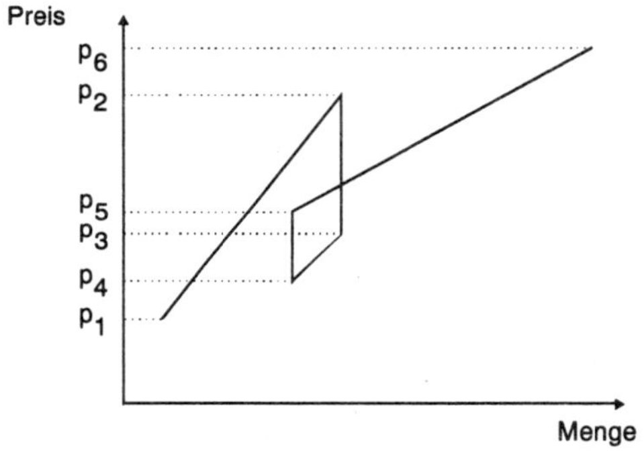

Angenommen der reale Produzentenpreis steige von p_1 auf p_2, so erfolgt eine Ausweitung der Produktion. Gleichzeitig werden Faktoreinheiten zugekauft, weil deren Wertgrenzprodukte grösser als die Anschaffungskosten pro Einheit sind. Sinkt dann der reale Preis auf p_3, so erfolgt keine Mengenreduktion, weil es sich nicht lohnt, die fixen Faktoren wieder zu verkaufen, da deren Wertgrenzprodukte trotz Preissenkung noch höher als die Wiederverkaufswerte liegen. Eine Mengenreduktion (mit Abstossen von Produktionsfaktoren) würde erst bei einer Preissenkung auf p_4 erfolgen. Eine erneute (kleine) Preiserhöhung auf p_5 wäre analog ohne Mengenreaktion. Erst wenn der Preis über p_5 steigt, werden wieder neue Faktoren zugekauft.

4. Entwicklung des schweizerischen Angebotes

Der landwirtschaftliche Endrohertrag zu konstanten Preisen nahm in der Schweiz von 1960 bis 1990 um insgesamt 412% zu. Dies wurde trotz eines Rückgangs bei den landwirtschaftlichen Arbeitskräften um 59% im gleichen Zeitraum möglich, weil die Arbeitsproduktivität jährlich um durchschnittlich 8,7% anstieg.

4.1 Mengen- und Preisentwicklung der tierischen Produkte

Abbildungen 4.24 und 4.25 zeigen die Mengen- bzw. Preisentwicklung der wichtigsten tierischen Produkte seit 1960.

Abbildung 4.24: Mengenentwicklung tierischer Produkte, 1960-1991

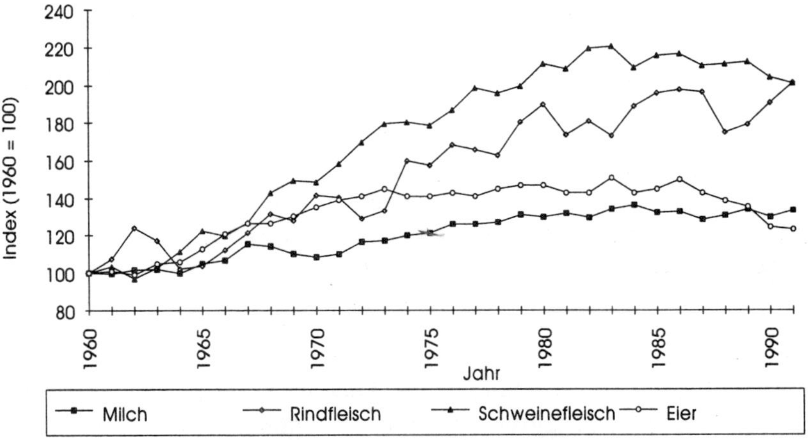

Quelle: nach Daten SBS, Statistische Erhebungen und Schätzungen, div. Jhg.

Abbildung 4.25: Nominelle relative Preisentwicklung bei tierischen Produkten, 1960-1991

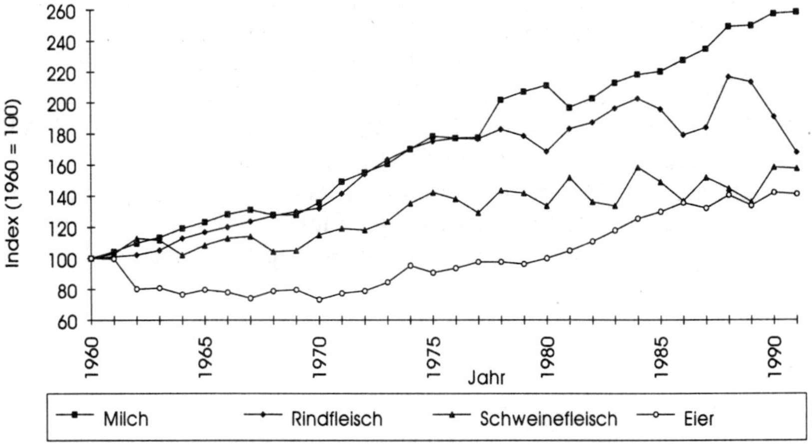

Quelle: nach Daten SBS, Statistische Erhebungen und Schätzungen, div. Jhg.

Bei der mengenmässigen Entwicklung der tierischen Produktion zeigt sich eine deutliche Produktionssteigerung bei allen vier betrachteten Produkten. Am stärksten ist sie jedoch beim Schweine- und Rindfleisch, am schwächsten bei der Milch, wo ab 1977 die einzelbetriebliche Kontingentierung eingeführt wurde. Durch diese Massnahme konnte die Menge Verkehrsmilch weitgehend konstant gehalten werden. Die Kontingentierung war die notwendige Voraussetzung, um den Milchpreis weiter ansteigen zu lassen (Abb. 4.25), ohne dass zusätzliche Überschüsse befürchtet werden mussten. Die Ausdehnung der Fleischproduktion war nicht zuletzt eine Reaktion auf die Angebotsbeschränkung bei der Milch - die Stallplätze und das Futterangebot wurden alternativ genutzt. Beim Rindfleisch wie auch beim Schweinefleisch zeigen sich zyklische Bewegungen (rund fünf Jahre beim Rind bzw. drei Jahre beim Schwein) sowohl bei der Mengen- als auch bei der Preisentwicklung. Auf diese Besonderheit landwirtschaftlicher Märkte wird in Kapitel VI näher eingegangen. Bei den Eiern zeigt sich nach jahrelang tiefen Preisen ein Preisanstieg seit Beginn der 80er Jahre. Die Eierproduktion ist seit den 60er Jahren stetig angestiegen, sinkt jedoch auffallend seit Mitte der 80er Jahre. Dies ist wohl auf das Verbot der Batteriehaltung zurückzuführen, dessen Übergangsfrist 1991 abgelaufen ist. Für viele intensive Hühnerhaltungsbetriebe lohnte sich offensichtlich ein Neu- oder Umbau des Stalles nach den neuen Tierschutzvorschriften nicht, so dass sie die Produktion aufgaben.

Zusammenfassend kann gesagt werden, dass die Entwicklung der tierischen Produktion weitgehend auf administrative Einflüsse (Milchkontingentierung, Batteriehalteverbot etc.) zurückzuführen ist. Für die Zukunft ist zu erwarten, dass die Milchpreise sinken werden (die erste Preissenkung um 10 Rappen je Liter wurde 1993 festgelegt) und beim Fleisch die Konkurrenz durch Importprodukte (vgl. Kapitel XI, GATT-Uruguay-Runde) verstärkt wird. Entscheidend für die mögliche Entwicklung von Menge und Preis im Fleischsektor werden aber auch Konsumtrends sein (allgemein weniger Fleisch, zunehmende Präferenz für mageres, weisses Fleisch), auf die in Kapitel V näher eingetreten wird.

4.2 Mengen- und Preisentwicklung bei pflanzlichen Produkten

In den folgenden zwei Abbildung werden die mengen- und preismässige Entwicklung im pflanzlichen Bereich dargestellt:

Abbildung 4.26: Mengenentwicklung pflanzlicher Produkte, 1960-1991

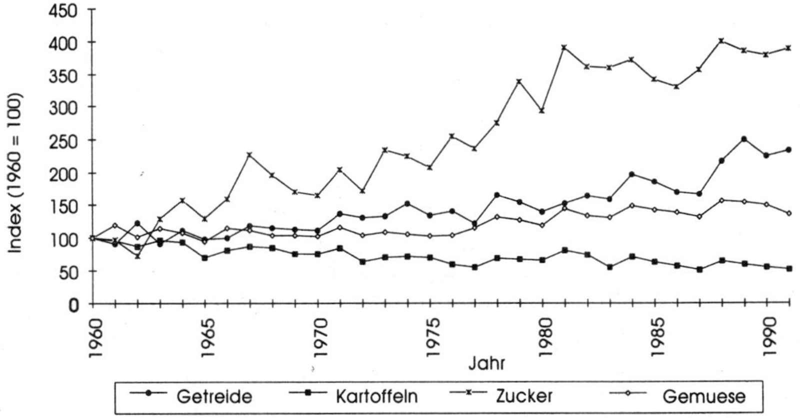

Quelle: nach Daten SBS, Statistische Erhebungen und Schätzungen, div. Jhg.

Abbildung 4.27: Nominelle relative Preisentwicklung bei pflanzlichen Produkten, 1960-1991

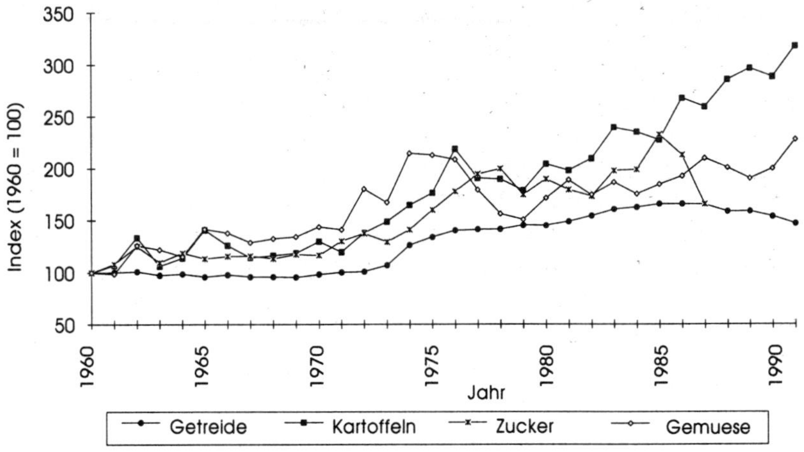

Quelle: nach Daten SBS, Statistische Erhebungen und Schätzungen, div. Jhg.

Auch bei den pflanzlichen Produkten zeigt sich eine beträchtliche Ausdehnung der Produktion ab - mit einer Ausnahme. Die Produktion von Kartoffeln ist rückläufig, obwohl die Preise für Kartoffeln in der Referenzperiode am stärksten gestiegen sind. Der Preisanstieg vermag aber offensichtlich nicht die enorme Steigerung bei den Kosten für Arbeitskräfte (siehe Abb. 4.7) aufzufangen. Auch gelang es nicht, den Arbeitsbedarf bei den Kartoffeln soweit zu senken, dass der Anbau weiterhin attraktiv wäre. Auffallend ist die starke Zunahme beim Anbau von Zuckerrüben, die auf eine Erhöhung der Kontingente, also wiederum überwiegend auf einen - nicht unumstrittenen - administrativen Entscheid zurückzuführen ist. Die Produktion von Getreide nahm stetig zu. Gründe dafür sind einerseits die Förderung des Acker- und insbesondere des Getreideanbaus zur Entlastung des Milchmarktes (siehe Preisanstieg zu Beginn der 70er Jahre in Abbildung 4.28) und andererseits betriebswirtschaftliche Überlegungen: Der Getreidebau ist dank Mechanisierung zu einer arbeitsextensiven Kultur geworden (viele Arbeiten lassen sich im Lohn durch Dritte erledigen); auf den Betrieben wurde wegen der Milchkontingentierung (weniger Tiere mit höherem Leistungspotential bei beschränkter Milchmenge) Rauhfutterfläche frei, die teilweise mit Futtergetreide für die eigene Mast genutzt wurde; beim Getreide kam es zu grossen Ertragsteigerungen aufgrund neuer Sorten, aber auch zum Einsatz von Halmverkürzern, Fungiziden und höheren Düngergaben - all dies machte Getreide zu einer attraktiven Kultur, bis gegen Ende der 80er Jahre die Preise aufgrund der vollen Märkte, insbesondere beim Brotgetreide, aber zunehmend auch beim Futtergetreide, zu sinken begannen.

Bei der Entwicklung der pflanzlichen Produktion waren der biologisch-technische Fortschritt einerseits und administrative Entscheide andererseits ausschlaggebend. Für die Zukunft ist vor allem beim Getreide mit einer Senkung der Produzentenpreise zu rechnen. Auch dürfte es politisch nicht machbar sein, die Menge bei Zucker weiter auszudehnen. Eine wichtige Einflussgrösse dürften in Zukunft ökologische Auflagen darstellen, mit denen einerseits die negativen Begleiterscheinungen einer intensiven Produktion (vgl. dazu auch Kapitel X) gemindert werden sollen. Andererseits hofft man mit einer Extensivierung der Produktion das Problem überfüllter Märkte lösen zu können.

V. Nachfragetheorie und -entwicklung

Die Nachfrage nach Produkten und Dienstleistungen aus der Landwirtschaft lässt sich gliedern in:

- die Nachfrage nach Nahrungsmitteln
- die Nachfrage nach nachwachsenden Rohstoffen und Energieträgern
- die Nachfrage nach landwirtschaftsinternen Produktionsmitteln, z. B. Futtermittel und Nutzvieh
- die Nachfrage nach gemeinwirtschaftlichen Leistungen der Landwirtschaft

In diesem Kapitel beschränken wir uns auf die Nachfrage nach Nahrungsmitteln.

1. Begriffsumschreibung und Bestimmungsgründe

Bei der Nahrungsmittelversorgung der Bevölkerung eines Landes sind die zwei Begriffe "Nachfrage" und "Bedarf" zu trennen. Alle Leute haben einen physiologischen Bedarf an Nahrungsmitteln, um sich körperlich und geistig gesund zu halten. Wenn dieser Bedarf nicht mehr gedeckt werden kann, tritt Unterernährung oder Hunger mit Folgen für das körperliche und geistige Wohlbefinden auf. In der westlichen Welt und den übrigen entwickelten Ländern ist die Bedarfsdeckung normalerweise problemlos geworden. Es wird demzufolge von der Nachfrage nach Nahrungsmitteln gesprochen. Unter dem Ausdruck Nachfrage versteht man ein ökonomisches Verhalten, das abhängig ist von Preisen, Einkommen und Bedarfsgewohnheiten. Es wäre für den Nachfrager auch möglich, sich anders zu verhalten, ohne dass physiologische Störungen auftreten würden. Nachfrage ausüben ist jedoch an die Möglichkeit gebunden, für das nachgefragte Gut zu bezahlen, d.h. eine Geld- oder Gegenleistung dafür aufzubringen.

Wenn im folgenden von Nachfrage nach Nahrungsmitteln die Rede ist, so ist diejenige auf Verbraucherstufe gemeint. Das Produkt ist verarbeitet und an die für den Verbraucher (Konsumenten) erreichbaren Orte (Verkaufsstellen) gebracht. Damit die Nachfrage und ihre Entwicklung richtig interpretiert und sinnvolle Vorhersagen gemacht werden können, werden nachfolgend die Bestimmungsgründe der Nachfrage einzeln näher beleuchtet.

Die Bestimmungsgründe für die längerfristige Nachfrage bei Nahrungsmitteln kann man in folgende Gruppen einteilen:

- **Demographische Entwicklung**
  - Bevölkerung
  - Alterstruktur
  - Zahl und Grösse der Haushalte
- **Gesellschaftliche Entwicklung**
  - Wertvorstellungen, Normen
  - Umweltbewusstsein
  - Gesundheitsbewusstsein
  - Freizeit
- **Wirtschaftliche Entwicklung**
  - Einkommen
  - Preise, Konkurrenzpreise
  - Erwerbstätigkeit

2. Demographische Entwicklung

2.1 Bevölkerung

2.1.1 Weltbevölkerung

Als eines der weltweit grössten Probleme wird allgemein die rasant wachsende Weltbevölkerung angesehen. Nicht nur mangelt es an Lebensraum, vielmehr gehen mit dem Bevölkerungswachstum auch schwerwiegende ökologische, soziale und ökonomische Probleme einher.

Da die Bevölkerungsentwicklung unmittelbar mit der Ernährungsfrage verbunden ist, treten wir hier auf einige Aspekte der Bevölkerungslehre ein.

Tabelle 5.1: Bevölkerungsprognosen für die Welt, Hauptregionen und ausgewählte Länder

	Bevölkerung 1985 in Mio.	Bevölkerung 2025 in Mio.	Zuwachs bis 2025 in %	Durchschnittl. Jahreszuwachs in %	Anteil an Weltbevölkerung 2025 in %
Welt	**4851**	**8504**	**75**	**1.4**	**100.0**
Entwickelte Regionen	1174	1354	15	0.4	15.9
Unterentwickelte Regionen	3677	7150	94	1.7	84.1
Hauptregionen					
Afrika	553	1597	189	2.7	18.8
Lateinamerika	404	757	87	1.6	8.9
Asien	2835	4912	73	1.4	57.8
Ozeanien	25	38	52	1.1	0.5
Ostereuropa inkl. GUS	389	475	22	0.5	5.6
Nordamerika	265	332	25	0.6	3.9
Europa, ohne Oststaaten	381	392	3	0.1	4.6
Ausgewählte Länder und Regionen					
VR China	1060	1513	43	0.9	17.8
Indien	769	1442	88	1.6	17.0
Bangladesch	101	235	133	2.1	2.8
Brasilien	136	246	81	1.5	2.9
Mexiko	79	150	90	1.6	1.8
USA	239	300	26	0.6	3.5
GUS	278	352	27	0.6	4.1
Japan	120	127	6	0.1	1.5

Quelle: UNO, 1991, World Population Prospects 1990, Washington

Zunächst enthält Tabelle 5.1 einige Angaben für einzelne Regionen der Welt. Daraus sind für die Periode 1985 bis 2025 regional sehr grosse Unterschiede festzustellen. Während in den entwickelten Regionen die Rate des Bevölkerungswachstums klein ist, nimmt die Bevölkerung in Entwicklungsländern mit bis zu drei Prozent pro Jahr zu. Die Angaben für einige ausgewählte einzelne Länder vermitteln einen differenzierteren Einblick. So wird das grosse Bevölkerungswachstum in einzelnen Entwicklungsländern die ohnehin prekäre Ernährungssituation weiterhin verschärfen.[1] Wie man solche Bevölkerungsschätzungen vornimmt, ist Gegenstand des nachfolgenden Abschnitts.

2.1.2 Die Theorie der demographischen Transformation

Die Bevölkerungslehre erarbeitet Methoden und Konzepte, die das Wachstum der Bevölkerung erklären und anhand derer Bevölkerungsprognosen erstellt werden. Aber auch hier gibt es keine Theorie, die absolute Gültigkeit beanspruchen könnte.[2]

Ein möglicher Erklärungsansatz ist die Theorie der demographischen Transformation. Bei dieser bilden Wachstumsraten die methodische Grundlage. Je grösser die Wachstumsrate in einem Land ist, desto schneller wächst seine Bevölkerung. So betrug im Jahre 1850 die Verdoppelungszeit der Weltbevölkerung noch rund 100 Jahre. Heute liegt diese bei rund 40 Jahren. Hauser[3] hat, wie Tabelle 5.2 zeigt, eine Klassifikation der Wachstumsraten mit den entsprechenden Verdoppelungszeiten vorgenommen.

Tabelle 5.2: Bevölkerungswachstumsraten und Verdoppelungszeiten

Wachstumsklassifikation	Jährliches Wachstum in Prozent	Verdoppelungszeit in Jahren
Stationäre Bevölkerung	0	-
Langsames Bevölkerungswachstum	0.01	6930
	0.1	693
	0.5	139
Mittleres Bevölkerungswachstum	0.5 - 1.0	139 - 70
Schnelles Bevölkerungswachstum	1.0 - 1.5	70 - 47
Sehr schnelles Bevölkerungswachstum	1.5 - 2.0	47 - 35
Explosives Wachstum	2.0 - 2.5	35 - 28
	2.5 - 3.0	28 - 23
	3.0 - 3.5	23 - 20
	3.5 - 4.0	20 - 18

Quelle: Hauser, 1974

Um die Wachstumsraten der Bevölkerung zu berechnen, werden die Geburten- und die Sterbeziffern verwendet, welche üblicherweise in

---

1 vgl. dazu auch Kapitel XI (Ernährungssicherung und internationaler Agrarhandel).

2 Romaniuc A., Les projections démographiques en tant qu'un instrument de prédiction, de simulation et d'analyse prospective in: Bulletin démographique des Nations unies No 29, New York, 1991 zitiert in: BfS, Szenarien zur Bevölkerungsentwicklung der Schweiz 1991-2040 S.7

3 Hauser J.A, 1974, Bevölkerungsprobleme der Dritten Welt, Bern

Promillen angegeben werden. Die klassische Theorie der demographischen Transformation beschreibt nun den Wandel der Geburten- und Sterberaten in einer Bevölkerung. Diese Raten verändern sich nach dieser Theorie in jeder Bevölkerung nach bestimmten Gesetzmässigkeiten in einzelnen Phasen. Je nach Phase, in der sich ein Land befindet, präsentiert sich seine Position im Transformationsschema anders (Abb.5.1). Dabei wird in eine prätransformative, eine transformative und eine posttransformative Phase unterschieden. Die transformative Phase wird weiter in drei Subphasen unterteilt.

Abbildung 5.1: Demographische Transformation

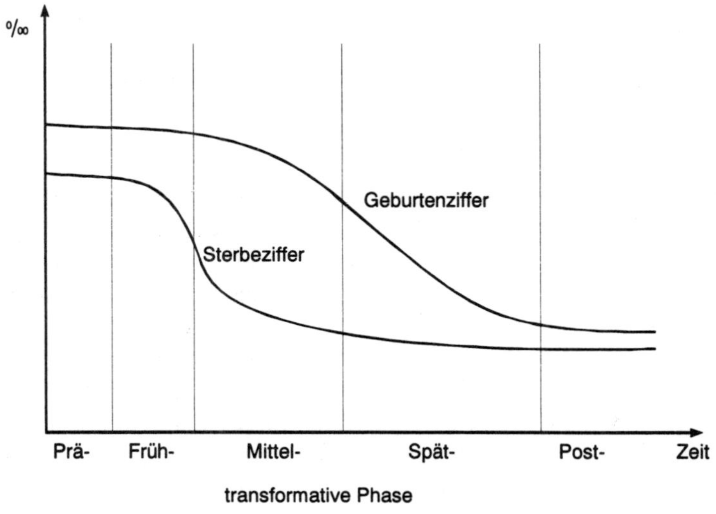

1. Prätransformative Phase

Diese Phase entspricht der Ausgangslage vor dem Beginn der Transformation. Die Geburtenrate und die Sterberate sind hoch, das Wachstum der Bevölkerung ist klein.

2. Transformative Phase

Sterblichkeit und Fruchtbarkeit befinden sich auf dem Weg zu niedrigeren Werten. Man unterscheidet drei Subphasen:

2.1. Frühtransformative Phase

Die Sterblichkeitsrate nimmt aufgrund besserer medizinischer Versorgung und Ernährung ab. Die Fruchtbarkeitsrate bleibt vorerst noch hoch. Hauser[4] rechnet dieser Stufe all jene Länder zu, welche eine allgemeine Sterbeziffer von 20 Promillen oder mehr aufweisen und deren allgemeine Geburtenrate 40 Promille und mehr beträgt.

2.2. Mitteltransformative Phase

Die Sterbeziffer und die Geburtenziffer fallen. Die Sterbewerte haben immer einen Vorsprung. Hauser zählt zu dieser Stufe die Länder mit Sterbeziffern unter 20 Promillen und Geburtenziffern, die wohl langsam sinken, aber dennoch über 40 Promille betragen.

2.3. Spättransformative Phase

Die Sterblichkeit ist niedrig und stabil. Die Fruchtbarkeit ist stark eingeschränkt, da in der Bevölkerung die Methoden der Geburtenkontrolle weitherum bekannt und verbreitet sind. Nach Hauser befinden sich alle Länder mit Geburtenziffern unter 30 Promillen und allgemeinen Sterberaten unter 10 Promillen in dieser Phase.

3. Posttransformative Phase

Die Transformation ist abgeschlossen. Fruchtbarkeits- sowie Sterbeziffern sind äusserst niedrig. Die niedrigen Fruchtbarkeitsraten sind unter anderem auf die Anwendung von Verhütungsmethoden und auf den Wunsch nach weniger Kindern zurückzuführen, der seinerseits korreliert ist mit geringer Kindersterblichkeit, einigermassen gesicherter Altersvorsorge und der verbesserten Ausbildung der Frauen. Ein Hauptgrund für die tiefen Sterbeziffern ist der medizinische Fortschritt (Impfungen, Hygiene). Die Bevölkerung wächst demzufolge nicht mehr stark, oder sie ist gar im Sinken begriffen, was in jüngster Zeit in einer Anzahl Länder zu beobachten ist.

In den letzten Jahrhunderten hat die demographische Transformation in den meisten Ländern stattgefunden oder sie findet zur Zeit statt. Während in einem grossen Teil der ursprünglichen Industrieländer wie beispielsweise Grossbritannien die Transformation hauptsächlich im 19. Jahrhundert stattgefunden hat, fand sie in den später industrialisierten Ländern wie zum Beispiel Spanien oder Portugal erst anfangs des 20. Jahrhunderts statt. Es fällt auf, dass die Transformationsprozesse je später sie stattfinden, desto kürzer dauern. Dazu trägt einerseits die verbesserte medizinische Versorgung bei, welche die Sterblichkeit

---

4 Hauser J., 1990, Bevölkerungs- und Umweltprobleme der dritten Welt, Stuttgart

schneller sinken lässt. Andererseits führt der vermehrte Einsatz von Verhütungsmitteln zu einer schnelleren Abnahme der Geburtenrate.

2.1.3 Ein Hinweis auf Malthus

Das Problem des Zusammenhanges zwischen der Nahrungsmittelversorgung und der Bevölkerungszahl wäre unvollständig dargestellt ohne einen Hinweis auf Malthus, einen jungen englischen Geistlichen, der 1798 eine berühmt gewordene Abhandlung: "An Essay on the Principal of population, as it affects the future improvement of society" veröffentlichte. Malthus beobachtete in amerikanischen Kolonien, dass sich dort, wo reichlich Produktionsmittel vorhanden waren, die Bevölkerung binnen 25 Jahren verdoppelte. Daraus leitete er die These ab, dass die Bevölkerung in geometrischer Reihenfolge (1,2,4,8,...) wachse, wenn keine Nahrungsmittelknappheit herrsche. Die Folge einer solchen Vermehrung wäre, dass bald einmal die Leute nur noch "Platz zum Stehen" hätten. Hinzu komme die Wirkung des Gesetzes des abnehmenden Ertragszuwachses, so dass es nicht möglich sein werde, die Nahrungsmittelproduktion im Gleichschritt mit dem Bevölkerungswachstum auszudehnen. Die Nahrungsproduktion wachse nur nach arithmetischer Folge (1,2,3,4,...). Eine solche Situation sei besonders für die ärmere Bevölkerung tragisch, indem diese an Hunger leide.

Bezüglich des Bevölkerungswachstums hatte Malthus weitgehend recht. Seine Theorie ist auch vereinbar mit der demographischen Transformationstheorie. In bezug auf die Nahrungsmittelproduktion hatte er aber den Faktor des technischen Fortschrittes und die neuen Transportmöglichkeiten gewaltig unterschätzt. Die Weltversorgung mit Nahrungsmitteln verbesserte sich tendenziell laufend.

Zu neuer Bedeutung gelangte Malthus' Gedankengut 1972 mit der Veröffentlichung des ersten Berichtes an den Club of Rome mit dem Titel "Die Grenzen des Wachstums"[5]. Dort wurde die Grundproblematik der Unmöglichkeit des unbegrenzten Wachstums in einer begrenzten Welt wieder aufgerollt, welche seinerzeit Malthus schon aufgeworfen hatte. Nicht zuletzt hat dieser Bericht der sogenannten "Neo-Malthusianer" an den Club of Rome dazu beigetragen, dass die Menschheit sich der begrenzten Ressourcen auf dieser Welt bewusst wurde. Damit wurden auch die Voraussetzungen geschaffen, dass das ökologische Denken heute vermehrt zum Tragen kommt.

---

5 Meadows D., 1972, The Limits to Growth, New York

2.1.4 Zur Entwicklung der Schweizer Bevölkerung

Historische Entwicklung

Im folgenden wird mittels einiger Zahlen und Abbildungen auf die Entwicklung der Schweizer Bevölkerung eingegangen. Vorerst enthält Tabelle 5.3 die Bevölkerungszahlen bzw. die von Bickel gemachten Schätzungen für die Jahre vor 1850.

Tabelle 5.3: Einwohnerzahl und -dichte der Schweiz

Jahre	Einwohner insgesamt	Einwohner pro 1 km^2
um 1400	600000 - 650000	14 -16
um 1500	800000 - 850000	19 -21
um 1600	1000000	24
um 1700	1200000	29
um 1800	1700000	41
1850	2392740	58
1900	3315443	80
1914 (1. Juli)	3900000	94
1950	4714952	114
1970	6269783	151
1980	6365960	154
1990	6796300	164

Quelle: nach Bickel W., ergänzt für 1980 und 1990

Voraussetzung für ein Bevölkerungswachstum ist entweder ein Geburtenüberschuss oder ein positiver Migrationssaldo. Die schweizerischen Geburten- und Sterberaten sowie der Geburtenüberschuss seit Anfang des 20. Jahrhunderts werden in Abbildung 5.2 dargestellt. Auffallend sind die relativ grossen Schwankungen bei der Geburtenrate. Insbesondere sei auf deren Sinken in den Kriegs- und Krisenjahren hingewiesen, während bereits Mitte der vierziger Jahre ein starker Anstieg bis 1970 festzustellen ist. Dann folgt wieder ein grosser Einbruch, der bis zur Gegenwart anhält. Dies ist wohl auf die Verfügbarkeit und den Gebrauch neuer Verhütungsmittel und -methoden zurückzuführen. Bei der Sterberate ist der hohe Wert von 1918 auf eine schwere Grippe-Epidemie zurückzuführen.

Abbildung 5.2: Entwicklung der Geburten-, Sterbe- und Geburtenüberschussziffern, 1900-1991

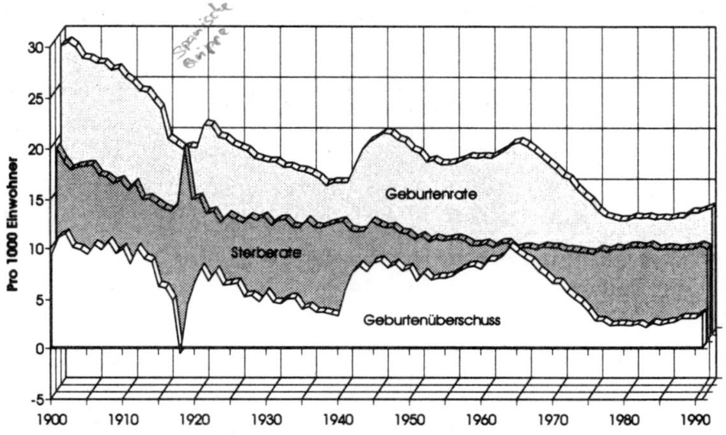

Quelle: nach Daten aus: Statisches Jahrbuch der Schweiz, div. Jahrgänge

Tabelle 5.4 bezieht nun auch die Bevölkerungsbewegungen infolge Zu- und Abwanderung (Migration) ein. Diese ist bekanntlich für das kleine Land Schweiz von grösster Bedeutung. Von besonderem Interesse ist dabei der Wanderungsüberschuss in einzelnen Zeiträumen. Tabelle 5.4 zeigt, dass Wanderungsüberschüsse das Ergebnis von konjunkturellen Wirtschaftsphasen sind. In Krisenzeiten ist der Wanderungssaldo stets negativ. Erstmals hatte die Schweiz um die Jahrhundertwende eine grosse Zuwanderung zu verzeichnen. Die zweite, wesentlich grössere Zuwanderung erfolgte während des Wirtschaftsbooms zwischen 1950 und 1970. Der Negativsaldo in den siebziger Jahren ist eine Folge der damaligen Arbeitslosigkeit, indem Arbeitskräfte in ihre Heimat zurückkehren mussten. In den achtziger Jahren entstand ein neuer Sog nach ausländischen Arbeitskräften.

Tabelle 5.4: Bevölkerungsbilanz zwischen 1870 und 1990

Volkszählungsperiode	Anfangsbevölkerung	Lebendgeborene	Gestorbene	Geburtenüberschuss	Wanderungsüberschuss	Gesamtzunahme
		Promillezahlen (pro Jahr)				
1870/80	2655001	30.9	23.6	7.3	-0.8	6.4
1880/88	2831781	28.5	21.0	7.5	-3.8	3.7
1888/1900	2917749	27.8	19.1	8.7	2.0	10.6
1900/10	3315441	26.9	16.8	10.1	2.2	12.4
1910/20	3753291	21.2	14.8	6.4	-3.1	3.3
1920/30	3880321	18.4	12.2	6.2	-1.5	4.7
1930/41	4066401	15.9	11.7	4.2	0.1	4.3
1941/50	4265699	19.1	11.0	8.0	3.1	11.1
1950/60	4714988	17.2	9.9	7.4	6.7	14.1
1960/70	5429058	18.2	9.5	8.7	5.7	14.4
1970/80	6269778	12.7	9.0	3.7	-1.4	2.2
1980/90	6411958	12.0	9.4	2.6	3.9	6.5

Quelle: Statistisches Jahrbuch der Schweiz, div. Jahrgänge

Bevölkerungsprognosen für die Schweiz[6]

Das Bundesamt für Statistik erstellt laufend Prognosen über die Wohnbevölkerung der Schweiz. Dabei baut es auf dem Modell in Abbildung 5.3 auf:

6 Bundesamt für Statistik, 1992, Szenarien zur Bevölkerungsentwicklung der Schweiz 1991-2040, Bern

Abbildung 5.3: Einflussfaktoren auf die Bevölkerungsentwicklung in der Schweiz

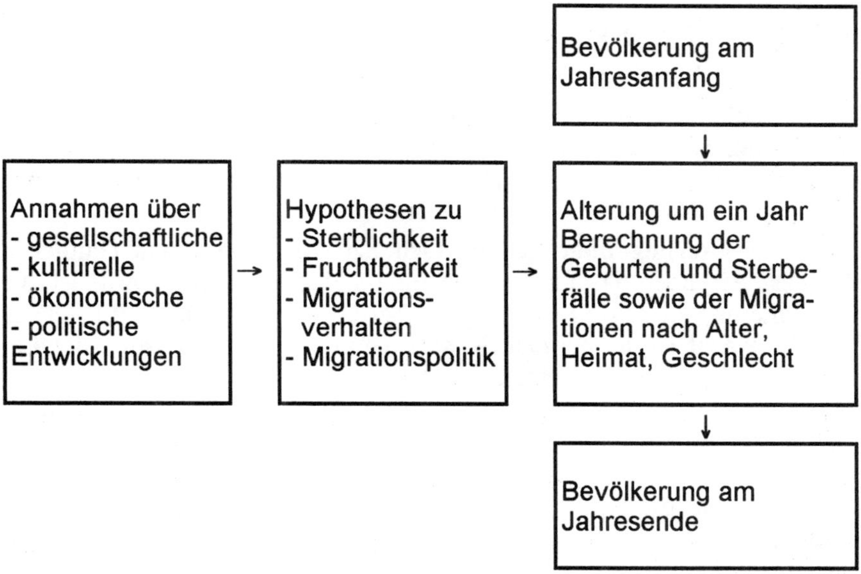

Quelle: BfS, 1992, a.a.O., S.7

Da sich die Sterblichkeits- und Fruchtbarkeitsraten, aber auch die Migrationsraten nicht direkt aus der Vergangenheit ableiten lassen, sondern von politischen, wirtschaftlichen und gesellschaftlichen Rahmenbedingungen abhängig sind, werden für diese Parameter Hypothesen gebildet, die jeweils variiert werden können. Je ein Bündel in sich konsistenter Hypothesen bildet ein Szenario. Nachfolgend ein kurzer Kommentar zu den Bevölkerungsprognosen 1990 bis ins Jahr 2040:

Die Schweizer **Wohnbevölkerung** steigt gegenüber 1990 in allen Szenarien, ausser bei der Variante "Abgrenzung" an, allerdings unterschiedlich stark. Am stärksten steigt die Bevölkerung bei den Szenarien "Kontinuität" (ohne EWR-Beitritt), bei dem von einer günstigen Wirtschaftsentwicklung mit grossem Zuzug ausländischer Arbeitskräfte, überwiegend aus dem Nicht-EWR-Raum, ausgegangen wird, und beim Szenario "erhöhte Fruchtbarkeit".

Der **Wandersaldo** ist bis ins Jahr 2040 in allen Szenarien positiv, da der Rückgang der aktiven inländischen Bevölkerung (Überalterung) durch ausländische Arbeitskräfte aufgefangen werden muss.

Der **Geburtenüberschuss** für das Jahr 2000 ist in allen Szenarien positiv, für das Jahr 2040 jedoch negativ, dies mit Ausnahme des Szenarios "erhöhte Fruchtbarkeit". Im Szenario "Abgrenzung" wirkt sich die Abnahme der Ausländerinnen aus dem Nicht EWR-Raum mit höherer Fruchtbarkeitsrate besonders negativ auf die Geburtenrate aus.

Der **Ausländeranteil** nimmt in allen Szenarien bis ins Jahr 2040 deutlich ab. Mittelfristig, d.h. für die nächsten 15-20 Jahre ist jedoch mit einem weiteren Anstieg zu rechnen. Das Wachstum findet überwiegend bei den Bürgern aus Nicht-EWR-Ländern statt.

Die **Überalterung** zeigt sich in allen Szenarien mit einem deutlichen Anstieg der über 64-jährigen auf rund 25%. Besonders stark ist die Überalterung in den Szenarien mit restriktiver Ausländerpolitik; etwas abgeschwächt ist sie bei den Szenarien "reduziertes Wachstum der Lebenserwartung" und "erhöhte Fruchtbarkeit".

Der Anteil der potentiell **Erwerbstätigen** (zwischen 20 und 64 Jahren) an der Gesamtbevölkerung von heute rund 50% wird im Betrachtungszeitpunkt in allen Szenarien abnehmen. Er wird im Szenario "Kontinuität" durch den Zuwachs an ausländischer Bevölkerung, im Szenario "erhöhte Fruchtbarkeit" durch einen grösseren Anteil junger Schweizer/-innen etwas aufgefangen, die Tendenz bleibt aber bestehen.

Damit kommen wir zu einem weiteren wichtigen Element der Bevölkerungslehre, der Analyse der Altersstruktur:

2.2. Altersstruktur

2.2.1 Typologie des Altersaufbaus

Der Altersaufbau einer Bevölkerung gibt an, wieviel Prozente der gesamten Bevölkerung jeweils wie alt sind.[7] Wird zusätzlich nach Geschlecht unterschieden, so eignet sich ein Häufigkeitspolygon zur Darstellung des Altersaufbaus. Auf der Abszisse werden Prozente der Bevölkerung aufgetragen und auf der Ordinate Altersblöcke, in der Regel von fünf bis zehn Jahren.

Es werden grundsätzlich drei typische Formen unterschieden, die man als Pyramide, Glocke oder Urne bezeichnet.

Die **Pyramide** stellt eine wachsende Bevölkerung dar. Jeder jüngere Altersblock ist grösser als der nächst ältere. Die Sterberate ist noch

---

7 Hauser, 1974, a.a.O., S. 302

relativ hoch, so dass sich eine starke Abnahme der Jahrgänge nach oben ergibt. Die Pyramide ist die typische Form für die Entwicklungsländer. Als Beispiel dient der Bevölkerungsaufbau von Indien (1970) in Abbildung 5.4:

Abbildung 5.4: Altersaufbau von Indien 1970, Pyramidenform

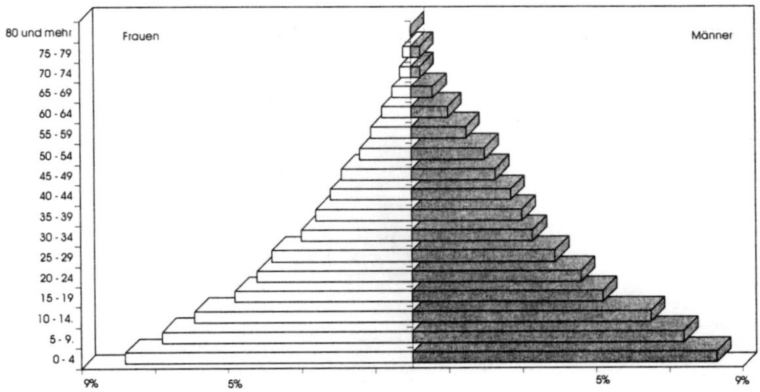

Bei der **Glockenform** entsprechen sich die Altersblöcke annähernd. Die Sterberate ist nicht mehr sehr hoch. Als Beispiel dient in Abildung 5.5 die Altersstruktur der Schweiz um 1970.

Abbildung 5.5: Altersaufbau der Schweiz 1970, Glockenform

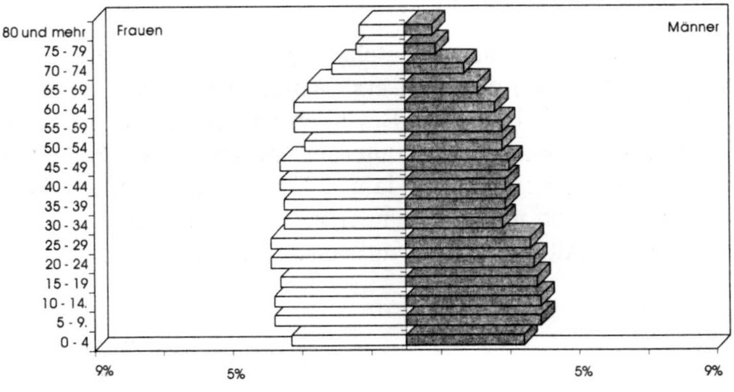

Bei der **Urnenform** ist jeder neue Jahrgang kleiner als der vorangehende. Erst die natürliche Absterbeordnung im Alter bewirkt einen Rückgang der Altersblöcke. Eine Bevölkerung mit einem solchen Altersaufbau weist eine sinkende Bevölkerungszahl auf. Die Sterberate ist also grösser als die Geburtenrate. Eine Bevölkerungszusammensetzung in Urnenform kann auch darauf hinweisen, dass zum Beispiel die jungen Leute aus einer Region oder einem Land abwandern. Als Beispiel kann man gewisse Regionen der Schweiz mit schlechteren Rahmenbedingungen (Erschliessung, Arbeits- und Ausbildungsangebot usw.) nennen.

Abbildung 5.6: Altersaufbau der Schweiz 1990, Urnenform

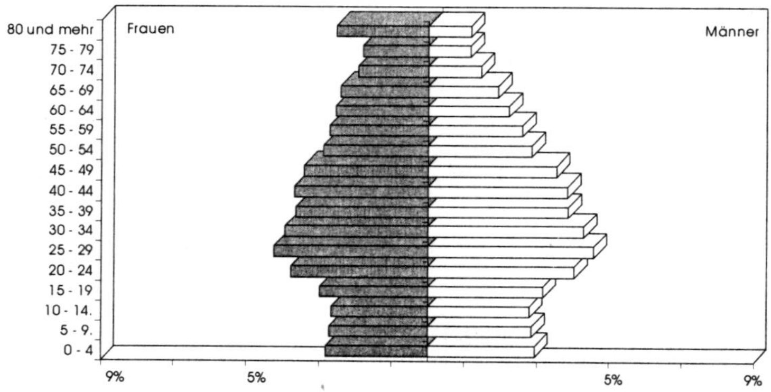

Der Bevölkerungsaufbau in den Entwicklungsländern entspricht meist immer noch der Pyramidenform, während die meisten Industrieländer eine Glocken- oder gar Urnenform aufweisen.

Tabelle 5.5 geht auf die unterschiedlichen Altersstrukturen in den verschiedenen Regionen der Welt ein. Während in Afrika der Anteil der unter 15-jährigen mit 45% der Bevölkerung sehr gross ist, zeigt sich insbesondere in Europa eine Überalterung mit einem Anteil der über 64-jährigen von 12%, der bis ins Jahr 2025 auf 20% der Bevölkerung ansteigen wird. Asien und Lateinamerika werden im Jahr 2025 voraussichtlich ähnliche Alterstrukturen aufweisen wie Europa heute.

Tabelle 5.5: Altersstruktur nach Regionen und ausgewählten Ländern für 1985 und 2025

	Prozentuale Verteilung der Gesamtbevölkerung nach Alter, 1985			Prozentualer Bevölkerungszuwachs nach Alter, 1985-2025				Prozentuale Verteilung der Gesamtbevölkerung nach Alter, 2025		
	0 - 14	15 - 64	65 und älter	0 - 14	15 - 64	65 und älter	Alle	0 - 14	15 - 64	65 und älter
Hauptregionen										
Afrika	45.0	52.0	3.0	123.4	239.4	294.7	188.8	34.8	61.1	4.1
Asien	24.9	70.4	4.7	57.3	66.9	253.9	73.3	22.6	67.8	9.6
Lateinamerika	27.6	67.9	4.5	74.4	81.3	258.0	87.3	25.7	65.7	8.6
Europa	20.7	66.6	12.7	-16.6	-0.4	65.7	4.7	16.5	63.4	20.1
Entwickelte Regionen	22.2	66.3	11.5	-7.6	9.9	90.5	15.3	17.8	63.2	19.0

Quelle: UNO, World Population Prospects 1990, Washington 1991

2.3 Entwicklung der Haushalte

Als nächstes wird auf die Grösse und Anteile der Haushalte als Bestimmungsgrund der Nachfrage eingetreten. Dieser Aspekt ist besonders in hochentwickelten Volkswirtschaften von Bedeutung. Abbildung 5.7 zeigt die Anteile der Haushaltsgrössen seit Beginn dieses Jahrhunderts auf. Es zeigt sich eine deutliche Abnahme der grossen Haushalte (sechs und mehr Personen) und eine starke Zunahme der Einpersonenhaushalte.

Abbildung 5.7: Entwicklung der Haushaltgrössen, 1900-1990

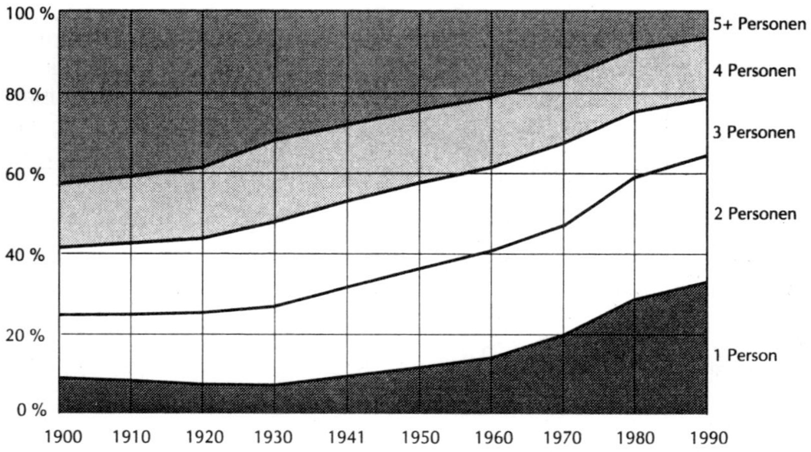

Quelle: BfS, aufgrund eidg. Volkszählungen

Dieser Darstellung liegt die Erwartung zugrunde, dass verschieden grosse Haushalte ein unterschiedliches Nachfrageverhalten bei einzelnen Nahrungsmitteln aufweisen. Tabelle 5.6 enthält hierzu entsprechende Angaben, indem die Ausgaben für einzelne Nahrungsmittel in Prozent der Gesamtausgaben für Nahrungsmittel angegeben werden.

Unterschiede in den Ausgabenanteilen zeigen sich sowohl bei den Grundnahrungsmitteln als auch beim Konsum an "übrigen Nahrungsmitteln", worunter auch küchenfertige Nahrung fällt. Grosse Unterschiede zeigen sich auch bei Getränken und Tabakwaren, bei denen der Konsum in kleinen Haushalten (meist ohne Kinder) überdurchschnittlich gross ist.

Tabelle 5.6: Konsumstruktur in Abhängigkeit der Haushaltsgrösse (Angaben in % der Ausgaben für Nahrungsmittel und Getränke)

Anzahl Personen im Haushalt	1	2	3	4	5	6+
Brot / Mehl	12,17	10,02	11,62	12,10	10,95	9,69
Fleisch(-waren)	17,89	22,70	23,31	23,44	23,45	24,91
Milch/Käse/Eier	15,25	16,74	16,25	17,32	21,11	25,45
Kaffe/Tee/Kakao	2,76	2,15	2,12	2,20	1,94	1,87
sonstige Nahrungsmittel	9,30	6,63	7,85	7,90	6,74	6,32
Getränke	13,80	13,84	12,56	11,20	9,33	7,40
Tabakwaren	5,52	4,23	4,63	3,37	1,55	1,68

Quelle: Berechungen aufgrund BfS, Verbrauchserhebung 1990

3. Gesellschaftliche Entwicklungen

3.1 Entwicklung der Bedürfnisstruktur

Mit steigendem Wohlstand sinkt tendenziell die Bedeutung von Einkommen und Preisen. Verschiedene Wissenschafter haben versucht, die Bedürfnisse der Menschen systematisch zu erfassen und einzuordnen. So hat Maslow[8] die unterschiedlichen Bedürfnisse aufgrund der Dringlichkeit für den Menschen in einer Bedürfnispyramide geordnet. Gelingt es dem Menschen, seine physiologischen Bedürfnisse zu befriedigen, gewinnt er Spielraum zur Befriedigung von Sicherheitsbedürfnissen, von sozialen Bedürfnissen bis hin zum Bedürfnis nach Selbstverwirklichung. Je höher die Bedürfnisstufe, desto stärker wandelt sich der Charakter der nachgefragten Leistungen vom physischen Produkt weg in Richtung Dienstleistung.

In Anlehnung an Maslow und Fourastié[9] ist in Abbildung 5.8 die Veränderung der Bedürfnisstruktur bei Nahrungsmitteln in drei Stufen dargestellt:

8 Maslow A.H., 1954, Motivation and Personality, New York

9 Fourastié J., 1949, Le grand espoir du XXème. siècle, Paris; dt. Übersetzung: 1969, Die grosse Hoffnung des zwanzigsten Jahrhunderts, Köln

Abbildung 5.8: Veränderung der Bedürfnisstruktur bei Nahrungsmitteln

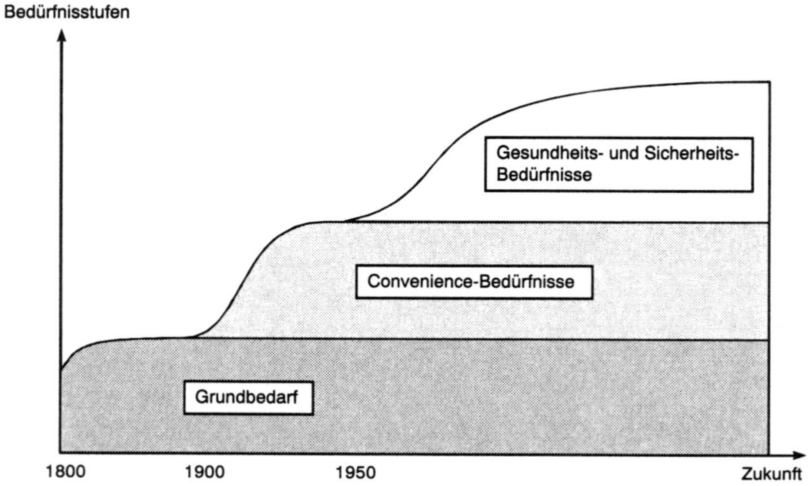

Quelle: Jörin. R., 1990, a.a.O.

Die **Deckung des Grundbedarfes** war jahrhundertelang wichtigstes Bedürfnis der Menschen. In den industrialisierten Ländern gelang es erst in diesem Jahrhundert, für die grosse Mehrheit der Bevölkerung die Deckung der Grundbedürfnisse zu sichern. In den Entwicklungsländern mit ihren gravierenden Ernährungsproblemen ist man zum Teil noch weit davon entfernt.

In der Nachkriegszeit hat die **Nachfrage nach 'convenience'-Gütern**, d.h. konsumfertigen Produkten, stark zugenommen. Das Angebot an solchen Nahrungsmitteln ist in quantitativer und qualitativer Hinsicht stark gewachsen. Nahrungsmittel müssen dabei einen wesentlichen Zusatznutzen oder eine sogenannte 'convenience'-Leistung bringen wie Verpackung, Lagerung, tisch- oder küchenfertige Aufbereitung. Diese Werthinzufügung zum landwirtschaftlichen Produkt wurde als Folge der Spezialisierung und der Arbeitsteilung überwiegend von Unternehmen der Stufen Verarbeitung und Handel übernommen (vgl. dazu auch Kapitel VII), so dass sich die Rolle des Landwirtes zunehmend auf die "effiziente Rohstofflieferung" beschränkte.

Gesundheits- und Sicherheitsbedürfnisse: Das Augenmerk der Konsumenten richtet sich immer stärker auf die Produktionsweise der Nahrungsmittel. Ganz allgemein ist das Bewusstsein für ökologische Probleme gewachsen. Besonders sensibel reagieren die Konsumenten jedoch bei den Nahrungsmitteln und beim Trinkwasser, die sie täglich zu sich nehmen. Diese Entwicklung eröffnet Chancen für die Landwirtschaft, von der Rolle des blossen Rohstofflieferanten wegzukommen und mit einer Qualitätsstrategie neu gewachsene Bedürfnisse zu befriedigen.

3.2 Charakterisierung des modernen Konsumenten

Das Konsumverhalten der Zukunft kann immer weniger durch demographische Kriterien beschrieben werden, obwohl gerade der Altersaufbau einer Bevölkerung und die nationale Zusammensetzung ihre Auswirkungen auf den Konsum beibehalten werden. Der moderne Konsument, die moderne Kundin verhalten sich vor allem **ambivalent** und **situativ**, was deren Einschätzung extrem schwierig macht. Döbeli[10] meint dazu: "Wir leben nicht mehr in einer Welt des 'Entweder-oder', sondern in einer Zeit des 'Sowohl-als-auch' und des 'Weder-noch'."

Beispiel Eiereinkauf[11]: Umfragen bestätigen, dass das Verhalten beim Eiereinkauf ambivalent ist: Für das Frühstücksei wird das teure Ei aus Freilandhaltung gewählt, zum Kuchenbacken genügt ein Ei aus (ausländischer) Batteriehaltung. Dieses im Sinne des Tierschutzes völlig widersprüchliche Verhalten lässt sich durch die grössere emotionale Bindung an das Frühstücksei als an das Ei im Kuchen erklären.

Beispiel Lädelisterben: Viele Kunden und Kundinnen bezeugen verbal, wieviel ihnen an persönlicher Bedienung im "Lädeli um die Ecke" gelegen ist und wie sehr sie das sogenannte Lädeli-Sterben bedauern. Dennoch fördert der gleiche Konsument eine gegenläufige Entwicklung, indem er seine Einkäufe wertmässig immer stärker auf einige wenige Grossverteiler konzentriert.

Wichtige Strömungen für die nächsten Jahre sind die Tendenz zur **Individualisierung**, die starke Berücksichtigung von **Ökologie und Natur** und das Schnüren von umfassenden "**Produkt- und Dienstleistungspaketen**".

Im Konsumverhalten wiederspiegeln sich die zwei grossen Entwicklungen in Europa: Die Tendenz zur Vereinigung und Vereinheitlichung

---

10 Doebeli H.P., 1992, Konsum 2000 in: Schweiz. Volksbank, Die Orientierung Nr. 101, S. 13

11 Beide Beispiele stammen von Jörin R., Konsum und Konsumverhalten - Perspektiven für die Zukunft in: Bernegger U. und Egger U. (Hrsg.), 1990, Agrarökonomische Forschung in der Schweiz - Erfahrungen und Perspektiven, Zürich

einerseits (europäischer Binnenmarkt, europäische Zusammenarbeit auf wirtschaftlicher und politischer Ebene, europa- und weltweite Vernetzung der Medien, kulturelle und sprachliche Vereinheitlichung) und die Betonung des Kleinen und Eigenständigen anderseits (Europa der Regionen, Ausbrechen oder neues Aufflammen nationalistischer Strömungen und Konflikte, Betonung des Föderalismus, Wiederbelebung sprachlicher und kultureller Traditionen, neue Bedeutung des Familien- und Freundeskreises, Aufwertung der Quartier- und Dorfzentren).

Im folgenden werden einige allgemeine Entwicklungen und mögliche Auswirkungen auf die Nachfrage nach Nahrungsmitteln aufgezeigt:[12]

- Das traditionelle, gemeinschaftliche Essen verliert an Bedeutung und wird verdrängt durch
  - verstärkte Verpflegung ausser Haus,
  - Zunahme der Bedeutung von Zwischenmahlzeiten und Snacks.
- Das Sicherheits- und Gesundheitsbewusstsein ist immer noch steigend:
  - Qualitative Aspekte haben gegenüber dem Preis steigende Bedeutung.
  - Vermehrter Konsum von kalorienarmer Nahrung und von gesunder und natürlicher Nahrung (frisches Obst und Gemüse, ballaststoffreiche Nahrung, Bio- und Öko-Produkte).
  - Ökologische Verpackung wird zu einem wichtigen Einflussfaktor.
  - Der Genussmittelkonsum ist tendenziell abnehmend.
  - Die Information zum Nahrungsmittel erhält steigende Bedeutung.
  - Hinweise auf Zusammensetzung, Kalorienzahl, Produktionsweise und Hersteller, Verfalldatum nehmen an Bedeutung zu.
  - Die Gruppe der kaufkräftigen Senioren und zunehmend auch Männer ernähren sich gesund und kalorienbewusst.
- Essen und Einkaufen wird zum Erlebnis:
  - Nachfrage nach exotischen und originellen Nahrungsmitteln steigend. (Ferien und Reisen haben einen grossen Prestige-Charakter, der sich auf das entsprechende Essen überträgt).

---

[12] vgl. dazu Nestlé Deutschland, 1989, 42 Thesen zu "Mensch und Ernährung 2000" und "Ernährung und Kreativität 2000"; Doebeli H.P., 1992, a.a.O.

- Nachfrage nach teuren und exklusiven Nahrungsmitteln ist anhaltend.
- Essen darf wieder Genuss sein.

• Rückbesinnung auf traditionelle Werte:
  - Wert des Einfachen wird neu geschätzt.
  - "Selber gemacht schmeckt am besten".
  - Regionale Produkte mit klarer Identifizierungsmöglicheit und persönlicher Bindung gewinnen an Bedeutung (Chancen für regionale Labels, Wochenmärkte).
  - Marken bürgen für Qualität.

• Gleichzeitig wachsen die Möglichkeiten industrieller Nahrungsmittelproduktion - die industriell hergestellten Nahrungsmittel behalten ihre hohe Akzeptanz[13]:
  - Computerisierte Prozesssteuerung sichert gleichbleibend hohe Qualität.
  - Natürliche Nahrungs- und Gewürzmittel werden durch synthetische Produkte ersetzt (z.B. Vanille).
  - Enzymatik und Fermentation erlauben neue Produktformen.
  - Konservierungmethoden werden schonender und lassen die Produkte naturbelassen erscheinen.
  - Eine Ausnahme mag die (noch?) fehlende Akzeptanz von gentechnologisch veränderten Nahrungsmitteln darstellen.

---

13 Escher F., 1994, Entwicklungen in der Lebensmitteltechnologie, in: Agrarwirtschaft und Agrarsoziologie 2/94

4. Preise und Einkommen als Bestimmungsgründe der Nachfrage[14]

4.1 Analyse des Grenznutzens

Die allgemeine Theorie der Nachfrage baut auf dem ökonomischen Modell der individuellen Nutzenmaximierung auf, wobei die Schwierigkeit besteht, dass sich Nutzen kaum empirisch messen lässt. Nutzen ist ganz allgemein der Befriedigung gleichgesetzt, die sich aus dem Konsum eines Gutes oder einer Dienstleistung ergibt. Wichtig ist die Unterscheidung in Gesamtnutzen und in Grenznutzen.

Beim Konsum eines Gutes entstehen Kosten in der Höhe des entgangenen Nutzens ('opportunity costs'), da sich ein Haushalt bei beschränktem Budget nicht alles leisten kann und er den Entscheid für ein Gut mit dem Verzicht auf ein anderes Gut bezahlt. Den in Opportunitätskosten gemessenen Nutzen, den ein Gut oder die konsumierten Einheiten eines Gutes während einer Zeitperiode zu stiften vermögen, nennt man **Gesamtnutzen**. Mit **Grenznutzen** wird der Nutzen bezeichnet, den eine letzte zusätzlich konsumierte Einheit zu stiften vermag.

Für die Analyse des Nachfrageverhaltens der Haushalte wird von folgenden Annahmen ausgegangen:

- Der Grenznutzen pro Zeiteinheit, den ein Nachfrager eines Gutes mit einer zusätzlich erworbenen Einheit erzielen kann, ist abnehmend, wenn sich der Konsum der übrigen Güter nicht ändert. Mit abnehmendem Grenznutzen sinkt auch die Zahlungsbereitschaft. **(Erstes Gossensches Gesetz)**
- Der Haushalt handelt rational in dem Sinne, dass er den Gesamtnutzen der konsumierten Güter maximiert. Ist ein Gut unbeschränkt verfügbar, wird maximal soviel konsumiert, bis der Grenznutzen der letzten Einheit gleich Null ist.
- Der Nutzen eines Gutes, das verschiedene Bedürfnisse befriedigen kann, wird am grössten, wenn man das Gut auf alternative Verwendungen so verteilt, bis der Grenznutzen für beide Verwendungen gleich ist **(Zweites Gossensches Gesetz)**.

---

[14] Die folgenden Ausführungen stützen sich weitgehend auf: Woll A., 1971, Allgemeine Volkswirtschaftslehre, München, S. 101ff.

- In der Praxis gibt es nicht viele Güter mit unterschiedlichen Verwendungszwecken. Beim Vergleich verschiedener Güter mit unterschiedlichem Preis ist der Grenznutzen des Geldes entscheidend für den Konsumentscheid:

$$\frac{u_1}{p_1} = \frac{u_2}{p_2}$$

Wenn das primäre Bedürfnis nach einem Gut fürs Erste gestillt ist, so dass nunmehr ein anderes Bedürfnis dringender wird, so stellt der Nachfrager sich auf das neue Bedürfnis ein und kauft ein Gut, von dem er einen höheren Grenznutzen erwarten kann. **(Gesetz des Ausgleiches der Grenznutzen).**

Die Hauptkritik am Grenznutzenkonzept ist das Problem, dass sich Nutzen nicht messen lässt. Selbst wenn es gelänge, die Nutzenintensität zu messen, bliebe noch das Problem des interpersonellen Vergleichs. Diesem Einwand begegnet man mit dem Konzept der Indifferenzkurven.

4.2 Indifferenzkurven-Konzept

Anstelle des Versuchs, den Nutzen in absoluten Einheiten zu messen, wird gefragt, ob ein bestimmtes Nutzenniveau höher oder tiefer als ein anderes liege (ordinales Messprinzip). Die Indifferenz-Kurven-Analyse untersucht vorläufig am Modell mit zwei Gütern (q_1, q_2) den Einfluss von drei Determinanten der Nachfrage:

- Bedürfnisse der Haushalte
- Einkommen der Haushalte
- Preise der Konsumgüter.

Die Indifferenzkurve ist dabei der geometrische Ort aller Mengenkombinationen von q_1 und q_2, die nach Ansicht des Haushaltes den gleichen Nutzen stiften. Lassen sich die Güter vollständig substituieren (z.B. Himbeer- oder Brombeer-Marmelade), so hat die Indifferenzkurve die Form einer Geraden (Kurve I_a in Abbildung 5.9). Sind die Güter vollständig komplementär (linker und rechter Schuh), so erhält man eine Kurve in der Form von I_b. Die meisten Güter sind jedoch beschränkt substituiv oder teilweise komplementär, sodass die Kurve je nach Grad der Komplementarität etwa den Verlauf von I_c aufweist.

Abbildung 5.9: Formen von Indifferenzkurven

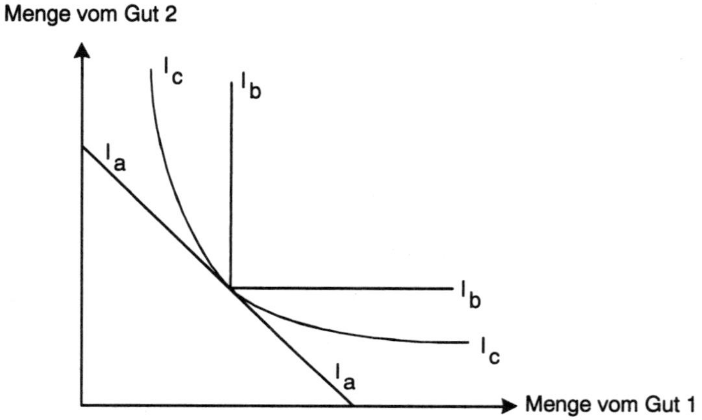

Quelle: Woll A., a.a.O, S. 109

Indifferenzkurven können sich nicht schneiden. Je weiter weg vom Nullpunkt sie liegen, desto höher liegt das Nutzenniveau, das sie ausdrücken.

Das verfügbare Einkommen (=Konsumsumme) C wird für unser Modell mit zwei Gütern (q_1, q_2) zu festen Preisen (p_1,p_2) wie folgt definiert:

$$C = q_1 * p_1 + q_2 * p_2$$

Die Steigung der Geraden entspricht dem Tangens:

$$tg\alpha = \frac{c}{p_2} : \frac{c}{p_1} = \frac{p_1}{p_2}$$

Die Budgetlinie ist der geometrische Ort für alle Mengenkombinationen, die der Haushalt mit der vorgegebenen Konsumsumme bei gegebenen Preisen erreichen kann. Die optimale Mengenkombination ergibt sich im Tangentialpunkt der Budgetlinie an diejenige Indifferenzkurve, welche am weitesten vom Null-Punkt entfernt liegt, wie das Abbildung 5.10 zeigt.

Abbildung 5.10: Optimale Mengenkombination der Haushaltnachfrage

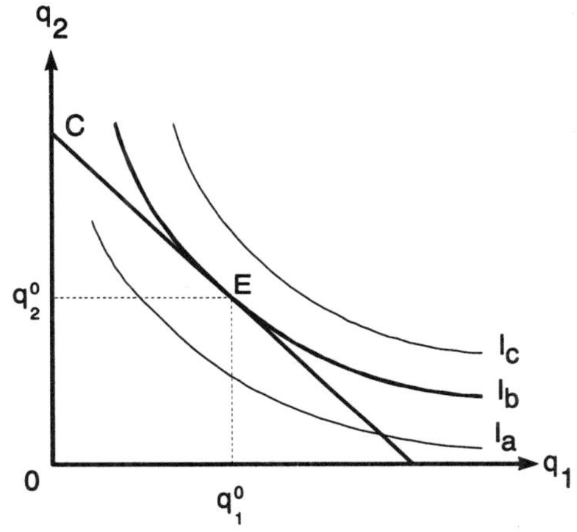

Quelle: Woll A., a.a.O., S. 114

Bis dahin sind wir von der Annahme der Konstanz der Bedürfnisse, der Preise und der Einkommen ausgegangen. Diese Einschränkungen wollen wir nacheinander fallen lassen.

5. Preis-Mengen-Beziehungen

Das Nachfragegesetz, das auf den oben gemachten Aussagen beruht, besagt, dass sich im Normalfall der Preis eines Gutes und die nachgefragte Menge gegenläufig verhalten. Je höher der Preis, desto kleiner die Nachfrage und umgekehrt.[15] Damit kommt man zur allgemeinen **Nachfragekurve**, wie sie in Abbildung 5.11 dargestellt ist:

[15] Kleinewefers H., Pfister R., Gruber W., 1993, Die schweizerische Volkswirtschaft, Frauenfeld, S. 116ff.

Abbildung 5.11: Schematische Nachfragekurve

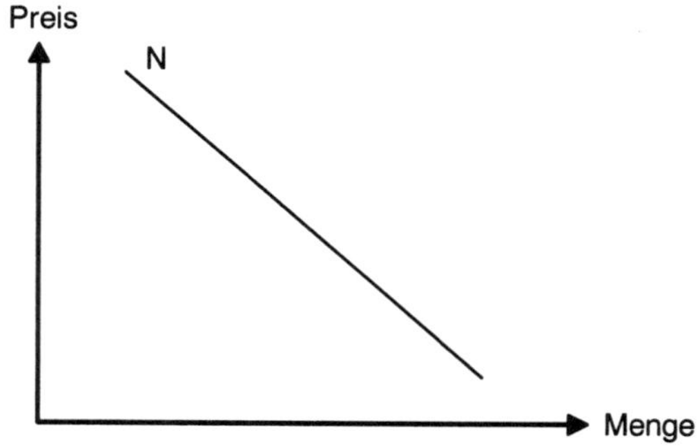

Spezifische Eigenschaften einer Nachfragekurve drücken sich in Lage, Neigung und Form der Kurve im Diagramm aus. Darauf treten wir nachfolgend ein.

5.1 Die Preiselastizität

Für die Charakterisierung einer bestimmten Nachfragekurve muss die Reaktion der nachgefragten Menge auf Preisänderungen bekannt sein. Dazu braucht man die Preiselastizität der mengenmässigen Nachfrage.

Die **Preiselastizität der mengenmässigen Nachfrage** ist wie folgt definiert:

$$Preiselastizität\ \eta_{m,p} = \frac{prozentuale\ Mengenänderung}{prozentuale\ Preisänderung} = \frac{\frac{\Delta M}{M}}{\frac{\Delta P}{P}} = \frac{P * \Delta M}{M * \Delta P}$$

Bei einer linearen Kurve besitzt jeder Punkt auf der Kurve eine andere Elastizität, während bei einer bestimmten Krümmung (log-Funktion) der Kurve die Preiselastizität entlang der Kurve konstant ist. Das wäre eine isoelastische Nachfragekurve.

Die **Kreuzpreiselastizität** zeigt den Einfluss von Preisänderungen eines Gutes auf die konsumierte Menge eines anderen Gutes auf. Dabei ist zwischen "Substitutionsgütern" und "Komplementärgütern" zu unterscheiden. Substitutionsgüter sind Güter, die als Ersatz für andere Güter dienen können, zum Beispiel Margarine für Butter. Komplementärgüter sind Güter, die aus Gewohnheit oder aus technischen Gründen zusammengehören, wie zum Beispiel Kaffee, Zucker und Rahm oder Auto, Benzin und Reifen.

Die Kreuzpreiselastizität wird folgendermassen berechnet:

$$Kreuzpreiselastizität = \frac{prozentuale\ Mengenänderung\ des\ Gutes\ b}{prozentuale\ Preisänderung\ des\ Gutes\ a} = \frac{\frac{\Delta M_b}{M_b}}{\frac{\Delta P_a}{P_a}}$$

Substitutionsgüter weisen im allgemeinen positive, Komplementärgüter negative Kreuzpreiselastizitäten auf.

5.2 Einkommenseffekt einer Preisänderung[16]

Wenn der Preis von Gut q_1 fällt, während der Preis von q_2 konstant bleibt (ceteris paribus-Bedingung), so dreht sich die Budgetgerade C_1 um den Punkt *a*, wie dies in Abbildung 5.12 (oben) gezeigt wird:

Das Konsumoptimum oder Haushaltgleichgewicht verschiebt sich dabei von E_0 zu E_1. Die Preissenkung führt zu einer Realeinkommenserhöhung bei konstantem Geldeinkommen. Die Preissenkung bei Gut q_1 und die dadurch ausgelöste Verschiebung der Budgetgeraden zu C_1 hat die gleiche Wirkung wie eine Verschiebung der Budgetgeraden C_0 zu C'_0: Der **Einkommenseffekt** ermöglicht neu eine Mengenkombination auf der Indifferenzkurve I_b. Nur die Mengenkombination im Tangentialpunkt ist jeweils optimal, so dass sich das Haushaltgleichgewicht bei der Budgetgerade C'_0 bei E'_1, bei der Budgetgeraden C_1 (aufgrund der Preissenkung bei Gut q_1) jedoch bei Punkt E_1 ergibt. Es wird neu mehr von q_1 (und weniger von q_2) konsumiert. Die Preissenkung hat folglich auch einen **Substitutionseffekt**.

Im Preis-Mengen-Diagramm im unteren Teil der Abbildung 5.12 entspricht der Einkommenseffekt der Verschiebung des Gleichgewichtspunktes E_0 zu E'_0 um den Betrag *E* und der Substitutionseffekt der Verschiebung von E'_0 zu E_1 um den Betrag *S*.

Damit ändert sich die Nachfrage nach Gut q_2, ohne dass sich dessen Preis geändert hat - es kommt zu einer **Verschiebung der Nachfragekurve** von q_2.

16 vgl. Woll A., 1971, a.a.O., S. 116ff.

Abbildung 5.12: Einkommens- und Substitutionseffekt von Preisänderungen

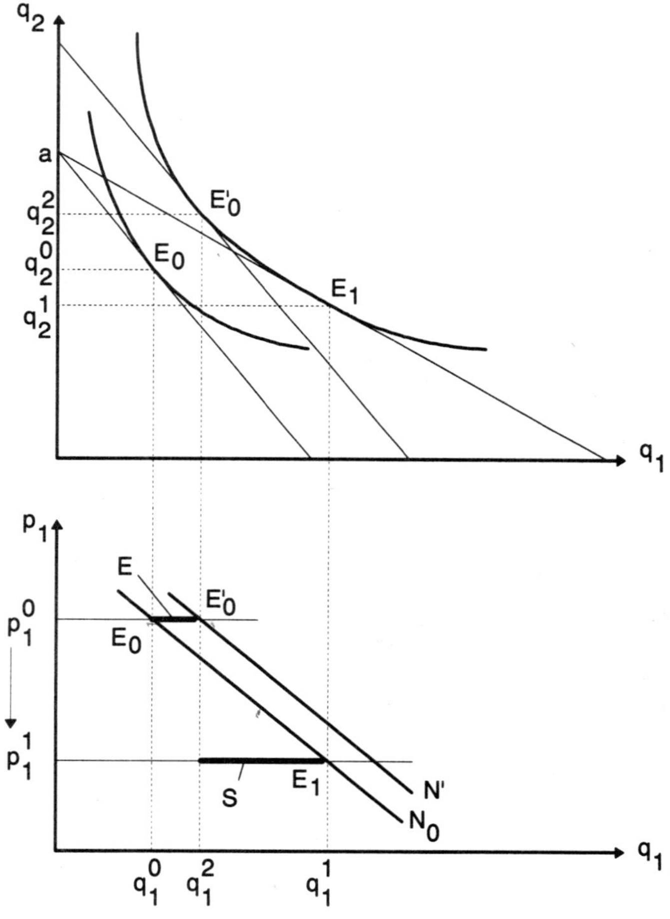

Quelle: Woll A., a.a.O., S. 118

5.3 Verschiebungen der Nachfragekurven

Ausgehend von der Annahme, dass der Preis eines betrachteten Gutes fix bleibt, gibt es also mehrere mögliche Gründe für die Verschiebung von Nachfragekurven nach links oder rechts. In graphischer Form sind diese Möglichkeiten in Abbildung 5.13 dargestellt.

Abbildung 5.13: Verschiebungen der Nachfragekurve

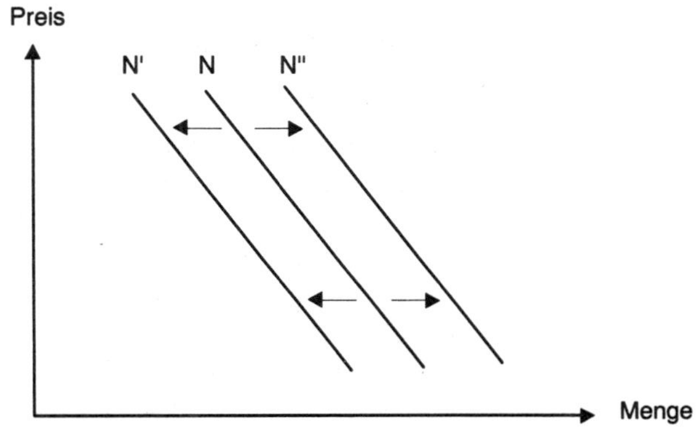

In der folgenden Übersicht sind einige Fälle von Nachfragekurvenverschiebungen aufgeführt. Im einzelnen wird die Einkommensabhängigkeit der Nachfrage im folgenden Abschnitt behandelt.

Tabelle 5.7: Gründe für Verschiebungen von Nachfragekurven

Ursache	Verschiebung nach rechts	Verschiebung nach links
Änderung der Bedürfnisstruktur	Erhöhung der Präferenz	Abschwächung der Präferenz
Einkommenssteigerung	bei positiver Einkommenselastizität	bei negativer Einkommenselastizität
Einkommenssenkung	bei negativer Einkommenselastizität	bei positiver Einkommenselastizität
Preise für Substitutionsgütern	Verteuerung der Substitute	Vergünstigung der Substitute
Preise für Komplementärgüter	Vergünstigung der Komplementärgüter	Verteuerung der Koplementärgüter
Preiserwartungen	Erwartung einer Preissteigerung	Erwartung einer Preissenkung

6. Einkommensabhängigkeit der Nachfrage

6.1 Nahrungsmittelverbrauch in Abhängigkeit vom Einkommen

Nebst der Zahl und der Grösse der Haushalte hängt die Nachfrage nach Nahrungsmitteln auch vom verfügbaren Einkommen ab. Dieses entspricht dem Betrag, der den Haushalten verbleibt, nachdem man vom Gesamteinkommen die Steuern und Sozialbeiträge abgezogen hat. Das verfügbare Einkommen der Haushalte teilt sich auf in **Ersparnis** und **Konsum** für den privaten Verbrauch. Diese Aufteilung ist unter anderem abhängig von der absoluten Höhe des Einkommens. Die Ersparnisquote in der Schweiz schwankte in den letzten Jahren zwischen 4 und 12%; die Einkommen sind stetig angestiegen.

Abbildung 5.14: Einkommen, Konsumausgaben und Konsumquote pro Kopf in der Schweiz, 1975 - 1991

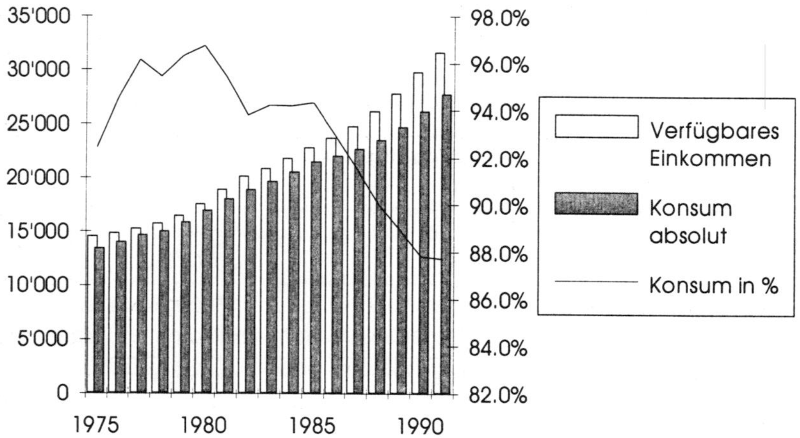

Quelle: nach Daten des Stat. Jahrbuches der Schweiz, 1993

Als nächstes folgen nun einige Angaben zu den Nahrungsmittelausgaben und deren Struktur in der Schweiz. In Tabelle 5.8 soll gezeigt werden, wie diese insgesamt und nach einzelnen Produkten von der absoluten Höhe der Konsumsumme bzw. vom verfügbaren Einkommen abhängen. Die Angaben zeigen, dass die Ausgaben für Nahrungsmittel insgesamt mit steigenden Einkommen von rund 25 auf rund 8% des verfügbaren Einkommens sinken. Bei der Darstellung des Engel'schen Gesetzes werden wir darauf zurück kommen. Im schweizerischen Durchschnitt beträgt dieser Anteil rund 12%. In den zwanziger Jahren betrug er noch etwa 40%; in armen Entwicklungsländern ist er noch heute bei 70 bis 80%.

Tabelle 5.8: Ausgaben für Nahrungsmittel nach Ausgabenklassen (Angaben je Nahrungsmittelgruppe in % der Gesamtausgaben für Nahrungsmittel)

Ausgabenklasse	bis 2000	2000-2999	3000-3999	5000-5999	7000-7999	10000+
Anteil Nahrungsmittel an Gesamtausgaben	**23,5**	**19,85**	**17,3**	**14,6**	**12,5**	**8,0**
Brot/Mehl	12,2	10,0	11,6	12,1	11,0	9,7
Fleisch(-waren)	17,9	22,7	23,3	23,4	23,5	24,9
Milch/Käse/Eier	15,3	16,7	16,3	17,3	21,1	25,5
Früchte und Gemüse	16,9	17,2	15,2	15,8	17,6	16,7
Kartoffeln	1,3	1,6	1,5	1,8	2,1	1,6
Kaffe/Tee/Kakao	2,8	2,2	2,1	2,2	1,9	1,9
sonstige Nahrungsmittel	9,3	6,6	7,8	7,9	6,7	6,3
Getränke	13,8	13,8	12,6	11,2	9,3	7,4

Quelle: Berechnungen nach BfS, Verbrauchserhebung 1990

Die Angaben zu einzelnen Nahrungsmitteln in Tabelle 5.7 weisen auf deren ökonomischen Charakter hin. Bei Brot/Mehl, und Getränken nehmen die Ausgabenanteile bei steigenden Einkommen eindeutig ab; bei Fleisch und verarbeiteten Milchprodukten und Eiern nimmt der Anteil eindeutig zu, während er bei einigen anderen Produkten wie Gemüse und Früchte sowie Kartoffeln relativ konstant bleibt. Diese Angaben sollen nun die empirische Grundlage zu einigen Konzepten der Einkommensabhängigkeit der Nahrungsmittelnachfrage bilden.

6.2 Bedarfskategorien und Engel'sches Gesetz

Eine differenzierte Betrachtung empirischer Daten führt zur Aufteilung der Konsumausgaben für den Existenzbedarf, den gehobenen Bedarf und den Luxusbedarf.

Diese drei Arten von Bedarf weisen unterschiedliche Beziehungen zwischen Einkommen und physischem Verbrauch auf, was in Abbildung

5.15 zum Ausdruck kommt: Der **Existenzbedarf** steigt bei zunehmendem Einkommen allmählich an , nähert sich dann einem Maximum bzw. einer Sättigungsgrenze und beginnt schliesslich zu sinken. Produkte des **gehobenen Bedarfs** werden erst ab einer bestimmten Einkommenshöhe gekauft und ersetzen zunehmend Produkte des Existenzbedarfs. **Nachfrage nach Luxusgütern** wird erst bei hohen Einkommen ausgeübt, und diese Nachfrage nimmt mit steigendem Einkommen überproportional zu. Der gehobene und der Luxusbedarf erreichen theoretisch nie die Sättigungsgrenze.

Abbildung 5.15: Physischer Verbrauch in Abhängigkeit vom Einkommen

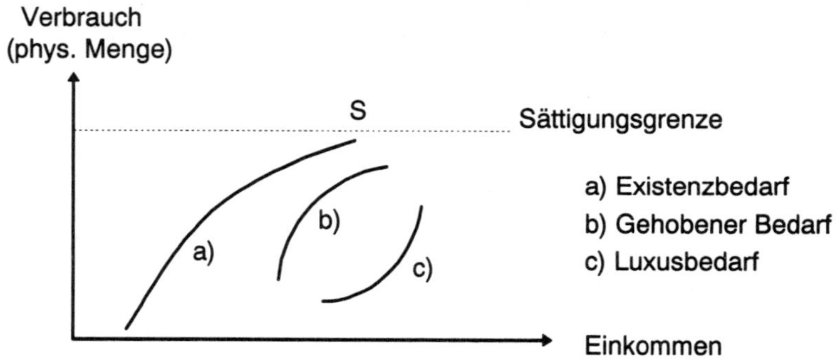

Betrachtet man nun die Ausgaben, also Preis mal Menge, für Nahrungsmittel, gelangen wir zur Formulierung des **Engel'schen Gesetzes.** Dieses lautet:

Die Ausgaben für Nahrungsmittel nehmen mit steigendem verfügbaren Einkommen absolut zu, relativ jedoch ab.

Dieses Gesetz lässt sich aus den Angaben in Tabelle 5.8 herleiten: Wenn mit steigendem Einkommen billigere durch teurere Nahrungsmittel ersetzt werden, nehmen die Ausgaben zwar insgesamt absolut zu, jedoch weniger als die Einkommen.

6.3 Die Einkommenselastizität

Die Einkommenselastizität ist folgendermassen definiert:

$$\textit{Einkommenselastizität } (\eta_E) = \frac{\textit{prozentuale Mengenveränderung}}{\textit{prozentuale Einkommensveränderung}} = \frac{\frac{\Delta M}{M}}{\frac{\Delta E}{E}}$$

Nach dieser Definition der Einkommenselastizität kann man Nahrungsmittel in zwei Kategorien einteilen, nämlich in superiore und inferiore Güter.

Superiore Güter weisen eine positive Einkommenselastizität auf. Im Bereich von Null bis Eins werden sie als unelastisch, im Bereich über Eins als elastisch bezeichnet.

Inferiore Güter weisen eine negative Einkommenselastizität auf; der Verbrauch nimmt mit steigendem Einkommen ab.

Die Einteilung der Konsumenten in verschiedene Einkommensklassen lässt nun für einzelne Produktgruppen diffenziertere Aussagen bezüglich des Konsumverhaltens zu. Gleiche Produkte können in Abhängigkeit von der jeweiligen Einkommenshöhe sowohl negative wie positive Einkommenselastizitäten aufweisen, wie in Abbildung 5.16 dargestellt.

Abbildung 5.16: Konsumverhalten nach Einkommensklassen

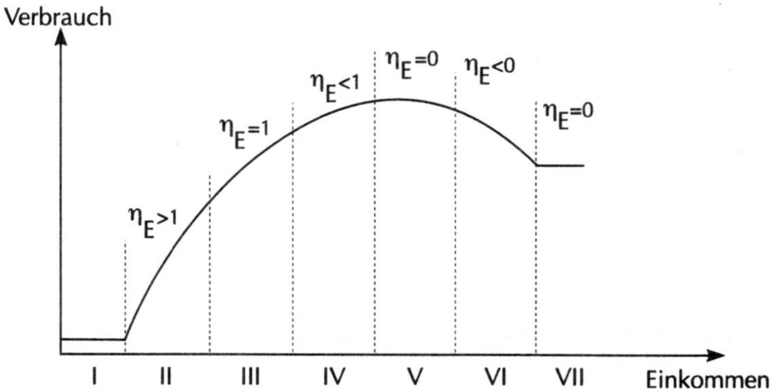

Nach Abbildung 5.16 wird im Einkommensbereich I keine Nachfrage ausgeübt. Im Bereich II liegt die Einkommenselastizität über 1, der absolute Verbrauch ist jedoch noch gering. Im Bereich III mit $\eta = 1$ schwächt sich die Nachfragesteigerung ab und geht im Bereich IV über in einen Zustand, wo der Verbrauch prozentual weniger zunimmt als das Einkommen (= unelastische Nachfrage). Im Bereich V tritt Sättigung ein, d.h. trotz steigender Einkommen nimmt der Verbrauch nicht mehr weiter zu. Es gibt nun Güter, deren Verbrauch bei noch weiter steigendem Einkommen abnimmt (inferiore Güter), also eine negative Einkommenselastizität aufweisen. Im Bereich VII ist angedeutet, dass diese Abnahme nicht vollständig ist, sondern zum zweiten Mal in einen völlig inelastischen Bereich mit $\eta = 0$ übergeht.

In der Abbildung 5.17 ist der Zusammenhang zwischen Einkommenselastizität, Pro-Kopf-Verbrauch und Einkommensanstieg nochmals schematisch dargestellt. Diese Zusammenhänge sind für die Agrarpolitik, die zunehmend mit dem Problem von gesättigten Märkte konfrontiert ist, äusserst wichtig.

Abbildung 5.17: Einkommensentwicklung, -elastizität und Verbrauch pro Kopf

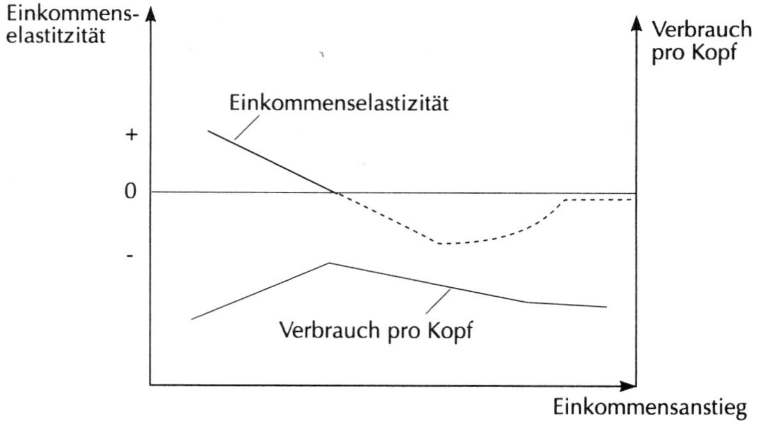

6.4 Zusammenstellung ausgewählter Preis- und Einkommenselastizitäten

In Tabelle 5.9 sind einige Ergebnisse von Nachfrageschätzungen für wichtige Nahrungsmittel in der Schweiz aufgeführt. Diese Schätzungen beruhen mit wenigen Ausnahmen auf Preis- und Mengenangaben[17] für die Jahre 1965 - 1990.

Tabelle 5.9: Schätzung von Preis- und Einkommenselastizitäten für einzelne Nahrungsmittel

Produkt	Eigenpreis-elastizität	Kreuzpreis-elastizität	Einkommens-elastizität
Pflanzliche Produkte:	Alle aufgeführten Produkte gehören zur Gruppe der inferioren Güter. Ihr Verbrauch kann für die Schweiz kaum mehr durch Preis und Einkommen erklärt werden. Wir verzichten deshalb auf die Berechnung der entsprechenden Elastizitäten.		
- Zucker			
- Kartoffeln			
- Brotgetreide			
- Pflanzliche Öle und Fette			
Milchprodukte:			
- Vollmilch	-0,3	-	-
- Joghurt	-1,1	-	0,89
- Vollrahm	-0,8	-	-
- Tafelbutter (TB)	-1,5	KB: 0,55	-
- Kochbutter (KB)	-1,0	TB: 0,50	0,29
- Hartkäse (HK)	-0,6	WK: 0,15	-
- Weichkäse (WK)	-1,25	HK: 0,15	-
			-
Fleischprodukte:			
- Rindfleisch	-1,0	Kalb: 0,5	0,3 - 0,8
- Kalbfleisch	-1,6	Rind: 0,6	0,9 - 1,5
- Schweinefleisch	-0,7	Rind: 0,3	0,7
- Geflügelfleisch	-0,9		1,5

Quelle: Berechnungen Institut für Agrarwirtschaft, ETHZ

Die Angaben in Tabelle 5.9 lassen folgende Einsichten zu:

- Bei den Milchprodukten zeigen sich deutliche Unterschiede zwischen preiselastischen und preisunelastischen Produkten, was bei der Absatzplanung (Marketing) zu berücksichtigen ist. Bei den Produkten Käse, Joghurt und Rahm lässt sich die Nachfrage über den Preis steuern, während dies bei der Konsummilch kaum möglich ist. Bei

[17] Mengenangaben: jährlicher Konsum pro Kopf, gemäss Berechungen des SBS, bzw. der jeweiligen Produzentenverbänden in: SBS, Stat. Erhebungen und Schätzungen, div. Jhg.
Preisangaben gemäss monatlichen Erhebungen des BIGA in 400 Haushalten der Schweiz, veröffentlicht in: Statistisches Jahrbuch der Schweiz

der Butter sind die Kreuzpreiselastizitäten zwischen Tafel- und meist ausländischer Kochbutter (0,55), aber auch zwischen Tafelbutter und Margarine (0,6 - 0,9) von Bedeutung.

- Beim Fleisch deutet die hohe Einkommenselastizität von Kalbfleisch (und von Geflügelfleisch) auf superiore Produkte, was sich auch in einer hohen Eigenpreiselastizität ausdrückt. Auch beim Fleisch lassen sich Kreuzpreiselastizitäten berechnen, die besonders hoch sind zwischen Rinds- und Kalbfleisch. Auf die Preis- und Konsumentwicklung beim Fleisch werden wir in Abschnitt 7 näher eingehen.
- Allgemein lässt sich sagen, dass in einer entwickelten Volkswirtschaft ausserökonomische Einflüsse auf das Nachfrageverhalten (Gesundheitsbewusstsein, auswärtige Verpflegung, demographische Entwicklung...) gegenüber den Parametern Preis und Einkommen an Bedeutung gewinnen.

6.5 Zusammenhang zwischen Preisen, Preiselastizitäten, Ausgabenkurve und Grenzausgaben

Bisher war die Rede von Preisen, Preiselastizitäten und der entsprechenden mengenmässigen Nachfrage. Neu führen wir nun den Begriff der monetären Nachfrage ein. Diese berechnet sich aus der nachgefragten Menge multipliziert mit den entsprechenden Preisen. Abbildung 5.18 enthält vorerst die monetäre Nachfrage in einem einfachen Preis-Mengen-Diagramm.

Abbildung 5.18: Geometrische Darstellung der monetären Nachfrage

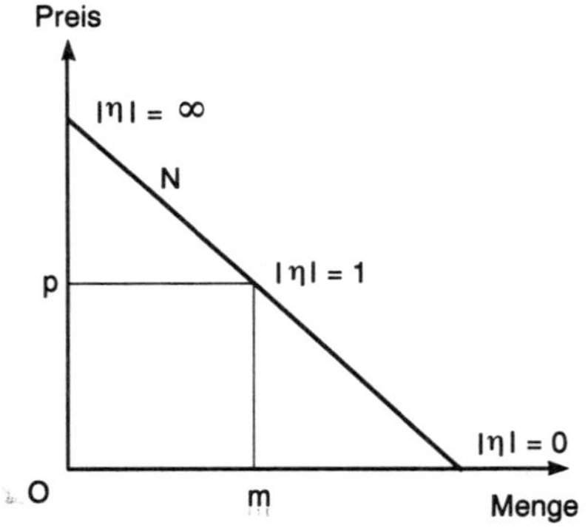

Beim Preis *p* und der nachgefragten Menge *m* besteht die monetäre Ausgabe bzw. die Ausgabe eines Haushaltes aus dem Rechteck, das Preis mal Menge bilden. Wenn sich jetzt das Preis-Mengen-Paar entlang der Nachfragekurve verschiebt, ändern sich auch die Werte für die jeweiligen Gesamtausgaben, die Grenzausgaben und die Preiselastizitäten. In Abbildung 5.19 sollen diese Zusammenhänge verdeutlicht werden:

Abbildung 5.19: Nachfragekurve, Ausgabenkurve und Grenzausgaben

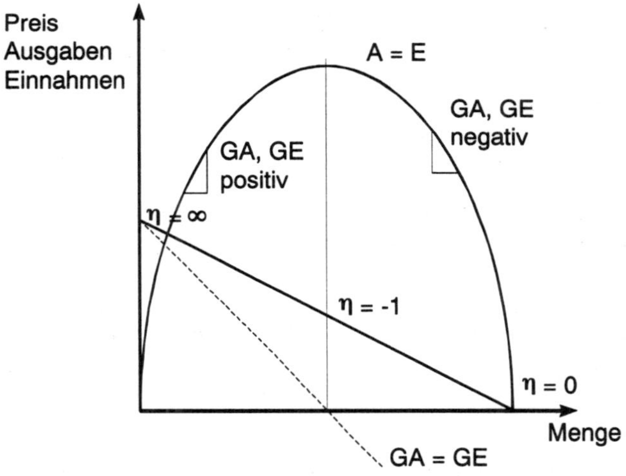

Die Zusammenhänge zwischen Preisveränderungen, Preiselastizitäten und Ausgaben sind in folgender Tabelle eingeordnet:

Reaktion der monetären Nachfrage

	unelastische Nachfrage $|\eta| < 1$	$|\eta| = 1$	elastische Nachfrage $|\eta| > 1$
bei Preiserhöhung	Ausgaben steigen	Ausgaben bleiben unverändert	Ausgaben fallen
bei Preissenkung	Ausgaben fallen		Ausgaben steigen

Wir möchten nun diese Zusammenhänge auch mathematisch herleiten. Dabei gehen wir von der Annahme vollständiger Konkurrenz aus. Wir gehen ferner von infinitesimal kleinen Mengenveränderungen aus, so dass gilt:

$$\textit{Grenzausgaben (GA)} = \frac{\textit{Zuwachs der Ausgaben } (\Delta A)}{\textit{Zuwachs der Nachfragemenge } (\Delta M)} = \frac{\Delta A}{\Delta M}$$

$$\textit{bzw. für ein sehr kleines } \Delta: \; GA = \frac{\delta A}{\delta M}$$

Die Grenzausgabe der Konsumenten ist die erste Ableitung der Ausgabe für das Gut. Das selbe gilt analog für die Einnahmen der Produzenten:

$$\textit{Grenzeinnahmen (GE)} = \frac{\textit{Zuwachs der Einnahmen } (\Delta E)}{\textit{Zuwachs der Nachfragemenge } (\Delta M)} = \frac{\Delta E}{\Delta M}$$

$$\textit{bzw. für ein sehr kleines } \Delta: \; GE = \frac{\delta E}{\delta M}$$

Der Zusammenhang zwischen Preiselastizität, Preis und Grenzausgaben bzw. -einnahmen kann wie folgt hergeleitet werden:

$$A_{Kons} = E_{Unt} = p * q \quad \textit{wobei} \quad p = f(q) \quad \textit{(Definitionsgleichung)}$$

$$\frac{\delta A}{\delta q} = \frac{\delta E}{\delta q} \qquad \textit{(Optimalitätsbedingung)}$$

Die Ableitung des Ausdrucks $(p * q)$ *erfolgt nach der Produkteregel:*

$$[u(q) * v(q)]' = u'v + uv'$$

Eingesetzt in die Optimalitätsgleichung:

$$\frac{\delta A}{\delta q} = \frac{\delta E}{\delta q} = \frac{\delta p}{\delta q} * q + p * 1 \quad \textit{dabei ist die Preiselastizität } \eta = -\frac{\delta q}{\delta p} * \frac{p}{q},$$

so dass für die Grenzausgaben bzw. -einnahmen auch gilt

$$\frac{\delta A}{\delta q} = \frac{\delta E}{\delta q} = -\frac{1}{\eta} * p + p = p(1 - \frac{1}{\eta}) \qquad \textbf{"Amoroso - Robinson - Relation"}$$

Anhand der oben gemachten Berechnungen kann man folgende Merksätze formulieren:

"Wenn der Wert der Preiselastizität für ein Preis-Mengen-Paar auf einer Nachfragekurve...

- kleiner als $|1|$ ist, so sind die Grenzausgaben positiv.
- gleich $|1|$ ist, so sind die Grenzausgaben gleich null.
- grösser als $|1|$ sind, so sind die Grenzausgaben negativ."

Aus diesen Merksätzen geht unter anderem hervor, dass es für eine Regierung sehr teuer ist, wenn sie Überschussverwertung bei unelastischen Produkten betreiben muss (siehe auch Kapitel IX).

7. Preisentwicklungen und Nahrungsmittelverbrauch in der Schweiz

7.1 Preisentwicklungen

Im folgenden werden zwei Definitionen für Preise eingeführt: Der Preis, der im Laden für ein Gut bezahlt wird, ist der nominelle Preis. Die **nominellen** Preise verändern sich in Abhängigkeit von Angebot und Nachfrage oder von der Preispolitik (administrierte Preise).

Damit Preise von verschiedenen Zeitperioden miteinander verglichen werden können, müssen sie um die Teuerungsrate, welche zwischen zwei Perioden aufgetreten ist, korrigiert werden. Die korrigierten Preise nennt man **deflationierte** oder **reale** Preise. Konkret berechnen sich die realen Preise wie folgt:

$$P_{real} = \frac{Q_0}{Q_t} * P_t$$

Q_0 = Index zur Zeit des Basisjahres

Q_t = Index zur Zeit des laufenden Jahres t

P_t = Nomineller Preis des laufenden Jahres t

P_{real} = Realer Preis für das Jahr t

Um die zwei Indices Q zu berechnen, nimmt man einen Warenkorb mit einer fixen Zusammensetzung aus einzelnen Gütern und Dienstleistungen, welche einen repräsentativen Verbrauch der Einwohner eines Landes umfassen sollte.

Der Ausgangskoeffizient für das Basisjahr beträgt 1 (oder 100%), da die Koeffizienten Q_0 und Q_t gleich sind. Q_t ist das Verhältnis der Kosten des Warenkorbes im gegenwärtigen Zeitpunkt (Jahr t) zu den Kosten des Warenkorbes zum Zeitpunkt des Basisjahres (Jahr 0). Wenn Q_t also den Wert 1.05 annimmt, dann ist seit dem Basisjahr eine Teuerung von 5% eingetreten.

Wenn man den Teuerungseinfluss auf die Preise ausklammern will, muss man die nominellen Preise auf ein Basisjahr deflationieren. Dies geschieht, indem man den Preis des laufenden Jahres P_t durch den Teuerungsindex Q_t teilt.

Das Ziel der Indexberechnungen ist es, teuerungsbedingte Preisschwankungen auszuklammern und die Preise untereinander vergleichbar zu machen.

Verschiedene Indices werden von amtlichen Stellen berechnet und veröffentlicht. Die am häufigsten gebrauchten Indices sind die folgenden:

- der Landesindex der Konsumentenpreise,
- der Grosshandelspreisindex und
- der landwirtschaftliche Erzeugerpreisindex.

Als Beispiel für einen häufig gebrauchten Index sei nachfolgend der Landesindex der Konsumentenpreise aufgeführt. Er zeigt, bezogen auf das Basisjahr 1970, sehr unterschiedliche Teuerungsraten nach Warengruppen.

Abbildung 5.20: Der Landesindex der Konsumentenpreise nach Bedarfsgruppen

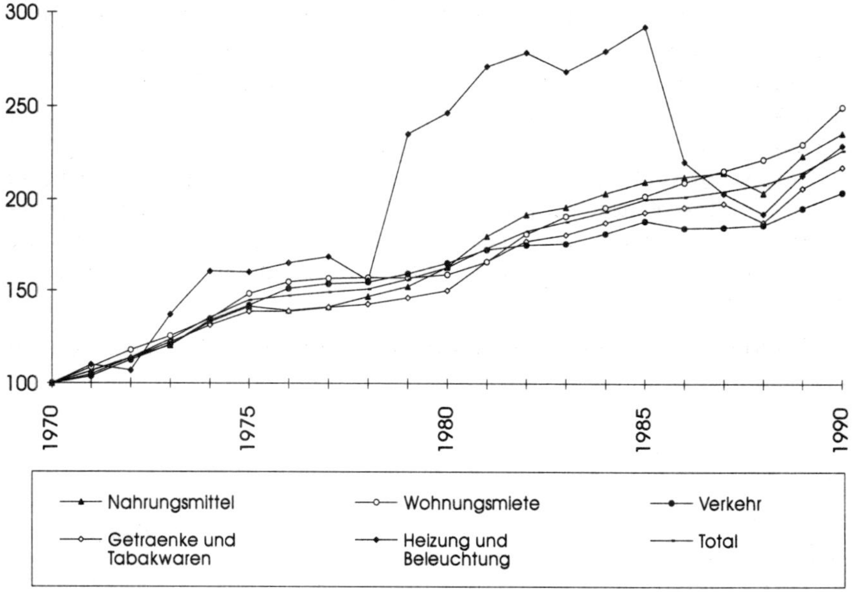

Quelle: nach SBS, Statistische Erhebungen und Schätzungen, div. Jhg.

Aus der Sicht des Ökonomen interessiert in Abbildung 5.20 vor allem die relative Entwicklung der aggregierten Nahrungsmittelpreise. Wie die Graphik zeigt, bewegten sich diese Preise im Mittelfeld aller Preise. Hier ist beizufügen, dass es sich zum grössten Teil um agrarpolitisch administrierte Preise handelt, die wesentlich über entsprechenden Weltmarktpreisen liegen. Die Weltmarktpreise für Nahrungsmittel sind in diesem Zeitraum real eindeutig gesunken.[18]

Weiter zeigt Abbildung 5.20, dass die Energiepreise starke weltmarktpolitisch bedingte Schwankungen aufweisen. Ferner wird auch ersichtlich, dass das Gesundheitswesen wesentlich teurer wurde.

Der Preisindex für Nahrungsmittel setzt sich aus den Preisen der einzelnen Nahrungsmittel zusammen. Auf einzelne solcher Preisentwicklungen soll beispielhaft eingetreten werden. Abbildung 5.21 enthält einige deflationierte Konsumentenpreise für tierische Produkte. Tendenziell, teil-

18 siehe Kapitel XI, Abbildung 11.3

weise erst ab 1978, wurden alle Produkte real billiger. Insbesondere trifft dies auf die Gruppe Schweine- und Rindfleisch und Butter zu. Gründe für die real sinkenden Konsumentenpreise sind beim Fleisch die agrarpolitisch bedingte Überschusssituation und eine lockerer als früher gehandhabte Preisstützung bei der Tierhaltung. Bei der Butter sind es die sehr tiefen Importpreise, welche eine starke Subventionierung der Inlandbutter nötig machte. Trinkmilch und Käse werden im Inland grundsätzlich nicht verbilligt, so dass zumindest bei der Milch sich die garantierten Produzentenpreise in den Konsumentenpreisen mehr oder weniger stark niederschlagen. Beim Käse erfreuen sich Käser dank der Käsemarktordnung (noch) garantierter Margen, was auch zu Konsumentenpreisanstiegen führte.

Abbildung 5.21: Konsumentenpreise für tierische Produkte (deflationiert)

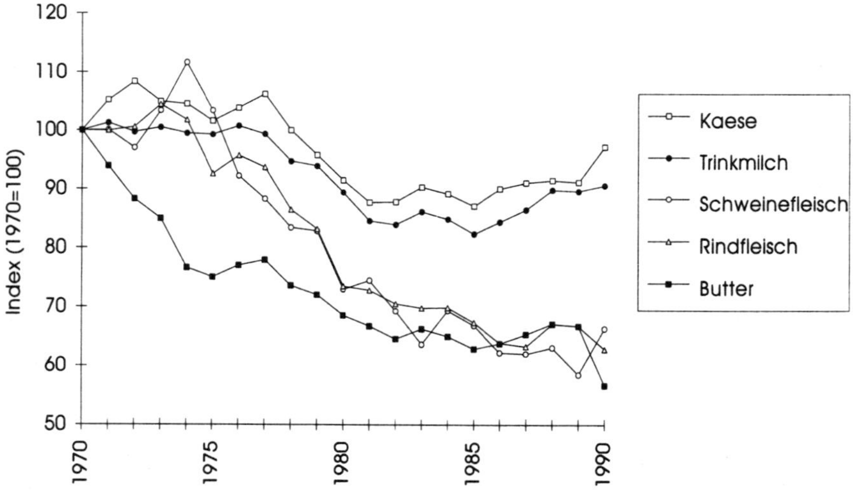

Quelle: nach Daten aus SBS, Stat. Erhebungen und Schätzungen, div. Jhg.

Abbildung 5.22: Konsumentenpreise für pflanzliche Produkte (deflationiert)

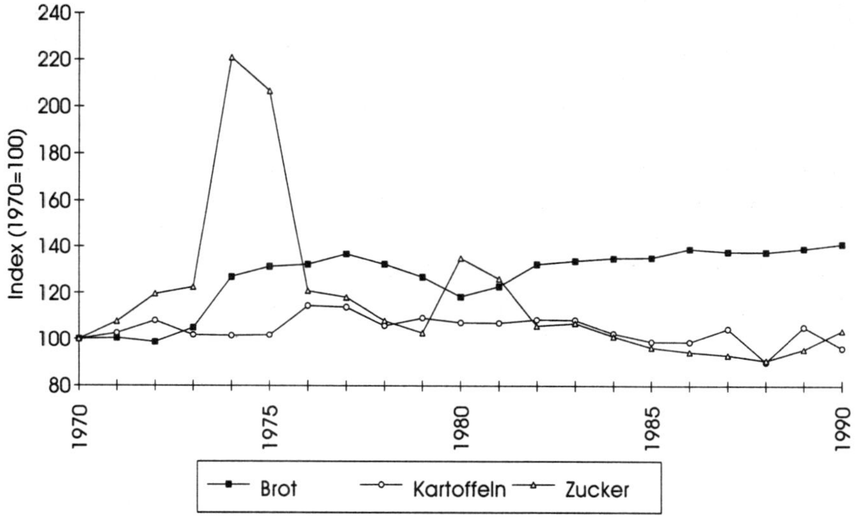

Quelle: nach Daten aus SBS, Stat. Erhebungen und Schätzungen, div. Jhg.

Abbildung 5.22 enthält die Konsumentenpreise für drei wichtige pflanzliche Produkte. Diese drei wurden ausgewählt, um Unterschiede aufzuzeigen. Der Brotpreis ist in diesem Zeitraum gestiegen, weil die Verarbeitungskosten der Müller und Bäcker entsprechend anstiegen sind und beide Kartellschutz bei den Preisfestlegungen geniessen. Der Mehlanteil am Brotpreis dürfte zur Zeit unter 20% liegen.

Der Kartoffelpreis entspricht, bedingt durch die Kartoffelmarktordnung[19], dem garantierten Produzentenpreis. Dieser ist in etwa konstant geblieben. Andererseits wiederspiegelt der Zuckerpreis die Weltmarktschwankungen, denn die schweizerische Zuckermarktordnung lässt Weltmarktpreise auf den Inlandmarkt durchschlagen. Die Preisanstiege Mitte der siebziger Jahre zeigen diesen Effekt besonders deutlich.

19 Einzelheiten zu den verschiedenen Marktordnungen finden sich in Rieder P., Egger U., Flückiger S., 1992, Schweizer Agrarmärkte, Zürich

7.2 Nahrungsmittelverbrauch in der Schweiz

Abbildung 5.23 enthält den Pro-Kopf-Verbrauch einiger Grundnahrungsmittel während zwanzig Jahren. Damit soll auf den inferioren Charakter dieser Produkte hingewiesen werden. Während bis um 1980 abnehmende Mengen festzustellen sind, scheint sich seither der Verbrauch zu stabilisieren, teilweise steigt er sogar wieder leicht an. Damit wird das theoretische Konzept in Abbildung 5.17 bestätigt, dass ökonomische Gründe kaum mehr einen Einfluss auf den Pro-Kopf-Verbrauch ausüben. Bei Milch ist ein leichter Anstieg im Konsum festzustellen, was durch den zunehmenden Verbrauch von Joghurt zu erklären ist.

Abbildung 5.23: Pro-Kopf-Verbrauch von pflanzlichen Produkten und Trinkmilch

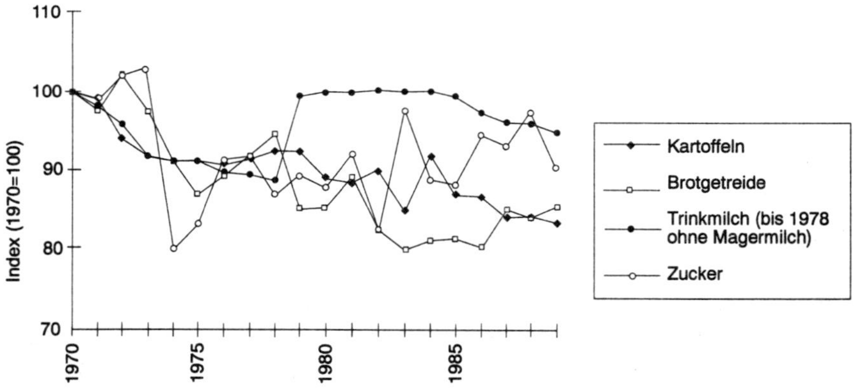

Quelle: nach SBS, Stat. Erhebungen und Schätzungen, div. Jhg.

Einen spezifischen Einblick in das Verbraucherverhalten liefert die Darstellung des Pro-Kopf-Verbrauchs verschiedener Fleischarten zwischen 1970 und 1991 in Abbildung 5.24.

Abbildung 5.24: Verbrauch von Fleisch pro Kopf und Jahr

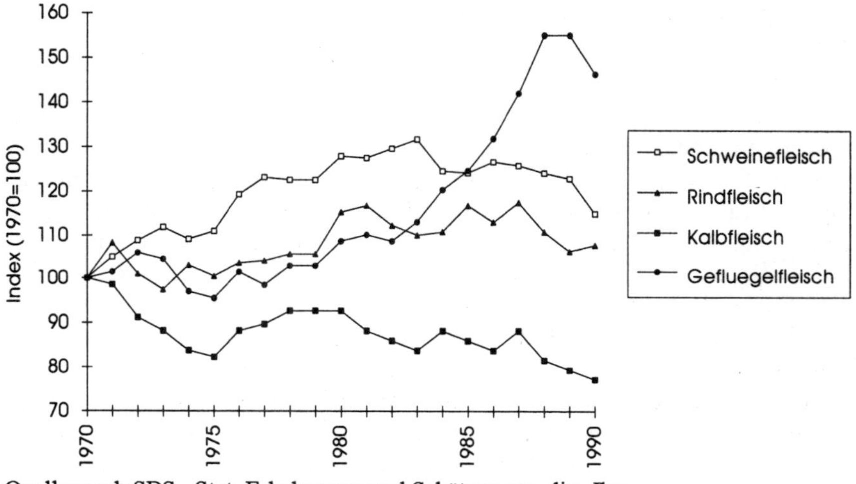

Quelle: nach SBS, Stat. Erhebungen und Schätzungen, div. Jhg.

Abbildung 5.25: Konsumentenpreise für Fleisch, deflationiert

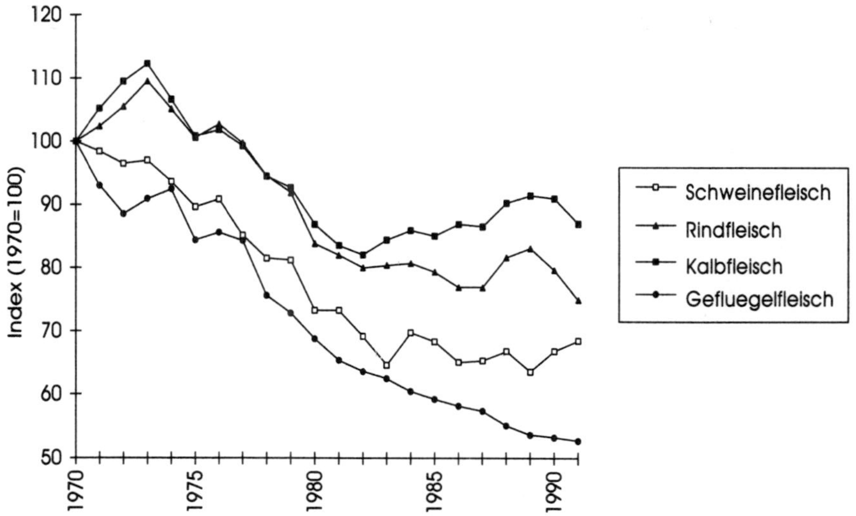

Quelle: nach SBS, Stat. Erhebungen und Schätzungen, div. Jhg.

Es ist eine sehr unterschiedliche Entwicklung beim Konsum von Fleisch festzustellen. Geflügelfleisch weist in den letzten Jahren einen überproportionalen Zuwachs auf, während der Schweinefleischkonsum seit

1983 relativ abnimmt. Der Rindfleischkonsum blieb ziemlich konstant, während der Kalbfleischkonsum stetig abnahm.

Zur teilweisen Erklärung dieses Konsumverhaltens werden in Abbildung 5.25 die deflationierten Preise der gleichen Periode aufgeführt. Daraus geht hervor, dass erstens Geflügelfleisch weitaus am stärksten billiger wurde und dass zweitens Kalb- und Rindfleisch vorerst real teurer wurden und erst seit 1977 relativ billiger geworden sind, jedoch viel weniger als Schweine- und Geflügelfleisch. Aus diesen Gegenüberstellungen lassen sich Aussagen über Einkommenselastizitäten und Preis- sowie Kreuzpreiselastizitäten der mengenmässigen Nachfrage machen. Es scheint, dass die Einkommenselastizität für Fleisch insgesamt geringer als $|1|$ ist, dass sich die Einkommenselastizitäten der einzelnen Fleischarten sich nicht (mehr) sehr stark unterscheiden, dass aber die relativen Preisveränderungen wesentlich den Verbrauch der einzelnen Fleischarten beeinflussen. Diese Aussagen schliessen nicht aus, dass auch andere Gründe zu diesem Kaufverhalten führten, so etwa Gesundheitsbewusstsein (Stichwort Cholesterin) oder Trends (vermehrter Konsum von magerem, weissen Fleisch). Diese Aussagen decken sich weitgehend mit den ökonometrischen Schätzungen, deren Resultate in Tabelle 5.8 dargestellt wurden.

VI. Preisbildung bei Agrarprodukten

In Kapitel IV bzw. V wurden die Eigenarten des landwirtschaftlichen Angebots und der Nachfrage nach Lebensmitteln behandelt. In diesem Kapitel gehen wir auf die Preisbildung bei Agrarprodukten ein.

1. Die Preisbildung

1.1 Das Marktgleichgewicht als Denkmodell

Die Preisbildung auf einem Markt erfolgt durch das Zusammenspiel von Angebot und Nachfrage. Der Schnittpunkt der Angebots- mit der Nachfragekurve bezeichnet den Preis, bei dem die nachgefragten und angebotenen Mengen gleich gross sind. Es bildet sich ein Gleichgewichtspreis p_G, zu dem die Gleichgewichtsmenge m_G abgesetzt werden kann, wie dies Abbildung 6.1 zeigt:

Abbildung 6.1: Das Denkmodell des Marktgleichgewichtes

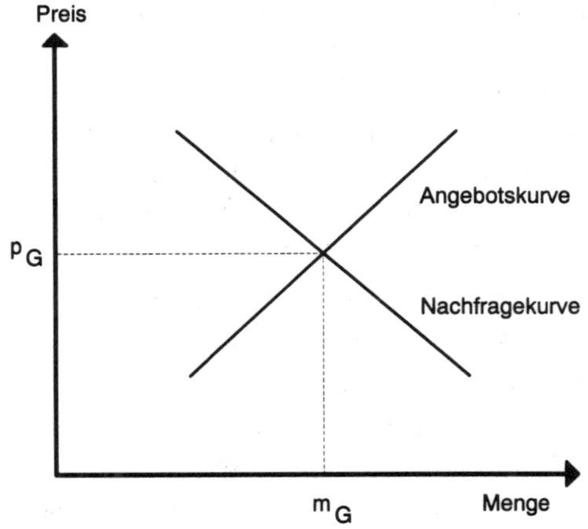

Das Angebot stimmt beim Preis p_G mit der Nachfrage überein; es herrscht eine Gleichgewichtslage. Gleichgewichtslagen sind aber keine dauerhaften Situationen; sie sind laufend Veränderungen unterworfen.

Dieses Denkmodell geht von den Annahmen aus, dass viele Anbieter und viele Nachfrager auf einem transparenten, nicht begrenzten und nicht regulierten Markt zum Verkauf bzw. Zukauf von homogenen Gütern auftreten. Diese Marktform wird als vollständige Konkurrenz oder Polypol bezeichnet. Diese Marktform unterstellen wir den folgenden Abbildungen. In Kapitel VII werden wir auf die Preisbildung bei weiteren Marktformen eintreten.

1.2 Veränderungen von Marktgleichgewichten

Veränderungen von Marktgleichgewichten können abgesehen von Staatseingriffen (vgl. Kapitel X) zustandekommen, indem sich jeweils die Angebots- oder die Nachfragekurve oder beide gleichzeitig verschieben oder drehen. Aus den zwei vorhergehenden Kapiteln sind mögliche Gründe bekannt, wie es zu Verschiebungen der jeweiligen Kurven kommen kann (auf der Angebotsseite: technischer Fortschritt, Witterungseinflüsse, Änderungen bei den Faktorpreisen; auf der Nachfrageseite: Bevölkerungsentwicklung, Einkommensveränderungen, Präferenzverschiebungen, Preisänderungen bei Substituten). In der Folge werden die Auswirkungen auf die Preisentwicklung dargelegt.

Die einzelnen Fälle in Abbildung 6.2 zeigen, dass die aus den Kurvenverschiebungen resultierenden Preisveränderungen sowohl von den Neigungen der Kurven als auch vom absoluten Ausmass der jeweiligen Verschiebung pro Zeiteinheit abhängen.

Abbildung 6.2 a) zeigt die Auswirkung von technischem Fortschritt bei gleichbleibender Nachfrage. Das Ergebnis der Kurvenverschiebung ist eine sinkende Preisentwicklung. Dieser Sachverhalt kann bei Agrarprodukten sehr häufig beobachtet werden.

Abbildung 6.2 b) zeigt eine Kurvenverschiebung auf der Nachfrageseite nach rechts (Ausdehnung der Nachfrage), welche bei konstantem Angebot eine Preissteigerung bewirkt.

Realistischer sind hingegen die Situationen in den Abbildungen 6.2 c) und 6.2 d), bei denen von gleichzeitigen Verschiebungen der Nachfrage- und Angebotskurve ausgegangen wird. Dabei ist zwischen gleichgerichteten und gegenläufigen Entwicklungen zu unterscheiden. Je nach Lage der Kurven und Ausmass der Verschiebungen resultieren steigende, gleichbleibende oder fallende Preistrends.

Abbildung 6.2: Schematische Darstellung der Auswirkungen von Verschiebungen der Angebots- und Nachfragekurven auf die Preisentwicklung

a) Technischer Fortschritt bei gleichbleibender Nachfrage

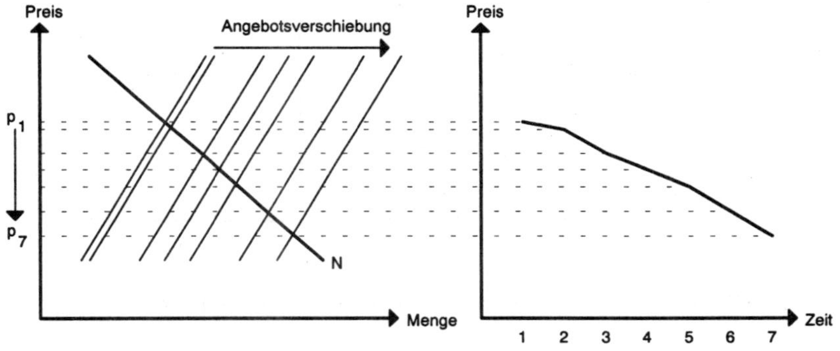

b) Nachfrageverschiebung bei gleichem Angebot

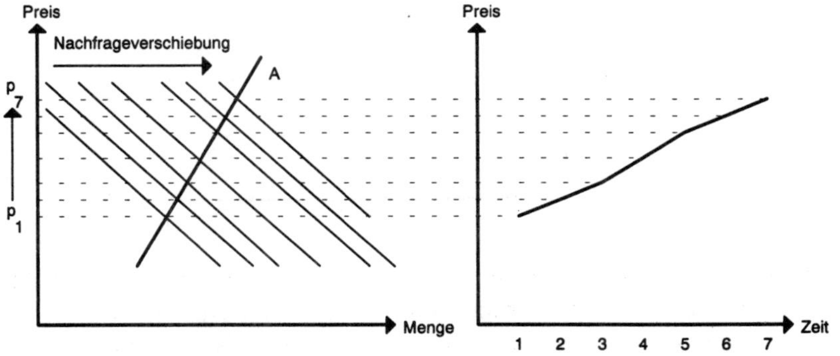

c) Gleichgerichtete Angebots- und Nachfrageverschiebungen

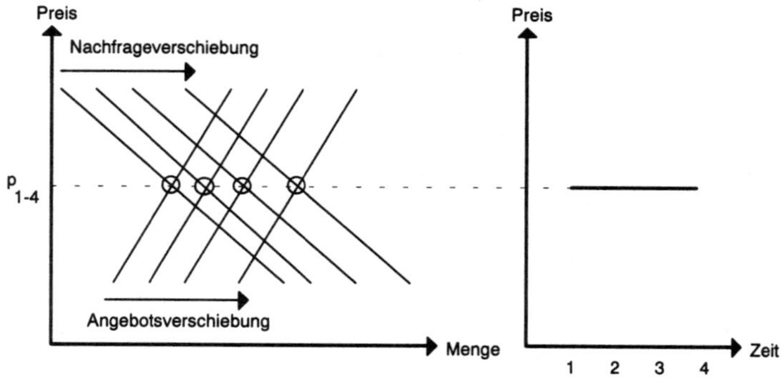

d) Gegenläufige Angebots- und Nachfragekurvenverschiebung

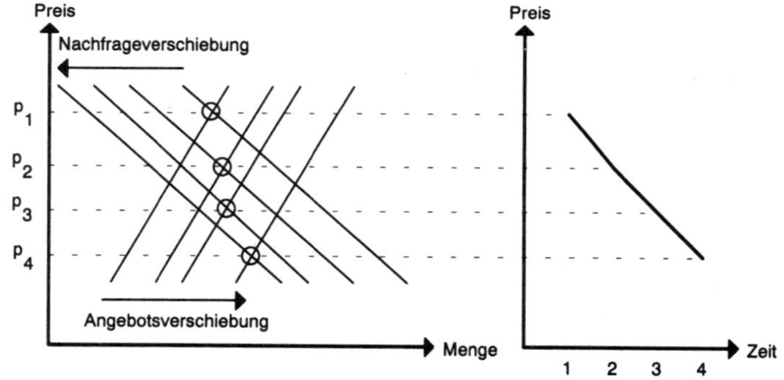

Alle vier schematisierten Fälle in Abbildung 6.2 lassen sich durch zahlreiche Beispiele bei Agrarprodukten belegen. Wir wollen an zwei konkreten Fällen aus der Schweiz zeigen, wie sich Preisbewegungen in den letzten 10 bis 20 Jahren erklären lassen:

1.2.1 Beispiel Produktion und Konsum von Geflügelfleisch von 1970 -1990

Die folgenden Daten sind bekannt:

Tabelle 6.1: Produktion, Verbrauch und Preise von Geflügelfleisch 1970, 1980 und 1990

	1970	1980	1990
Pro Kopf-Verbrauch an Geflügelfleisch	6,4 kg	7,9 kg	10,6 kg
Inländische Produktion	16200 t	22990 t	30080 t
Import von Geflügelfleisch	25046 t	27789 t	39876 t
Geflügelfleischpreis pro kg nominal	5,06 Fr.	5,67 Fr.	6,30 Fr.
Geflügelfleischpreis pro kg real	11,47 Fr.	7,92 Fr.	6,30 Fr.

Quelle: GSF, Jahresberichte, div. Jahrgänge

In Abbildung 6.3 ist dieser Sachverhalt in einem Preis-Mengen-Diagramm festgehalten. Daraus wird ersichtlich, dass in diesem Zeitraum sowohl eine Angebots- als auch eine Nachfragekurvenverschiebung stattgefunden hat und zwar gleichgerichtet.

Abbildung 6.3: Nachfrage- und Angebotskurvenverschiebung bei Geflügelfleisch

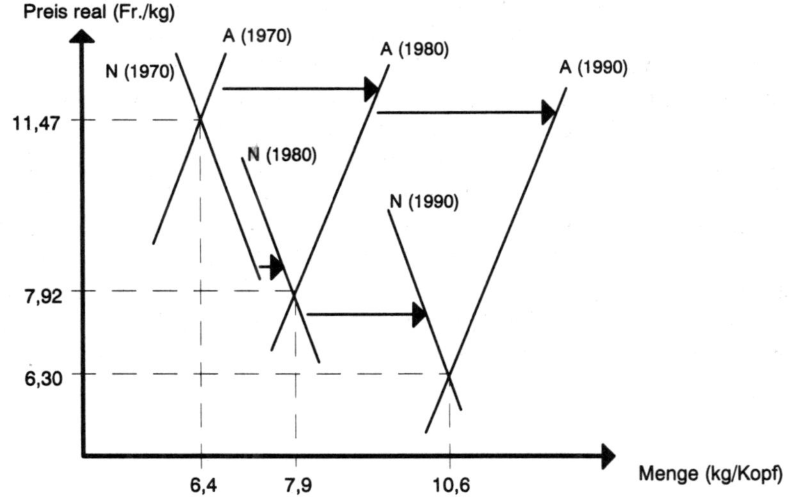

Die Ursachen für diese Preisentwicklung sind auf der Nachfrageseite:

- Anstieg der Einkommen im Betrachtungszeitraum
- zunehmende Präferenz für mageres Fleisch
- Verteuerung von Substituten

Auf der Angebotsseite sind die beeinflussenden Faktoren:

- technische und organisatorische Fortschritte in der Futter- und Geflügelproduktion
- im Verhältnis schlechtere Produktionsbedingungen auf anderen Fleischmärkten
- vermehrte Importe

Das Zusammenspiel aller dieser Faktoren erklärt die real sinkenden Geflügelfleischpreise. Entscheidend dabei ist, dass die Veränderungen auf der Angebotsseite viel stärker waren als diejenigen auf der Nachfrageseite, welche an sich einen Preisanstieg bewirkt hätten.

1.2.2. Beispiel Milchmarkt in der Schweiz zwischen 1955 und 1975

Ein Beispiel für eine gegenläufige Angebots- und Nachfrageverschiebung ist der Milchmarkt in der Schweiz vor der Einführung der Milchkontingentierung in der zweiten Hälfte der 1970er Jahre. Infolge von Zuchtfortschritten, technischen Neuerungen und attraktiven Produktionsbedingungen wurde das Angebot auf dem Schweizer Milchmarkt stets ausgedehnt. Infolge von Einkommensanstiegen ging die Nachfrage nach Milch zurück, weshalb diese als inferiores Gut gilt. Wenn auf dem Milchmarkt keine staatlichen Eingriffe stattgefunden hätten, wäre der Gleichgewichtspreis für Milch bereits 1955 unter den staatlich gestützten Preis von p_{CH}^{55} auf das Niveau p_G^{55} gesunken. Durch die Kurvenverschiebungen im Betrachtungszeitraum wurde die Tendenz fallender Preise verstärkt, so dass der Milchpreis ohne Staatseingriffe auf das hypothetische Niveau p_G^{75} gesunken wäre.

Abbildung 6.4: Gegenläufige Angebots- und Nachfrageverschiebungen bei Trinkmilch in der Schweiz

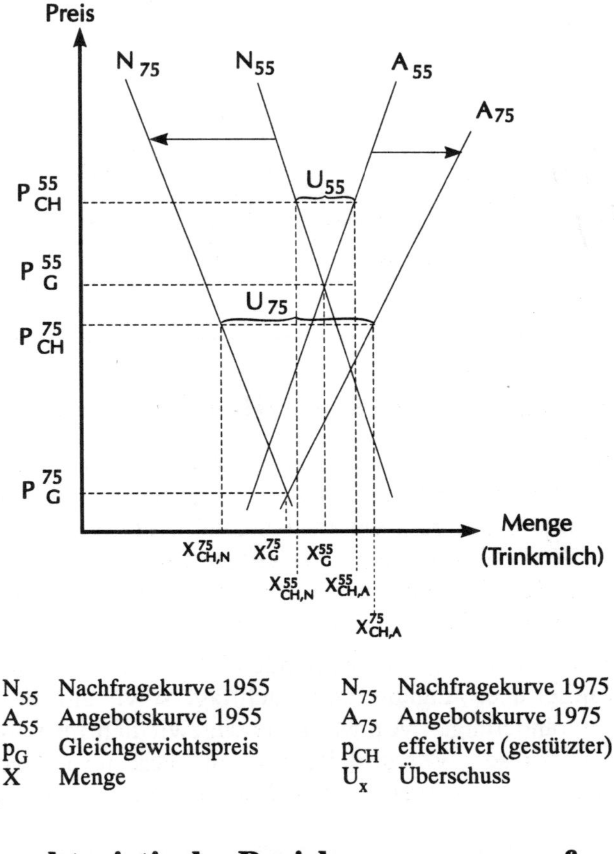

Legende:				
	N_{55} Nachfragekurve 1955		N_{75} Nachfragekurve 1975	
	A_{55} Angebotskurve 1955		A_{75} Angebotskurve 1975	
	p_G Gleichgewichtspreis		p_{CH} effektiver (gestützter) Preis	
	X Menge		U_x Überschuss	

2. Charakteristische Preisbewegungen auf Agrarmärkten

Wenn man den Verlauf der Preise über die Zeit betrachtet, kann man für Agrarprodukte vier typische Preisbewegungen feststellen, nämlich:

- Trends, beziehungsweise langfristige Preisbewegungen
- Mittelfristige Schwankungen, mit dem Spezialfall des Zyklus
- Saisonale Schwankungen
- Kurzfristige, irreguläre Schwankungen

Abbildung 6.5: Schematische Darstellung von Trends, Zyklen und saisonalen Schwankungen

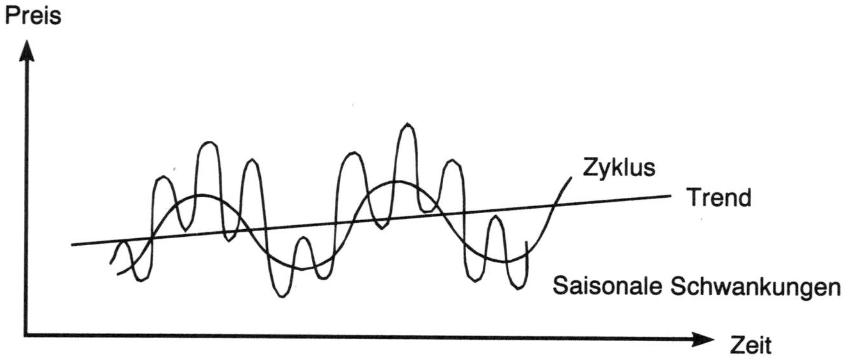

2.1 Trends oder langfristige Preisentwicklungen

Als Trend bezeichnet man eine langfristige Bewegungsrichtung von Preisen. Als langfristig wird eine Zeitspanne bezeichnet, die länger als eine Konjunkturphase oder ein Zyklus dauert. Trends lassen sich durch statistische Analyse von Daten aus vergangenen Zeiten berechnen. Es werden auch Trendprognosen gemacht. Dabei besteht jedoch die Gefahr, dass Trendwenden missachtet werden.

Bezüglich der Ursachen von steigenden bzw. fallenden Preistrends sei auf die Kapitel über Angebot und Nachfrage sowie auf die Ausführungen über Veränderungen von Marktgleichgewichten im vorangehenden Abschnitt verwiesen. Vor dort ist bekannt, dass die unterschiedlichen Verschiebungen von Angebots- und Nachfragekurven ausschlaggebend sind.

Aus Abbildung 6.6 kann für Zucker exemplarisch eine sinkende Preistendenz (die Angaben für die USA stehen für die Entwicklung des Weltmarktpreises) abgelesen werden. Aber auch die irregulären Schwankungen werden ersichtlich.

Abbildung 6.6: Preistrend (real) bei Zucker in den USA

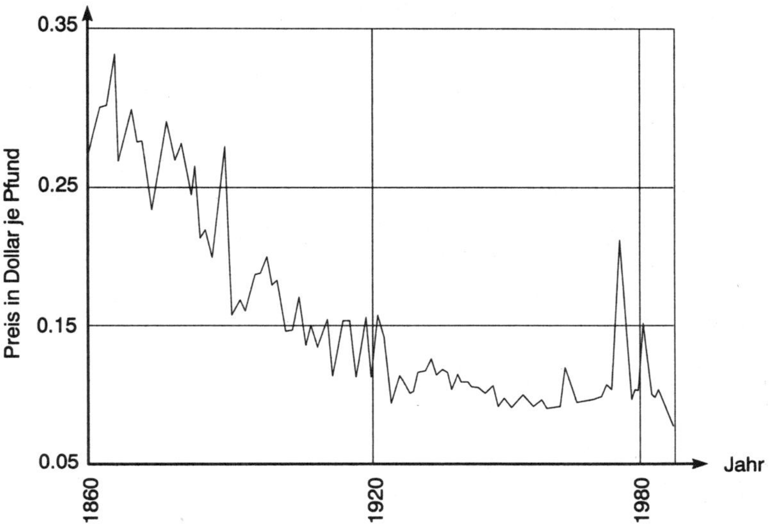

Quelle: Weltbank, 1986, Weltentwicklungsbericht

2.2 Mittelfristige Schwankungen, Zyklen

Die langfristige Preisentwicklung auf den Agrarmärkten wird häufig durch mittelfristige Preisschwankungen überlagert, welche auf eine Reihe von verschiedenen Ursachen zurückgeführt werden können: Einkommensschwankungen im Konjunkturverlauf, Veränderung der Bevölkerungsstruktur durch Konjunkturveränderung (Gastarbeiter...) oder Änderungen auf Märkten für Substitutionsgüter.

Mittelfristige Preisschwankungen sind in der Regel reversibel, dies im Gegensatz zu langfristigen Preisbewegungen. Mittelfristigen Preisbewegungen wird sehr oft durch lenkende Massnahmen des Staates entgegengewirkt.

Zyklen sind eine Sonderform mittelfristiger, gegenläufiger Preis- und Mengenschwankungen um einen Trend. Als Voraussetzung zur Entstehung eines Zyklus müssen folgende Bedingungen erfüllt sein:

- atomistische Angebots- und Nachfragestruktur
- verzögerte Anpassung der Anbieter (Produzenten) auf Preisänderungen

- unmittelbar auf Preisänderungen reagierende Nachfrager
- Preiserwartungen der Produzenten, die sich nach den Gegenwartspreisen richten
- Störung des Marktgleichgewichtes durch exogene Einflüsse (auslösende Momente)

Wenn diese Voraussetzungen erfüllt sind, so entstehen auf Agrarmärkten Preis-Mengen-Bewegungen, die Ezekiel[1] als **'Cobweb'-Theorem** ("Spinnwebentheorem") erstmalig in der Literatur beschrieben hat und in Abbildung 6.7 graphisch dargestellt sind:

Abbildung 6.7: Die Entstehung von Zyklen

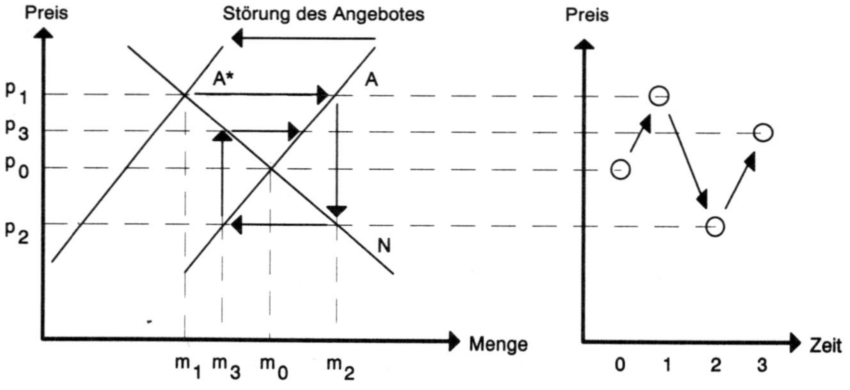

In der Abbildung wird davon ausgegangen, dass p_0 der Gleichgewichtspreis und m_0 die Gleichgewichtsmenge vor Beginn des Zyklus darstellt. Dann erfolgt eine Störung des Marktgleichgewichtes, indem zum Beispiel ein Ernteausfall oder eine Epidemie das Angebot kurzfristig reduziert bzw. die Angebotskurve A_0 während einer kurzen Zeit nach links zu A^* verschiebt. Der Marktpreis steigt unmittelbar auf die Höhe p_1. Da die Angebotsreaktion trotz gestiegenem Preis kurzfristig gering ist (produktionstechnisch bedingte Zeitverzögerung), bleibt der Preis eine gewisse Zeit (z.B. während eines Jahres bei flächenabhängiger Produktion oder 3-5 Jahre bei mehrjährigen Kulturen) auf diesem hohen Niveau. Die vielen kleinen Produzenten (Annahme atomistischer Angebotsstruktur) setzen den aktuellen Preis dem erwarteten Preis für

---

1 Ezekiel M., 1938, The Cobweb Theorem in; Quarterly Journal of Economics

die nächste Anbau- bzw. Produktionsperiode gleich[2] und reagieren mittelfristig (in der nächsten Anbau- oder Produktionsperiode) mit einer Angebotsausdehnung (in Abb. 6.7 wird zum Preis p_1 die Menge m_2 produziert). Diese Menge kann aber nur zum tieferen Preis p_2 abgesetzt werden. Die Anbieter reagieren in der nächsten Produktionsperiode ihrerseits mit einer Reduktion ihres Angebotes von m_2 auf die Menge m_3. Es entsteht wieder ein Unterangebot und der Preis steigt auf die Höhe p_3. So entsteht das in der Abbildung 6.7 skizzierte Muster eines Zyklus. Da das Angebot nur verzögert reagieren kann und sich die Preiserwartungen der Produzenten überwiegend auf die aktuellen Preise abstützen, kommt es zu einer pendelförmigen Bewegung des Marktpreises um das Marktgleichgewicht.

Es werden verschiedene Zyklustypen unterschieden. In Abbildung 6.7 näherte sich der Marktpreis wieder dem ursprünglichen Preis an. Man nennt dies einen konvergierenden Zyklus. Ob diese Konvergenz eintritt oder nicht, ist eine Frage der relativen Steigung der jeweiligen Angebots- und Nachfragekurven. Theoretisch sind die drei Fälle von Zyklen denkbar, die in der folgenden Abbildung dargestellt sind:

Abbildung 6.8: Schematisierte Zyklustypen

a) Regelmässiger Zyklus

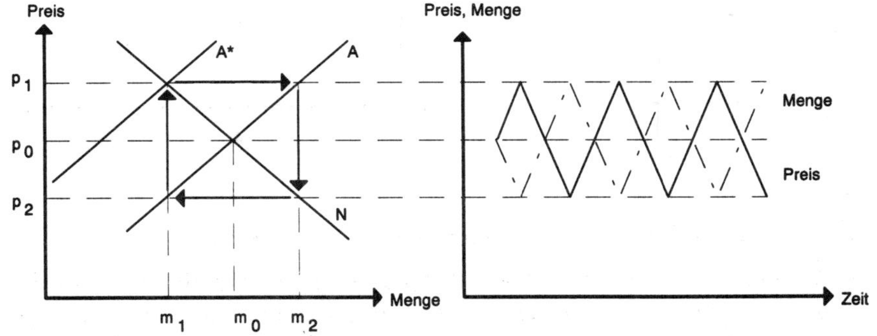

2 Untersuchungen zeigen jedoch, dass die Landwirte im allgemeinen auch die Werte der Vorjahresperioden in ihre Preiserwartungen miteinbeziehen.

b) Konvergierender Zyklus

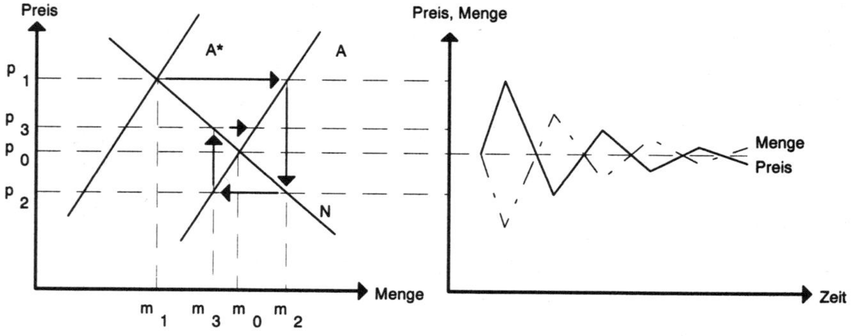

c) Divergierender Zyklus

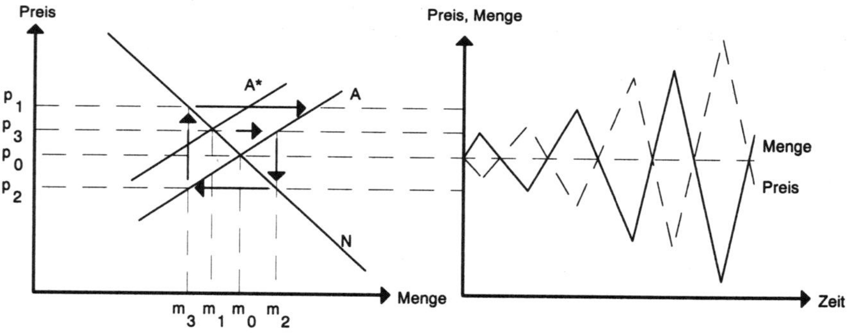

2.2.1 Das Beispiel des Schweinezyklus in der Schweiz

Der Schweinezyklus tritt in fast allen Ländern auf, die einen mehr oder weniger freien Markt für Schweine aufweisen und diese vorwiegend mit marktgängigen, konzentrierten Futtermitteln mästen. Die Dauer der Zyklen hängt von der Mastdauer ab und ist von Land zu Land leicht unterschiedlich. Das Ausmass und der Verlauf der Schwingungen kann durch weitere Störfaktoren bestimmt werden, wie saisonale Einbrüche, agrarpolitische Einflüsse oder für den Fleischmarkt ungünstige Medienmeldungen, die einen Effekt auf die Nachfrage oder das Angebot haben. In den Jahren zwischen 1970 und 1990 verliefen die Schlachtmengen und Preise auf dem Schweinefleischmarkt wie folgt:

Abbildung 6.9: Schlachtmengen und Preise bei Schweinefleisch

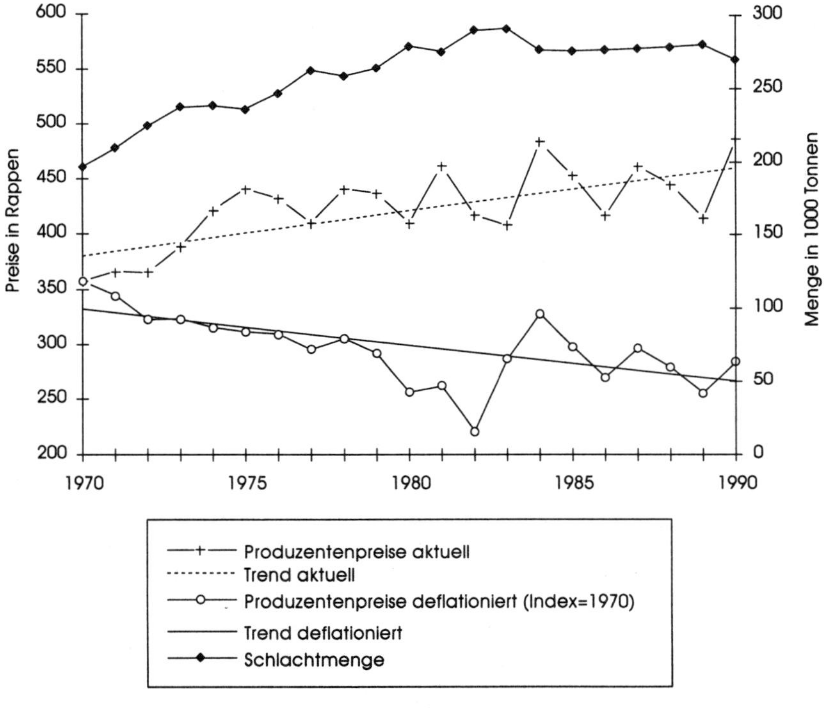

Quelle: Erhebungen des Schweizerischen Milchkäuferverbandes, in: GSF, Jahresberichte, div. Jahrgänge

In der folgenden Abbildung wird die gegenläufige Tendenz der Preise und der Schlachtmengen ersichtlich. Auf der Basis von Realpreisen und den Schlachtungen in Stück kann durch Trendbereinigung auf Basis der Jahresdaten eine zyklische Gegenläufigkeit von Preisen und Schlachtungen festgestellt werden. Die Dauer einer Schwingung beträgt rund drei bis vier Jahre.

Abbildung 6.10: Der Schweinezyklus mit relativen Abweichungen der Schlachtungen und der realen Produzentenpreise vom Trend

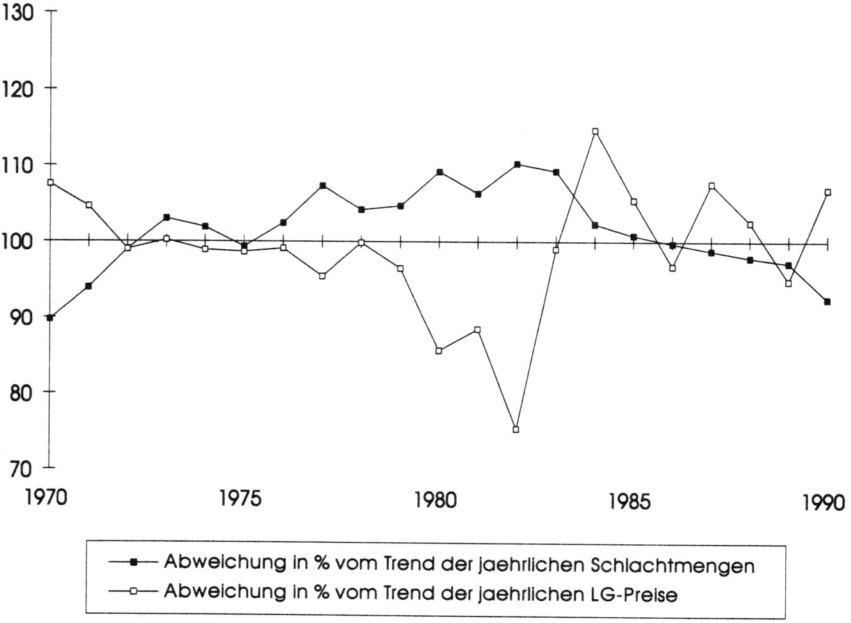

Der Ferkelmarkt ist ein vorgelagerter Markt, auf den sich die Schwankungen auf dem Schweinefleischmarkt übertragen, was auch Abbildung 6.11 deutlich zeigt: Ferkelpreise weisen bedeutend grössere relative Schwankungen auf als die Preise für Schlachtschweine. Die Schwankungen laufen mehr oder weniger gleichgerichtet mit den Schlachtschweinepreisen. Bei hohen Schweinepreisen werden in der Regel auch überproportionale Preise für Faselschweine bezahlt.

Abbildung 6.11: Entwicklung der deflationierten Produzentenpreise für leichte Schweine (ca. 100kg LG) und Ferkel (7-9 Wochen alt)

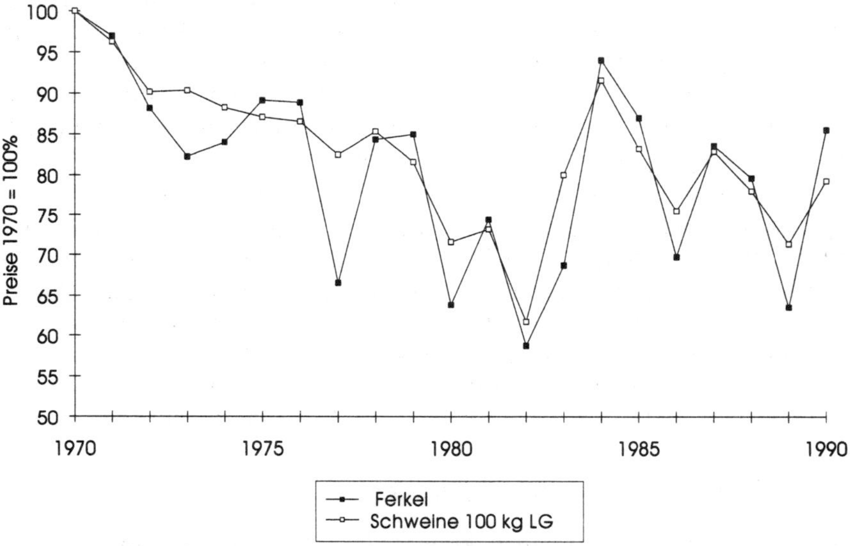

Quelle: Erhebungen des Schweizerischen Milchkäuferverbandes, in: GSF, Jahresberichte, div. Jahrgänge

Im Gegensatz zur Schweineproduktion ist die Rindfleischproduktion noch stark bodenabhängig und wegen der Zweinutzungsrassen stark gekoppelt mit der Milchproduktion. Flächenunabhängige Mastbetriebe sind in der Schweiz relativ selten. Auch ist die Rindfleischproduktion stärker an agrarpolitische Massnahmen gekoppelt als der Schweinefleischsektor. Zudem weist Rindfleisch infolge der längeren Mastdauer der Rinder eine tiefere mittelfristige Preiselastizität des Angebotes als das Schweinefleisch auf.

In Ländern wie Frankreich oder den USA hingegen treten sogenannte Rinderzyklen auf. In der Schweiz können zwar auch leichte Gegenläufigkeiten zwischen Schlachtrinderpreis und Schlachtungen festgestellt werden, jedoch sind die Marktordnungseingriffe zu gross, als dass zyklische Bewegungen auf die erwähnten Reaktionen zurückzuführen wären.

2.2.2 Zweck von Zyklusanalysen

Zyklusanalysen haben zwei unterschiedliche Erkenntniswerte. Einerseits besteht der Wert darin, dass man das jeweils typische Angebotsverhalten der Produzenten kennenlernt. Auf dieser Basis sind dann Voraussagen über Preisentwicklungen, allfällige Einkommenseinbrüche oder gar Versorgungslücken möglich. Solche Erkenntnisse mögen Politikern als Entscheidungshilfen für die Gestaltung von Agrarmarktordnungen oder staatlichen Eingriffen dienen.

Auf der anderen Seite liegt ein Aspekt von Zyklusanalysen und entsprechenden Voraussagen von Preisen darin, dass sich einzelne Produzenten des betreffenden Produktes antizyklisch verhalten könnten. Sie können also ihre Produktion so ausrichten, dass ihr individuelles Angebot bei Preishochs möglichst gross und bei Preistiefs entsprechend kleiner würde. So ist es möglich, dass Betriebe, die dank besseren Informationen ihren Produktionsschemen richtige Preiserwartungen zugrundelegen, betriebswirtschaftliche Vorteile daraus ziehen können.[3]

2.3 Saisonale Preisschwankungen

Saisonale Preisschwankungen können ihre Ursachen sowohl auf der Angebots- wie auch auf der Nachfrageseite haben. Aus elastizitätsbedingten Gründen sind die Einflüsse von der Angebotsseite her von grösserer Bedeutung.

Ursachen auf der Nachfrageseite können sein:

- Gebräuche, Volkssitten (Weihnachten, Januarloch, Ostern)
- Saisonale Witterungseinflüsse (Winter, Sommer)

Mit der zunehmenden Internationalisierung des Handels und neuen Konservierungsverfahren verlieren diese Ursachen zunehmend an Einfluss auf saisonale Preisschwankungen.

Angebotsseitige Ursachen können sein:

- Witterungsverlauf (Anbaumöglichkeiten, Erntezeiten)
- Organisation der tierischen Produktion (Alpung, Abkalbezeit, Arbeitsteilung Berg-/Talgebiet)

---

[3] Budde, H.J., 1974, Optimale Anpassung der Schweineproduktion an zyklische und saisonale Preisbewegungen, Hannover

Die Kenntnis der saisonalen Preisschwankungen ermöglichen es dem Produzenten, seine Produktion bzw. Marktlieferung darauf auszurichten und damit seine betriebswirtschaftliche Lage zu verbessern. Allerdings sind dabei die Kosten der Marktanpassung (z.B: Folienabdeckung für Erdbeeren und Frühgemüse) beziehungsweise der Lagerhaltung mitzuberücksichtigen.

Als Beispiel für saisonale Preisbewegungen in der Schweiz sei im folgenden das Angebot von Kopfsalat dargestellt.

Abbildung 6.12: Preisentwicklung bei Kopfsalat in der Schweiz

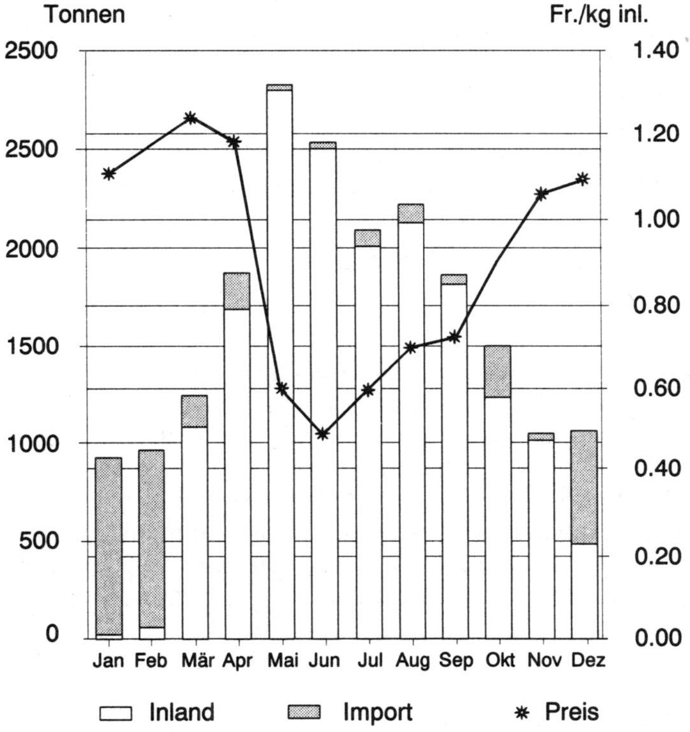

Quelle: Schweizerische Zentralstelle für Gemüsebau, Das Gemüsejahr 1993

Zu Jahresbeginn ist das Angebot an inländischem Kopfsalat sehr gering. Obschon grössere Mengen importiert werden, ist der Preis hoch. Ab März nimmt das Angebot zu und erreicht im Mai den Höhepunkt.

Diese Entwicklung ist mit einem starken Preiseinbruch verbunden. Bei freiem Marktzutritt der ausländischen Anbieter würde der Preis noch tiefer fallen. In den folgenden Monaten nimmt das Angebot wieder ab. Mit einer kleinen Verzögerung reagiert auch der Preis und steigt wieder an.

2.4 Kurzfristige, irreguläre Preisschwankungen

Kurzfristige, irreguläre Preisschwankungen können auch nachfrage- oder angebotsseitig bedingt sein. Nachfrageseitig ist vor allem auf die weltpolitischen Konflikte hinzuweisen, die jeweils zu Hamsterkäufen und damit zu drei- bis fünffachen Preisanstiegen führten. In der Regel folgen diesen politisch bedingten Nachfragesteigerungen und Preisanstiegen relativ rasch und steil fallende Preise.

An dieser Stelle soll jedoch etwas eingehender auf angebotsseitig bedingte, irreguläre Preisschwankungen eingegangen werden. Als Ursachen hiefür sind etwa zu nennen:

- Wetterbedingte Ernteschwankungen
- Epidemien
- Handelsboykotte

Am Beispiel von wetterbedingten Ernteschwankungen soll gezeigt werden, wie sich diese auf die Produzentenerlöse auswirken. Der zu erklärende Zusammenhang ist bekannt als **King'sche Regel**. Gregory King (1648 - 1712) legte dar, dass eine 1%-ige Änderung des Angebots zu einer mehr als 1%-igen Änderung der Preise führte.[4] Bereits damals stellte King fest, dass die entsprechenden Agrarprodukte eine Preiselastizität der mengenmässigen Nachfrage von unter $|1|$ besitzen. Allgemein stellt sich damit die Frage nach dem Zusammenhang zwischen dem Erlös der Anbieter bzw. den Ausgaben der Nachfrager einerseits und der Preiselastizität anderseits. Im Kapitel 5 wurde die **Amoroso-Robinson-Relation** hergeleitet:

$$\text{Grenzausgabe (-erlös) } \frac{\Delta A}{\Delta M} = p * \left(1 + \frac{1}{\eta_p}\right)$$

[4] Köster U.,1981, Landwirtschaftliche Marktlehre, München

In dieser Gleichung ist der Grenzerlös einer Mengenveränderung immer positiv, wenn die (negative) Preiselastizität η_p über $|1|$ liegt und negativ, wenn sie unter $|1|$ liegt. In der folgenden Abbildung wird nun der Einfluss einer Ernteschwankung dargestellt.

Abbildung 6.13: Einfluss von Ernteschwankungen auf den Erlös

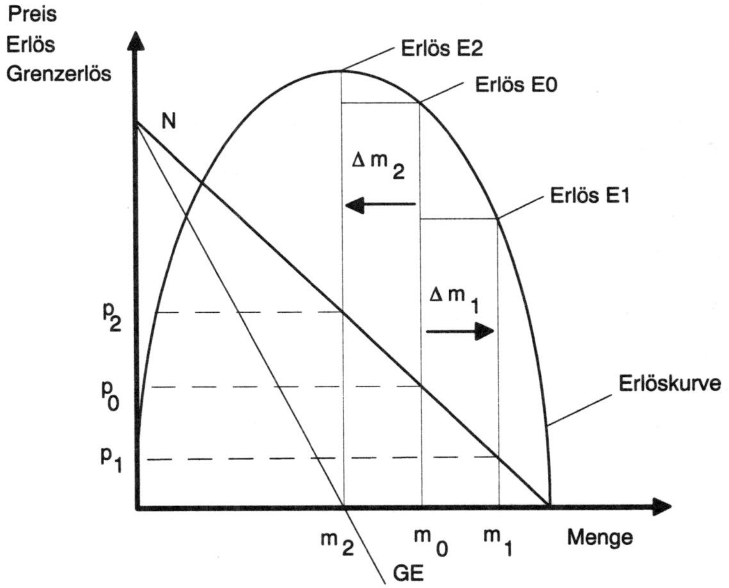

Tritt gegenüber einer Normalernte mit der Menge m_0 und dem Erlös E_0 eine übergrosse Ernte mit der Menge m_1 auf, so erzielen die Anbieter nur den Erlös E_1, weil wegen unelastischer Nachfrage ($\eta < |1|$) der Grenzerlös stärker negativ ist. Tritt gegenüber m_0 eine Ernteverminderung auf m_2 ein, so steigt aus genannten Gründen der Erlös von E_0 auf E_2. So lässt sich zeigen, dass bei freier Preisbildung und bei Preiselastizitäten unter $|1|$ kleine Ernten den Landwirten einen grösseren Erlös bringen als grosse Ernten, allerdings unter der Annahme einer gegebenen Nachfragekurve.

VII. Marktstrukturen und Marktformen

1. Ausgangslage

Die schweizerische Landwirtschaftspolitik geht unter internem und internationalem Druck (Stichwort GATT, europäische Integration) in Richtung Abbau produktgebundener Stützung und mehr Wettbewerb. Dies bedingt eine Anpassung der landwirtschaftlichen Marktordnungen und Vermarktungsstrukturen. Auch eine verstärkte Auseinandersetzung mit den vorherrschenden Marktstrukturen, mit Marktformen und mit Marktmacht ist nötig. Das Einkommen der Landwirte wird in zunehmendem Masse von der Verteidigung von Marktanteilen sowohl bei den Frischprodukten als auch bei der Lieferung von Rohstoffen für die Verarbeitung abhängen.

Folgende Punkte prägen die künftige Entwicklung der Landwirtschaft, nicht nur in der Schweiz, sondern in ganz Europa:[1]

- Stagnierende Märkte im Bereich der Produktionsmittel und eine zunehmende Konzentration bei den Hersteller-Konzernen.
- Begrenzte Nachfrage nach Nahrungsmitteln, so dass der technische Fortschritt die Nachfrageentwicklung übersteigt.
- Eine zunehmende horizontale und vertikale Integration des internationalen Agrobusiness: vertikal bezüglich der Nahrungsmittelverarbeitung, der Innovation und Forschung, des Marketings, der Dienstleistungen und Finanzierung; horizontal im Sinne weltweit angelegter Strategien multinationaler Unternehmungen.
- Konzentration des Nahrungsmittelmarktes bei nationalen Grossverteilern, kombiniert mit starken Positionen in der Agroindustrie.

Agrarproduktemärkte in der Schweiz wie auch in anderen Ländern weisen eine sogenannte **X-Struktur** auf.[2] Damit wird gesagt, dass die Marktstruktur auf den einzelnen Ebenen sehr unterschiedlich ist. Wie Abbildung 7.1 zeigt, umfasst die Ebene der Produktion eine grosse Zahl von Anbietern. Es herrscht dort eine atomistische Angebotsstruktur. Die

---

1 Hofer H., 1990, Die Genossenschaften Europas unter veränderten Rahmenbedingungen - Herausforderungen und Lösungsansätze, Bern, S. 35

2 Zu den einzelnen Agrarmärkten siehe auch: Rieder P., Egger U., Flückiger St., 1992, Schweizer Agrarmärkte, Zürich

nächste Ebene, als "lokale Sammlung" bezeichnet, weist bereits viel weniger Unternehmer (meist landwirtschaftliche Genossenschaften) auf. Nochmals bedeutend weniger Unternehmer bzw. Nachfrager und Anbieter enthält die Ebene der Verarbeitung. Die geringste Zahl dürfte die Ebene des Grosshandels aufweisen, wie dies auf nationalen und internationalen Agrarmärkten zu beobachten ist. Bereits bedeutend mehr Teilnehmer hat wieder die als Detailhandel bezeichnete Ebene. Die Detailhändler stehen ihrerseits also relativ wenigen Anbietern des Grosshandels, aber sehr vielen Nachfragern der Ebene des Konsums gegenüber. Die Zahl der Konsumenten ist am grössten, was durch die Breite des untersten Balkens in der Abbildung 7.1 dargestellt ist.

Die schematische Darstellung der Stufen auf den Agrarmärkten führt zur Frage, welcher Art denn die Märkte zwischen den jeweiligen Stufen sind. Wie ersichtlich, treffen jeweils eine ganz unterschiedliche Anzahl Anbieter und Nachfrager aufeinander.

Abbildung 7.1: Die Struktur der Märkte im Nahrungsmittelsektor

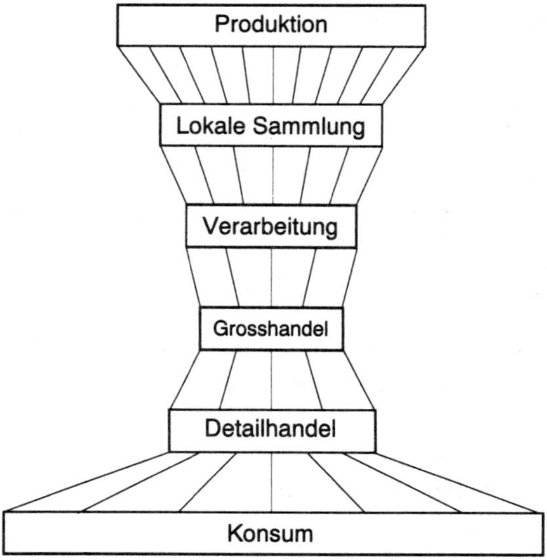

Es wird sich zeigen, dass Eingriffe des Staates in das Marktgeschehen jeweils dort erfolgten, wo relativ wenige den Markt beherrschen ("Flaschenhals"-Situationen), diese aber als "Helfer" zur administrativen

Erledigung der Intervention herangezogen wurden.[3] Als nächstes folgt eine Übersicht über Marktformenmodelle.

2. Statische Marktanalyse

Die statische Marktanalyse stützt sich weitgehend auf die Preistheorie, wobei sich nur in den beiden Extremfällen des Polypols (vollständige Konkurrenz) und des Monopols eindeutige Aussagen über die Marktstruktur und die Preisbildung herleiten lassen. Markt und Wettbewerb gehen aber - wie wir sehen werden - über den Aktionsparameter Preis hinaus. Vorerst eine Übersicht über verschiedene Marktformen.

2.1 Übersicht über Marktformen

Die Elemente in der Marktformenlehre sind die Anzahl und die relative Grösse der Marktteilnehmer sowie deren Tätigkeit. In einem ersten Schritt treffen wir die Annahme, dass sich die einzelnen Marktteilnehmer einer Ebene in ihrer Grösse nicht oder nur unwesentlich unterscheiden. Unter Grösse wird der relative Marktanteil der einzelnen Anbieter bzw. Nachfrager am Gesamtangebot bzw. an der Gesamtnachfrage verstanden. Diese Annahme der gleichen relativen Grösse, z.B. 20 Anbieter mit je ca. 5% des Angebots wird als "Symmetrieannahme" bezeichnet.

In einem zweiten Schritt wird die Anzahl der Marktteilnehmer bezeichnet als "einer", "wenige" oder "viele". Unterstellt man die Symmetrieannahme, so ergibt sich ein erstes Marktformenschema, in dem die drei Gruppen je der Anbieter- und Nachfragerseite zugeordnet werden. Die Bezeichnungen sind griechischen Ursprungs.

---

3 Rieder P., Jörin R., 1980, Mitverwaltung und Mitverantwortung von parastaatlichen Organisationen als ein Prinzip der Landwirtschaftspolitik; DISP Nr. 1

Tabelle 7.1: Marktformenschema bei Gültigkeit der Symmetrieannahme

	einer *monos*	**wenige** *oligos*	**viele** *polys*
verkaufen *polein*	Monopol	Oligopol	Polypol
kaufen *psonein*	Monopson	Oligopson	Polypson

Die Übersicht ist jedoch zu erweitern, wenn man der Realität einen Schritt näher kommen will. Lässt man die Symmetrieannahme fallen, so können sich "wenige" und "viele" sehr unterschiedlich zusammensetzen, z.B. aus einem grossen Marktteilnehmer und wenigen oder vielen kleinen Teilnehmern, oder zu wenigen mittleren Marktteilnehmern kommen wenige oder viele kleine hinzu. Das Marktformenschema wie in Tabelle 7.2 wird dadurch vollständiger und realitätsnäher.

2.2 Die Marktform des Polypols

2.2.1 Einer - Wenige - Viele bei Cournot

Cournot hat als erster die quantitative Dimension "Einer-Wenige-Viele" von Märkten in einem Modell betrachtet. Er ging dabei von homogenen Gütern aus sowie von gegebenen Nachfrage- und Kostenfunktionen.[4]

Cournot fragte sich also, was passiert, wenn einer, zwei, drei Anbieter oder gar (unendlich) viele auf einem Markt tätig sind. Er vereinfachte dieses Problem zunächst durch die Annahme kostenloser Produktion. Dann unterstellte er den Anbietern eine bestimmte Verhaltensweise: Jeder Anbieter nimmt an, dass er durch die Veränderung seiner Angebotsmenge keine Reaktion der anderen Mitanbieter hervorruft - man nennt dieses Verhalten autonome Mengenstrategie.

4 Cournot, A., 1924, Untersuchungen über die mathematischen Grundlagen der Theorie des Reichtums, dt. Übersetzung, Jena, Originalausgabe: 1838, Paris

Tabelle 7.2: Das vollständige Marktformenschema nach Ott

Nachfrager / Anbieter	ein grosser	ein grosser, viele, wenige oder (ein) kleine(r)	wenige mittlere	wenige mittlere, viele, wenige oder (ein) kleine(r)	viele kleine
ein grosser	bilaterales Monopol	teilmonopsonistisch beschränktes Monopson	oligopsonistisch beschränktes Monopol	teiloligopsonistisch beschränktes Monopol	Monopol
ein grosser, viele, wenige oder (ein) kleine(r)	teilmonopolistisch beschränktes Monopson	bilaterales Teilmonopol	oligopsonistisch beschränktes Teilmonopol	teiloligopsonistisch beschränktes Teilmonopol	Teilmonopol
wenige mittlere	oligopolistisch beschränktes Monopson	oligopolistisch beschränktes Teilmonopson	bilaterales Oligopol	teiloligopolistisch beschränktes Oligopol	Oligopol
wenige mittlere, viele, wenige oder (ein) kleine(r)	teiloligopolistisch beschränktes Monopson	teiloligopolistisch beschränktes Teilmonopson	teiloligopolistisch beschränktes Oligopson	bilaterales Teiloligopol	Teiloligopol
viele kleine	Monopson	Teilmonopson	Oligopson	Teiloligopson	bilaterales Polypol

Quelle: Ott A.E., 1968, a.a.O., Göttingen, S.41

Ausgegangen wird zunächst von einem Anbieter (Monopol). Es lässt sich zeigen, wie dieser bei kostenloser Produktion stets die Hälfte seines möglichen Absatzes anbietet (Cournot'scher Punkt).

Abbildung 7.2: Gleichgewicht im reinen Monopol

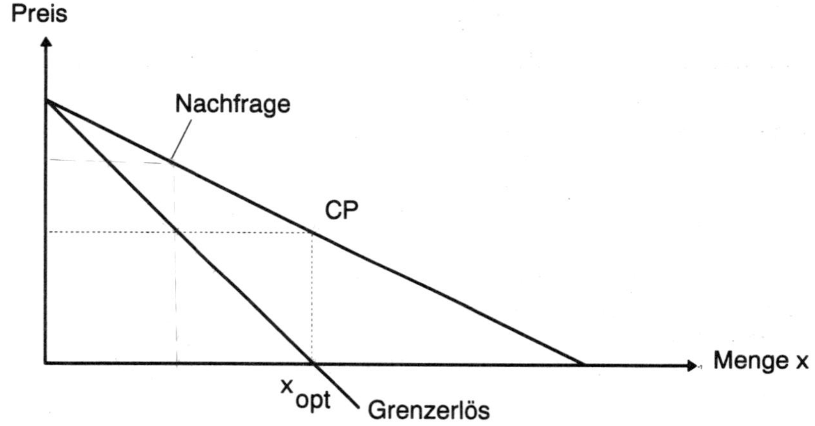

Wenn nun bei **zwei Anbietern** eine autonome Mengenstrategie unterstellt wird, bietet ebenfalls jeder der beiden je die Hälfte seines möglichen Absatzes an.[5] Dabei beträgt der mögliche Absatz jedes einzelnen Anbieters der total mögliche Absatz abzüglich dem Absatz des Konkurrenten. Das bedeutet, dass beide gleichviel, nämlich je einen Drittel vom total möglichen Absatz anbieten. Ist nun die Menge gegeben, lässt sich daraus auch der Preis bestimmen, der bei normaler Reaktion der Nachfrage tiefer liegen muss als der Monopolpreis.

Unterstellt man für weitere Anbieter eine autonome Mengenstrategie und gleiche Kosten, so sinkt der Preis und die angebotene Menge erhöht sich weiter, wie das in Abbildung 7.3 ersichtlich ist:

5 Ott A.E., 1968, Grundzüge der Preistheorie, Göttingen, S. 211

Abbildung 7.3: Darstellung zu Cournots Feststellung: "... le résultat de la concurrence est d'abaisser les prix"

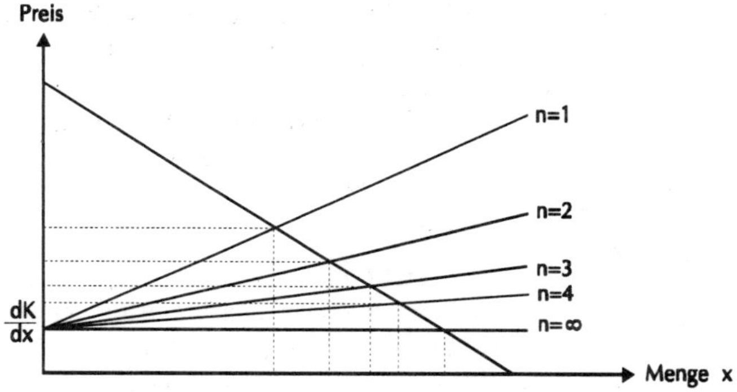

Quelle: Brandt K. et al., a.a.O., S.26

Bietet nur einer an, ist die Menge kleiner und der Preis höher als im Marktgleichgewicht von (unendlich) vielen. Cournot erklärte diese unterschiedlichen Marktergebnisse mit der Konkurrenz, die durch den Eintritt von immer mehr Anbietern in den Markt entsteht. Bei unendlich vielen sinken die Preise auf das Kostenniveau, weshalb keine Gewinne mehr möglich sind. Keiner hat dann nur die geringste Möglichkeit, wie ein Monopolist die Parameter Preise und Mengen zu bestimmen (sogenannte Cournot'sche Aktionsparameter)[6].

2.2.2 Das Konzept der vollständigen Konkurrenz

Die Erkenntnisse von Cournot gaben dazu Anlass, die beiden Extremfälle Monopol und Polypol als Denkmodelle für den Wettbewerb zu verwenden, wobei beim Monopol keine Konkurrenz, beim Polypol dagegen vollständige Konkurrenz herrscht. Dabei sollte man eigentlich das Adjektiv "vollständig" auf die Möglichkeit beziehen, dass Aussenstehende Gewinne erkennen und deshalb in den Markt eintreten. Durch diesen Prozess entsteht dann die Gleichheit von Grenzkosten und Marktpreis. Damit ist jene Konkurrenzbeziehung gemeint, die zwischen bereits im Markt "Etablierten" und Aussenstehenden besteht. Wir werden später zeigen, dass in diesem ständigen Ein- oder Austreten das Wesen der Konkurrenz liegt und nicht im Zustand, der durch diese Konkurrenz herbeigeführt wird.

---

6 Zur mathematische Herleitung: Jörin R., 1994, Skript zur Oligopoltheorie, Institut für Agrarwirtschaft ETH, Zürich; Brandt K. et al., 1976, Mikroökonomie, Freiburg; Varian H.R., 1992, Grundzüge der Mikroökonomik, Wien

Böhler hat nämlich den Zustand der sogenannten "vollständigen Konkurrenz" als "Grabesruhe" bezeichnet und Lutz als "Schlafmützenkonkurrenz"[7], weil in dieser Situation völliger Bewegungslosigkeit keiner sein Verhalten verändert und daher keine Konkurrenz spielen wird. Wir wollen deshalb für die Landwirte als Polypolisten untersuchen, worin das Wesen der Konkurrenz und des Wettbewerbs unter ihnen besteht.

2.2.3 Die Landwirte als Polypolisten

a) Totale Abhängigkeit und Autonomie

Das Merkmal des Polypols besteht darin, dass der einzelne Anbieter faktisch keine Einflussmöglichkeit auf das Marktgeschehen hat. In der Schweiz gibt es z.B. 80'000 Milchproduzenten; selbst wenn es nur 1000 wären, hätte der einzelne einen "Marktanteil" von nur 1‰. Verdoppelt ein Landwirt seine Produktion, so fällt der Preis bei einer Preiselastizität von - 0.5 um 2‰. Der einzelne wird daher eine Preisveränderung nicht auf sein Verhalten zurückführen. Gegenüber dem Marktgeschehen muss sich der einzelne Landwirt deshalb total abhängig vorkommen.

Im Gegensatz zum Monopolisten, dessen Produktnachfrage gerade mit der Marktnachfrage identisch ist, sieht sich der Polypolist einer unendlich elastischen Nachfrage nach seinem Produkt gegenüber. Dies bedeutet, dass er bei seinen Entscheidungen über den Umfang des betrieblichen Angebots keineswegs Reaktionen der anderen Landwirte hervorruft. Er handelt diesbezüglich also autonom.

b) Der Landwirt als "Kapazitätsanpasser"

Im Gegensatz zum Monopolisten ist die betriebliche Angebotskurve des Polypolisten eindeutig ableitbar: sie entspricht jenem Teil der Grenzkostenkurve, der über dem Niveau der Durchschnittskosten liegt. Die einzelbetrieblichen Angebotskurven aller Betriebe ergeben aggregiert die Gesamtangebotskurve für ein bestimmtes Gut. Will man das Angebotsverhalten und die Angebotsstruktur charakterisieren, ist die Gestalt der betrieblichen Grenzkostenkurve sowie das Durchschnittskostenniveau der Betriebe von Bedeutung. Die heutige Produktionstechnik stellt ein dichtes Netz von konstanten Beziehungen zwischen Input- und Outputgrössen dar, weshalb ein Produktionsverfahren als linearer Prozess aufgefasst werden kann. Dies trifft vor allem für spezialisierte Milch- und Mastbetriebe zu. Die Grenzkosten weisen deshalb innerhalb der betrieblichen

---

7 zitiert nach Woll A., 1971, Allgemeine Volkswirtschaftslehre, München, S.170

Kapazitätsgrenzen zumindest kurzfristig eine relative Konstanz auf (Abbildung 7.4).

Abbildung 7.4: Typische Angebots- und Nachfragekurve eines Gutes aus der Sicht des einzelnen Polypolisten

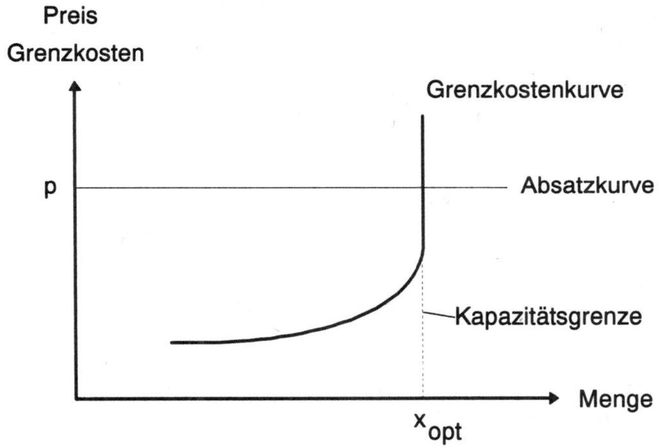

Wir sehen daraus, dass das Hauptproblem für den Landwirt im Zusammenhang mit der unendlich elastischen, individuellen Nachfragekurve in der richtigen Wahl der Kapazität liegt. Diese Kapazitätsgrenzen wirken für den Bauern wie "Mauern", die seinen Betrieb umgeben. Sein Problem liegt darin, die Opportunität hinsichtlich möglicher Veränderungen des Betriebsergebnisses abzuschätzen. Er muss den Wert jenes Bereichs erfassen, der ausserhalb, quasi im "Schatten" dieser Mauern liegt. Die relative Immobilität der Produktionsfaktoren und Friktionen auf dem Arbeits- und Bodenmarkt verursachen dabei Schwierigkeiten bei Kapazitäts- oder Strukturveränderungen (vgl. dazu auch Kapitel IV).

c) Ein einfaches Strukturmodell[8]

Wir wollen anhand eines stark vereinfachten Modelles die Wirkung von Kapazitäts- oder Strukturveränderungen darstellen: Das Modell in Abbildung 7.5 zeigt lediglich vier Polypolisten *A* bis *D*, die bei gegebenen Kosten und gegebener Nachfrage auf dem Markt anbieten.

---

[8] vgl. dazu Heuss E., 1970, Grundelemente der Wirtschaftstheorie, Göttingen, S.67 ff.; Ott A.E., 1968, a.a.O., S.151 ff.

Abbildung 7.5: Modell zur Angebotsstruktur im Polypol

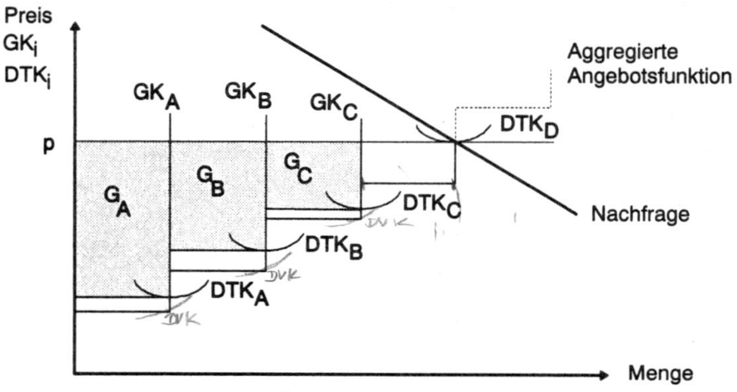

Die schraffierte Fläche stellt jenen Teil der Faktorrente dar, der bei gegebenen durchschnittlichen Totalkosten DTK_A bis DTK_D als Differentialgewinne G_A bis G_C den einzelnen Anbietern zufällt. Aus der Sicht des einzelnen hängt dieser "Gewinn" lediglich von der Kapazität ab. Ausser Anbieter *D* haben alle guten Grund, ihre Kapazitäten auszudehnen.

Die folgende Abbildung 7.6 zeigt, wie die Anbieter *A*, *B* und *C* den Grenzproduzenten *D* aus dem Markt verdrängen. Zugleich sinkt der Preis ($p \rightarrow p'$) und die mengenmässige Leistung nimmt zu ($x \rightarrow x'$).

Wir sehen, dass die Autonomie des Polypolisten einen Spielraum bedeutet, "der sich darin äussert, dass er seine Kostenüberlegenheit durch entsprechende Kapazitätserweiterungen ohne weiteres zur Geltung bringen kann. Dadurch wird ein Konkurrenzdruck auf die Grenzproduzenten ausgeübt, ohne dass die Betroffenen unmittelbar erkennen, auf welche Unternehmung dieser Preisdruck zurückgeht".[9]

9 Heuss E., 1970, a.a.O., S. 69

Abbildung 7.6: Kapazitätserhöhungen und Leistungssteigerung im Polypol

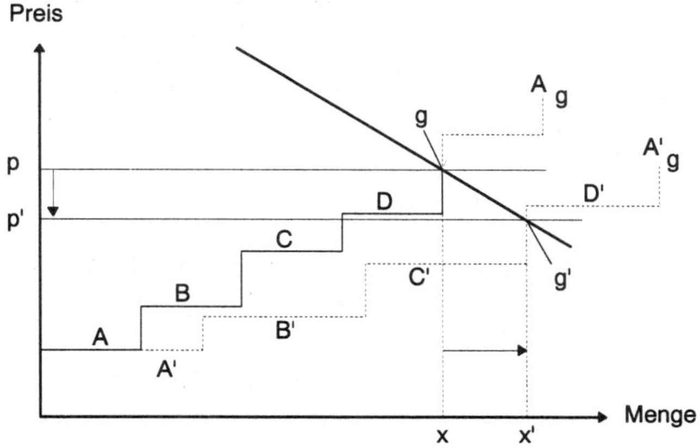

Die Punkte g und g' stellen die Gleichgewichtslagen der Branche als Ganzes dar. Ausschlaggebend für das Verlassen des Zustandes g ist, dass sich die Anbieter *A*, *B* und *C* nicht mehr im Gleichgewicht sehen. Diese interne Instabilität ist nur mit der Tatsache von Differentialrenten zu erklären. Nur wenn Strukturprozesse soweit führen, dass keine Differentialrenten mehr existieren, kommt es zu einem (langfristigen) Gleichgewicht im Sinne der vollständigen Konkurrenz. Dieser Zustand bedeutet somit das Ende des Strukturprozesses selbst. Kein Betrieb würde dann seine Strukturen verändern.

Wie und ob überhaupt dieses Polypol von g zu g' kommt, hängt eng vom Ausmass der oben erwähnten Friktionen ab. Der Gestaltung von Strukturprozessen durch die Politik kommt daher wesentliche Bedeutung zu. Unser Modell enthält noch eine zweite wichtige Annahme: Wir haben auf deduktivem Weg das autonome Verhalten des Polypolisten hergeleitet. Dies bedeutet, dass *A*, *B* und *C* ihren Spielraum realisieren, ohne quasi *D* fragen zu müssen, ob er denn ausscheiden wolle oder nicht. *A*, *B* und *C* müssen keine Gegendrohung von *D* befürchten. Wenn wir den Betriebstypen *A*, *B*, *C* und *D* gruppenwirtschaftlichen Charakter zuordnen, zeigt sich, wie in der Agrarpolitik gerade diese Autonomie nicht zutrifft. Aus Erfahrung wissen die Milchbauern des Hügel- und Berggebietes, dass ein weiteres oder verstärkteres "Eintreten" von "Ackerbauern" in den Milchmarkt sie in die Position von D abdrängen könnte. Sie werden sich als *D*-Gruppe für eine Beschränkung der

"Autonomie" oder des "Spielraumes" der *A*-Betriebe einsetzen. Anderseits werden auch diese *A*-Betriebe genügend Anlass haben, ihre Position im "1. Rang" zu behalten. Dies zeigt hier in vereinfachter Art, wie wirtschaftspolitische Interessen zustande kommen können. Ob und wie es aber den einzelnen Gruppen gelingt, ihre Interessen in politischen Aktionen zu wahren, fällt in den Bereich der Agrarpolitik bzw. der politischen Ökonomie.

2.3 Die Marktform des Oligopols

2.3.1 Die methodischen Schwierigkeiten des Oligopolproblems

Was bedeuten "wenige" Anbieter (oder Nachfrager)? Gibt es objektive Kriterien für die Abgrenzung des Oligopols vom Polypol? Machlup[10] gibt folgende Antwort: "Nein!...Das Merkmal für eine Unterscheidung lässt sich nicht objektiv in Zahlen, sondern nur in subjektiven Haltungen, der Denkart, finden".

Abbildung 7.7: Überblick über verschiedene Oligopolmodelle

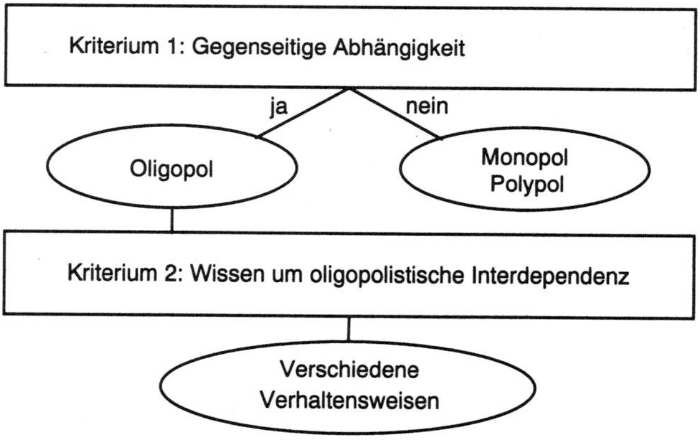

Subjektives Verhalten bedeutet, dass sich die Anbieter im Oligopol als Konjekturisten fühlen: der Oligopolist kann bei seinem Handeln nicht unbekümmert sein bezüglich der Reaktionen seiner Konkurrenten. Durch seine Aktionen wird er Reaktionen bei seinen Mitanbietern auslösen. Der Erfolg des einzelnen hängt daher von der Reaktionsweise der anderen ab. Er wird nach einem Mass suchen, dem sogenannten Reaktions-

10 Machlup F., 1966, Wettbewerb im Verkauf, Göttingen, S.343

koeffizienten, der diese Abhängigkeit zwischen der eigenen Aktion und den Reaktionen seiner Konkurrenten angibt. Dazu sagt Ott: "... aber - und das ist das Entscheidende - der Wert, die Grösse dieses Reaktionskoeffizienten ist nicht bekannt ... Erst wenn man sinnvolle Reaktionshypothesen aufgestellt ... hat, wird das Preisbildungsproblem im Oligopol lösbar." Nach Ott liegt das Kernproblem der Oligopolpreistheorie darin, dass die "Konkretisierung der Reaktionskoeffizienten" anhand von plausiblen Reaktionshypothesen sehr schwierig ist. Weder in der Kosten- noch in der Nachfragefunktion gibt es Informationen über die Reaktionsweise der Gegner. Gewisse Hinweise auf das mögliche Verhalten der anderen Marktteilnehmer liefert die Spieltheorie.[11]

2.3.2 Die intensive Konkurrenz im Oligopol und die Anwendung des technischen Fortschritts

Wir betrachten zwei Anbieter, die auf einem Markt mit homogenen Gütern und mit gleichen Preisen tätig sind. Sind die Güter und Preise unterschiedslos, dann fällt auf jeden der beiden Anbieter die Hälfte (N/2) der Marktnachfrage.[12]

Abbildung 7.8: Oligopolistische Konkurrenz bei ungleicher Kostenstruktur

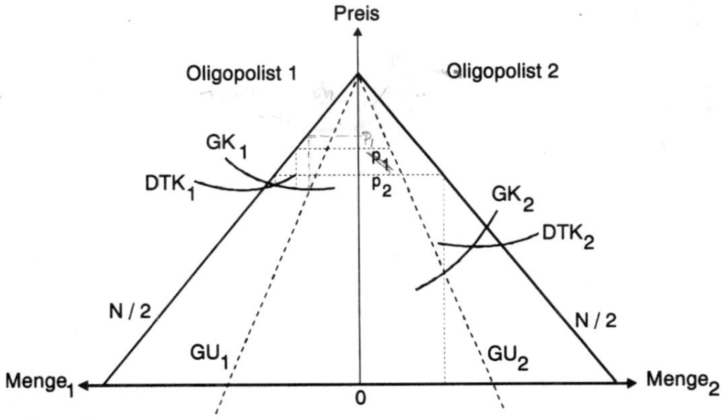

GK = Grenzkosten
DTK = Durchschnittliche totale Kosten
GU = Grenzumsatz

---

11 vgl. dazu etwa Bombach G., Gahlen B., Ott A. E. (Hrsg.), 1985, Industrieökonomik: Theorie und Empirie, Tübingen; Pfähler W., Wiese H., 1990, Oligopoltheorie aus spieltheoretischer Sicht in: Wirtschaftswissenschaftliches Studium (WISU), Nr. 7, S. 438 -444

12 Heuss E., 1970, a.a.O., S. 57

Wir sehen, dass aus den unterschiedlichen Kosten ein Interessengegensatz bezüglich der Preise entsteht, wenn jeder die Bedingung *GK* = *GU* erfüllt haben will. Es ist klar, dass sich Oligopolist 2 mit seinem tieferen Preis p_2 und wegen der tieferen Kosten durchsetzen wird. Daran kann Anbieter 1 nichts ändern. Doch niemals wird, wie im Polypol, der Preis auf das Kostenniveau sinken. Man kann sich nun vorstellen, dass die beiden in einem richtigen Wettkampf um möglichst tiefe Kosten stehen. Tatsächlich wird dabei denn auch der Abstand zwischen der *GU*-Kurve bei einer bestimmten Menge und der Teilnachfragekurve stets grösser; d.h. die Gewinnmöglichkeiten nehmen tendenziell zu. Solange beide diesen Wettkampf in gleicher Stärke miteinander austragen, besteht eine grosse Notwendigkeit, die Kosten senken zu können. Kommt einer aber nicht mehr nach mit seinen Kostensenkungen, stünde der andere als Monopolist da. Die Konkurrenz im Oligopol fördert also die Anwendung des technischen Fortschritts solange der eine den andern nicht ausschalten kann oder beide nicht miteinander kooperieren. Beide Möglichkeiten sind sehr realistisch. Solange es in unserem Beispiel Oligopolist 2 nicht durch Kostensenkungen gelingt, den ersten vom Markt zu verdrängen, existiert der erste also, obwohl er "der schlechtere Wirt" ist. Oligopolist 2 kann gar für sich in Anspruch nehmen, den Preis p_2 so hoch setzen zu müssen, um den "schwächeren" Oligopolisten 1 zu "schützen". Nun - die Haltung von Anbieter 2 ist in jenem dargestellten Fall durchaus ambivalent: man weiss nicht, ob Oligopolist 2 den ersten quasi als "Trittbrettfahrer" duldet, oder ob er gedenkt, ihn nächstens auszuschliessen.

2.3.3 Die "Übersetzung einer Branche"

Wir gehen zunächst wieder von zwei Anbietern aus, die aber gleiche Kosten haben.[13]

[13] Heuss E., 1970, a.a.O., S. 60

Abbildung 7.9: Die "Übersetzung einer Branche"

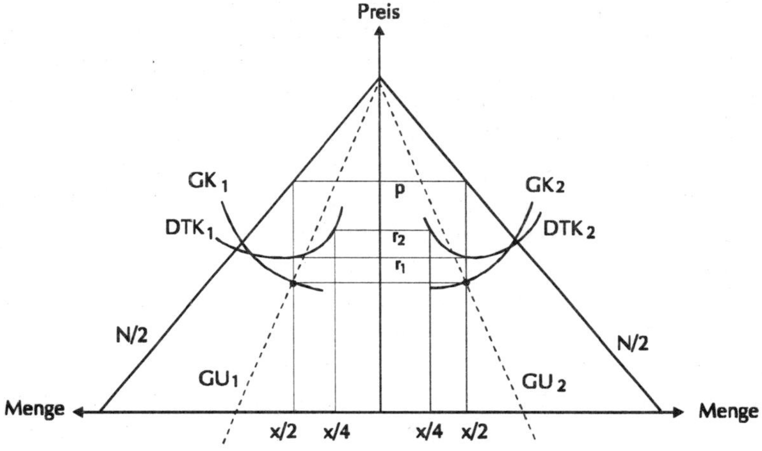

Beide treffen sich im Preis p und weisen den Stückgewinn (p-r_1) auf. Von diesem Gewinn werden nun andere angezogen. Angenommen die Branche erweitere sich um zwei weitere Anbieter (mit ebenfalls gleichen Kosten), so dass nun vier den Markt miteinander teilen müssen. Der Gewinn ist immer noch (p-r_2), weshalb man sich vorstellen kann, dass dieser Prozess solange weitergeht, d.h. immer mehr Anbieter aufnimmt, bis $r = p$ ist. Die Folge davon ist, dass die einzelnen Anbieter in die sogenannte Stückkostenprogression hineinrutschen. Sie entfernen sich zusehends vom Betriebsoptimum, was eine unrationelle Produktionsweise zur Folge hat.

Überkapazitäten, unrationelle Produktionsweise und ein "Geist", gemeinsam die Preise hochzuhalten, sind die Merkmale der sogenannten "Übersetzung" einer Branche. Im Polypol gilt stets, dass die letzte dazu gefügte Einheit Grenzkosten in der Höhe des Marktpreises hat; der Fall der Übersetzung einer Branche ist daher im Polypol nicht möglich.

2.3.4 Das "Weite Oligopol" nach Kantzenbach

Als Wettbewerbsformen stehen sich bei statischer Betrachtung die vollständige Konkurrenz, das Oligopol und das Monopol (sowie Mischformen) gegenüber. Es stellt sich die Frage, welches die wettbewerbsfähigste Form ist. Antworten darauf sind in der Literatur umstritten. Die vollständige Konkurrenz als Zustand lässt, wie erwähnt, keine Konkurrenz mehr zu und bleibt wegen ihrer unrealistischen Annahmen auf die Theorie beschränkt. Das Monopol kennt definitionsgemäss keine Konkurrenz, so dass Wettbewerb nur im Oligopol möglich ist. Die These der "weiten Oligopole" von Kantzenbach nennt die Voraussetzungen, welche erfüllt sein müssen, damit Wettbewerb möglich ist. Kantzenbach nimmt in Anlehnung an Niehans die Reaktionsgeschwindigkeit imitierender Unternehmen beim Auftreten von Pionierunternehmen mit Vorsprungsgewinnen als Massstab an.[14] Bei grosser Anbieterzahl ist diese Geschwindigkeit und damit die Wettbewerbsintensität gering. Bei sehr kleiner Anbieterzahl ist die Wettbewerbsintensität zu stark, was entweder zu Machtkämpfen oder zu Vereinbarungen zwischen den Konkurrenten zwecks Ausschaltung oder Minderung des Wettbewerbs führt und somit auch nicht die gewünschte Förderung der wirtschaftlichen Entwicklung zulässt. Zwischen diesen beiden Extremen, nämlich in der Marktform der "weiten" Oligopole, liegt nach Kantzenbach die optimale Wettbewerbsintensität, gekennzeichnet durch ein beschränktes Mass an Marktunvollkommenheit und durch mässige Produktdifferenzierungen.

Aus dieser These der "weiten" Oligopole als beste Wettbewerbsform ergeben sich einleuchtende Folgerungen für die Wettbewerbspolitik. So sollen einmal die "laufenden Konzentrationsbewegungen der grossen Unternehmen unter wirtschaftspolitische Kontrolle" gebracht und "Zusammenschlüsse von grossen einer staatlichen Genehmigung" unterworfen werden[15]. Bei Polypolen, ist eine Förderung der Konzentrationsbewegung sogar angebracht.[16]

Ganz allgemein zeigt sich jedoch, dass eine statische Betrachtung der Marktstrukturen wenig aussagt über die Wettbewerbsfähigkeit und die Entwicklung von Märkten.

---

14 Kantzenbach E., Die Funktionsfähigkeit des Wettbewerbs: Weite Oligopole als Wettbewerbsbedingung in: Herdzina K. (Hrsg.), 1975, Wettbewerbstheorie, Köln, S. 194 ff

15 Kantzenbach E., a.a.O.

16 vgl. dazu die Idee einer Gegenmacht oder 'countervailing power', wie sie vor allem durch Galbraith J.K. in seinem Aufsatz "Gegengewichtige Marktmacht" vertreten wurde. In: Herdzina K., 1975, a.a.O.

3. Dynamische Marktanalyse

Die Verknüpfung der an der Preistheorie orientierten Marktformenlehre mit der empirischen Untersuchung von Markt- und Unternehmensentwicklung hat seit den 40er Jahren v.a. in den USA zur Bildung einer neuen Wirtschaftsdisziplin, der 'Industrial Organization' geführt. Die dortige 'Anti-Trust'-Gesetzgebung verlangte nach praxisnahen Bewertungsmöglichkeiten von Marktphänomenen und Marktmacht. Ein grosses Verdienst war sicher die Zusammenfassung von charakteristischen Merkmalen von Märkten in zunächst drei, später vier Kategorien: **Grundbedingungen, Marktstruktur, Marktverhalten und Marktergebnis.**[17] Vorerst blieb man in der engen Kausalbeziehung Struktur → Verhalten → Ergebnis verhaftet, während die Erklärung der Entstehung von Marktstrukturen weiterhin ausblieb. Erst die Wiederentdeckung der Innovationstheorie von Schumpeter führte dazu, dass die Marktstruktur selber als ein Ergebnis des Marktverhaltens und der Wettbewerb als Prozess angesehen wurde. Damit verlässt die Unternehmung die weitgehend passive Rolle, die sie in der Preistheorie gespielt hat, um aktiv ihren Standort innerhalb einer Branche zu analysieren und Chancen und Risiken der Erschliessung neuer Marktbereiche gegeneinander abzuschätzen.[18]

Zuerst soll der Wettbewerb als Prozess dargestellt werden, um danach auf die Theorie der Marktentwicklung einzutreten. Daraus lassen sich Erkenntnisse gewinnen für eine moderne Wettbewerbspolitik, die sich mit Problemen von Kartellen und kartellähnlichen Gebilden beschäftigen muss.

3.1 Wettbewerb als Prozess[19]

3.1.1 Ausgangslage

Wir haben bei der Betrachtung des Polypols der Landwirte gesehen, dass man in der Realität von Kostenunterschieden innerhalb eines Wirtschaftszweiges oder Branche ausgehen muss. Diese Unterschiede veranlassen Polypolisten, eigentliche strukturelle Veränderungen vorzunehmen. Es herrscht unter den Landwirten deshalb ein Wettbewerb, weil

---

17 Buchs M., 1987, Zur Methodik von Marktuntersuchungen, Bern, S. 7

18 Buchs M., 1987, a.a.O., S. 15ff.

19 Arndt H., Wettbewerb der Nachahmer und schöpferischer Wettbewerb, in: Herdzina K., 1975, a.a.O., S.246 ff.

der einzelne bei seinen Entscheidungen relativ autonom ist. Versteht man den Wettbewerb als Prozess, dann führt der Strukturprozess zu besseren Ergebnissen, zu einem Ausgleich der Unterschiede und endet dann, wenn keine Unterschiede mehr bestehen. Dieser Prozess läuft aber nicht ohne Schwierigkeiten ab: es gibt viele Friktionen technischer, organisatorischer und schliesslich gesellschaftlicher Art.

Ähnlich ist die Funktion des Wettbewerbes bei Oligopolisten. Ein Oligopolist, der sich einen Vorteil verschafft hat (Produktdifferenzierung, Rationalisierung), muss darum bangen; denn neue Wettbewerber können als Nachahmer diesen Vorsprung wieder abbauen. Allerdings gibt es typische, oligopolistische Verhaltensweisen, die als Widerstände die Anpassung an veränderte wirtschaftliche Verhältnisse verhindern. Sei es im Sinne der Kostenunverbindlichkeit oder wenn durch Produktdifferenzierung der Markt bedeutende monopolistische Spielräume zulässt (Unvollkommenheit). Die grosse Gefahr für den Wettbewerb auf oligopolistischen Märkten besteht also darin, dass das Verharren in sogenannten monopolistischen Positionen die Konkurrenz ausschaltet (Kartellisierung).

Während beim Polypol der Landwirte die erwähnten strukturbedingten Friktionen den Wettbewerb als Anpassungskraft vermindern, sind es beim Oligopol, als verbreitete Marktform in Verarbeitung und Handel, marktstrategische und institutionelle Widerstände.

3.1.2 Differenzierende und nivellierende Kräfte

Man kann den Wettbewerb daher als Anpassungskraft verstehen, die nach neoklassischer Sicht zu einem Zustand der sogenannten vollständigen Konkurrenz führt. In neuerer Zeit hat man versucht, dieser generalisierenden Funktion des Wettbewerbs ein Gegengewicht zu verleihen: Arndt fragt daher: "Ist es nur dieses Gleichmachen oder gibt es im Wettbewerb nicht auch ein Unterschiede setzen? Ist der Wettbewerb lediglich ein Prozess der Nivellierung, oder ist er nicht gleichzeitig auch ein Prozess der Individualisierung?" Daher unterscheidet Arndt[20] den Wettbewerb der Nachahmer vom Wettbewerb der Bahnbrecher.

Der Wettbewerb der Nachahmer setzt ein, wenn die Unterschiede vorgegeben sind, während die Bahnbrecher die Unterschiede selbst setzen können. Arndt weist darauf hin, dass beide Formen für den funktionsfähigen Wettbewerb notwendig sind. Das Fahren auf nur einem

20 Arndt H., a.a.O., S. 253ff.

Gleis zerstört den Wettbewerb. Durch die differenzierenden Kräfte der Bahnbrecher entsteht eine monopolähnliche Situation, die aber durch die Nachahmer in der Form des Isopols soweit abgetragen wird, "bis die ursprüngliche Unterschiedslosigkeit wieder hergestellt ist", wie dies in Abbildung 7.10 skizziert ist.

Abbildung 7.10: Der Wettbewerbsprozess

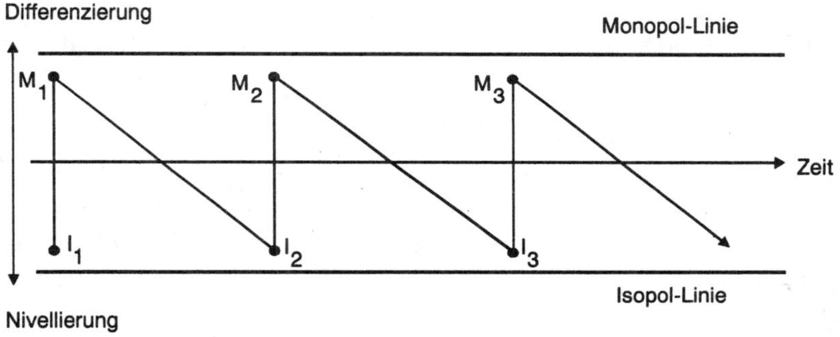

Es ist aber notwendig, dass es stets zu einer Ablösung der Position der Bahnbrecher durch die Nachahmer kommt. Arndt weist darauf hin, dass sowohl die monopolistischen wie die isopolistischen Prozesse entarten können. Eine Entartung führt dazu, dass an die Stelle des Wettbewerbs das reine Monopol tritt. Weniger die Leistung, sondern die Macht gibt dann den Ausschlag für die Auseinandersetzung zwischen den Unternehmungen.

3.2 Theorie der Marktentwicklung[21]

3.2.1 Grundbedingungen für den Wettbewerbsprozess

Damit Wettbewerbsprozesse in Gang kommen, muss der einzelne Unternehmer einen genügend grossen Spielraum haben. Heuss argumentiert, dass Produktverbesserungen, Kostengestaltung, Freisetzen von Kapazitäten, Nachfragekreierung und -differenzierung etc. dem Markt jene Weite geben können, dass eine Wettbewerbsbetätigung möglich wird. Es handelt sich also um Grössen, die nicht irgendwie von aussen her gegeben sind, sondern von den einzelnen Unternehmungen selbst verändert und gestaltet werden können.

21 Dieser Abschnitt stützt sich auf: Heuss E., 1965, Allg. Markttheorie, Tübingen; Die Wettbewerbs- und Wachstumsproblematik des Oligopols, in: Herdzina K., 1975, a.a.O., S.315 ff

Ebenso spielt die Ungewissheit eine wichtige Rolle, indem nicht von vornherein feststeht, wer der Sieger ist. Heuss macht in diesem Zusammenhang sogar eine gewisse Intransparenz zur Bedingung - aber, und das ist entscheidend - diese Intransparenz muss sich ausschliesslich auf die Ungewissheit der Zeit, der Zukunft, beziehen!

Es gibt daher einen aktiven Gestaltungsbereich für die Unternehmung, der sich auch auf die Veränderung von Nachfrage und Kosten des Produktes und schliesslich der Marktstruktur selbst erstreckt. Heuss geht vom Werden und Gehen von Produkten aus und unterscheidet vier Marktstadien.

3.2.2 Das Konzept der vier Marktstadien

I. Die Experimentierungsphase: Sie ist zunächst für die Wirtschaft nicht interessant, da ein Produkt noch nicht kommerziell verwertet werden kann. Dennoch ist die Entscheidung über die Gestaltung eines Produktes wesentlich für die Zukunft. Sobald ein Produkt sich durchzusetzen vermag, was oft auch von Zufällen abhängt, tritt ein neues Stadium ein:

II. Die Expansionsphase: In der Expansionsphase setzt eine stürmische Entwicklung der Nachfrage und des Angebotes ein, weil ein bestimmtes Produkt den Zugang zum Markt gefunden hat. Derartige expansive Märkte finden sich unter anderem im Landmaschinensektor, wie dies Abbildung 7.11 an verschiedenen Beispielen eindrücklich zeigt. Diese Phase ermöglicht bei den Unternehmungen auf beiden Marktseiten grosse Rationalisierungsprozesse. Man erkennt auch, wie bei den Landmaschinen bemerkenswerte funktionale Differenzierungen stattfanden. So dienten z.B. Einachser sowohl als Zugkräfte wie auch zur Verrichtung verschiedenster Arbeiten wie Mähen, zum Antrieb von Zettern, Schwadern, Heugebläsen etc., während der spätere Selbstfahrladewagen bereits spezialisierter konzipiert ist. Gleichzeitig stellt man beträchtliche Qualitätsverbesserungen fest, die der Landwirtschaft zu starken Produktivitätsfortschritten verhalfen. Eine ähnliche, fast explosive Expansion liess sich in den 80er Jahren auf dem Informatik-Markt beobachten. In der Expansionsphase herrscht unter Oligopolisten ein leistungs- und funktionsfähiger Wettbewerb.

Abbildung 7.11: Lebensyklus von verschiedenen Landmaschinen (inkl. Pferdezug)

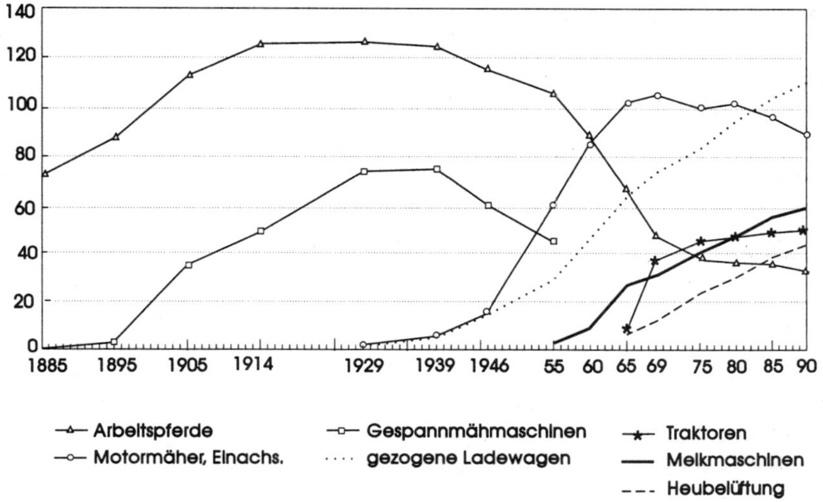

III. Ausreifungs- und Stagnationsphase: Hier weist Heuss auf die Gefahr hin, dass die betreffenden Unternehmer in dieser Phase eine gewisse Enge erkennen und deshalb einen grossen Anreiz zur Ausschaltung des Wettbewerbs haben. Dies ist vereinbar mit der Tatsache, dass der einzelne Oligopolist selbst die Grenzen des Marktes erkennt. Diese Enge bedeutet, dass die Märkte gesättigt sind und alle relevanten Käuferschichten mit dem Produkt erfasst worden sind (Beispiele dafür sind die Gespannmähmaschine oder der 1-Achser-Motormäher in Abbildung 7.11). Im Gegensatz zur Expansionsphase bleiben Kostensenkungsprozesse aus. In der Folge pendelt sich bei den Unternehmern eine besitzstandswahrende Verhaltensweise ein. Der Spielraum, der für den Wettbewerb notwendig ist, ist in der Stagnationsphase wie aufgebraucht. Es kommt, wie Heuss sagt, zum gegenseitigen sich Blockieren. Mit Preissenkungen lässt sich nur noch sehr wenig zusätzliche Nachfrage dazugewinnen. Deshalb sind nicht attraktiv. Nicht selten greifen die Firmen zur bewussten Qualitätsverschlechterung, um den Absatz halten zu können (Obsoleszenz), was aber eine weitgehende Syndikalisierung voraussetzt.

Was bedeutet diese Phase für das Polypol? Zunächst liegen bei polypolistischen Verhaltensweisen die Preise tiefer als im Oligopol. Wie wir bereits gezeigt haben, stösst der Polypolist nicht unmittelbar an die

Grenzen der Nachfrage des Marktes. Nur von der Gesamtheit, etwa von den Produzentenverbänden, kommen Stimmen, die von den "Grenzen der Aufnahmefähigkeit" des Marktes sprechen. Aber diese Enge des Marktes in dieser Phase wird das Verhalten des einzelnen Anbieters kaum beeinflussen. Wir wissen, dass für Grundnahrungsmittel diese Enge typisch ist - trotzdem verändern sich die Strukturen in der Landwirtschaft. Wenn auch der Strukturprozess in der Landwirtschaft unter einem gewissen Schutz des Staates durchgeführt wird, ist es dennoch eine Tatsache, dass Kosten- und Preissenkungsprozesse trotz stagnierender Nachfrage für diesen Produktionszweig stattgefunden haben. Nach Heuss ist denn auch das Polypol in der Ausreifungs- und Stagnationsphase für einen leistungsfähigen Wettbewerb eine zwar notwendige, aber nicht hinreichende Bedingung.

Heuss zeigt, wie bei oligopolistischer Umsatzmaximierung Preise nie unter ein Niveau sinken, bei dem die Nachfrageelastizität unter /1/ liegt. Ein Produkt würde sonst sofort aus dem Markt genommen. Der wesentliche Unterschied zum Polypol besteht darin, dass dies dort wohl möglich ist. Die Elastizitäten bei den Nahrungsmitteln sind bedeutend tiefer als bei anderen Konsumgütern. Die Konsequenz davon ist, dass für Güter und Grundbedürfnisse auf oligopolistischen Märkten keine Einsparungen der Konsumentenausgaben mehr möglich sind. Heuss misst diesem Umstand eine grosse Tragweite bei. Er kommt daher zum Schluss, dass oligopolistische Strukturen auf den Märkten der "alten Güter" (wie Nahrungsmittel, z.T. Bekleidung) nie das Wachstum der Nachkriegszeit ermöglicht hätten. Sobald oligopolistische Märkte Stagnationserscheinungen zeigen, können die bestehenden Oligopole das Wachstum der Volkswirtschaft hemmen oder sogar abwürgen.

Es gibt Anzeichen dafür, dass im Nahrungsmittelmarkt, also auf Endverbraucherstufe, gewisse Stagnationserscheinungen auftreten. Typische Verhaltensweisen, die nach Heuss als Reaktion darauf angesehen werden können, bildete u.a. die vertikale Integration nach vorne und zurück in Richtung Rohstoffe. Beispielhaft sei das Engagement der Migros in der Schweine-, Eier- und Pouletmastproduktion genannt. Je stärker derartige Konzentrationen ausgestaltet sind, desto schwieriger wird der Marktzutritt für Aussenseiter. Dasselbe gilt auch für Märkte in Richtung Endverbraucher - es entstehen Verkaufssyndikate. Die Landwirtschaft hat als Marktpartner in verschiedenen Bereichen ausgeprägte Oligopole - die Konzentrationsprozesse stellen daher ein ernstes Problem dar, mit dem sich die Agrarpolitik aber selten befasst. Vielleicht deshalb, weil die Entscheidungsträger in der Agrarpolitik wissen, dass sie selbst in den "eigenen Reihen" einige bedeutsame, ausgeprägte Oligopole geschaffen und legitimiert haben. Für die Konzentration auf der Beschaffungsseite stehe in Tabelle 7.3 stellvertretend die agrochemische Industrie:

Tabelle 7.3: Konzentrationsgrad in der agrochemischen Industrie

Firma	Marktanteil in %	Kumulativer Marktanteil (weltweit)
1. Ciba Geigy	10	10
2. Bayer	10	20
3. ICI	9	29
4. Rhône-Poulenc	8	37
5. Dupont	6	43
6. Monsanto	6	49
7. Shell	5	54
8. BASF	5	59
9. Hoechst	5	64
10. Dow	4	68
11. Schering	4	72
12. Sandoz	3	75
13. American Cyanamid	3	78

Quelle: County Natwest Woodmac, 1987, zitiert in: Hofer H. a.a.O., S. 35

IV. Die Rückbildungsphase: Die Rückbildungsphase ist das Spiegelbild zur Expansionsphase. Während expansive Märkte Impulse von sich geben, verursachen starke Einwirkungen von aussen her eine Rückbildung.

4. Die Konzentration der Wirtschaft und die Aufgaben der Wettbewerbspolitik

4.1 Die klassische Form der Wirtschaftskonzentration: das Kartell

Da der liberale Staat des 19. Jahrhunderts das Individuum vor obrigkeitlicher Macht schützen wollte, verzichtete er auf Eingriffe in die Wirtschaft. Gegen Anfang des 20. Jahrhunderts begannen sich nun aber nach und nach Verbände in das wirtschaftliche Geschehen einzuschalten. Gruner[22] bezeichnet diesen Prozess als "Selbstintervention der Wirtschaft", wobei "die wirtschaftlichen Organisationen gerade diejenigen Aufgaben von öffentlicher Bedeutung" übernahmen, "welche die liberale Doktrin dem freien Spiele der Kräfte zur Erledigung hatte überlassen wollen". Der vom Staat gewährte Freiheitsraum für die Entfaltung der Wirtschaftstätigkeit bot den Organisationen aber auch die Möglichkeit, quasi unter dem Schutzschirm der Handels- und Gewerbefreiheit den Wettbewerb durch (private) Vereinbarungen und Absprachen zu beschränken. Die Preisbildungskommission, die heutige Kartellkommission, charakterisierte das Kartell "als eine Vereinbarung zwischen grundsätzlich freibleibenden Unternehmern bzw. Unternehmungen gleicher oder ähnlicher Branche mit dem Zweck, mittels Konkurrenzbeschränkung den Ertrag zu erhalten, zu erhöhen oder seinen Zerfall abzuschwächen"[23].

Wenn nun das Wesen des Kartells in der Ausschaltung des Wettbewerbs liegt, dann bedeutet dies gleichzeitig, dass der durch den Wettbewerb erzeugte Druck auf die Grenzunternehmung ausgeschaltet wird. In der Folge richtet sich der Preis im Kartell nach dem Mitglied mit den höchsten Kosten. Unter diesen Bedingungen können kartellierte Branchen ihre Strukturen erhalten, obwohl die wirtschaftlichen Rahmenbedingungen eine Änderung verlangen würden. Wie lange sich ein Kartell aus eigener Kraft gegen die Marktkräfte stemmen kann, hängt davon ab, ob die Aussenseiter durch das Anbieten von möglichst nahen Substituten das Kartell zu konkurrenzieren vermögen. Auch werden Kartelle nur solange bestehen können, als alle internen Interessengegensätze stets überwunden werden können. Blicken wir beispielsweise auf die Entwicklung des Lebensmittelmarktes, so stellen wir fest, wie die Aussenseiter von damals

22 Gruner E., 1956, Die Wirtschaftsverbände in der Demokratie, Erlenbach-Zürich, S. 106
23 Eidg. Preisbildungskommission, 1957, Kartell und Wettbewerb, Bern, S.22

im Laufe der Zeit zu marktbeherrschenden Unternehmungen herangewachsen sind. Vielfach bewirkten die Boykottmassnahmen, die von den mittelständischen Organisationen im Kampf gegen Aussenseiter wie Migros und VSK[24] ergriffen wurden, dass sich die Diskriminierten durch vertikale Integration zunehmend in den Herstellungsprozess der Waren einschalteten. Die Formen der Konzentration ändern sich also im Zeitablauf stets: An die Stelle des mittelständisch ausgerichteten Zusammenschlusses von Unternehmungen der selben Marktstufe treten Unternehmungen, die sich nicht nur in horizontaler, sondern auch in vertikaler Richtung ausdehnen.

4.2 Die modernen Formen wirtschaftlicher Konzentration: der Begriff der "kartellähnlichen Organisation"

Der Gesetzgeber war sich bei der Schaffung des Kartellgesetzes von 1962[25] bewusst, dass neben den Kartellen auch andere Formen der wirtschaftlichen Konzentration den Wettbewerb gefährden können. Unter den Begriff der kartellähnlichen Organisation fallen gemäss Art. 3 KG einzelne Unternehmen, Unternehmenszusammenfassungen, ferner Unternehmen, die stillschweigend ihr Verhalten aufeinander abstimmen, "soweit sie den Markt für bestimmte Waren oder Leistungen beherrschen oder massgeblich beeinflussen". Beispielsweise sind Grossverteilerorganisationen wie Migros und Coop wegen ihren bedeutsamen Marktanteile als kartellähnliche Organisationen zu bezeichnen. Die Kartellkommission gelangt in ihrer Untersuchung über die Konzentration im Lebensmittelhandel aus dem Jahre 1979[26] zum Schluss, dass von einer "den Wettbewerb gefährdenden oder ausschliessenden Unternehmungskonzentration ... im jetzigen Zeitpunkt nicht gesprochen werden kann". Allerdings gibt die Kommission folgendes zu bedenken: "Wenn das Wachstum gewisser Grossverteiler im gleichen Ausmass anhält, könnte man sich für die Zukunft eine Entwicklung vorstellen, die eine Neuüberprüfung der Situation nötig machen würde. Dies gilt insbesondere auch im Hinblick auf die Ausübung der Nachfragemacht gegenüber den Herstellern". Gerade mit Blick auf das zum Teil stark zersplitterte Angebot der Landwirtschaft gilt es, das Problem der Nachfragemacht im Auge zu behalten.

---

24 Verband Schweizerischer Konsumvereine (COOP)

25 BG Über Kartelle und ähnliche Organisationen vom 20.Dezember 1962 (KG)

4.3 Die Aufgaben der Wettbewerbspolitik

Das Problem der Konzentration in der Wirtschaft macht deutlich, wie die Bejahung des Wettbewerbsprinzips gleichzeitig auch erfordert, dass die Voraussetzungen für einen funktionsfähigen Wettbewerb erfüllt sind. Dabei müssen neue wirtschaftliche Entwicklungen bzw. neue Formen der Wirtschaftskonzentration durch das Gesetz erfasst werden. Der Bundesrat weist in der Botschaft zur Revision des Kartellgesetzes[27] darauf hin, dass die Tendenz zu vermehrter Konzentration anhält: "Den kartellähnlichen Organisationen kommt somit zunehmende Bedeutung zu, während die Erlangung von Markteinfluss durch Kartellbildung eher in den Hintergrund rückt". In der Botschaft wird auch dargelegt wie die kartellähnlichen Organisationen wesentlich schwerer zu erfassen und zu beurteilen sind als die Kartelle, die auf Absprachen beruhen und deshalb für den Aussenstehenden sichtbarer sind. Im weiteren soll auch in Zukunft der Grundsatz gelten, dass mit Hilfe der sogenannten "Saldomethode" die volkswirtschaftlichen oder sozial schädlichen Auswirkungen von Wettbewerbsbeschränkungen abgeklärt werden. Das Urteil soll nach wie vor von der Kartellkommission gefällt werden, also einem Gremium, in dem die Vertreter der einflussreichsten Organisationen der Wirtschaft vertreten sind.

Die Schweiz ist in Europa eines der wenigen Länder, die das "Missbrauchsprinzip" in der Wettbewerbspolitik anwenden. Das heisst, dass wirtschaftliche Machtkonzentration nicht per se unerwünscht ist, sondern dass dieser Machtkonzentration Missbrauch nachgewiesen werden muss, um gegen sie vorzugehen. In den meisten anderen Ländern, insbesondere in der EU, besteht ein grundsätzliches Verbot von wettbewerbsbeeinträchtigenden Absprachen zwischen Unternehmen mit einem Marktanteil von über 5% und einem Mindestumsatz.

Es stellt sich die Frage, mit welchen Methoden und aufgrund welcher Kriterien man die Formen der Wirtschaftskonzentration am besten erfassen kann. Das Problem der Erfassung wettbewerbsbeschränkender Tatbestände in der Praxis ist komplex, da sich Grundbedingungen, Struktur, Verhalten und Ergebnis gegenseitig beeinflussen. Ist man sich bewusst, dass bei Entscheidungen in der Wettbewerbspolitik stets z.T. massive Partikularinteressen auf dem Spiel stehen, dann wiegt der Umstand, dass schon bei der Abklärung des Sachverhaltes Schwierigkeiten

---

26 Veröffentlichungen der Schweizerischen Kartellkommission, 1979, Heft 3/4, S. 377

27 Botschaft zum BG über Kartelle und ähnliche Organisationen (KG) vom 13. Mai 1981, S. 13

bestehen, besonders schwer. Dies erklärt auch, weshalb Entscheide der Kartellkommission vor allem politische Entscheide sind. Im Zuge der sogenannten "Revitalisierung" der Schweizer Wirtschaft steht deshalb die Revision und Verschärfung des Wettbewerbsrechts weit oben auf der politischen Traktandenliste.

5. Der Strukturwandel im Nahrungsmittelsektor

Wenn wir uns so intensiv mit der Konzentration in der Wirtschaft auseinandergesetzt haben, dann nicht zuletzt in Hinblick auf die der Landwirtschaft nachgelagerten Sektoren der Lebensmittelverarbeitung und des Lebensmittelhandels. Dieser soll im Zentrum der folgenden Ausführungen stehen.

5.1 Struktur des Schweizer Lebensmittel-Detailhandels

Der Schweizer Lebensmittel-Detailhandel ist von einer starken Konzentration geprägt. Dominierend sind die beiden Genossenschaften Migros und Coop, deren Anteil zusammen bereits 41% des gesamten Lebensmittel-Detailhandels umfasst[28]. Andererseits gibt es eine grosse Anzahl von kleinen Lebensmittelläden, die einen jährlichen Umsatz von weniger als einer Million Franken aufweisen. Nicht miteingerechnet in diesen Prozentzahlen ist der Lebensmittel-Fachhandel, weil darüber zuwenig zuverlässige Daten verfügbar sind. Dazwischen liegt die Gruppe der Discounter, Verbrauchermärkte und Filialbetriebe, die sehr unterschiedliche Marktziele verfolgen und auch unterschiedlich erfolgreich sind.

1990 wurde von der Hofer&Curti-Gruppe (Distributa, EG Burgdorf, Prodega, Pick Pay), Usego-Waro und Denner die "Dritte Kraft" als Gegengewicht zu den beiden marktführenden Unternehmungen gegründet. Die Dritte Kraft hat sich 1993 auf Detailhandelsstufe aber wieder getrennt.

Weil die Dominanz von Migros und Coop im Schweizer Lebensmittel-Einzelhandel so offensichtlich ist, wollen wir kurz deren Gemeinsamkeiten und Unterschiede aufzeichnen:

Die Migros, 1925 von Gottlieb Duttweiler gegründet, ist 1940 in eine Genossenschaft umgewandelt worden; Genossenschafter sind Kundinnen

---

28 Angaben COOP

und Kunden. Die Migros setzt sich aus 12 regionalen Genossenschaften zusammen, die theoretisch über eine weitgehende Einkaufsautonomie verfügen. In der Praxis weist die Migros eine weitgehend zentrale und hierarchische Entscheidungsstruktur auf. Eine Besonderheit von Migros ist der sehr hohe Anteil von Eigenmarken und der Verzicht auf den Verkauf von Alkohol und Tabakwaren.

Die Coop ist aus einem nationalen Verbund lokaler Konsumgenossenschaften entstanden, ist also eigentlich ursprünglich ein Selbsthilfeprojekt der Kunden. 1890 wurde der Verband schweizerischen Konsumvereine gegründet, der 1969 in Coop umbenannt wurde. Strukturell gesehen setzt sich die Coop derzeit aus 24 regionalen Genossenschaften zusammen, deren Zahl laut Fusionsplan von 1986 in den nächsten Jahren auf 18 reduziert werden soll. Die Coop führt neben Markenartikeln auch ein schmales Sortiment an Eigenmarken.

Beide Unternehmen decken sich bei bei den Lebensmitteln - bedingt in erster Linie durch die restriktive Schweizer Agrarpolitik - zu gut zwei Dritteln aus der Produktion der Schweizer Landwirtschaft ein, was rund 45% des Rohertrages der Schweizer Landwirtschaft ausmacht.[29] Beide Unternehmen, v.a. jedoch Migros, verarbeiten einen Teil der Rohprodukte in verschiedenen Produktionsbetrieben selber (vertikale Integration). Daneben besitzen beide auch Veredelungsbetriebe (z.B. Kaffeerösterei), Gefrier- und Lagerhäuser und Transportunternehmen. Wegen ihres Engagements in "branchenfremden" Aktivitäten wie Bankgeschäft, Versicherungen, Reisen oder Bildung können beide Unternehmen als "Konglomerate Unternehmen" bezeichnet werden.

Der Schweizer Lebensmitteldetailhandel ist zur Zeit noch ausgesprochen national orientiert. Sowohl Migros (vor allem in Österreich, vereinzelt in Frankreich) als auch Coop (Beteiligung an Eurogroup, Läden im Elsass) zeigen in letzter Zeit Ansätze zur verstärkten internationalen Verflechtung. Diese Entwicklung ist vor allem vor dem Hintergrund der Marktsättigung im schweizerischen Detailhandel und als Reaktion auf die zunehmende Abwanderung der Kaufkraft ins Ausland ("Einkaufstourismus" aufgrund tieferer Lebensmittelpreise in benachbarten Ländern der EU) zu werten.

---

29 IMA (Institut für Marktanalysen AG), 1991, Detailhandel Schweiz, Hergiswil

5.2 Stellung des Schweizer Detailhandels im europäischen Vergleich

Der Konzentrationsprozess, der sich im Schweizer Detailhandel verfolgen lässt, findet seine Entsprechung auf europäischer Ebene. Die Konzentration ist dabei in Nordeuropa viel stärker als in den südlichen Ländern der EU. Schon im Vorfeld der Bildung des EU-Binnenmarktes liess sich ein enormer Expansionsdrang festzustellen.

Tabelle 7.4: Die 30 grössten Lebensmittel-Detailhandelsunternehmungen in Europa, 1992

Rang	Unternehmen	Land	Umsatz in Mio. ECU	Rang	Unternehmen	Land	Umsatz in Mio. ECU
1	Metro	D	35,5	16	**Migros**	**CH**	**8,3**
2	Rewe	D	18,9	17	El Corte Inglés	E	8,3
3	Promodès	F	17,9	18	Marc& Spencer	GB	7,4
4	Carrefour	F	17,1	19	KF Gruppe	S	7,3
5	Leclerc	F	16,6	20	Argyll	GB	7,3
6	Intermarché	F	16,6	21	Cora	F	6,6
7	Aldi	D	16,2	22	SPAR Handels AG	D	6,6
8	Edeka	D	12,5	23	Asda	GB	6,2
9	Sainsbury	GB	12,5	24	Ahold	NL	6,1
10	Tengelmann	D	12,4	25	Kesko	SF	6,1
11	Auchan	F	12,3	26	**Coop**	**CH**	**5,9**
12	Tesco	GB	11,3	27	Galeries Lafayette	F	5,8
13	Karstadt	D	10,2	28	Système U	F	5,8
14	ICA	S	8,5	29	GIB Gruppe	B	5,8
15	Casino	F	8,4	30	Lidl & Schwarz	D	5,5

Quelle: Lebensmittelzeitung 19/93

Die Tabelle 7.4 zeigt deutlich, dass die beiden "Grossen" im Schweizer Detailhandel im europäischen Vergleich im unteren Mittelfeld plaziert sind. Detailhandelsunternehmen aus Deutschland und Frankreich, die je über einen grossen Heimmarkt verfügen, sind auch bezüglich Auslandsengagements europaweit am weitesten fortgeschritten. Frankreich "exportiert" dabei vor allem grossflächige 'Hyper-Marché'-Konzepte, während deutsche Unternehmen eher den Discount-Vertriebstyp favorisieren.

Abbildung 7.12: Verteilerkonzentration und Bedeutung der Eigenmarken im europäischen Vergleich

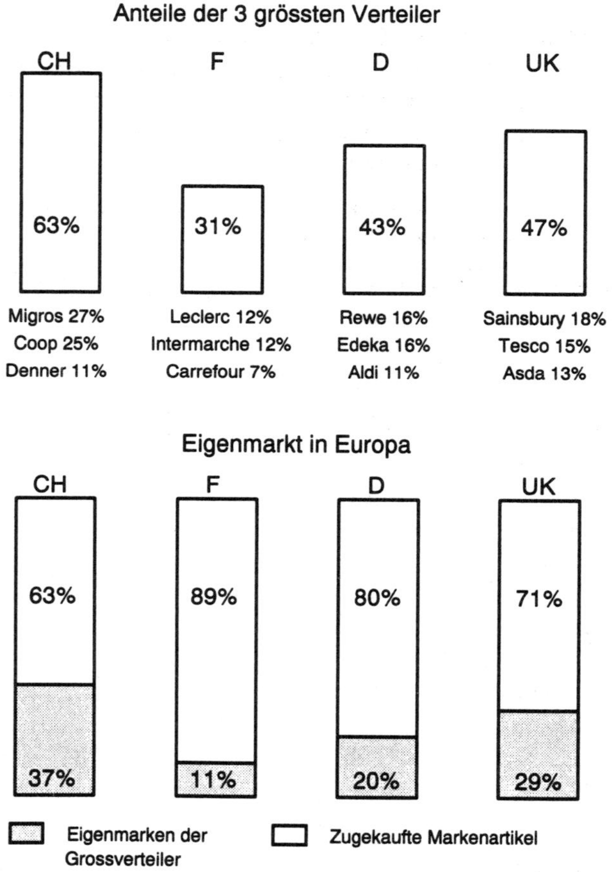

Quelle: Hofer H., 1990, Die Genossenschaften Europas unter veränderten Rahmenbedingungen - Herausforderungen und Lösungsansätze, Bern, S. 24

Die Schweiz weist im internationalen Vergleich nicht nur die höchste Konzentration bei den Verteilerorganisationen auf (1991: KR 5 = 72%, d.h. die fünf grössten Unternehmen haben zusammen einen Marktanteil von 72%), sondern auch den grössten Anteil Eigenmarken. Daraus ergibt sich eine sehr schwierige Ausgangsposition für die Landwirtschaft, mit eigenen Marken auf einen Markt zu treten, der überdies sehr klein ist und wenig Exportmöglichkeiten offen lässt.

5.3 Zukünftige Entwicklungen im europäischen Lebensmittelmarkt

5.3.1 Europäisierung des Detailhandels

Bevölkerungsmässig stellt Westeuropa mit rund 330 Mio. Einwohner nach demjenigen des NAFTA[30] den grössten marktwirtschaftlich orientierten Wirtschaftsraum dar. Über kurz oder lang wird auch Zentral- und Osteuropa mit weiteren 115 Mio. Einwohnern dazugehören. Hier und in Südeuropa besteht noch ein grosser Konsumnachholbedarf, was sie als "neue" Märkte besonders attraktiv macht.

Die strategische Stossrichtung des Lebensmittelhandels in Europa war in den 80er Jahren auf Marktbeherrschung auf regionaler bzw. nationaler Ebene ausgerichtet. Im Gegensatz zur Industrie stellt der Food-Handel eine noch weitgehend "nationale Veranstaltung" dar und ist gekennzeichnet durch sehr unterschiedliche Preisniveaus auf Konsumentenstufe in den einzelnen Ländern. Seit Beginn der 90er Jahre zeichnen sich - nicht zuletzt in Hinblick auf die Schaffung des europäischen Binnenmarktes 1993 - jedoch starke Tendenzen zur Europäisierung bzw. Globalisierung ab. Begünstigt wird diese Entwicklung durch folgende Punkte:

- Wegfall von Handelshemmnissen bei Lebensmitteln durch das Prinzip der gegenseitigen Anerkennung innerhalb der EU
- gesättigte Lebensmitteldetailhandelsmärkte in den westlichen Industriestaaten, die zunehmend von wenigen umsatzstarken Unternehmen beherrscht werden
- Zwang zum Grössenwachstum infolge steigender Konzentration in der Nahrungsmittelindustrie
- hohe Kosten von Diversifikationsstrategien
- technologischer Fortschritt in der Transport-, Kommunikations-, Informations- und Lagertechnik, der einen Zutritt zu ausländischen Märkten vereinfacht
- Angleichungsprozesse im Konsumverhalten
- struktureller Nachholbedarf in den Zielmärkten von Auslandstrategien (vor allem Süd- und neu auch Osteuropa).

---

30 North American Free Trade Agreement, umfasst die USA, Kanada und Mexiko

5.3.2 Kooperation und Konzentration

In den letzten Jahrzehnten vollzog sich nicht nur in der Schweiz ein starker Strukturwandel im Lebensmitteleinzelhandel, sondern ganz Europa ist geprägt von Konzentrations- und Kooperationsprozessen in diesem Gebiet.

Abbildung 7.13: Konzentrationsgrad im europäischen Lebensmittelhandel, 1991

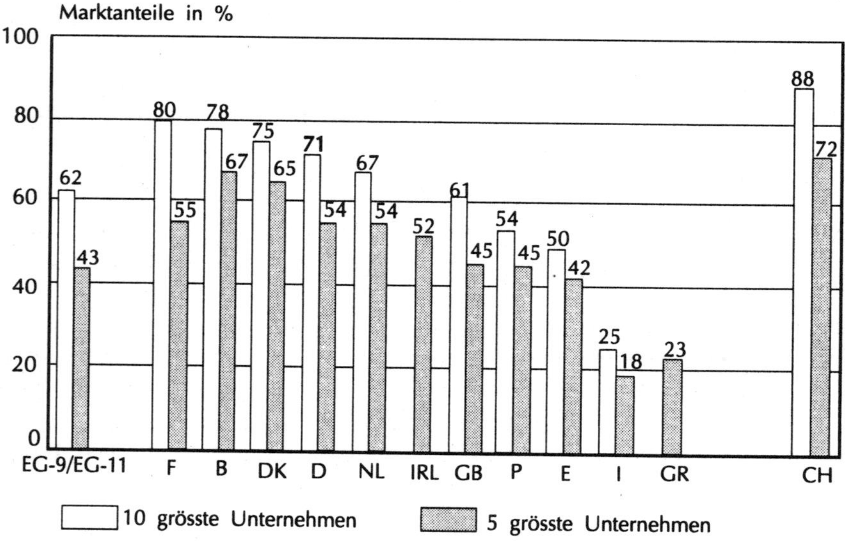

Quelle: M + M Eurodata, 1993, Strukturen, Umsätze und Vertriebslinien des Lebensmittelhandels Food / Nonfood in Europa, Frankfurt am Main

Unter **Kooperation** soll eine auf "vertraglicher Vereinbarung beruhende Zusammenarbeit mindestens zweier rechtlich und wirtschaftlich selbständig bleibender Unternehmen" verstanden werden.[31] Im Verlauf der geschichtlichen Entwicklung haben sich verschiedene Kooperationsformen herausgebildet, die unter anderem danach unterschieden werden können, ob sie genossenschaftlich oder privatwirtschaftlich organisiert sind. Gemeinsamer Beweggrund bei ihrer Gründung war die Absicht, durch Zusammenarbeit beim Einkauf die Nachteile von Kleinunternehmen gegenüber Filialisten auszugleichen. Sie zeichnen sich meist durch einen dreistufigen Aufbau (Verbundzentrale, regionale Grosshandelsbe-

31 Hansen U., Algermissen J., 1979, Handelsbetriebslehre 2, Taschenlexikon, Göttingen, S.184

triebe und Einzelhändler) und durch starke Zentralisierungbestrebungen aus.[32] Damit engt sich der Dispositionsspielraum der Einzelhändler stark ein, so dass die Frage gestellt werden kann, inwiefern die für eine Kooperation vorausgesetzte Bedingung der wirtschaftlichen Selbständigkeit noch erfüllt wird.

Im Gegensatz dazu bedeutet **Konzentration** die "Zusammenfassung wirtschaftlicher Eigentumsrechte".[33] Konzentrationsprozesse vollziehen sich entweder durch Filialisierung, in dem ein Unternehmen zunehmend mehr Läden betreibt (internes Wachstum) oder durch die Übernahme von Läden bzw. ganzen Ladenketten (externes Wachstum).

Trotz weitgehender Zentralisierung von Kooperationsgruppen erweist sich die Filialisierung durch Vorteile bei den Distributionskosten und der Beschaffung als marktüberlegen.[34]

Parallel zur organisatorischen Konzentration fand v.a. durch die Einführung der Selbstbedienung ein durchgreifender Wandel in den Verkaufsstätten statt: grössere Verkaufsflächen und steigende Kapitalintensität bei abnehmendem Personalbesatz.

Eine traditionell grosse Bedeutung haben Kooperationsformen in der BRD, in Dänemark und in den Niederlanden, wo sich kleine, selbständige Einzelhändler schon früh (d.h. vor der Etablierung starker Filialketten) zusammenschlossen, mit dem Ziel, Nachteile gegenüber grossbetrieblichen Konkurrenten auszugleichen. In allen drei Ländern ist heute eine starke Tendenz zur Zentralisierung beobachtbar[35].

5.3.3 Beschaffungsstrategien

Mit der Internationalisierung nimmt die Verflechtung unter den grossen europäischen Lebensmittelketten zu. Besonders vorangetrieben wird die Zusammenarbeit bei der europaweiten Beschaffung durch Beteiligung an internationalen Beschaffungskooperationen. Unternehmen des Lebensmitteldetailhandels verfolgen mit dieser Strategie das grundlegende Ziel, mit der internationalen Bündelung der Nachfrage ihre Marktstellung gegenüber Lieferanten und indirekt gegenüber Konkurrenten zu stärken. Konkret zielen die Anstrengungen des LMDH darauf ab, im Hinblick auf

---

32 Spiller A., 1990, Marktstrukturen und Marketingstrategien im Europäischen Lebensmittel-Einzelhandel, Duisburg, S. 6

33 Hansen U., Algermissen J., 1979, a.a.O., S.182

34 Ahlert D., Wellmann T., Die Machtkonzentration im Lebensmittelhandel, zitiert in: Spiller A., 1990, a.a.O. S. 7

35 Spiller A., 1990, a.a.O., S. 14

die Konzentration und Kartellisierung auf Produzentenstufe (Nahrungsmittelindustrie) einen Machtausgleich zu schaffen. Die Vorteile kooperativer, zentraler Warenbeschaffung erschöpfen sich deshalb nicht nur in den mengenbedingten Produktivitäts- und Synergievorteilen, die zu einer Senkung der Sortimentes- und Logistikkosten für den LMDH führen. Dazu kommen einerseits Preis-Arbitrage-Effekte, indem Markenartikel im billigsten Produzentenland beschafft werden können. Zum anderen können kooperierende LMDH-Unternehmen Druck ausüben, um die jeweils national höchsten Konditionensätze europaweit zu erlangen oder Konditionensätzen, die bisher nur auf einzelnen Märkten angewendet wurden, zu einer europaweiten Gültigkeit zu verhelfen.

1992 gab es sieben länderübergreifende Einkaufkooperationen von europaweiter Bedeutung, die vorwiegend infolge des politischen Signals der Schaffung des Europäischen Binnenmarktes zustande gekommen sind. Die Tatsache, dass bis zu 13 Unternehmen aus verschiedenen Ländern in der gemeinsamen Beschaffung kooperieren, kann als Indiz für eine weitere Entnationalisierung der Detailhandelsmärkte gewertet werden.

5.3.4 Konzentration in der Nahrungsmittelindustrie

Die Nahrungsmittelindustrie ist einerseits geprägt durch eine Vielzahl kleiner und mittelständischer Unternehmen und andererseits weniger multinationaler Firmen, die in allen europäischen Ländern an Bedeutung zunehmen.[36]

Nestlé figuriert als einziges schweizerisches Unternehmen auf der Liste der 20 umsatzmässig führenden Unternehmen der europäischen Lebensmittelindustrie. Deutlich wird die wirtschaftliche Macht der aufgeführten 12 britischen und 4 französischen Nahrungsmittelunternehmen. Mit wenigen Ausnahmen spielen die Unternehmen aller anderen europäischen Länder eine untergeordnetet Rolle. Dabei ist die Nahrungsmittelindustrie in den südlichen Ländern der EU noch kleiner strukturiert.

---

[36] Täger U.C., Lachner J., 1987, Die Konzentration in der Konsumgüterdistribution in der EG und ihre Auswirkungen auf die Nachfragemacht, München, S. 105

Tabelle 7.5: Die 20 grössten Konzerne der Ernährungsindustrie in Europa, 1991

Unternehmen	Land	Umsatz in Mrd. SFr.	Unternehmen	Land	Umsatz in Mrd. SFr.
1. Unilever	GB/NL	55,1	11. Guiness	GB/IRL	8,7
2. Nestlé	CH	44,9	12. Procordia	S	8,5
3. Grand Metropolitan	GB	23,2	13. Tate&Lyle	GB	8,4
4. BSN Group	F	13,1	14. Cadburry Schweppes	GB	7,8
5. Allied Lyons	GB	12,7	15. AB Foods	GB	6,9
6. Dalgety	GB	11,5	16. United Biscuits	GB	6,7
7. Bass	GB	11,0	17. Heineken	NL	6,2
8. Hillsdown Holding	GB	10,4	18. Unigate	GB	5,8
9. Eridania	I	10,4	19. Besnier	F	5,2
10. Beghin-Say	F	9,4	20. Oetker	D	5,0

Quelle: Lebensmittelzeitung, 1992, Dokumentation EG-Binnenmarkt: Perspektiven-Strategien-Konzepte

5.3.5 Euro-Marketing

Parallel zum europaweiten oder gar globalen Konzentrationprozess entwickelt sich das sogenannte "Euro-Marketing". Darunter werden eine standardisierte Produktgestaltung und ein standardisiertes Marketing-Instrumentarium verstanden, welche in allen Ländern zur Anwendung kommen sollen. Voraussetzung für ein erfolgreiches Euro-Marketing sind die europaweite Annäherung der Konsumgewohnheiten, die Abnahme politischer und wirtschaftlicher Differenzen zwischen den Ländern und die Bereitschaft der Konsumenten, auf spezifische Produktpräferenzen zu verzichten, wenn das Produkt dafür kostengünstig und von guter Qualität ist.[37] Vereinfachend wirkt dabei die Harmonisierung des Lebensmittelrechtes auf der Grundlage der gegenseitigen Anerkennung im EU-Binnenmarkt. Angesichts der zunehmenden Bedeutung multinational tätiger Nahrungsmittelproduzenten und der damit einhergehenden Bestrebungen zur europaweiten Vermarktung standardisierter Produkte ist es nur folgerichtig, dass sich auch der Handel zur europaweiten Beschaffung zusammenschliesst. Wichtigstes Ziel der Beschaffungspolitik ist die langfristige Sicherung günstiger Einkaufskonditionen.

---

[37] Spiller A., 1990, a.a.O., S. 66

6. Das Problem der Nachfragemacht

6.1 Der Begriff "Marktmacht"

Unter **Marktmacht** verstehen wir - in Anlehnung an den Begriff der sozialen Macht bei Max Weber[38] - die Fähigkeit einer Wirtschaftseinheit, bzw. einer rechtlich gebundenen oder ungebundenen Gruppe von Wirtschaftseinheiten, auf dem Markt durch Vorzugspositionen eigene Zwecke durchzusetzen, dies auch gegen die von Marktkontrahenten oder von Marktkonkurrenten verfolgten Interessen.[39] Dabei äussert sich die Marktmacht in der Vielfalt der Aktionsparameter und in der Weite des Spielraums bei deren Einsatz. Ein - allerdings nur theoretisch bedeutsames - Maximum an Marktmacht liegt vor, wenn die Wirtschaftseinheit oder Gruppe von Wirtschaftseinheiten ihre Aktionsparameter willkürlich festsetzen kann. Demgegenüber liegt ein Minimum an Marktmacht vor, wenn sich eine Wirtschaftseinheit bzw. eine Gruppe von Wirtschaftseinheiten gerade noch nicht gezwungen sieht, aus dem Markt auszuscheiden.[40] Wirtschaftliche Macht bedeutet aber auch die Fähigkeit, objektive ökonomische Grössen zu ändern, Geschäftspartner zu Umwertungen zu zwingen, Konkurrenten zu unterwerfen, die eigene Information gegen die Unwissenheit anderer Wirtschafter auszuspielen und die vom Staat gesetzten Rahmenbedingungen zu beeinflussen - um sich dadurch wirtschaftliche Vorteile ohne entsprechenden Beitrag zum Sozialprodukt auf Kosten anderer Wirtschafter zu verschaffen.[41]

Die wettbewerbspolitische Beurteilung der Marktmacht ist allerdings davon abhängig, ob es sich um originäre oder um derivative Macht handelt. Insbesondere ist die Nachfragemacht des Handels stets aus der Nachfrage der Endverbraucher abgeleitet, vor allem dann, wenn die Konsumenten über eine Auswahl unter verschiedenen Einkaufstätten verfügen. Man muss diese Form der Nachfragemacht als **derivativ** bezeichnen. **Originär** wäre die Macht des Lebensmittelhandels erst (unter Annahme von weiterhin bestehendem Angebotsüberhang an Nahrungsmitteln), wenn die Handelsleistung an sich knapp, also zu einem dominierenden

38 Weber M., 1972, Wirtschaft und Gesellschaft, 5. Auflage, Tübingen, S.28

39 Diese eher statische Auffassung von Macht wird z.B. kritisiert durch Roderick: "Weber is explainig the meaning of an adjective instead of definig an abstract noun". In: Roderick M., The concept of power: a critical defense, zitiert in: Kühne R., 1984, Nachfragemacht zwischen Einzelhandel und Konsumgüterindustrie, Bern

40 Bartling H., 1971, Wirtschaftliche Macht unter wettbewerbspolitischem Aspekt, S.36

41 Arndt H., 1973, Markt und Macht, Tübingen, S. 101

Engpassfaktor würde. Nur in einem solchen Fall erwächst dem Handel Nachfragemacht im Sinne eines Machtübergewichtes gegenüber der Herstellerstufe, die nicht lediglich aus der Käufermarktsituation auf der Endverbraucherstufe abgeleitet ist (derivative Nachfragemacht), sondern aus der Verkäufermarktsituation in bezug auf den Faktor Handelsleistung resultiert (originäre Nachfragemacht). Originäre Handelsmacht kann somit nicht allein Nachfragemacht sein, sondern ist stets zugleich auch Angebotsmacht.[42] Nur die originäre Macht des Handels ist wettbewerbspolitisch relevant. Der im Verhältnis zwischen Industrie und Verbrauchern künstlich verknappende Handel erwirtschaftet eine Knappheitsrente, indem er einerseits bei den Herstellern Deckungsbeiträge und andererseits bei den Verbrauchern Konsumentenrente abschöpft.

Das Problem der Nachfragemacht wurde erst in den sechziger Jahren mit den Publikationen von Sölter[43] ins Bewusstsein gerufen. Besondere Relevanz und auch politische Brisanz bekam das Thema in den siebziger Jahren mit dem enormen Strukturwandel im Einzelhandel. Damals gab es gleich eine ganze Reihe von Theorien zur Erklärung, Messung und Wertung der Nachfragemacht. Einige davon sollen im folgenden dargestellt werden.

6.2 Theorien zur Nachfragemacht

6.2.1 Theorie der institutionellen Überlegenheit der Nachfrage

Bereits früh wurde v.a. von Sölter die Auffassung vertreten, dass die Nachfragemacht speziell des Handels gegenüber der Industrie weniger ein einzelnen Unternehmen isoliert zurechenbares Phänomen darstelle, sondern auf einer institutionellen Überlegenheit des Handels beruhe. Als massgebend wird insbesondere die konjunkturelle Lage angeführt, da in einem Käufermarkt (Angebotsüberhang) die Nachfrager eine relativ mächtigere Marktposition gegenüber den Anbietern habe, eine Situation, die in einer modernen Überflussgesellschaft vorherrschend ist. Dazu kommen strukturelle Benachteiligungen der Industrie gegenüber dem Handel, wie etwa die stärkere Bindung der Lieferanten an ihre Kapazitäten, aber auch einfachere und wirksamere Formen der Kooperation (z.B. gemeinsamer Bezug ohne weitergehende Bindung der einzelnen Händler).

---

42 Ahlert D., 1991, Distributionspolitik, Stuttgart/Jena, S.119

43 Sölter A., 1960, Nachfragemacht und Wettbewerbsordnung, Düsseldorf; Sölter A., 1968, Ungleichgewicht zwischen Angebot und Nachfrage, WuW; Sölter A., 1977, Nachfragefunktion, Nachfrageverhalten und Nachfragemacht , WRP

Diese Vorteile werden noch gestärkt durch die kartellrechtliche Duldung von Einkaufszusammenschlüssen. Die Hypothese einer institutionellen Überlegenheit der Nachfrage wird auch von Lademann[44] in seiner empirischen Untersuchung über die Machtverhältnisse zwischen deutscher[45] Ernährungsindustrie und Lebensmittelhandel deutlich verworfen: Die Ernährungsindustrie sei in verschiedenen Güterklassen stärker konzentriert als der Lebensmittelhandel.

6.2.2 Nachfragemacht als "bilaterales Beherrschungs-Abhängigkeits-Verhältnis"

Die Theorie der Nachfragemacht als bilaterales Beherrschungs-Abhängigkeitsverhältnis ist ursprünglich von Arndt entwickelt worden und geht davon aus, dass Nachfragemacht nicht in Marktmacht begründet ist, sondern die Ausnützung eines Abhängigkeitsverhältnisses darstellt, in dem sich der Lieferant befindet. Dabei gelingt es, den schwächeren Wirtschaftspartner zu Zugeständnissen im Interesse dessen, der Macht ausübt, zu veranlassen, was man auch als erzwungene Umwertungen bezeichnen kann. Die Hauptkritik an diese Argumentation ist, dass damit das Problem der Marktmacht umgangen wird, indem man den Fall individualisiert[46].

6.2.3 Umdeutung der Nachfragemacht in Angebotsmacht

Nach Kartte[47] ist die Konzipierung eines eigenständigen Tatbestandes der Nachfragemacht nicht erforderlich, da übermässige Nachfragemacht in der Sprache des Gesetzes eine übermässige Angebotsmacht bei einer gewerblichen Leistung, nämlich bei der Bereitstellung einer bestimmten, für die liefernde Industrie unentbehrlichen Betriebsform darstellen kann. Im Vordergrund der Argumentation um die Bestimmung von Marktmacht steht weniger die Abnahmekapazität des einzelnen Nachfragers,

---

44 Lademann R., 1988, Machtverteilung zwischen Industrie und Handel, Göttingen

45 Die Resultate sind jedoch kaum mit schweizerischen Verhältnissen vergleichbar, wo der Lebensmitteleinzelhandel mit den beiden Grossverteilern ungleich stärker konzentriert ist. Zudem unterscheiden sich die beiden Grossverteiler in bezug auf den Anteil Eigenmarken deutlich von entsprechenden Handelsunternehmen in Deutschland.

46 Das Konzept der "Umwertungen" überzeugt begrifflich nicht, denn wenn Macht als die Fähigkeit, andere zu Umwertungen zu zwingen, verstanden wird, und andererseits Umwertungen als Folgen von eingesetzter Macht definiert werden, so handelt es sich dabei um einen Zirkelschluss. Vgl. Schluep W., Über den Begriff der Nachfragemacht, zitiert in: Hölzler H., Satzky H., 1980, Wettbewerbsverzerrungen durch nachfragemächtige Handelsunternehmen, Köln, Berlin, Bonn, München, S. 26

47 Kartee W., 1976, Der Schutz des Leistungswettbewerbes im Kartellrecht, in: Wettbewerb in Recht und Praxis, S.1ff

sondern die Notwendigkeit, in einer Vertriebsform unbedingt vertreten sein zu müssen. "Die Umdeutung der Nachfrage in Angebot bringt keine neuen Ergebnisse und steht wider die Natur der Sache".[48]

6.2.4 Spiegelbildlichkeit zur Angebotsmacht

Ebenso wie die Angebotsmacht beruhe Nachfragemacht letztlich auf einer Beschränkung des Wettbewerbes.[49] Nachfragemacht sei - im Unterschied zu den vorher dargelegten Auffassungen - grundsätzlich im horizontalen Wettbewerb angesiedelt. Besondere Einschätzung als Indikator für Marktmacht bekommt der Nachfrage-Marktanteil. Ein Vorteil dieser Auffassung ist unbestreitbar, dass das wettbewerbsrechtliche Instrumentarium, bislang vorwiegend auf die Angebotsmacht ausgerichtet, sich prinzipiell auch als Bezugssystem für die Erfassung von Nachfragemacht eignet. Kritik an dieser Auffassung wird vor allem dahingehend geäussert, dass damit die Nachfragemacht nicht in allen Aspekten erfasst werden könne. Sie ist aufgrund ihrer ursprünglich preistheoretischen Ausrichtung weitgehend nur zur Beurteilung horizontaler Wettbewerbsphänomene auf nur einer Marktseite geeignet[50].

6.2.5 Nachfragemacht nach Porter [51]

Porter ist es gelungen, ein für alle Umstände des Einzelfalles offenes, realitätsbezogenes Konzept zur Erfassung von Nachfragemacht auf niederer Abstraktionsebene zu schaffen. Danach ist die Verhandlungsstärke auf der Abnehmerseite besonders stark, wenn folgende Bedingungen zutreffen:[52]

- Die Abnehmer sind gross, und ihre Zahl ist gering.
- Die Abnehmer sind in einem Kartell zusammengeschlossen.
- Die Abnehmer beziehen einen grossen Teil am Gesamtumsatz einer Branche oder eines Teilmarktes. Diese Situation stärkt die Verhandlungsposition der Abnehmer besonders dann, wenn sich die Lieferanten hohen Fixkosten gegenübersehen.

---

48 Schluep W., Über den Begriff der Nachfragemacht, zitiert in: Kühne, a.a.O., S.78

49 SKK, 1976, Nachfragemacht und deren Missbrauch; Dt. Monopolkommission, 1977, Sondergutachten 7; Wilde O., 1979, Wettbewerbsverzerrungen und Wettbewerbsbeschränkungen durch Nachfragemacht, Freiburg

50 Hölzler H., Satzky H., 1980, Wettbewerbsverzerrungen durch nachfragemächtige Handelsunternehmen, Köln, Berlin, Bonn, München, S. 28

51 Porter M., 1980, Competitive Strategy - Techniques for Analyzing Industries and competitors, New York, S. 25ff., dt. Übersetzung: 1992, Wettbewerbsstrategie, 7. Auflage, Frankfurt am Main

52 Buchs M., 1987, Zur Methodik von Marktuntersuchungen, Bern, S. 108

- Die Bezüge von der analysierten Branche bilden einen signifikanten Anteil an den Beschaffungskosten der Abnehmer. Dann lohnt es sich für diese, nach einem kostengünstigen Angebot zu suchen; die Verhandlungen werden härter geführt.
- Die Produkte sind standardisiert. In diesem Falle finden die Abnehmer einfacher alternative Lieferanten. Die Substitutionsmöglichkeiten werden noch erhöht, wenn auf dem Markt ein Angebotsüberhang besteht.
- Die Abnehmer können die Güter der Branche auch durch ähnliche Erzeugnisse ausserhalb der Branche substituieren.
- Die Umstellungskosten der Abnehmer bei einem Lieferantenwechsel sind gering. Die Verhandlungsposition der Abnehmer verbessert sich noch, wenn die Lieferanten mit hohen Umstellungskosten rechnen müssen.
- Die Gewinne der Abnehmer sind gering. Eine unbefriedigende Ertragslage veranlasst die Abnehmer, aggressiver zu verhandeln, um die Beschaffungskosten zu senken.
- Die Abnehmer drohen glaubwürdig mit einer vertikalen Rückwärtsintegration oder zumindest partieller Integration.
- Die Qualität des Produktes ist für den Abnehmer unerheblich. Unter dieser Voraussetzung werden sich die Abnehmer vermehrt auf den Preis konzentrieren.
- Die Abnehmer sind gut informiert. Je umfassender sie die Marktverhältnisse kennen (Nachfrage, Kosten, Preise, Konkurrenz...), desto stärker wird ihre Verhandlungsposition..
- Der Einzelhandel erlangt gegenüber den Herstellern zusätzlich noch eine bessere Verhandlungsposition, wenn sein Beitrag zum Absatz eines Produktes bedeutend ist.

Mehr verhaltenswissenschaftliche Ansätze zur Erklärung von Marktmacht finden wir in der Marketing-Teildisziplin der Absatz- und Distributionspolitik.[53]

---

53 Ahlert D., 1991, Distributionspolitik, Stuttgart, Jena, S.86ff.

7. Schweizer Agrarmärkte: Markt oder Politik?

In der Schweiz hat der Staat in vielfältiger Weise in das Geschehen auf den Agrarmärkten eingegriffen.[54] Zunächst muss man feststellen, dass der Staat wegen seiner hoheitlichen Befugnisse selbst die Möglichkeit für monopolistisches Verhalten hat. Er kann die Voraussetzungen schaffen, z.B. für sogenannte monopolistische Preisdiskriminierung in zeitlicher, räumlicher und personeller Hinsicht, für Marktspaltung etwa im Bereich des Aussenhandels. Typisch für die staatlichen Massnahmen im Bereich von Versorgung und Produktion ist, dass der Staat öffentliche Funktionen an die sogenannten "geeigneten Organisationen der Wirtschaft" delegiert hat. Diese Organisationen setzen sich praktisch immer aus Berufsverbänden, Branchenorganisationen und Firmen zusammen, die auch ihre privaten Ziele auf dem Markt durchsetzen wollen. Durch diese Art des Vollzugs fördert der Staat die Bestrebungen einer oligopolistischen Branche zur Kartellisierung. Der öffentliche Auftrag beinhaltet, dass die Mitglieder eine bestimmte Leistung zu erbringen haben, wie z.B. Pflichtlagerhaltung (GGF), die Pflicht der ausreichenden Versorgung der Bevölkerung unter anderem mit Butter, Käse, Fleisch. Der Auftrag erfordert ein gemeinsames Vorgehen der angesprochenen Firmen. Auf der Stufe der Verarbeitung spielen z.B. die regionalen Milchverbände eine grosse Rolle. Von grosser Bedeutung im Handel sind z.B. die Futtermittelimporteure, die als Mitglieder der GGF für die Pflichtlagerhaltung verantwortlich sind. Interne Stellen entscheiden über die Mitgliedschaft, die meist mit bestimmten Voraussetzungen verbunden ist [55]. Obwohl die Firmen untereinander in Konkurrenz stehen, gibt ihnen der Staat mit ihrer Organisation einen bemerkenswerten Schutz vor potentiellen Wettbewerbern.

Meist versucht der Staat, durch Geschäfts- und Preiskontrollen sogenannte Missbräuche zu verhindern. Die Güter auf den betreffenden Märkten sind sehr homogen (Getreide, Rohmilch), weshalb Preisabsprachen noch erleichtert werden. Die verschiedenen Massnahmen waren bedeutungsvoll für die Wettbewerbsverhältnisse im Agrarsektor. Es ist bekannt, dass der Staat mit diesen Massnahmen die Landwirtschaft in gewissem Umfang dem Wettbewerb entzog. Der Staat hat die Erfüllung

---

54 zu den gewählten Instrumenten vgl. Kapitel IX; Eingriffe in die einzelnen Märkte werden beschrieben in: Rieder P., Egger U., Flückiger St., 1992, Schweizer Agrarmärkte, Zürich; Jörin R., Rieder P., 1985, Parastaatliche Organisatonen im Agrarsektor, Bern

55 Genossenschaft für Getreide und Futtermittel, Statuten der GGF, Art. 5

öffentlicher Aufträge nicht nur mit finanziellen Aufwendungen, sondern auch mit bedeutsamen Wettbewerbsbeschränkungen erkauft.

Mit dem äusseren und inneren Druck, die Schweizer Landwirtschaft "europatauglich" oder zum mindesten wettbewerbsfähig zu machen, müssen auch die Strukturen von Verarbeitung und Vermarktung gestrafft werden. Dies geht aber nicht ohne dass sich der Staat wieder vermehrt aus dem Marktgeschehen zurückzieht. Eine Deregulierung muss aber gleichbedeutend sein mit dem Bestreben, den Wettbewerb auf allen Stufen spielen zu lassen. [56]

---

56 vgl. dazu Jörin R., 1993, Deregulierung der Agrarmärkte, in: Landwirtschaft Schweiz Band 6(8)

VIII. Agrarinterventionismus - Schutz vor internationalem Wettbewerb und Massnahmen gegen Marktversagen

1. Ökonomische Interpretation der Multifunktionalität der Landwirtschaft

National wie international fand in den letzten 20 Jahren eine Zuspitzung der Agrarprobleme statt. Eine Ausrichtung allein auf die Einkommenssicherung der bäuerlichen Familienbetriebe genügte nicht mehr, um die Agrarprotektion im Rahmen der Uruguay-Runde der GATT-Verhandlungen zu rechtfertigen.

Seitens der europäischen (und japanischen) Bauernvertreter wurde die Multifunktionalität der Landwirtschaft betont und damit deutlich gemacht, dass dem Agrarsektor neben der Produktion von Nahrungsmitteln noch andere Aufgaben zufallen. Deshalb könne die Liberalisierung der Agrarmärkte und des Agrarhandels nicht alleiniges Ziel sein. Vielmehr müsste im Rahmen der GATT-Bestimmungen Protektionismus soweit erlaubt sein, als damit die Erfüllung der anderen Aufgaben der Landwirtschaft sichergestellt werde.

Der Begriff Multifunktionalität wurde in die politische Diskussion geworfen, ohne klarzustellen, was damit konkret gemeint ist. Im folgenden soll eine entsprechende Analyse für die Schweiz vorgenommen werden, um den Begriff für die praktische Politik operabel zu machen.

Die verschiedenen Funktionen, welche die Landwirtschaft erfüllen soll, müssen erstens physisch definiert werden. Zweitens müssen wir uns über die ökonomischen Eigenschaften dieser Funktionen im klaren sein. Drittens müssen die sozio-ökonomischen Ebenen, auf denen die einzelnen Funktionen verankert sind, identifiziert werden. Tabelle 8.1 als Wiederholung aus Kapitel II zeigt eine Zusammenstellung der wichtigsten Funktionen, die der schweizerischen Landwirtschaft zugeordnet werden können.

Tabelle 8.1: Funktionen der Landwirtschaft und ihre ökonomischen Eigenschaften

Funktionen	Privates Gut	öffentliches Gut (+/-)	positive Externalität	negative Externalität
Vorsorge für Krisenzeiten		X		
Preiswerte gesunde Nahrungsmittel	X			
Umweltgerechte Produktion		X	X	
Umweltbelastung				X
Erhaltung Kulturlandschaft		X	X	
Dezentrale Besiedlung		X	X	
Erholungs- und Erlebniswert der Landschaft	X	X	X	
Leistungsfähige Betriebe	X			
Einkommenssicherung	X			
Nationale Konkurrenzfähigkeit	X			
Internationale Konkurrenzfähigkeit	X			

Das Aufgabenspektrum reicht von der Vorsorge für Krisenzeiten über ökologische Anforderungen bis hin zur dezentralen Besiedlungsstruktur und internationalen Wettbewerbsfähigkeit. Diese vielfältigen Funktionen der Landwirtschaft zeichnen sich durch unterschiedliche ökonomische Eigenschaften aus. **Private Güter** sind Wirtschaftsgüter, die in einer Marktwirtschaft von (meist) privaten Anbietern produziert und von privaten Nachfragern gekauft werden. Die effizienteste Verteilung erfolgt über den Markt. Diese Güter unterliegen dem Ausschlussprinzip. **Öffentliche Güter** können nicht von der Zahlung eines Preises auf einem Markt abhängig gemacht werden. Es findet auch keine effiziente Verteilung des Gutes über den Markt statt. Das Gut unterliegt nicht dem Ausschlussprinzip - jeder Konsument hat freien Zugang zum Gut und kann davon konsumieren, ohne dass damit der Konsum eines anderen eingeschränkt wird. Weil sich kein Preis bildet, ist die Schaffung eines öffentlichen Gutes nicht a priori sichergestellt, sondern Ergebnis eines kollektiven Entscheidungsprozesses. **Positive bzw. negative Externalitäten** sind Auswirkungen einer ökonomischen Tätigkeit auf unbeteiligte Dritte. Externalitäten entstehen durch Marktversagen, d.h. deren Nutzen oder Schaden schlägt sich nicht in Marktpreisen nieder.

Manche Externalitäten haben gleichzeitig den Charakter von öffentlichen Gütern oder Schäden.

Je nach ökonomischem Charakter der einzelnen Funktionen, werden es jeweils unterschiedliche Massnahmen sein, die zu einer effizienten Funktionserfüllung führen. Jedenfalls wird klar, dass es theoretisch unmöglich ist, mit einer Politik hoher Produktpreise die Erfüllung sämtlicher Funktionen sicherzustellen.

2. Agrarschutz als Wettbewerbsschutz

2.1 Zur Theorie des internationalen Handels und der komparativen Kostenvorteile

2.1.1 Modelle des internationalen Handels

Aus der Darstellung der agrar- und versorgungspolitischen Ziele ist bekannt, dass diese Ziele in Verfassung und Gesetzgebung vor allem deshalb explizit aufgenommen wurden, weil sie bei freiem internationalen Agrarhandel nicht erfüllt würden. Staatliche Eingriffe erweisen sich also für die Schweiz wie für viele andere Industrieländer aus innenpolitischen Gründen als unausweichlich. Zum Verständnis der Eingriffsweise wird zuerst kurz auf die Grundzüge des internationalen Handels eingetreten.

Stellvertretend für viele Länder wählen wir den Fall von zwei Ländern, die beide die Möglichkeit haben, ein homogenes Produkt, z.B. Getreide zu produzieren. Die Angebotskurven A_A und A_B geben die Produktion bei entsprechenden Preisen wieder, die Kurven N_A und N_B stellen die entsprechende Nachfrage dar.

Abbildung 8.1: Handel zwischen zwei Ländern bei unterschiedlichen Angebots- und Nachfragefunktionen

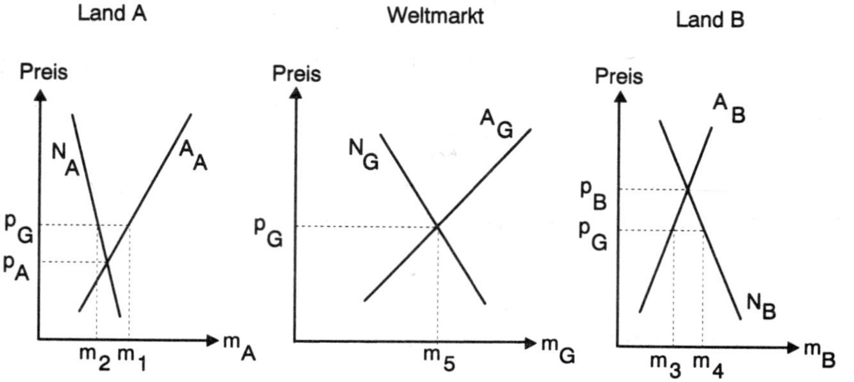

Wäre nun jeglicher Handel zwischen den beiden Ländern unmöglich, so stellten sich im Land *A* der Preis p_A und im Land *B* der Preis p_B ein. Das Produkt wäre im Land *B* teurer als im Land *A*. Unter der Annahme von Freihandel (und unter Vernachlässigung allfälliger Transportkosten), lassen sich die zwei Angebots- und Nachfragekurven horizontal addieren. Es ergeben sich das Gesamtangebot und die Gesamtnachfrage für beide Länder und im Schnittpunkt der Gleichgewichtspreis p_G.

Herrscht nun in beiden Ländern der Gleichgewichtspreis (Weltmarktpreis) p_G, so produziert das Land *A* die Menge m_1, frägt aber nur die Menge m_2 nach; das Land *B* produziert nur die Menge m_3, frägt aber die Menge m_4 nach. Das Land *B* wird also die Menge m_4-m_3 von Land *A* importieren, was dort der Menge m_1-m_2 entspricht. Von diesem Handel profitieren beide Länder, indem Land *A* mit den günstigeren Produktionsbedingungen mehr produzieren bzw. absetzen kann (die zusätzliche Produzentenrente ist grösser als der Konsumentenrentenverlust aufgrund höherer Inlandpreise), und das Land *B* kommt durch den Import zum Beispiel zu billigerem Getreide (die zusätzliche Konsumentenrente ist grösser als der Verlust an Produzentenrente).

Werden auch die Transportkosten zwischen den Ländern berücksichtigt, so zeigt sich, dass dadurch die gehandelte Menge geringer wird; denn die Transportkosten des Exportlandes verteuern dessen Angebot im Importland. So entsteht eine Preisdifferenz zwischen den zwei Ländern, die den Transportkosten entspricht. Der Anteil der Preisdifferenz, der auf die Transportkosten zurückzuführen ist, wird als Distanzschutz bezeichnet. Denn je grösser die Transportkosten sind, umso teurer wird das Importgut und ein umso höherer Marktpreis stellt sich im Importland ein.[1] Da die Transportkosten relativ zu den Produktionskosten durch technisch-organisatorischen Fortschritt im Verkehrswesen im Laufe der Zeit stets geringer wurden, hat auch der Distanzschutz abgenommen. Daran ändern auch ökologisch motivierte Energiepreisverteuerungen nur wenig.[2]

Wenn wir nun das bisherige Zwei-Länder - Ein-Produkt - Modell auf viele am Weltmarkt beteiligte Länder ausweiten, so entsteht ein Modell des internationalen Handels mit dem jeweiligen Weltmarktpreis. Von diesem Weltmarktpreis weichen die Preise franko Grenze der einzelnen Länder jeweils um die spezifischen Transportkosten ab.

Bei einem ungestörten internationalen Handel werden Importeure solange Ware aus dem Ausland beziehen, als die ausländischen Gestehungskosten (Weltmarktpreis) plus Transportkosten tiefer als die entsprechenden Gestehungskosten im Inland liegen. Ein Land mit niedrigen Produktionskosten hat somit eine starke Position auf dem internationalen Markt. Es produziert gezielt für den Export und kann damit die eigene Beschäftigung hochhalten und Devisen für Käufe anderer Güter aus dem Ausland erwirtschaften.

Das importierende Land kommt billiger zu diesen Gütern, als wenn es diese selber produzieren würde. Durch eine solche internationale Arbeitsteilung wird generell der materielle Wohlstand eines Landes relativ erhöht, indem z.B. die Nahrungsmittelpreise tiefer sind und die Konsumenten einen geringeren Anteil ihres Einkommens dafür aufzuwenden haben.

---

1 vgl. dazu Bressler R., King A., 1970, Markets, Prices and Interregional Trade, New York

2 vgl. Minder W., 1991, Agrarhandel und Agrargütertransporte in Europa - Perspektiven zum Agrarhandel in Europa unter den Aspekten gleichzeitiger Handelsliberalisierung und der externen Transportkosten, unveröffentlichte Diplomarbeit IAW ETH, Zürich

2.1.2 Absolute und Komparative Kostenvorteile

Im Rahmen der Theorie des Internationalen Handels sind die Begriffe "Absolute" bzw. "Komparative Kostenvorteile" zu unterscheiden:

- **Absolute Kostenvorteile**

Von absoluten Kostenvorteilen wird gesprochen, wenn aus klimatischen, technischen oder organisatorischen Gründen ein Gut in einem Land (Ort) günstiger produziert wird als in einem anderen Land (Ort). Auf dieser Voraussetzung beruht der im vorangegangenen Abschnitt dargestellte internationale Tauschvorgang. Der ökonomische Vorteil des Handels bei absoluten Kostenvorteilen wird von Senti[3] folgendermassen erläutert:

Zwei Länder A und B produzieren die Güter X und Y. Als alleiniger Faktor werde Arbeit eingesetzt. Es bestehe keine grenzüberschreitende Faktormobilität:

A benötigt	für 1 Einheit X	4 Einheiten Arbeit und
	für 1 Einheit Y	2 Einheiten Arbeit.
B benötigt	für 1 Einheit X	2 Einheiten Arbeit und
	für 1 Einheit Y	4 Einheiten Arbeit.

A hat einen absoluten Vorteil in der Produktion von Y. Die Produktion von Y benötigt in A weniger Arbeitseinheiten als in B. B hat einen absoluten Vorteil in der Produktion von X, weil die Produktion von X in B weniger Arbeitseinheiten benötigt als in A. Es ist nun möglich aufzuzeigen, dass es für beide Länder von Vorteil ist, sich auf jenes Produkt zu spezialisieren, bei dem es einen Vorteil hat (statt selber beide Produkte zu produzieren).

Ohne Spezialisierung (bei gegebenen 6 Arbeitseinheiten pro Land):

$$\left.\begin{array}{ll}\text{A produziert} & 1X + 1Y \\ \text{B produziert} & 1X + 1Y\end{array}\right\} = \quad 2X + 2Y$$

Mit Spezialisierung:

$$\left.\begin{array}{ll}\text{A produziert} & 3X \\ \text{B produziert} & 3Y\end{array}\right\} = \quad 3X + 3Y$$

---

3 Senti R., 1993, Begleittext zur Vorlesung Grundlagen der Wirtschaftswissenschaft, Teil 2: Aussenwirtschaft, ETH Zürich, WS 1993/94

Mit der Spezialisierung steigt die Gesamtproduktion. Über den Austausch kann jedes Land seine Position verbessern.

- **Komparative Kostenvorteile**

Aber auch dann, wenn ein Land in der Produktion aller Güter einem anderen Land kostenmässig überlegen ist, wird der Handel zu beider Länder Vorteil sein. Wir gehen wieder von den zwei Ländern A und B mit den Produkten X und Y aus.

A benötigt	für 1 Einheit X	4 Einheiten Arbeit und
	für 1 Einheit Y	3 Einheiten Arbeit.
B benötigt	für 1 Einheit X	6 Einheiten Arbeit und
	für 1 Einheit Y	12 Einheiten Arbeit.

Unter der Annahme, dass A und B einen einheitlichen Wirtschaftsraum bilden, in dem die Arbeitskräfte mobil sind, so würde letztlich nur in A produziert und alle Arbeitskräfte wären in A. Wie ist die Situation zu beurteilen, wenn A und B zwei Länder mit getrennten Arbeitsmärkten sind, also keine Faktorwanderung unterstellt wird?

A hat bei beiden Produkten X und Y einen absoluten Vorteil: 4 < 6 und 3 < 12. Aber der absolute Vorteil ist bei Y grösser als bei X, 3/12 < 4/6. A braucht für die Produktion von Y nur 25% von dem, was B benötigt, und für die Produktion von X braucht A ungefähr 67 % der in B erforderlichen Faktormenge. A hat also einen komparativen Vorteil in der Produktion von Y, verglichen mit der Produktion von X. B hat für beide Produkte einen absoluten Nachteil gegenüber A, aber der Nachteil ist bei der Produktion von X kleiner als bei der Produktion von Y. Insofern hat B einen komparativen Vorteil in bezug auf die Produktion von X.

Für die Produktion von 2 Einheiten X und 2 Einheiten Y benötigen die beiden Länder A und B:

ohne Spezialisierung (4 + 3) + (6 + 12) = 25 Arbeitseinheiten
mit Spezialisierung von A auf Y und von B auf X
(2 * 3) + (2 * 6) = 18 Arbeitseinheiten

Mit Spezialisierung und internationalem Handel werden bei gleichem Output (2 X und 2 Y) gesamthaft 7 Arbeitseinheiten, also rund ein Drittel des Faktoreinsatzes eingespart. Damit erhöht sich die Güter-

produktion gegenüber einer Situation, in der jedes Land beide Güter produziert.
Auch beim Konzept der komparativen Kostenvorteile geht man von der restriktiven Annahme aus, dass keine grenzüberschreitende Faktormobilität besteht. Trotzdem ist dieses Konzept für die Agrarpolitik der einzelnen Länder sehr relevant, da - wie später noch zu zeigen ist - es zu Minimierung der Kosten zur Erfüllung der nationalen agrarpolitischen Ziele angewendet werden kann.

2.2 Kleine und grosse Teilnehmer am Weltmarkt

Da die Schweiz, bezogen auf den internationalen Markt, ein kleiner Nachfrager ist, übt sie durch ihre eigene Nachfrage praktisch keinen Einfluss auf das internationale Preisniveau aus, ebenso wenig wie das Schweizer Angebot preisbestimmend auf dem Weltmarkt ist. Die Schweiz befindet sich also in der Lage eines Polypolisten bzw. Polypsonisten.

Sie steht beim Import einem unendlich elastischen ausländischen Angebot gegenüber, was in Abbildung 8.3 als horizontale Angebotslinie gezeichnet ist. Bei freiem Import und unter Vernachlässigung der Transportkosten entspricht der Weltmarktpreis (p_W) dem inländischen Marktpreis (p_D). Zu diesem Preis wird im Inland die Menge m_D produziert, die Menge m_T nachgefragt und die Differenz von m_T und m_D importiert.

Abbildung 8.2: Marktlage eines kleinen Landes bei freiem Import

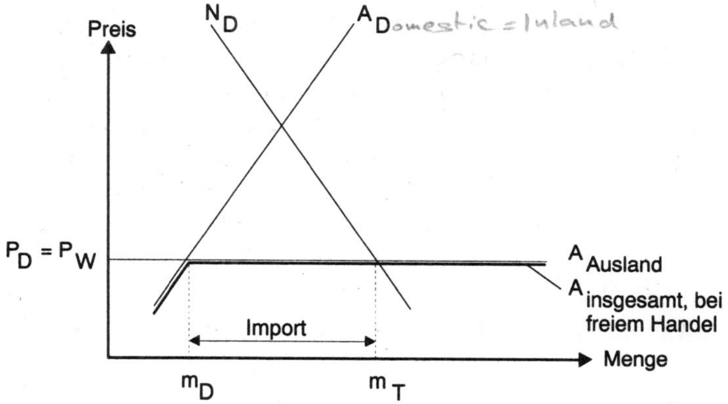

Im Zeitablauf kann sich natürlich der Weltmarktpreis ändern. Steigt er, so verschiebt sich die ausländische Angebotslinie parallel nach oben. Auf einen Preisanstieg reagieren die inländischen Nachfrager mit einer Reduktion ihrer Nachfrage und die Anbieter im Inland mit einer Produktionsausdehnung.

Auf den zwei für die Schweiz wichtigen Aspekten, nämlich relativ grossen Differenzen zwischen Inland- und Weltmarktpreis und dem dargelegten, unendlich elastischen ausländischen Angebot, beruht das Verständnis der Wirkungsweise der von der Schweiz angewendeten Aussenhandelsinstrumente, wie sie in Kapitel IX besprochen werden.

Im Gegensatz dazu stehen grosse Länder oder Ländergruppen wie die Europäische Union (EU), die mit ihren Massnahmen auf der Angebots- oder Nachfrageseite den Weltmarktpreis beeinflussen.

2.3 Das Rentenkonzept als Massstab von Wohlfahrtsveränderungen

2.3.1 Ökonomische Grundlagen

Aus politischen Gründen wird vielfältig in Agrarmärkte eingegriffen (Markteingriffe erfolgen auch in anderen Sekoren), was jeweils zu Abweichungen von der Gleichgewichtslage führt. Solche Abweichungen verursachen Allokationsverluste und führen zu volkswirtschaftlichen Umverteilungen bei den am Markt Beteiligten. In unseren Betrachtungen werden dies die Produzenten, die Konsumenten und der Staat bzw. die Steuerzahler sein.

Bewertungsgrundlage für diese Markteingriffe stellt die **angewandte Wohlfahrtsökonomie** dar. Dabei geht es um die ökonomische Dimension der Wohlfahrt, die aus dem Nutzen einzelner Individuen abgeleitet wird. Individueller Nutzen lässt sich weder direkt beobachten noch messen. Man ist deshalb darauf angewiesen, das Verhalten von Menschen auf Märkten zu beobachten und zu messen und daraus Rückschlüsse auf die Nutzenvorstellungen einzelner Individuen zu ziehen. Der Nutzen aus dem Gebrauch eines Gutes kann durch die (maximale) **Zahlungsbereitschaft** gemessen werden.

Die angewandte Wohlfahrtsökonomie geht von folgenden (restriktiven) Annahmen aus:

- Der Grenznutzen der Einkommen ist konstant.
- Die Konsumenten maximieren ihren Nutzen, die Produzenten und Faktoranbieter ihren Gewinn.
- Es herrscht Vollbeschäftigung und vollständige Konkurrenz auf Güter- und Faktormärkten.

Die Ausgangslage unserer Betrachtungen stellt jeweils ein partielles Gleichgewicht auf einzelnen Agrarmärkten dar.[4]

Gesellschaftliche Wohlfahrtsmessung beruht auf der Aggregation individueller Nutzenniveaus. Dabei werden die individuellen (maximalen) Zahlungsbereitschaften aufsummiert, so dass der gesellschaftliche Nutzen aus dem Verbrauch eines Gutes als Fläche unter der Nachfragekurve ausgewiesen wird. Wohlfahrt wird dabei unter gegebener Einkommensverteilung gemessen; Verteilungseffekte innerhalb wirtschaftlicher Gruppen müssen Gegenstand separater Analysen sein.

Jeder Güterverbrauch verursacht Kosten. Ressourcen müssen zur Bereitstellung der betrachteten Güter eingesetzt werden und stehen nicht mehr für die Bereitstellung alternativer Güter zur Verfügung. Ein solcher Nutzenentgang durch wirtschaftliche Aktivitäten muss bei der Messung von Wohlfahrt einfliessen. Die Fläche unter der Angebotskurve bis zur Menge m_0 wird als Kosten ausgewiesen. Die

4 Als partielles Gleichgewicht wird ein Gleichgewicht auf einem einzelnen Markt bezeichnet (in Abgrenzung zu einem gesamtwirtschaftlichen Gleichgewicht). Dabei wird von konstanten Produkt- bzw. Faktorpreisen auf den nicht betrachteten Märkten ausgegangen - Marktinterdependenzen werden ausgeschlossen.

Produktionskosten eines Gutes beschreiben näherungsweise den entgangenen Nutzen durch den möglichen Mehrverbrauch bei anderen Gütern.

In Abbildung 8.3 wird das Wohlfahrtsniveau für die Gruppen Produzenten und Konsumenten graphisch dargestellt. Das jeweilige Wohlfahrtsniveau ergibt sich als Differenz zwischen realisiertem oder potentiellem Nutzen und dem entgangenen Nutzen.

Als Produzentenrente *PR* wird dabei (Abb. 8.3) die Fläche bezeichnet, die oberhalb der Angebotskurve, jedoch unterhalb des geltenden Produzentenpreises liegt. Die Fläche *abc* entspricht jenem Betrag, der den Produzenten zur Abgeltung der an der Produktion beteiligten fixen und quasi-fixen Faktoren verbleibt. Die Fläche unterhalb der Angebotskurve entspricht dem Aufwand für die variablen Faktoren, denn die Angebotsfunktion ist definitionsgemäss die Aggregation der Grenzkostenfunktionen der einzelnen Anbieter, und diese umfassen nur die variablen Kosten.

Abbildung 8.3: Konzept der Produzenten- und Konsumentenrente

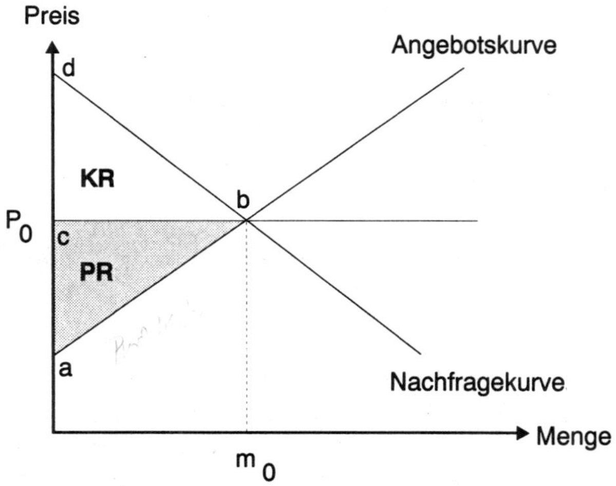

Analog ist die Konsumentenrente *KR* definiert als die Fläche unterhalb der Nachfragekurve, jedoch begrenzt durch den geltenden Preis p_0. In der Abbildung 8.3 entspricht sie dem Dreieck *cbd*. Die Fläche unter der Nachfragekurve bis zur Menge m_0 entspricht dem Gesamtnutzen der Konsumenten und der aufzuwendende Betrag (p_0 mal m_0) dem entgangenen Nutzen von alternativen Gütern.

2.3.2 Volkswirtschaftliche Kosten am Beispiel Aussenhandelsschutz

Nun soll das Rentenkonzept erweitert werden auf die Auswirkungen von Markteingriffen auf den Staat bzw. die Steuerzahler. In Abbildung 8.4 werden Importe vom Weltmarktpreisniveau p_w durch den Zoll *Z* auf das höhere Inlandpreisniveau p_i verteuert. Unter Freihandelsbedingungen wurde die Menge m_4-m_1 importiert. Nach der Erhebung des Zolls geht die Nachfrage von m_4 auf m_3 zurück, die im Inland produzierte Menge dehnt sich von m_1 auf m_2 aus, was zu einem Rückgang der Importe von $(m_4$-$m_1)$ auf $(m_3$-$m_2)$ zur Folge hat.

Abbildung 8.4: Volkswirtschaftliche Bewertung von Aussenhandelsschutz

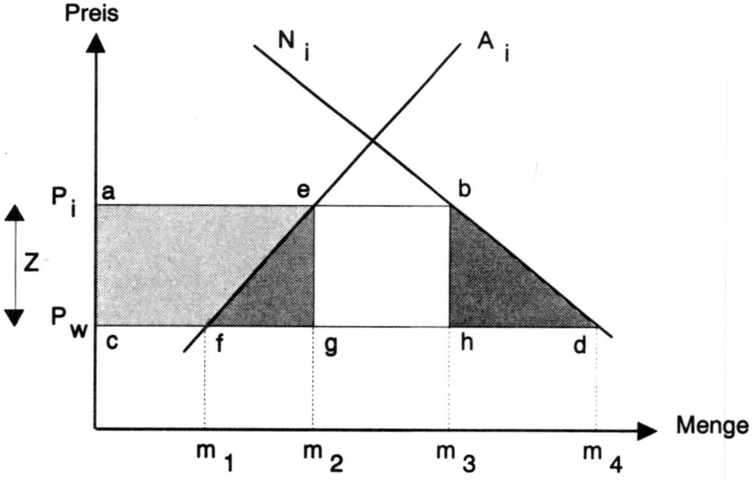

Die volkswirtschaftliche Bewertung ergibt einen Verlust an Konsumentenrente um die Fläche *abcd*, während die Produzenten einen Rentengewinn um *acef* verzeichnen können. Dem Staat bringt die Erhebung eines Zolls *Z* auf den gesamten Importen Einnahmen in der Höhe der Fläche *begh*. Von dem um den Produzentenrentengewinn und die Zolleinnahmen verminderten Verlust an Konsumentenrente verbleiben somit die beiden Dreiecke *efg* und *bdh* als **Netto-Wohlfahrtsverluste**. Dabei bezeichnet *efg* den "**Spezialisierungsverlust**", weil unter der Annahme einer vollbeschäftigten Wirtschaft für die um die Menge $(m_2$-$m_1)$ erhöhte Produktion Ressourcen benötigt werden, die der Herstellung anderer Güter entzogen sind, für welche das Land über komparative Kostenvorteile verfügt.

Die Fläche *bdh* gibt den "**Handelsverlust**" wieder, worunter der durch die Nachfrageeinschränkung bedingte Nutzenentgang verstanden wird, wie er durch die entsprechende Reduktion der Einfuhren verursacht wird.

2.3.3 Interpretation der Ziele 'Minimale Selbstversorgung' und 'Bäuerliche Einkommenssicherung'

Bei der Darstellung der Multifunktionalität der Landwirtschaft sind wir auf die agrarpolitischen Ziele der minimalen Selbstversorgung und der bäuerlichen Einkommenssicherung gestossen. Im folgenden soll dargestellt werden, wie diese Ziele mittels des vorher besprochenen Rentenkonzepts zu interpretieren sind. Ausgangslage ist eine Situation mit geschlossenen Grenzen.

Abbildung 8.5: Interpretation öffentlicher Ziele mittels Renten

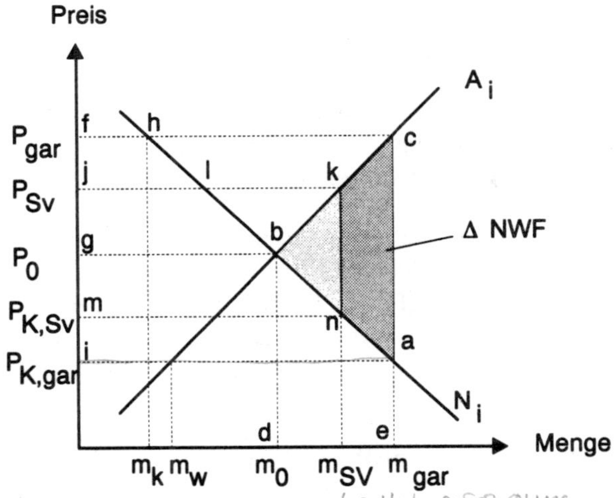

Aus (kurzfristigen) einkommenspolitischen Gründen soll den Landwirten anstelle des Gleichgewichtspreises p_0 ein höherer Preis p_{gar} garantiert werden. Dadurch entsteht für die Volkswirtschaft ein Netto-Wohlfahrtverlust Δ *NWF* im Umfang der Fläche *abc*. Der zusätzliche "Nutzen" durch die Zunahme der Totalen Zahlungsbereitschaft im Umfang der Fläche *abde* ist kleiner als die zusätzlichen Totalen Variablen

Kosten im Umfang der Fläche *bcde*. Die Landwirte reagieren auf den höheren Garantiepreis mit einer starken Ausdehnung ihrer Produktion von m_0 auf m_{gar}, welche zum Preis p_{gar} bei weitem die Absatzmöglichkeiten im Inland überschreitet - eine Situation, wie sie beispielsweise vom Milchmarkt her bekannt ist.

Welche **Auswirkungen** hat die Preisstützung für die verschiedenen Interessengruppen?

Produzenten:

Für die Produzenten ergibt sich in jedem Fall eine erhöhte Rente im Umfang der Fläche *bcfg*. Die Produzenten kommen in den Genuss zusätzlicher Erlöse in der Höhe der Fläche $(m_{gar}*p_{gar}-m_0*p_0)$, was auch als Transfereinkommen *TE* bezeichnet wird. Dieser Betrag muss von den Konsumenten oder den Steuerzahlern (siehe unten) in irgendeiner Form zugunsten der Landwirtschaft aufgebracht werden. Die Produzentenrentenzunahme ΔPR lässt sich auch als Differenz zwischen Transfereinkommen und zusätzlichen Totalen Variablen Kosten berechnen: ($\Delta\ PR = TE - bcde$)

Konsumenten / Steuerzahler:

Die Auswirkungen auf die Konsumenten und die Belastung für die Steuerzahler hängen von der Ausgestaltung der Überschussverwertung ab (vgl. dazu im einzelnen Kapitel IX).

Unter der Annahme, dass der Konsumentenpreis auf den Garantiepreis p_{gar} angehoben wird, erleiden die Konsumenten einen Rentenverlust im Umfang der Fläche *bfgh* und ihre Nachfrage geht von m_0 auf m_k zurück. Die Differenz zwischen der produzierten Menge m_{gar} und der absetzbaren Menge m_k fällt als Überschuss an. Dieser muss mit Steuergeldern aus dem Markt genommen werden.

Wird hingegen von der Annahme ausgegangen, der Staat setze die gesamte Produktion im Inland zum Preis p_{kgar} ab, bei welchem die Konsumenten gerade die im Inland produzierte Menge abnehmen (Markträumung), so ergibt sich für die Konsumenten ein Rentengewinn im Umfang der Fläche *abgi* und die totalen Transferzahlungen des Staates (zugunsten der Produzenten und der Konsumenten) betragen nun die Fläche *acfi* - der Staat trägt dabei die gesamten Kosten des Agrarschutzes. Der Netto-Wohlfahrtsverlust $\Delta\ NWF$ lässt sich nun auch wie folgt darstellen: $\Delta\ NWF = Staatsausgaben - \Delta\ PR - \Delta\ KR$.

Andererseits ist das Ziel der Minimalen Selbstversorgung ein mittelfristiges Ziel. Die Inhalte dieses Zieles sind durch die schweizerische Ernährungsplanung (siehe Kapitel III) physisch bestimmbar. In unserer Betrachtung (Abb. 8.5) sollen diese physischen Mengen m_{SV} betragen, also eindeutig geringer sein als die Mengen, die im Inland zum Preis p_{gar} produziert werden. Damit kommt es zu einem Konflikt zwischen zwei Zielen. Im ersten Fall soll Einkommen bzw. Produzentenrente garantiert werden und im zweiten Fall sind es physische Mengen bzw. eine im Hinblick auf die Nahrungsmittelversorgung des Landes leistungsfähige Landwirtschaft. Hiefür würde es reichen, den Produzenten den Preis p_{SV} zu garantieren. Logischerweise würden bei diesem Preis die Produzenten kurzfristig einen Produzentenrentenverlust im Ausmass der Fläche *cfjk* erleiden. Die Konsumentenrente würde im ersten Fall (die Konsumenten tragen die Kosten des Agrarschutzes) gegenüber der Situation mit hohen Garantiepreisen p_{gar} um *fhjl* ansteigen. Im zweiten Fall (der Staat trägt die gesamten Kosten des Agrarschutzes) erleiden die Konsumenten einen Rentenverlust um *aimn*. Unabhängig von der Art der Finanzierung des Agrarschutzes sinkt jedoch der Netto-Wohlfahrtsverlust von *abc* auf die Fläche *bnk*. Berechnungen mittels linearer Programmierungsmodelle haben ergeben, dass die Netto-Wohlfahrtsverluste beim Produzentenpreisniveau von p_{SV} gegenüber einem von p_{gar} etwa um die Hälfte reduziert werden könnten.[5]

Diese Analyse soll zeigen, dass bei Anwendung des Rentenkonzeptes die Frage effizienter Zielerreichung neu formulierbar ist. Denn in der Tat führen solche Betrachtungen zu politischen Forderungen, agrarpolitische Ziele nach ihrem jeweiligen Charakter zu analysieren und davon abgeleitet die öffentlichen Mittel gezielt einzusetzen. Im hier dargelegten Fall führt die Analyse zur Forderung, die landwirtschaftliche Einkommenssicherung über direkt einkommenswirksame Direktzahlungen sicherzustellen und die Preispolitik auf die Mengenziele bzw. die Marktlage auszurichten.

5 Rieder P. , 1979, Volkswirtschaftliche Kosten unterschiedlicher Agrarmarktsysteme, in: Schweiz. Zeitschrift für Volkswirtschaft und Statistik, 115. Jg., Heft 1

3. Agrarintervention aufgrund Marktversagen

3.1 Externalitäten

3.1.1 Einleitung

Aufgrund der individuellen Zielsysteme, der Absatzverhältnisse und der natürlichen Produktionsbedingungen produzieren die Landwirte z.B. Milch, Zuchtrinder, Getreide oder andere Produkte. Die Preis-, Ertrags- und Kostenverhältnisse bestimmen weitgehend, was und wieviel von den genannten Einzelprodukten produziert wird. Neben diesen privaten Gütern entstehen durch die Tätigkeit der Landwirte auch Externalitäten. Darunter werden Auswirkungen einer wirtschaftlichen Tätigkeit auf nicht direkt daran beteiligte Personen oder die Umwelt verstanden. Solche Externalitäten können in ihrer Wirkung positiv oder negativ sein.

Unsere Landwirtschaft verursacht sowohl positive als auch negative Externalitäten. Unter die negativen Externalitäten fallen etwa die Gewässerverschmutzung durch unsachgemässe Düngung, Zerstörung von Lebensräumen von Tieren und Pflanzen durch Meliorationen, Lärmemissionen von Maschinen (Heubelüftung), Geruchsemissionen, neue Ökonomiegebäude, die ein Dorfbild zerstören u.a. mehr. Diese Externalitäten fallen an, indem die Landwirte unter den gegebenen Preis-Kosten-Verhältnissen die Erfüllung ihres privaten Zielsystems anstreben.

Zu den positiven Externalitäten, für die konzeptmässig das gleiche gilt, zählen etwa der Beitrag der Bauernfamilien zur Dorferhaltung, die Pflege des Kulturlandes oder der Beitrag der Landwirtschaft zur Erhaltung der biologischen Vielfalt. Auch diese Leistungen werden nicht gezielt erbracht, sondern fallen erst einmal als Nebenprodukt bei der Erfüllung des individuellen Zielsystems an.

3.1.2 Ökonomische Interpretation und Einteilung

Unter Externalitäten verstehen wir gegenseitige Einwirkungen von Wirtschaftssubjekten, die nicht durch den Markt erfasst werden. Sie treten auf, sobald die einzelwirtschaftlichen (internen) von den sozialen Kosten und Nutzen abweichen. Die Differenz zwischen privaten und sozialen Kosten und Nutzen werden als negative (bei Kosten) bzw. positive (bei Nutzen) externe Effekte bezeichnet. Während privatwirtschaftliche Kosten und Erträge durch das ganze Preissystem fortwirken und auf allen Ebenen die für eine Optimierung erforderlichen Signale setzen, werden die externen Effekte nicht vom Preissystem erfasst und es gehen keine Signale auf nachgelagerte Sektoren oder auf die Konsumenten aus.

Externalitäten lassen sich wie folgt einteilen:

Tabelle 8.2: Einteilung der Externalitäten

	positiv	negativ
privat	z.B. blühender Kirschbaum als Bienenweide	z.B. Verschmutzung einer privaten Quelle
öffentlich	z.B. Schönheit einer Kulturlandschaft	z.B. Lärm einer Heubelüftungsanlage

Externalitäten bringen unbeteiligten Dritten Nutzen oder Schaden, und es stellt sich die Frage nach Kompensationszahlungen. Je kleiner die Gruppe der Verursacher und Betroffenen ist und je deutlicher die Kausalitätsbeziehungen sind, desto leichter wird die Abgeltung über Verhandlungen möglich sein. Viele Externalitäten weisen aber eindeutig den Charakter von öffentlichen Gütern auf (siehe Punkt 3.2) Im Falle der Landwirtschaft können etwa die Pflege der Kulturlandschaft, die dezentrale Besiedlung (v.a. im Berggebiet), die Erhaltung der Anbaubereitschaft für Zeiten gestörter Zufahr als öffentliche Güter bezeichnet werden. Wenn eine Nachfrage nach öffentlichen Gütern in diesem Sinne formuliert wird, verlieren sie den Charakter der Externalität und werden gegen Abgeltung zur Verfügung gestellt.

Andererseits verursacht die Landwirtschaft auch öffentlichen Schaden, der aber wegen seiner Langzeitwirkung oft erst spät als solcher erkannt wird. Zu diesen negativen Effekten können etwa Rückstände von Pestiziden in Nahrungsmitteln und Trinkwasser, Eutrophierung von Gewässern durch Nährstoffauswaschung, Gefährdung der Artenvielfalt, Anreicherung des Bodens mit Schwermetallen gezählt werden. Problematisch an diesen negativen Externalitäten sind folgende Punkte:

- Die Wirkungen sind meist unbeabsichtigt und oft auch unbewusst.
- Die Wirkungen haben oft Langzeitcharakter, der Schaden wird häufig erst dann ersichtlich, wenn er irreversibel geworden ist.
- Die Schäden werden oft von mehreren Quellen verursacht und sind schwer zuzuordnen (z.B. Eutrophierung von Seen durch Phosphat-

eintrag aus der Landwirtschaft und - bis zu deren Verbot - aus Waschmitteln).

- Die Schäden zeigen eine unvorstellbare Breitenwirkung. Beispiele dazu sind das DDT in der Nahrungskette, die vor wenigen Jahren aufgedeckte Trinkwasservergiftung durch Atrazin in Oberitalien, Fischsterben in eutrophierten Seen, Waldsterben, Zerstörung der Ozonschicht, Klimaveränderungen etc.

3.1.3 Klassische Externalitätentheorie[6]

Knappe Güter sollen effizient genutzt werden. Der Einsatz von Ressourcen ist ganz allgemein dann effizient, wenn der Nettonutzen (Nutzen abzüglich Kosten) maximal ist. Dieser drückt sich in der (maximalen) Zahlungsbereitschaft aus. Zur Bestimmung der optimalen Menge q sind die Grenzkosten (marginale zusätzliche Kosten bei der Produktion einer weiteren Einheit von i) von Bedeutung. Auf der Nutzenseite ist die marginale Zahlungsbereitschaft, also die Höhe des Preises, den man für eine weitere Einheit von i zu zahlen bereit ist, von Relevanz. Werden die individuellen Grenzkosten-Kurven für ein Gut q aggregiert (horizontal addiert), so erhalten wir die sektorale Angebotskurve $A(q)$. Werden die individuellen marginalen Zahlungsbreitschaftskurven für ein Gut q ebenfalls aggregiert (horizontal addiert), so ergibt sich die Nachfragekurve $N(q)$. Dort wo sich Angebots- und Nachfragekurve schneiden, herrscht Marktgleichgewicht. Die optimal produzierte Menge entspricht der Menge, bei der die Grenzkosten gleich der marginalen Zahlungsbereitschaft sind.

Nehmen wir jetzt an, mit der Produktion des privaten Gutes i sei eine Belastung der Umwelt verbunden. Für das einzelne Unternehmen bilden aber Grenznutzen und marginale Zahlungsbereitschaft der Abnehmer trotzdem allein die Entscheidungsgrundlagen zur Bestimmung der optimalen Menge q_1. (Abbildung 8.6)

6 Die folgenden Ausführungen stützen sich vorwiegend auf Blöchliger H. und Staehelin-Witt E., Öffentliche Güter, Externalitäten und Eigentumsrechte in: Frey R.L. et al., 1991, Mit Ökonomie zur Ökologie, Basel

Abbildung 8.6: Wirkung eines negativen externen Effektes

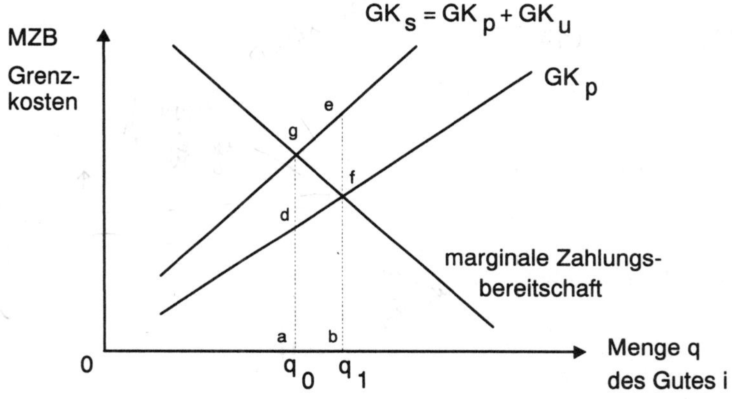

Quelle: Frey R.C. et al., 1991, a.a.O. S.51

Auf der Kostenseite sind jetzt jedoch zwei Kostenfunktionen abgebildet. *GKp* sind die privaten Grenzkosten, also diejenigen Kosten, die beim einzelnen Unternehmen bei der Produktion einer bestimmten Menge von *i* anfallen und seine Entscheidungsgrundlage bilden. Gleichzeitig führt die Produktion jedoch zu einer Belastung der Umwelt, die anderen Individuen Kosten verursacht, welche durch die marginalen Umweltkosten *GKu* abgebildet sind. Die tatsächlichen Kosten, die bei der Produktion jeder Einheit des Gutes *i* anfallen, sind somit die privaten Grenzkosten zuzüglich der marginalen Umweltkosten. Die Summe der beiden Kosten wird als soziale Kosten bezeichnet und durch die Kurve *GKs* wiedergegeben. Der maximale volkswirtschaftliche Nettonutzen ergibt sich unter Einbezug aller Kosten, nicht bei q_1, sondern neu bei q_0. Dabei entsteht für den Produzenten ein Nutzenentgang in der Höhe der Fläche *abfg*. Da sich auch die Kosten um *abfd* reduzieren, ergibt sich für ihn insgesamt einen Netto-Nutzenentgang im Umfang der Fläche *dfg*. Gleichzeitig kommt die Allgemeinheit in den Genuss eines nicht-monetären Nutzen-Zuwachs im Umfang der Fläche *defg* aufgrund verringerter Umweltbelastung. Der totale Nettonutzenzuwachs durch eine Verringerung der Produktion von q_1 auf q_o ergibt sich als Summe dieser Änderungen: *-abfg + abfd + defg = efg*

Dabei verhält sich der Unternehmer ökonomisch "korrekt", das heisst er produziert diejenige Menge, bei der seine privaten Grenzkosten und sein Grenzerlös gleich sind. Er produziert damit zuviel von einem umweltschädigenden Gut *i*, da nicht alle Kosten für die Produktion berücksichtigt werden. Diese "Überproduktion" führt aus volkswirtschaftlicher Sicht zu einer ineffizienten Allokation von Ressourcen. Deshalb müssen Massnahmen ergriffen werden, die die Unternehmen veranlassen, diejenige Menge zu produzieren, bei welcher der Grenzerlös gleich den sozialen Grenzkosten ist.[7]

3.1.4 Reziproker Charakter von Externalitäten (Coase-Theorem)

Der klassischen Externalitätenanalyse liegt eine physische Verursacher-Geschädigten-Beziehung zugrunde. Gemäss dem Verursacherprinzip sind die Kosten jener Partei anzulasten, welche die Externalität physisch produziert.

Nehmen wir zur Veranschaulichung ein Beispiel aus der Landwirtschaft. Ein Bauer düngt eine Wiese innerhalb seines Grundstückes. Er verursacht wegen der Versickerung jenseits der Grundstücksgrenzen eine Gewässerverschmutzung, womit er die Qualität des Grundwassers vermindert, das dem Wasserwerk der Gemeinde als Trinkwasserspeicher dient. Die Gemeinde ist gezwungen, entweder eine teure Filtrieranlage einzubauen oder die Grundwasserfassung zu verlegen. Der Bauer verursacht also mit der Düngung der Gemeinde zusätzliche Kosten, die er nicht trägt. Nach dem Verursacherprinzip muss der Bauer für die Kosten der Verschmutzung aufkommen.

Diese Sicht ist unvollständig, weil sie nicht berücksichtigt, dass die externen Kosten auch durch die Bedürfnisse des Wasserwerkes entstehen: Bestünde nämlich keine Wasserfassung unterhalb des gedüngten Grundstückes, so bliebe die lokale Gewässerverschmutzung folgenlos. So gesehen ist das Wasserwerk Verursacherin der Externalität und müsste die Kosten der Filtrieranlage oder der Verlagerung an einen neuen Standort selber tragen.

Externalitäten sind Folgen einer grundlegenden Knappheit und entstehen aus Rivalität um die gleichen Ressourcen. Dabei ist jeder Nachfrager nach einer knappen Ressource Verursacher von Externalitäten. Externalitäten bekommen dadurch einen reziproken Charakter. Eine Externalität verursacht dem physisch Geschädigten Nutzenentgang - im obigen Beispiel der Bauer dem Wasserwerk in Form einer tieferen Wasserqualität. Doch ein Verzicht auf Düngung verursacht dem Bauer ebenfalls einen Nutzenentgang aufgrund einer geringeren Nahrungsmit-

---

7 Instrumente des Umweltschutzes werden in Kapitel X beschrieben und erklärt.

telproduktion. Nur ein teilweiser oder vollständiger Verzicht der einen Partei auf die Nutzung der Ressource ermöglicht die Nutzung durch die andere Partei. Dieser Verzicht führt zu Opportunitätskosten[8].

Auf technisch-physischer Ebene lässt sich meist eine eindeutige Beziehung Schädiger-Geschädigter herstellen, nicht jedoch auf ökonomischer Ebene. Die entscheidende Frage, wer wen schädigt, lässt sich aus ökonomischer Sicht erst beantworten, wenn bestimmt ist, wer die Rechte der Nutzung einer knappen Ressource besitzt.

Wenigstens die Übernutzung von Resourcen aufgrund historisch begründeter, normativer Nicht-Ausschliessbarkeit (Allmend-Ressourcen) könnte durch die Zuteilung von Eigentums-, Verfügungs- oder Nutzungsrechten, welche im Angelsächsischen unter dem Begriff '**Property-Rights**' zusammengefasst werden, behoben werden.[9] Im Grundwasserbeispiel verfügen zuerst weder der Bauer noch das Wasserwerk über ein klar zugeteiltes Eigentumsrecht am Grundwasser. Weil nicht bestimmt ist, wem das Recht zur Nutzung gehört, verwenden beide Parteien die Ressource für ihre jeweiligen Zwecke, und die Ressource wird übernutzt. Wird nun der einen Partei ein exklusives Eigentumsrecht zugeteilt, so muss die andere Partei ihre Aktivität einschränken oder verlagern. Damit stellt sich die Frage, welches - gesamtwirtschaftlich gesehen - die effizientere Nutzung ist.

Die Bedeutung klarer Eigentumsrechte und die Bedeutung der Nutzungskonkurrenz bzw. der Opportunitätskosten, hat als erster Coase[10] miteinander verknüpft. Die Zuteilung klarer Eigentumsrechte ist die Voraussetzung zur effizienten Nutzung von Umweltgütern und macht deutlich, wer bei Auftreten von Externalitäten als Verursacher im ökonomischen Sinne zu gelten hat. Damit verbunden ist die Frage von Haftungs- bzw. Duldungspflicht. Es wird dabei unterschieden

- die **Laissez-faire-Regel**: Ein Verursacher negativer physischer Externalitäten besitzt grundsätzlich das Recht zur Verschmutzung, er befindet sich quasi im Besitz der Umweltgüter "Luft" oder "Wasser".

---

8 Als Opportunitätskosten werden der potentielle Gewinn bei einer alternativen Nutzung der eingesetzten Resourcen verstanden.

9 Im Folgenden wird der Begriff Eigentumsrechte verwendet, obwohl der angelsächsische Begriff 'Property Rights' weiter gefasst ist.

10 Coase Ronald H., 1960, "The Problem of Social Cost", Journal of Law and Economics, Vol 3

- die **Verursacherregel**: Der physische Verursacher von Externalitäten muss für deren Folgen aufkommen, weil das Recht auf eine intakte Umwelt bei den physisch Geschädigten besteht.

In der Realität ergeben sich meist differenzierte Eigentumsrechte. So stellt jeder Schwellenwert implizit ein Übergang von der Laissez-faire-Regel zur Verursacherregel dar. Solange die Grenzwerte eingehalten werden, ist das Umweltgut im Besitz des Verursachers. Oberhalb des Grenzwertes befindet sich das Umweltgut in Besitz der Konsumenten oder der Öffentlichkeit.

Private Verhandlungen um exklusive Nutzungsrechte bedingen die **Ausschliessbarkeit vom Konsum**; es müssen sich auch technisch Eigentumsrechte schaffen lassen. Gerade für Güter wie "saubere Luft" oder "intakte Landschaft" lassen sich keine Eigentumsrechte erstellen, da sie die klassischen Eigenschaften öffentlicher Güter aufweisen. In der Sprache der 'Property-Rights' bedeuten sie eine 'open-access'-Situation, d.h. freien Zugang ohne vorherigen Erwerb der Eigentumsrechte. Niemand hat Interesse am Erwerb eines Nutzungsrechtes, von dem er niemanden ausschliessen kann. Das betreffende Umweltgut wird übernutzt.

Die ursprüngliche Zuteilung der Eigentumsrechte allein garantiert noch keine effiziente Nutzung der Umweltgüter. Erst durch einen Handel der Umweltnutzungsrechte kommen sie in die Hand derjenigen Partei, die den grössten Nutzen daraus ziehen kann, was zu Wohlfahrtsgewinnen führt.

Das **Coase-Theorem** sagt nun aus, dass unabhängig von der ursprünglichen Verteilung der Eigentumsrechte eine pareto-optimale[11] Nutzung der Umwelt erfolgt. Es gilt allerdings nur unter der Voraussetzung kostenloser Transaktion. Sind aber in der Realität die Transaktionskosten grösser als der durch die privaten Verhandlungen erzielbare Gewinn, so werden diese abgebrochen. Transaktionskosten setzen sich zusammen aus Informationskosten, Verhandlungs- und Einigungskosten und den Kosten der Durchsetzung und Sicherung der erworbenen Eigentumsrechte. Es beruht ferner auf der Annahme vollständiger Konkurrenz, welche in der Realität häufig nicht gegeben ist. Schliesslich ist das Coase-Theorem nicht verteilungsneutral. Jede Erstzuteilung von Nut-

[11] Als Pareto-Optimum wird eine Situation bezeichnet, welche für kein Individdum verbessert werden kann, ohne dass nicht ein anderes Individuum eine Nutzeneinbusse erleidet.

zungsrechten kann zwar zu einer effizienten Endzuteilung führen und ist deshalb unter Allokationsaspekten gleichwertig, nicht aber unter Verteilungsaspekten. Eine bestimmte Rechtszuteilung kann Regionen, gesellschaftliche Gruppen oder Einkommensschichten bevorzugen oder benachteiligen. Mit der gezielten Zuteilung von Eigentumsrechten lassen sich andererseits regional- und sozialpolitische Ziele verfolgen, ohne die Effizienzkriterien zu gefährden.

3.2 Öffentliche Güter

3.2.1 Definition

Als öffentlich wird ein Gut bezeichnet, von dessen Konsum niemand ausgeschlossen werden kann (Prinzip der **Nichtausschliessbarkeit**). Zudem können alle Individuen davon in gleicher Menge konsumieren, ohne dass der Konsum einer Person denjenigen anderer Personen beeinträchtigt (Prinzip der **Nichtrivalität**). Damit bildet das öffentliche Gut das Gegenstück zu einem privaten Gut, bei dem ein Ausschluss möglich ist und dessen Konsum denjenigen einer anderen Person vermindert.

Tabelle 8.3: Charakterisierung von Gütern

<table>
<tr><td></td><td></td><td colspan="4">Institutionelle Regelung</td></tr>
<tr><td></td><td></td><td colspan="2">exklusive Eigentumsrechte</td><td colspan="2">keine exklusiven Eigentumsrechte</td></tr>
<tr><td rowspan="3">Charakteristik des Gutes</td><td>Nutzungsrivalität</td><td>A</td><td colspan="2">B</td><td>C</td></tr>
<tr><td>-----------</td><td>-----------</td><td>-----------</td><td>-----------</td><td>D</td></tr>
<tr><td>keine Nutzungsrivalität</td><td></td><td></td><td></td><td>E</td></tr>
</table>

Güter werden demnach in fünf Gruppen unterteilt:

A **Private Güter** unterliegen klar dem Ausschlussprinzip, und es sind exklusive Eigentumsrechte zuteilbar. Beispiele dafür sind Brot, Nägel oder Autos.

B **Allmend-Ressourcen oder common property:** Diese Güter sind im Besitz von Gruppen, das einzelne Individuum verfügt nur über eingeschränkte Nutzungsrechte. Rein technisch wäre ein Ausschluss vom Konsum möglich, aus historisch-politischen Gründen wird er jedoch nicht vorgenommen. Beispiele sind etwa das Grundwasser, Alpen im Besitz von Kooperationen, ein Grossteil des Waldes, der Boden im Mittelalter.

C **Unvollständige öffentliche Güter oder open access-Güter**: Unvollständig heisst dabei, dass eine gewisse Nutzungsrivalität besteht, wenn wegen der Nicht-Ausschliessbarkeit zuviele Individuen Nutzen ziehen wollen (Überfüllung). Beispiel dafür sind die Atmosphäre oder Erholungsgebiete.

D **Meritorische oder normative öffentliche Güter**: Ein Ausschluss ist möglich, doch politisch nicht erwünscht. Eine Rivalität im Konsum kann, muss aber nicht bestehen. Beispiele für meritorische Güter mit Nutzenrivalität ist etwa die öffentliche Bildung oder das Gesundheitswesen. Beispiele für meritorische Güter ohne Nutzungsrivalität sind die Polizei zur Sicherung von Ruhe und Ordnung oder die öffentliche Forschung. Meritorische Güter werden politisch als so bedeutend eingestuft, dass für ihre Bereitstellung öffentliche Mittel eingesetzt werden, womit mehr davon angeboten wird als unter Marktbedingungen. Der Staat bietet Güter und Dienstleistungen an, die von allen Bürgern - unabhängig ihrer Kaufkraft - günstig genutzt werden können. Nicht unwichtig dabei ist ein klarer Umverteilungseffekt. Dabei mischt sich allerdings der Staat in die Konsumfreiheit seiner Bürger ein. Die Begründung dafür wird aus einer sozialen Führungsrolle des Staates in einer demokratischen Gesellschaft hergeleitet.[12]

E **Reine öffentliche Güter**: Für diese Güter gibt es keine Nutzungsrivalität und es können auch keine exklusiven Eigentumsrechte zugeteilt werden. Ein Beispiel dafür ist die Landesverteidigung oder die Strassenbeleuchtung. Viele früher als öffentlich angesehene Güter der Natur erweisen sich als unvollständig, d.h. es traten Übernutzungen und damit Nutzungsrivalität auf. Hingegen gibt es eine Reihe von reinen öffentlichen Ungütern wie die zerstörte Ozonschicht oder der Anstieg der CO_2-Konzentration in der Atmosphäre.

---

12 Musgrave, R., 1974, Finanztheorie, Tübingen, S.16

Bei Gütern, von deren Nutzen die Individuen gar nicht oder nur beschränkt ausgeschlossen werden können, besteht ein Bestreben der potentiellen Nutzniesser, ihre Präferenz dafür nicht offenzulegen. Definitionsgemäss kann jede Person am Konsum des öffentlichen Gutes teilhaben, ob sie an den Kosten zu seiner Erstellung mitträgt oder nicht. Jede rational handelnde Person wird daher ein strategisches Verhalten an den Tag legen, das sich je nach Situation - insbesondere wenn das Gut mit Zahlungen verknüpft wird - anders manifestiert. Unter der Voraussetzung, dass ein Individuum rational, d.h. insbesondere widerspruchsfrei handelt, können zwei typische Situationen unterschieden werden

a) Strategisches Überschätzen des Nutzens, sofern nicht sofort bezahlt werden muss - damit wird die Bereitstellung des Gutes gesichert.

b) Strategisches Unterschätzen des Nutzens, sobald eine sofortige Zahlung verlangt wird.

Die konkrete Zahlungsbereitschaft am Markt ist wegen der Nicht-Ausschliessbarkeit vom Konsum in jedem Fall gering oder inexistent. Deshalb besteht wenig oder kein Anreiz zur Bereitstellung öffentlicher Güter.

3.2.2 Ökonomische Interpretation

Der Unterschied zwischen einem privaten und einem öffentlichen Gut lässt sich wie folgt charakterisieren:[13] Ein privates Gut kann einem bestimmten Individuum zugeordnet werden, d.h. andere Individuen sind von der Nutzung ausgeschlossen. Dies ist identisch mit der Existenz privater Eigentumsrechte. Als Konsequenz rivalisieren die einzelnen Individuen um die Nutzung dieses Gutes. Diese sogenannte Verwendungskonkurrenz wird formal durch die Gleichung $q_1 + q_2 + ... + q_n = q_{tot}$ beschrieben. Die q_i stellen die individuell nachgefragten Mengen des privaten Gutes und q_{tot} die gesamte Nachfragemenge dar.

Dieser Zusammenhang wird im Preis-Mengen-Diagramm in Abbildung 8.7 dargestellt. Die zu einem gegebenen Preis individuell nachgefragten Mengen q_1, q_2, ..., q_n werden horizontal zur Gesamtnachfrage addiert.

---

[13] Siebert H., 1987, Economics of the Environment, Theory and Policy, S. 62

Abbildung 8.7: Nachfrage nach einem privaten Gut

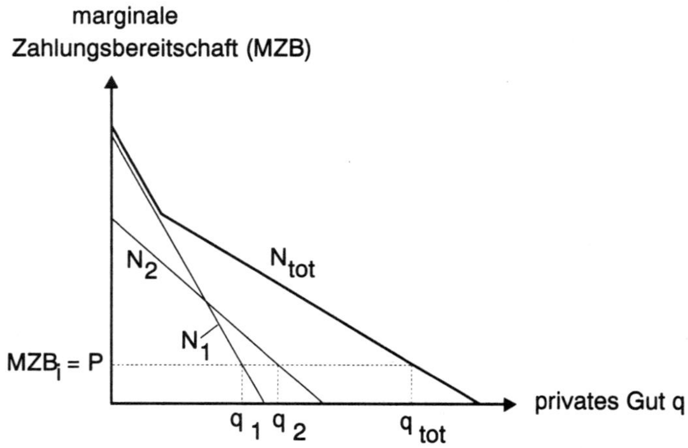

Ein reines öffentliches Gut dagegen wird potentiell von allen in gleichen Mengen konsumiert. Es kann nicht einzelnen Individuen zugeteilt werden. Es besteht keine Rivalität in der Nutzung. Kein Individuum kann von der Nutzung ausgeschlossen werden, d.h. es können keine Eigentumsrechte angemeldet werden. Ein öffentliches Gut G kann also dargestellt werden durch $g_1 = g_2 = ... = g_n = g$

Die individuell konsumierten Mengen g_i des öffentlichen Gutes sind per definitionem alle gleich gross. Abbildung 8.8 zeigt, dass für eine vorgegebene Menge eines öffentlichen Gutes die individuellen marginalen Zahlungsbereitschaften MZB_1, MZB_2, ..., MZB_n vertikal zur Gesamtnachfrage addiert werden.

Ein einfaches Beispiel ist die Bereitschaft der Nachfrager, Eintrittskarten für ein Museum oder ein Konzert zu kaufen. Die Summe aller Eintritte ergibt den Gesamtnutzen aller Nachfrager.

Abbildung 8.8: Nachfrage nach einem öffentlichen Gut

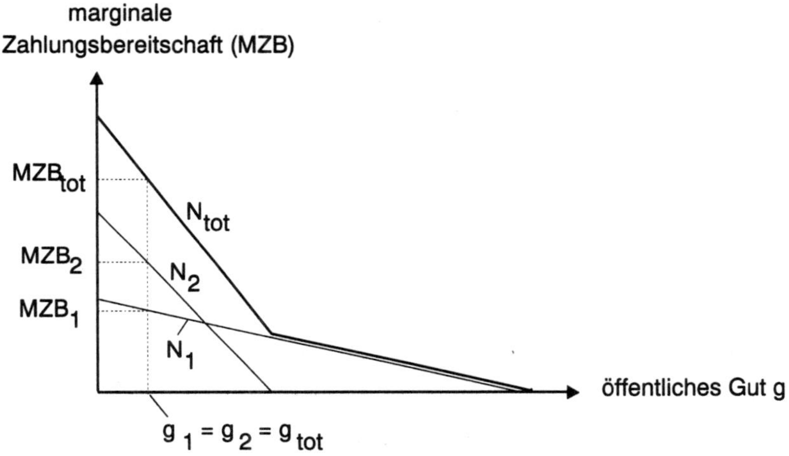

3.2.3 Heterogene Bedürfnisstruktur von öffentlichen Gütern

Jede Person hat in der Regel Bedürfnisse nach öffentlichen Gütern, die von denen anderer Leute verschieden sind. Unterschiedliche Präferenzen stellen bei der Beschaffung von privaten Gütern im allgemeinen keine Probleme und drücken sich in unterschiedlicher Zahlungsbereitschaft aus. Dagegen wird ein öffentliches Gut in einer gewissen Umgebung allen Leuten in gleichem Mass zur Verfügung gestellt. Niemand wird aber seinen Verbrauch eines öffentlichen Gutes genau nach den Steuern, die er bezahlt, richten können. Andererseits ist es auch nicht möglich und wünschenswert (verteilungspolitische Zielsetzungen), die Steuern dem Verbrauch jedes Einzelnen anzupassen.

Abbildung 8.9: Individuelle Nachfrage nach öffentlichen Gütern

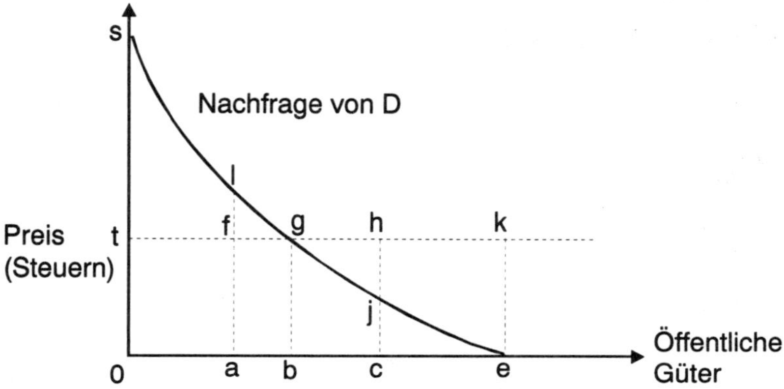

In Abbildung 8.9 wird die Nachfragekurve einer Person D nach einem öffentlichen Gut gezeigt. D muss Steuern in der Höhe *t* pro Einheit des öffentlichen Gutes bezahlen. Für D wäre die optimale Menge des Gutes bei b, wo D's Grenzbewertung (maximale Zahlungsbereitschaft) gleich der Steuer für das Gut ist. Bei dieser Menge erhielte D eine maximale Konsumentenrente, nämlich *tsg*.

Wenn das Gut nur in der Menge *a* beschafft wird, erhält D eine ungenügende Menge des Gutes. Bei *a* ist die Konsumentenrente um *flg* gegenüber der optimalen Lage *b* reduziert. Aber auch bei der Menge *c* erleidet D eine Nutzeneinbusse, da die Konsumentenrente jetzt nur noch *tsg* minus *ghj* beträgt. Dennoch ist D's Situation sowohl bei der Menge *a* als auch bei der Menge *c* besser, als wenn überhaupt nicht für das Gut gesorgt wäre. Es ist allerdings auch möglich, dass die Person D den Zusammenhang zwischen ihren Steuern und der Beschaffung des öffentlichen Gutes nicht richtig erkennt und dass ihr daher eine Menge *e* des Gutes am günstigsten erscheint, wo nach ihren Überlegungen der Nutzen maximal ist. Tatsächlich entspricht aber die Konsumentenrente *tsg* minus *gek*, wobei *gek* grösser als *tsg* sein kann, d.h. D erleidet einen Netto-Verlust, wenn das öffentliche Gut in zu grosser Menge (e) produziert wird. Zudem besteht in der dynamischen Betrachtung eine grosse Wahrscheinlichkeit, dass die Steuern t erhöht werden.

Aus den obigen Überlegungen kann folgender Schluss gezogen werden: je näher die tatsächliche Menge eines öffentlichen Gutes bei der optimalen Menge eines einzelnen Individuums liegt, umso wertvoller ist es für dieses. Man nimmt an, dass die beste Produktionsstufe öffentlicher Güter am ehsten durch den politischen Prozess (Abstimmungen) bestimmt werden kann. Wenn dieser Vorgang auf Mehrheitsbeschlüssen beruht und relativ gut funktioniert, so wird die Produktionsmenge dem Mittelwert aller individueller mengenmässigen Nachfragen ähnlich sein. Am besten befriedigt wird die Nachfrage eines Individuums, dessen Geschmack gleich dem mittleren Geschmack der politischen Einheit, der es angehört, ist. Also ergeben sich zwei Möglichkeiten, die Produktion eines öffentlichen Gutes zu beeinflussen:

a) Der Einzelne nimmt am politischen Prozess teil, so dass seine eigenen Präferenzen zur Bestimmung der Produktionsmenge beitragen.
b) Er wählt ein Wohngebiet, wo Art und Versorgungsgrad öffentlicher Güter am ehsten seinem Geschmack entsprechen.

Je homogener die Bedürfnisse in einer politischen Einheit sind, desto grösser ist die Summe aller Konsumentenrenten. Eine politische Einheit funktioniert am besten, wenn sie relativ homogen ist, wobei im Idealfall alle individuellen Nachfragen und Zahlungsbereitschaften für eine bestimmte Menge identisch sind.[14]

4. Mögliche Wege zur Erfüllung öffentlicher Ziele

Bereits in Kapitel II wurde auf den jeweiligen ökonomischen Charakter der verschiedenen agrar- und versorgungspolitischen Ziele hingewiesen. In den vorangehenden Abschnitten wurde aufgezeigt, dass die Ziele Eigenarten aufweisen, die eine Zielerfüllung über ein freies, interventionsloses Marktsystem verunmöglichen. Im folgenden Abschnitt soll deshalb auf zwei grundsätzlich verschiedene Wege hinwiesen werden. Beide können zur Zielerfüllung in der Agrarpolitik führen, nämlich die Verstaatlichung der Nahrungsmittelproduktion einerseits und der agrarpolitische Interventionismus andererseits.

4.1 Verstaatlichung der Nahrungsmittelversorgung

Ein Blick in die westlichen, marktwirtschaftlich ausgerichteten Länder zeigt, dass die Eisenbahnen, die Post, die Militärindustrie, das Schulwesen, um nur die wichtigsten zu nennen, mehrheitlich in den Händen

---

[14] Weiterführende Literatur, siehe z.B. Siebert H., 1981, Ökonomische Theorie natürlicher Ressourcen, in: Zeitschrift für Wirtschafts- und Sozialwissenschaften, Vol. 101

des Staates liegen. Es handelt sich dabei um Sektoren, deren Leistungen entweder eindeutig den Charakter von öffentlichen Gütern aufweisen. Deren Leistungen würden über den freien Markt nicht im gewünschten Umfange erbracht. Oder es handelt sich um meritorische Leistungen, wie beispielsweise das Bildungswesen, zu dem in übergeordnetem Interesse grundsätzlich alle, unabhängig von Einkommen und Vermögen, Zugang haben sollen.

Wie weiter oben dargelegt, weist auch die Nahrungsmittelversorgung beide Eigenarten auf, die bei anderen Sektoren zur Verstaatlichung führten. So wäre es denkbar, die Agrarproduktion zu verstaatlichen und aufgrund von Anbauplänen und nach Richtlinien in jeder Region das zu produzieren, was zur Zielerfüllung der Versorgung mit Nahrungsmitteln führt.

Ein Vorschlag in dieser Richtung wurde schon vor mehr als 20 Jahren von Kleinewefers[15] gemacht. Aufgrund einer Analyse der damaligen Agrarpolitik kam Kleinewefers zum Schluss, dass die ergriffenen Massnahmen keineswegs zielkonform waren und dass die übergeordneten Ziele der Nahrungsmittelversorgung und der nachhaltigen Landschaftserhaltung nicht erreicht wurden. Kleinewefers baut seine Argumentation auf dem Grundsatz "Gleicher Lohn für gleiche Leistung" auf. Im Gegensatz zur heutigen Praxis müssten dann die Bergbauern gleichviel verdienen wie z.B. die Talbauern oder andere Berufstätige, die die gleichen physischen Leistungen erbringen. Dieses Postulat ist nur dann zu erfüllen, wenn die Landwirtschaft in einen staatlichen Regiebetrieb umgewandelt würde und die "Landarbeiter" ihren Lohn vom Staat erhielten. Die Produkte wären entweder an den Staat abzuliefern oder eventuell zum Weltmarktpreis zu verkaufen. Aussenhandelsschutz wäre nicht mehr nötig, die Nahrungsmittelpreise fielen auf das Weltmarktniveau, und die Entschädigung der Landwirtschaft erfolgte aus Steuergeldern.

Dieser Vorschlag von Kleinewefers hat zweifellos etwas Bestechendes an sich. Die zu ergreifenden Massnahmen sind streng auf die obersten wirtschaftspolitischen Ziele ausgerichtet. Gegenargumente müssten somit ausserhalb des eigentlichen Modells oder an seinen zu starken Vereinfachungen, nicht aber an der Logik des Modells selber einhaken.

---

[15] Kleinewefers H., Wirtschaftspolitische Konzeption und Umweltproblematik: Das Beispiel der Agrarpolitik, Schweiz. Zeitschrift für Volkswirtschaft und Statistik, Nr. 3, 1972

Ein Gegenargument ausserhalb des Modells liegt darin, dass es ein "unschweizerisches Vorgehen" wäre, einen ganzen Wirtschaftszweig mit rund 100'000 selbständig erwerbenden Bauern zu Staatsangestellten zu machen. Dadurch würde man diesen Leuten die unternehmerische Freiheit und die damit verbundene Initiative nehmen. Kleinewefers misst in der Tat der unternehmerischen Freiheit fast kein Gewicht bei und meint, dass die Bauern heute schon kaum mehr unternehmerische Freiheit hätten, da der Staat bereits überall eingreife. Unseres Erachtens besitzen die Landwirte in der Schweiz gegenüber einem Angestellten in einem Regiebetrieb jedoch ganz wesentlich grössere Freiheiten. Sie äussern sich vor allem darin, dass dem Tüchtigen die Möglichkeit gelassen wird, kostengünstiger zu produzieren als andere bzw. besser bezahlte Absatzkanäle zu finden und somit mehr zu verdienen. Diesen Anreiz fallen zu lassen bedeutet deshalb, dass für die gleiche Leistung in einem Regiebetrieb wesentlich mehr Arbeitskräfte gebraucht würden. Damit ginge vermutlich der Effizienzgewinn im Modell Kleinewefers wieder verloren. Ein Blick auf die landwirtschaftlichen Staatsbetriebe in den ehemals sozialistischen Staaten lässt dies wenigstens vermuten.

Ein zweites Gegenargument besteht darin, dass das Modell zwar konsistent ist bezüglich der zwei Ziele 'Sicherung der Nahrungsmittelversorgung' und 'Erhaltung der Kulturlandschaft', dass aber andere Ziele, wenn auch solche von untergeordneter Bedeutung oder solche, die von Kleinewefers als Leerformeln bezeichnet werden, nicht übergangen werden dürfen. Zu denken ist dabei etwa an die Erhaltung eines gesunden Bauernstandes, interpretiert als selbständige Familienbetriebe oder an die Lebensfähigkeit agrarischer Bergdörfer durch die Erhaltung möglichst vieler Betriebe in diesen Gebieten.

4.2 Agrarinterventionismus

Da der politische Wille in den westlichen Industrieländern fehlt, den Weg zur Verstaatlichung der Nahrungsmittelproduktion, wie ihn Kleinewefers vorgeschlagen hat, einzuschlagen, machen alle diese Länder gezielte Eingriffe in die Agrarmärkte, um die Erfüllung der agrarpolitischen Ziele sicherzustellen, ohne dabei aber den Markt selber zum Erliegen zu bringen. Diesen Weg nennt man Agrarinterventionismus. Das agrarpolitische Instrumentarium der westlichen Industriestaaten ist mit den immer gezielteren Eingriffen in einzelne Märkte auf der Produkt- wie auf der Faktorseite in den letzten Jahren äusserst vielfältig und unübersichtlich geworden. Jeder Eingriff verfolgt ein Teilziel. Im Gegensatz zur Verstaatlichung werden beim Interventionismus in der Regel keine Produktionsvorschriften gemacht, sondern mittels Mindest- oder Höchstpreise (z.B. auf dem Bodenmarkt), Kontingenten (Angebotsbeschränkungen) und Faktorsubventionierung die Produktion gesteuert. In neuster Zeit sind die erwähnten Bereiche in bedeutendem Ausmass durch Direktzahlungen ergänzt oder ersetzt worden.

Abbildung 8.10: Übersicht über agrarpolitische Massnahmen

Instrumentarium

Strukturpolitik (Produktivitätserhöhung)	Preispolitik / Marktpolitik	Einkommenspolitik (Direktzahlungen)
Förderung der	Absatzgarantie	Dir. Einkommenszahlungen:
- Betriebsstrukturen	Preisgarantie	- Kostenbeiträge
- Marktstrukturen	Kontingente	~~- Betriebsbeiträge~~
- Beratung	Importsperre	- Flächenbeiträge
- Bildung	Handelsverträge international	- Sozialpolitische Massnahmen (Kinderzulagen, Haushaltszulagen)
- Forschung	Übernahmeverträge	
- Qualität	Vorratshaltung	
- Meliorationen	Zölle	
- Hochbausubventionen	Abgaben auf Importen	
- Kredithilfen	Verbilligung von Produktionsmitteln	
- Zinsverbilligungen	Verbilligung von Produkten	
	Verwendungszwang	
	Inferiore Verwertung	
	Vernichtung von Überschüssen	
	Exportförderung	
	Rückerstattugen	

Mit der Abbildung 8.10 wird ein Überblick über die verschiedenen Instrumente des Agrarinterventionismus gegeben, unterteilt in die drei Bereiche Strukturpolitik, Preis- und Marktpolitik und Sozial- bzw. Einkommenspolitik. Im nachfolgenden Kapitel IX wird vor allem auf die Preis- und Marktpolitik und sowie auf die Einkommenspolitik näher eingegangen.

IX. Instrumente der Agrarmarktpolitik

Um die agrarpolitischen Ziele, wie sie in Kapitel II dargelegt wurden, zu erreichen, greift der Staat (nicht nur in der Schweiz, sondern in den meisten Industrie-Ländern) auf vielfältige Weise in das Geschehen auf den Agrarmärkten ein, ohne jedoch das Funktionieren des Marktes selber zum Erliegen zu bringen. Im Gegensatz zu einer verstaatlichten Landwirtschaft - die kommunistischen Länder versuchten mit Produktionsvorschriften auf der Input- und Outputseite und mit der Kollektivierung des Landes die Agrarproduktion zu lenken - werden beim Interventionismus die Produktion, die Nachfrage und die Handelströme mehrheitlich mit preislichen Anreizen und Belastungen beeinflusst.

In einer Grobeinteilung lassen sich folgende Gruppen von Instrumenten der Agrarmarktpolitik bilden:

- Instrumente des Aussenhandelsschutzes
- Instrumente zur Beeinflussung des inländischen Angebotes
- Instrumente zur Beeinflussung der inländischen Nachfrage
- Instrumente zur Beeinflussung der Produktionsmittelpreise
- Direkte Einkommensübertragungen

Im folgenden werden die wichtigsten Instrumente gruppenweise in ihren Grundzügen und ihrer ökonomischen Wirkungsweise vorgestellt.

1. Instrumente des Aussenhandelsschutzes

1.1 Zölle

Ursprünglich hatten Zölle die Funktion, Geld in die Kassen der Landsherren beziehungsweise in die Staatskasse zu bringen (z.B. Brückenzölle). Erst Ende des 19. Jahrhunderts wurden in der Schweiz Zölle als Schutz vor billigen Importen eingeführt.[1] Durch die Erhebung von Schutzzöllen sollten die Preise von Importgütern angehoben und entsprechend die Inlandproduktion geschützt werden.

---

1 vgl. dazu Bundesbeschluss vom 27. Juni 1884, das Bundesgesetz vom 22. Dez. 1893 und den Generalzolltarif von 1902

Es lassen sich im wesentlichen drei Zollarten unterscheiden: Gewichtszölle, Wertzölle und Gleitzölle. Siehe dazu Abbildung 9.1:

Abbildung 9.1: Wirkungsweise unterschiedlicher Zollarten

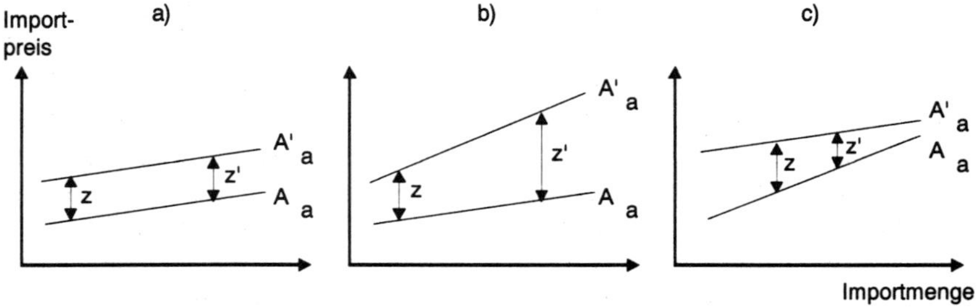

A_a = ausländisches Angebot ohne Zoll
A'_a = ausländisches Angebot mit Zoll

a) **Gewichtszoll**
Unabhängig vom Preis wird pro Gewichtseinheit ein Geldbetrag *z* verlangt.

b) **Wertzoll**
Der Zoll bildet einen konstanten Prozentsatz vom Preis des Importgutes. Teure Güter werden so überproportional belastet.

c) **Gleitzoll**
Der Gleitzoll passt sich dem Importpreis an: je tiefer der Importpreis, desto höher der Zoll und umgekehrt.

Die Wirkung der Zölle ist abhängig von den jeweiligen Preiselastizitäten: Die Wirkung auf die importierten Mengen ist gering, wenn die inländischen Angebots- und Nachfragefunktionen relativ steil sind, d.h. geringe Preiselastizitäten aufweisen und wenn das ausländische Angebot sehr elastisch ist. Beide Bedingungen treffen für die Schweizer Agrarmärkte zu, so dass durch Zölle allein selten die angestrebten Schutzwirkungen erzielt werden,[2] wie dies auch Abbildung 9.2 veranschaulicht:

---

[2] Dies ist der Grund, weshalb viele Länder andere, stärker mengenbezogene Aussenhandelsinstrumente zum Schutz der Inlandproduktion anwenden. Im Rahmen der GATT-Uruguay-Runde wurde beschlossen, auch im Agrarsektor zu tarifizieren, d.h. alle Schutzmechanismen in Form von Zöllen auszudrücken. Das hat die Vorteile, dass der Protektionismus verschiedener Länder vergleichbar wird, dass die Preissignale des Weltmarktes auf die einzelnen Volkswirtschaften durchschlagen und dass der Marktzutritt verbessert wird. Wir gehen unter Punkt 1.5 näher auf die Tarifizierung ein.

Abbildung 9.2: Die Wirkung von Zöllen

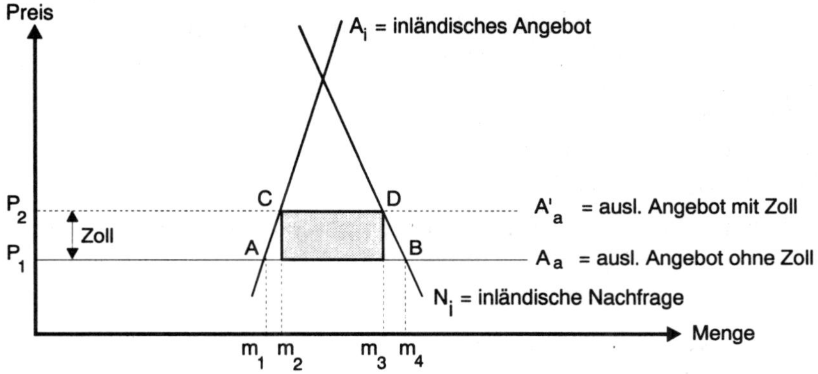

Wegen der oben erwähnten Eigenarten bewirkt der Zoll, dass

- der Marktpreis zwar von p_1 auf p_2 ansteigt,
- dass aber die inländische Angebotsmenge nur um m_2-m_1 ansteigt und die Nachfragemenge um m_4-m_3 zurückgeht.

Mit der Erhebung von Zöllen kann zwar die Staatskasse gefüllt werden (im Umfang der schraffierten Fläche); sie führt aber zu einer starken Preisbelastung (zulasten der Konsumenten) mit relativ geringer Mengenwirkung bei Angebot und Nachfrage.

1.2 Erweiterte Zollsysteme

Die Erfahrung, dass mit Zöllen allein die agrarpolitischen Ziele nicht erreicht werden, hat dazu geführt, dass die einfachen Zollsysteme erweitert und wirksamer gemacht hat wurden. Es entstanden

- das von der EU angewendete Abschöpfungssystem,
- das System der Preiszuschläge, wie es die Schweiz beispielsweise bei Futtermitteln, Butter und Speisefetten anwendet und
- das in den GATT-Verhandlungen für die meisten Produkte beschlossene System der Zollkontingente.

1.2.1 Abschöpfung

Das Abschöpfungssystem stellt ein verbessertes Gleitzollsystem dar. Dabei wird der Zoll oder die Abschöpfung nicht bezüglich der Importpreise allein festgelegt, sondern die Abschöpfung beträgt zu jedem Zeitpunkt die absolute Differenz zwischen dem Importpreis und einem im Inland festgelegten Zielpreis. Damit wird verhindert, dass ein Produkt zu einem tieferen Preis als dem Zielpreis auf den inländischen Markt gelangt (vgl. Abbildung 9.3).

Abbildung 9.3: Wirkung einer variablen Abschöpfung bei zeitlichen Importpreisschwankungen

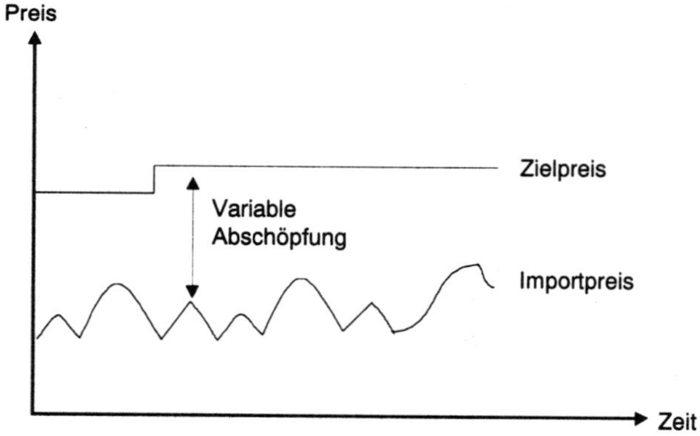

Der Zielpreis entspricht einem im Inland festgelegten, gewöhnlich kostendeckenden Produzentenpreis. Die Wirkung bei einer unendlich elastischen ausländischen Angebotskurve (Fall Schweiz) soll anhand von Abbildung 9.4 erläutert werden:

Abbildung 9.4: Wirkungsweise einer Abschöpfung für ein kleines Importland (Fall Schweiz)

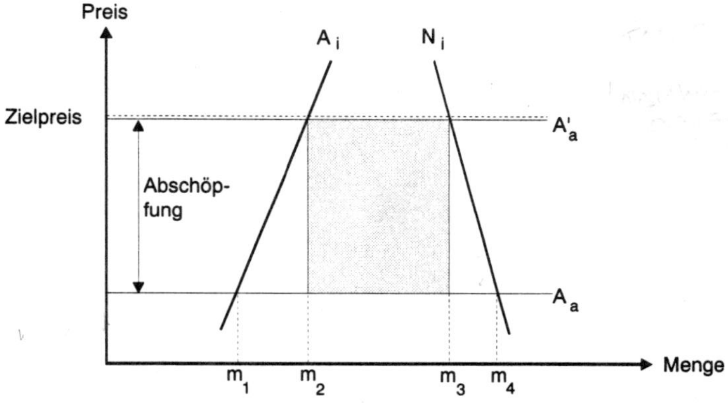

Der festgesetzte Zielpreis für die inländischen Produzenten führt dazu, dass im Inland die Menge m_2 produziert wird. Dieser Preis kann auf dem Markt gehalten werden, weil der Import m_3-m_2 durch die Abschöpfung gleich teuer gemacht wird. Es wird insgesamt die Menge m_3 zum Zielpreis verkauft. Der Staat schöpft den Betrag *S* ab (= Differenz von Zielpreis und Importpreis mal Importmenge). Die Nachfrage geht um die Menge m_4 - m_3 zurück.

Wegen der Bedeutung des Abschöpfungssystems in der Agrarpolitik der Europäischen Union soll anhand von Abbildung 9.5 dessen Wirkung auch für den Fall eines grossen Importlandes dargestellt werden. Die vom importierenden Land (EU) ausgeübte Nachfrage hat einen Einfluss auf den Weltmarktpreis, die ausländische Angebotskurve ist nicht mehr horizontal.

Abbildung 9.5: Wirkungsweise des Abschöpfungssystems für einen einflussreichen Nachfrager auf dem Weltmarkt (Fall EU)

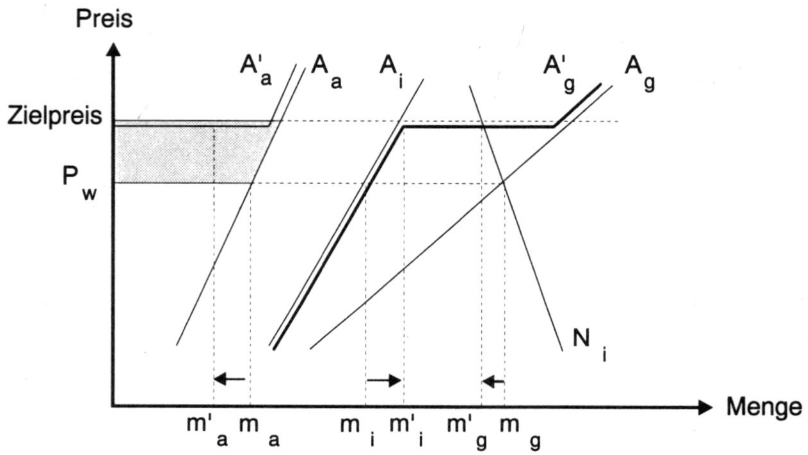

Bei freiem Handel würde der Weltmarktpreis p_w gelten, zu dem in der EU die Menge m_g nachgefragt würde. Davon würde m_a importiert und m_i im Inland produziert. Die Abschöpfung erhöht den Importpreis auf das Niveau des Zielpreises. Die ausländische Angebotskurve (in ihrer Wirkung auf den Inlandmarkt) wird administrativ horizontal gemacht, also in die Form A'_a gebracht. Wird nun diese neue ausländische Angebotskurve A'_a zu der inländischen Angebotskurve A_i addiert, so ergibt sich die neue Gesamtangebotskurve A'_g (gegenüber der ursprünglichen Gesamtangebotskurve A_g). Durch die Manipulation der Abschöpfung liegt nun der Zielpreis, der zum Marktpreis gemacht wurde, im Bereich einer horizontalen Gesamtangebotskurve. Um die neue Nachfrage m'_g zu decken, wird im Inland die Menge m'_i produziert und die Differenz zu m'_g importiert. Überträgt man diese Differenz auf die neue ausländische Angebotskurve A'_a, bleibt eine Importmenge von m'_a. Wie auch in der Abbildung durch Pfeile angedeutet, führt das Abschöpfungssystem gegenüber einer Freihandelssituation zu einer Ausdehnung des Inlandangebotes, zu einer Reduktion der Inlandnachfrage und insbesondere zu einer Reduktion des Importes.

Das Abschöpfungssystem bringt in statischer Darstellung ausschliesslich Einnahmen für den Staat im Umfang der schraffierten Fläche. Tatsächlich ist jedoch bekannt, dass die EU ein sehr hohes Agrarrechnungsdefizit aufweist. Dies soll anhand Abbildung 9.6 erläutert werden. Der inländische Marktpreis (= Zielpreis) kann beim Abschöpfungssystem solange gehalten werden, als zu diesem Preis die inländische Angebotsmenge m_i kleiner als die inländische Nachfragemenge m_g ist. Wird m'_i grösser als m_g, so sinkt der Marktpreis unter den Zielpreis. Um solche Preiseinbrüche zu vermeiden, legt man zusätzlich einen Interventionspreis p_N fest. Zu diesem Preis verpflichtet sich eine Regierung, die Produkte zu übernehmen, um den Preis p_N zu halten.

Abbildung 9.6: Wirkung des Abschöpfungssystem mit Interventionspreis in Überschusslagen

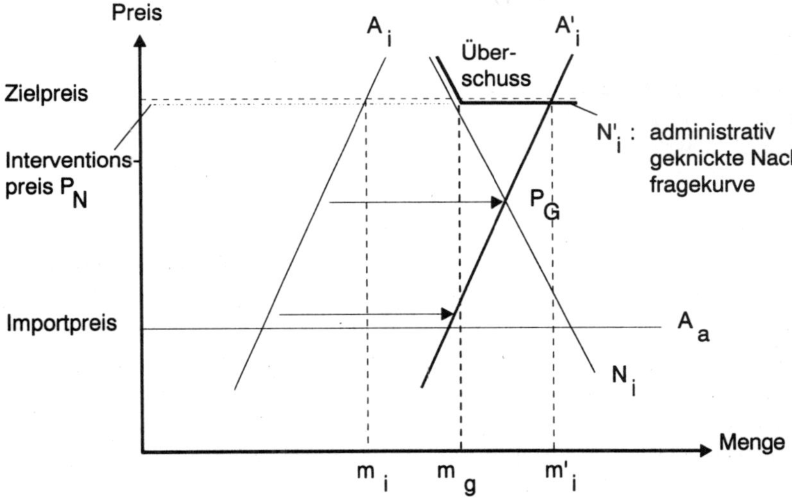

Übersteigt also das inländische Angebot die inländische Nachfragemenge zum Interventionspreis, so entsteht ein Überschuss, der durch die Behörde aufgekauft werden muss. Dabei entstehen oft beachtliche Kosten bei inferiorer Verwertung oder durch Exportsubventionen. Es ist auch kein Import mehr möglich - die Abschöpfungsbeiträge fallen weg.

Zusammenfassend weist das Abschöpfungssystem einige Grundzüge auf, die bezüglich des agrarpolitischen Zielsystems wichtig sind:

- Das Abschöpfungssystem ermöglicht hohe inländische Produzentenpreise.
- Damit besteht eine Tendenz zu Angebotsausdehnung und zu Überschüssen, deren Verwertung staatliche Mittel erfordert.
- Die Konsumentenpreise entsprechen den Zielpreisen und sind im Vergleich zu den Importpreisen hoch. Die Konsumenten bezahlen folglich den Agrarschutz über hohe Nahrungsmittelpreise.
- Das System ermöglicht stabile Inlandpreise; Schwankungen werden auf das Ausland überwälzt.
- Das System ist konzipiert für eine Situation, in der wenigstens ein minimaler Import möglich ist. Nur dann ergeben sich Einnahmen für die Staatskasse.

1.2.2 Preiszuschläge

Mit Preiszuschlägen auf Importen wird wie beim Abschöpfungssystem die Importware verteuert. Der Unterschied liegt bei Preiszuschlägen nach schweizerischem Muster darin, dass die Abgaben im voraus als absolute Beiträge festgelegt und periodisch angepasst werden. Deshalb wird auch vom einem produktspezifischen Gewichtszollsystem gesprochen, welches die Importmenge und damit den Inlandpreis beeinflusst. Die administrative Handhabung ist einfacher als beim Abschöpfungssystem, bei dem der Abschöpfungsbetrag laufend angepasst werden muss.

1.3 'Deficiency-Payment'-System

Dieses System eignet sich für jene Situationen, bei denen unter normalen Bedingungen ein grosser Importbedarf an einem Produkt besteht. Es war z.B. auch das System, dass Grossbritannien bis zu seinem Beitritt zur EG anwendete. In der Schweiz kommt es in abgewandelter Art bei Brotgetreide, Zucker und Raps zur Anwendung.

Im Gegensatz zum Abschöpfungssystem wird beim 'Deficiency-Payment'-System nicht die Importware verteuert, sondern das inländische Angebot verbilligt. Auf schweizerische Verhältnisse bezogen (horizontale ausländische Angebotsfunktion A_a) ist dies in Abbildung 9.7 dargestellt:

Abbildung 9.7: 'Deficiency-Payment'-System (Fall kleines Importland)

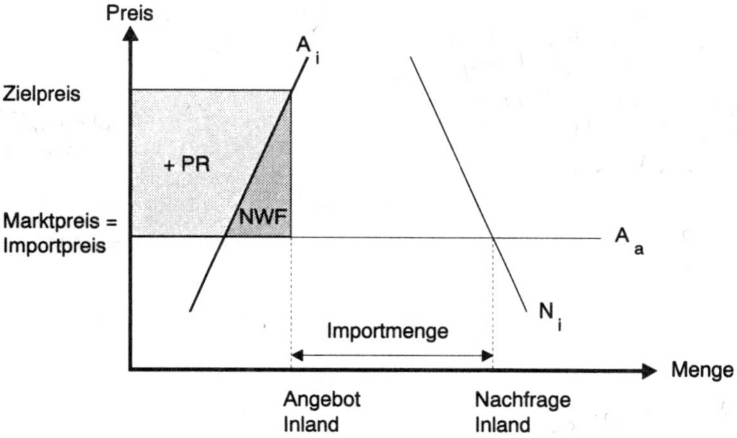

Für die im Inland zum Zielpreis produzierte Menge übernimmt der Staat eine Preis- und Absatzgarantie. Er tut dies, indem er den Produzenten die Differenz zwischen Produzentenpreis und Marktpreis direkt aus der Staatskasse bezahlt. In Abbildung 9.7 ist dies die schraffierte Fläche. Dabei entspricht die Fläche über der Angebotskurve der Produzentenrente *PR*, während das Dreieck *NWF* den Netto-Wohlfahrtsverlust darstellt. Die Grösse des Transfers an die Produzenten hängt dabei von der Höhe des inländischen Marktpreises ab. Dieser entspricht in der Regel dem Importpreis. Schwankungen des Importpreises übertragen sich so auf die inländischen Konsumentenpreise.

Das 'Deficiency-Payment'-System weist folgende Grundzüge auf:

- Es ermöglicht hohe Produzentenpreise im Inland.
- Die Konsumentenpreise entsprechen den Importpreisen und sind in der Regel entsprechend tief.
- Das System finanziert den Agrarschutz über Steuern und nicht über die Nahrungsmittelpreise.
- Es führt zu keinen stabilen inländischen Marktpreisen.
- Bei grossem Anteil der Inlandproduktion (meist steigend, da die hohen Produzentenpreise Anreiz zur Produktionsausdehnung geben) wird die Staatskasse stark belastet. Dies umso mehr, als keine Zolleinnahmen möglich sind.

1.4 Einfuhrkontingente

Die mengenmässige Begrenzung des Importes ist zweifelsohne der wirksamste Schutz vor billigerem ausländischen Angebot. Der Einfluss von Preisen wird dadurch vollständig ausgeschaltet. Es ist jeweils ein rein administrativer Entscheid, ob und wenn ja, wieviel importiert werden soll. Die Unsicherheit der Wirkung von Zöllen wird behoben. Mit der Einfuhrbeschränkung soll das interne Preisniveau gestützt werden, wie dies in Abbildung 9.8 dargelegt wird. Wir gehen auch hier von einer für die Schweiz realistischen (horizontalen) ausländischen Angebotskurve aus.

Abbildung 9.8: Wirkung einer Einfuhrkontingentierung (Fall kleines Importland)

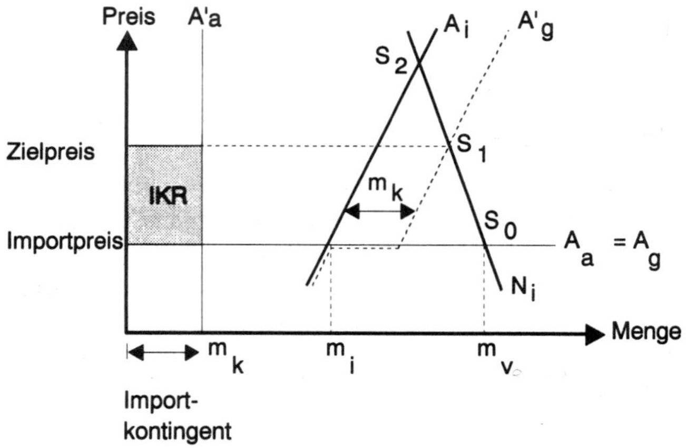

Ohne Aussenhandelsschutz wäre der Preis für ein Produkt im Inland gleich dem Importpreis. Dann würde im Inland nur die Menge m_i produziert und die Menge m_v abgesetzt. S_0 stellt dann den Schnittpunkt zwischen ausländischer Angebotskurve und inländischer Nachfragekurve dar. Wird nun der Import durch Kontingente auf die Menge m_k begrenzt, kommt die Kontingentsmenge (horizontal) zum inländischen Angebot hinzu. Es entsteht ein neues Gesamtangebot A'_g. Wie ersichtlich, kann nun das Importkontingent annähernd so festgelegt werden, dass ein Zielpreis erreicht wird, wie dies in Schnittpunkt S_1 in der Abbildung 9.8 der Fall ist.

Eine Importsperre entspricht einem Importkontingent von Null - der entsprechende Preis käme auf der Höhe von Schnittpunkt S_2 zu liegen. Importkontingentierung ist ein sehr wirksames Instrument, die einheimische Produktion vor ausländischer Konkurrenz zu schützen. Sie weist aber auch einige bedeutende Nachteile auf :

- Stabile inländische Preise werden nur erreicht, wenn die kurzfristigen Schwankungen der inländischen Nachfrage und des inländischen Angebotes durch laufende Anpassung der Kontingente auf den Import abgewälzt werden (siehe dazu die Probleme des schweizerischen Fleischmarktes [3]).
- Die Festlegung der Kontingente muss im voraus erfolgen. Folglich ist man auf Schätzungen über Konsum und Produktion angewiesen. Es ist allerdings je nach Produkt in beschränktem Umfange möglich, (zuviel) importierte Mengen im Inland zu lagern und diese bei knappem Inlandangebot (hohe Preise) wieder auszulagern.
- Importkontingente schaffen Kontingentsrenten. Diese entstehen, weil die importierte Menge im Inland zum Zielpreis verkauft werden kann. Die Differenz zwischen Zielpreis und Importpreis (abzüglich Transportkosten) mal Importmenge bildet die Kontingentsrente (schraffierte Fläche *IKR* in Abbildung 9.8). Es stellt sich die Frage, wem diese Rente zugute kommt. Es gibt dabei drei Möglichkeiten:
  - Der Staat gibt die Importkontingente gratis an die Importeure ab. Die Rente fliesst in die Hände der Importeure und der ausländischen Exporteure. Wem von diesen zwei Gruppen mehr zufliesst, hängt von der jeweiligen Wettbewerbsstärke ab. Sind die relativ wenigen Importeure oligopolistisch organisiert, können sie die ganze Rente abschöpfen. Bei gleicher Wettbewerbsstärke teilen die beiden Handelspartner die Rente unter sich auf.
  - Der Staat versteigert die Importkontingente. Damit wird zumindest ein Teil der Kontingentsrente vom Staat abgeschöpft. Die Grösse dieses Anteils hängt auch hier wieder vom Organisationsgrad der Importeure ab. Bei Preisabsprachen unter den Importeuren ist weniger abzuschöpfen als bei freiem Wettbewerb. (siehe dazu auch die Probleme mit der Käsemarktordnung [4]).
  - Der Staat erhebt zusätzlich zu den Kontingenten Zölle oder Preiszuschläge, um so wieder einen Teil der Renten abzuschöpfen.

---

[3] Rieder P., Egger U., Flückiger St., 1992, Schweizer Agrarmärkte, Zürich, S. 174 und 183ff.

[4] Rieder P., Egger U., Flückiger St., 1992, a.a.O., S. 141ff.

Die Grundzüge der Importkontingentierung lassen sich stichwortartig aufzeigen:

- Einfuhrkontingente ermöglichen - unter der Voraussetzung eines minimalen Importbedarfs - die Zielpreise im Inland zu halten.
- Die Konsumentenpreise werden durch Festlegung der Importmengen auf das Produzentenpreisniveau angehoben. Der Agrarschutz wird über hohe Nahrungsmittelpreise finanziert.
- Die entstehenden Kontingentsrenten fliessen in die Hände der Importeure bzw. der ausländischen Exporteure.
- Der Staat hat über Versteigerung der Kontingente und über zusätzliche Grenzbelastungen die Möglichkeit, einen Teil der Kontingentsrenten abzuschöpfen.
- Einfuhrkontingentierung ist abgesehen von administrativen Unzulänglichkeiten ein effizientes Instrument zur Preisstabilisierung im Inland. Sie ist aber wettbewerbspolitisch abzulehnen, da sie die internationale Konkurrenz sehr protektionistisch ausschaltet (vgl. dazu Abschnitt 1.6).

1.5 Importmonopol

Die vollständigste Abkehr vom freien Güteraustausch stellen staatliche Importmonopole dar. Bei einer solchen Regelung ist der Staat der einzige Importeur. Er hat es dann in der Hand

- die Importmengen zu bestimmen
- die Importrenten vollständig abzuschöpfen und
- die inländischen Marktpreise zu bestimmen.

Den Vorteilen dieses an und für sich effizienten Instrumentes steht der Nachteil gegenüber, dass private Unternehmer von diesem Handel ausgeschlossen sind, da der Staat ja selbst als Importeur auftritt und nicht nur wie bei den bisher besprochenen Instrumenten in regulierender Funktion. Die Handelsfreiheit ist vollständig aufgehoben. In der Schweiz erfolgte die Übertragung des Importmonopols an den Bund nur bei Butter und Backmehl.

1.6 Tarifizierung

Mit der Tarifizierung wird durch die Vereinbarungen zur GATT-Uruguay-Runde versucht, alle tarifären und nicht-tarifären Agrarschutzinstrumente zu einem einzigen Tarif (= Zoll) je Produkt und Land zusammenzufassen. Damit wurde erstens eine Vergleichsbasis zwischen den verschiedenen Ländern nötig, zweitens wird, ausgehend von der gemeinsam erarbeiteten Basis, der Agrarschutz schrittweise abgebaut (analog zum erfolgreichen Zollabbau im Industriegüterhandel) und drittens kann einem konkurrenzfähigen Importeur der Marktzutritt nicht mehr administrativ verwehrt werden.

Für das Festlegen des Zollansatzes werden grundsätzlich ein Referenzpreis P_W und ein Zielpreis (Stützungspreis P_D) benötigt. Der Tarif wird als Differenz zwischen den beiden Preisen bestimmt ('price gap'). Das **Tarifäquivalent** wird als $(P_D-P_W)/P_W$ definiert. Wir wollen in den folgenden Betrachtungen von Gewichtszöllen[5] ausgehen. Ein Gewichtszoll erhöht das inländische Preisniveau um einen festen Betrag. Wechselkursänderungen und Preisänderungen auf dem Weltmarkt schlagen voll auf das inländische Preisniveau durch, wie dies Abbildung 9.9 zeigt.

Abbildung 9.9: Die Wirkung der Tarifizierung

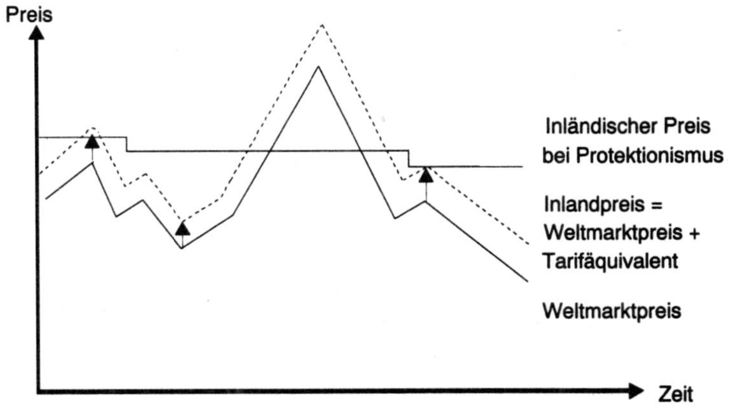

[5] Im Gegensatz dazu steht der Wert-Zoll, der als eine Art Luxus-Steuer wirkt. Nahrungsmittel sind aber im allgemeinen keine Luxusgüter, so dass sich eine proportionale Verteuerung von teuren Produkten nicht rechtfertigen lässt.

1.7 Zollkontingente

Beim Abschluss der Verhandlungen der GATT-Uruguay-Runde wurden bei den meisten Produkten Zollkontingente als verbindliches Instrument für den Aussenhandelsschutz festgelegt. Zollkontingente sind Importmengen, die ohne oder nur mit geringen Zollbelastungen *KA* (**Kontingentsansatz**) toleriert werden. Sie entsprechen der durchschnittlichen Importmenge der Referenzperiode 1986-88. Über diese Menge hinaus ist der Import frei, wird aber mit einem hohen Zoll *GA* (**Gebrauchsansatz**) belastet. Dieser kann kurzfristig angepasst werden, wenn beispielsweise im Inland eine Unterversorgung besteht. Die obere Grenze für den Gebrauchsansatz ist vorgegeben durch das beim Gatt deponierten Tarifäquivalent *TAe*, abzüglich dem schrittweisen Abbau. Abbildung 9.10 zeigt dies schematisch auf:

Abbildung 9.10: Das System der Zollkontingente

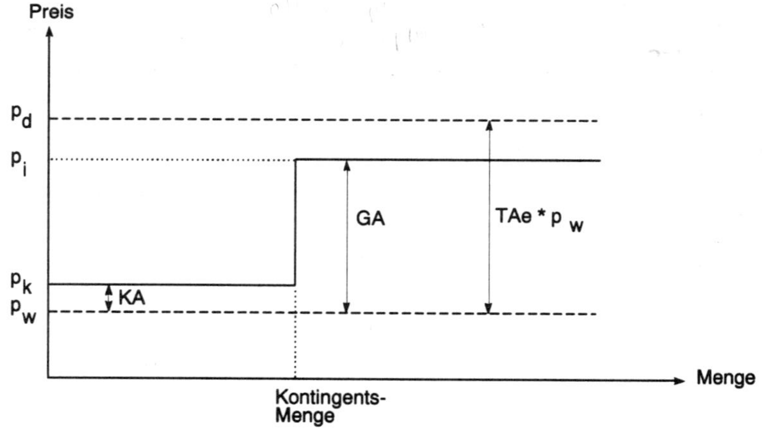

In Abbildung 9.11 wollen wir die ökonomische Wirkungsweise und die agrarpolitische Bedeutung der Zollkontingente aufzeichnen:

Abbildung 9.11: Wirkungsweise von Zollkontingenten

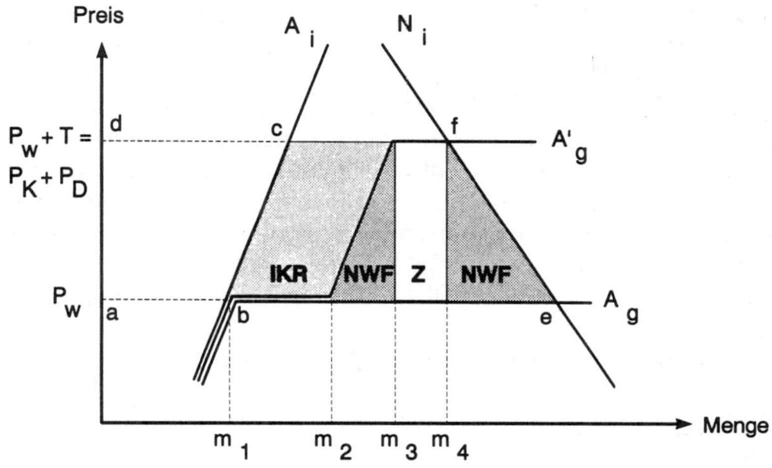

Wir gehen in Abbildung 9.11 davon aus, dass ein zollfreies Importkontingent in der Grösse von m_2-m_1 gewährt wird. Dies führt zu einer zweifach geknickten Angebotskurve: Zuerst folgt sie der inländischen Angebotskurve A_i, um dann im Bereich m_2-m_1 dem vollständig elastischen ausländischen Angebot A_a zu folgen. Im Bereich m_3-m_2 folgt die totale Angebotskurve A_g dem inländischen Angebot A_i, um wieder in die horizontale ausländische Angebotskurve überzugehen, die nun aber auf dem hohen Niveau p_w+T liegt. Dieser Preis entspricht dem inländischen Produzentenpreis und in unserem Beispiel vereinfachend auch dem Konsumentenpreis. Es wird die Menge m_4-m_3 zum hohen Tarif importiert, was dem Staat Einnahmen im Umfang des Vierecks *Z* ermöglicht. Die Importeure realisieren eine Rente *IKR* im Umfange der Importmenge m_2-m_1 mal die Preisdifferenz zwischen dem Weltmarktpreis p_w und dem inländischen Produzentenpreis p_d. Bei der Vergabe der Zollkontingente ergeben sich somit die gleichen verteilungspolitischen Probleme wie bei den Importkontingenten (vgl. Punkt 1.4): Je schlechter der Wettbewerb im Handel spielt, desto mehr profitiert diese Stufe von den Zollkontingenten.

Für die Produzenten ergibt sich ein Produzentenrentenzuwachs im Umfang des Rechtecks *abcd*, während die Konsumenten gegenüber einer Situation mit vollständig freiem Import einen Konsumentenrentenverlust im Umfang des Rechtecks *aefd* erleiden. Gleichzeitig ergibt sich ein Netto-Wohlfahrtsverlust *NWF* im Umfang der Dreiecke *gef* und *hij*. Für die Produzenten bedeutet die Einführung eines Zollkontingentes faktisch eine Begrenzung der Angebotsmenge auf die Menge m_4 - (m_2-m_1) (= Nachfrage minus Zollkontingent), wie aus Abbildung 9.11 ersichtlich ist. Steigt das inländische Angebot über diese Menge hinaus (saisonale und strukturelle Überschüsse), so besteht keine Möglichkeit, die Preise zu stützen.

2. Instrumente der Exportförderung

2.1 Exportsubvention

Mit Exportsubventionen werden Produkte, die für den Export bestimmt sind, an der Grenze verbilligt, um im Ausland mehr davon absetzen zu können. Es wird also Einfluss genommen auf die ausländische Nachfrage. In der Regel wird dann zu diesem Instrument gegriffen, wenn die entsprechenden Produkte im Inland nicht mehr zu vernünftigen Preisen abgesetzt werden können, d.h. wenn die ausländische Nachfrage erheblich elastischer als die inländische Nachfrage reagiert. Die Auswirkungen einer Exportsubventionierung sind in Abbildung 9.12 dargestellt:

Abbildung 9.12: Wirkungsweise von Exportsubventionierung

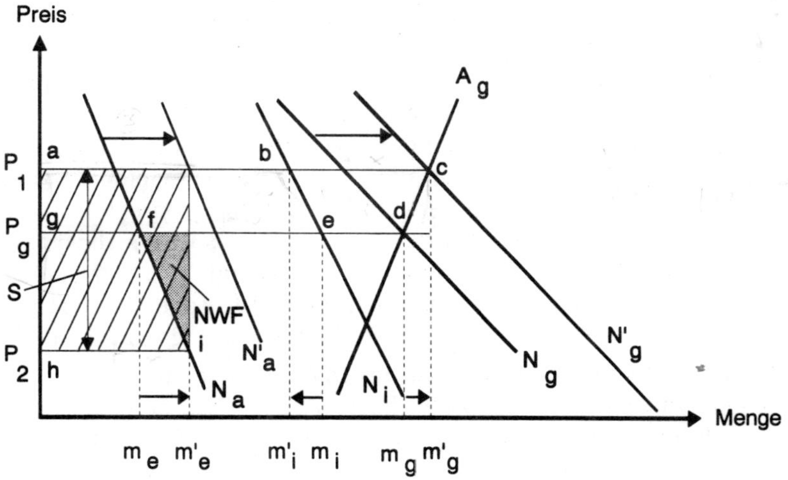

Ohne jegliche Exportsubventionierung würde auf dem Markt der Preis p_g realisiert, zu dem die Menge m_e exportiert werden könnte und die Menge m_g-m_e im Inland verkauft würde.

Wenn nun der Preis p_g als zu niedrig betrachtet wird, kann durch Subventionierung im Betrag S pro Mengeneinheit die ausländische Nachfrage von N_a auf N'_a ausgedehnt werden. Dieser zusätzliche Absatz bewirkt einen Anstieg der Gesamtnachfrage von N_g auf N'_g. Wie aus der Abbildung ersichtlich wird, lässt sich damit der Marktpreis p_g auf den Zielpreis p_1 erhöhen. Auf dem Auslandmarkt kann nun die Ware zum Preis p_2 (= p_1-S) verkauft und die Menge m'_e abgesetzt werden. Exportsubventionierung führt folglich gleichzeitig zur Vergrösserung des Exportes und zu einem Anstieg des inländischen Marktpreises bzw. des Produzentenpreises (zum Beispiel beim schweizerischen Käseexport[6]).

Exportsubventionierung wirft stets die Frage auf, welche Nutzen- und Lastenverteilung daraus erfolgt. Die Frage ist hier besonders relevant, weil - wie zu zeigen ist - auch ausländische Nachfrager durch dieses Instrument begünstigt werden.

6 Rieder P., Egger U., Flückiger St., a.a.O., S. 133ff.

Die Exportsubventionierung verlangt öffentliche Beiträge des Bundes im Umfang der schraffierten Fläche. Diese entspricht der Preisdifferenz p_1-p_2 mal die exportierte Menge m'_e in Abbildung 9.12. Nutzniesser dieser Beiträge sind einmal die ausländischen Konsumenten: Ihre Konsumentenrente steigt um + KR_a *(gfhi)* an. Zweitens profitieren die inländischen Produzenten im Ausmass der zusätzlichen Produzentenrente + PR_i *(acdg)*. Davon stammt ein Teil direkt aus der Bundeskasse und den übrigen Teil haben die inländischen Konsumenten aufzubringen. Für diese steigt nämlich der inländische Preis von p_g auf p_1. Ihre Nachfrage geht in der Folge um m_i-m'_i zurück, so dass die gesamte abgesetzte Menge nur gerade um m'_g-m_g ansteigt. Die Konsumenten tragen einen Rentenverlust im Umfang von -KR_i *(abeg)*. Gleichzeitig entsteht ein Netto-Wohlfahrtsverlust im Umfang des Dreiecks *NWF*.

Exportsubventionierung liegt nicht im Interesse der inländischen Konsumenten. Für sie wäre die wünschbare Alternative, den inländischen Absatz durch Preissenkung zu fördern. Ob dies volkswirtschaftlich sinnvoll ist, hängt von der jeweiligen Preiselastizität der Nachfrage für die betreffenden Produkte und ihre Substitute ab.

Nachfolgend die Grundzüge, die die Exportsubventionierung charakterisieren:

- Erhöht den Marktpreis im Inland.
- Senkt den Marktpreis im Ausland.
- Die Kosten tragen der Staat und die inländischen Konsumenten.
- Nutzniesser sind die ausländischen Konsumenten und die inländischen Produzenten.
- Als Alternative bietet sich die Verbilligung des Inlandabsatzes an, sofern diese Nachfrage preiselastisch ist.

Exportsubventionierung (oder Export-Erstattungen, wie sie in der Agrarpolitik der Europäischen Union genannt werden) ist spätestens seit den GATT-Agrarverhandlungen im Rahmen der Uruguay-Runde unter starken internationalen Druck gekommen, weil sie wie kein anderes Instrument der Agrarpolitik die internationalen Agrarmärkte stört. Insbesondere der Subventionswettlauf zwischen den USA und der EU hat Dimensionen angenommen, die die jeweiligen Staatshaushalte stark belasten (vgl. dazu auch Kapitel XI).

2.2 Nahrungsmittelschenkungen

Nahrungsmittelschenkungen an Entwicklungsländer stellen aus der Sicht des Inlandmarktes Entlastungen des inländischen Angebotes dar. Sie ermöglichen somit, analog zu den Exportsubventionen, den Inlandpreis zu stützen. Sie sind jedoch nicht unproblematisch, weil sie dadurch den Agrarsektor in den Empfängerländern konkurrenzieren und den traditionellen Agrarexportländern Absatzmärkte entziehen. Nahrungsmittelschenkungen sollten deshalb strikt nur zeitlich limitiert im Katastrophenfall eingesetzt werden. (vgl. dazu auch Kapitel XI)

2.3 Exportsteuern

In umgekehrter Richtung wirken Exportsteuern, die viele Entwicklungsländer ihren Agrarausfuhren auferlegen. Ziel ist es, damit einen Beitrag in die Staatskassen zu erwirtschaften. In Abbildung 9.13 soll die Wirkung von Exportsteuern aufgezeigt werden:

Abbildung 9.13: Wirkung von Exportsteuern

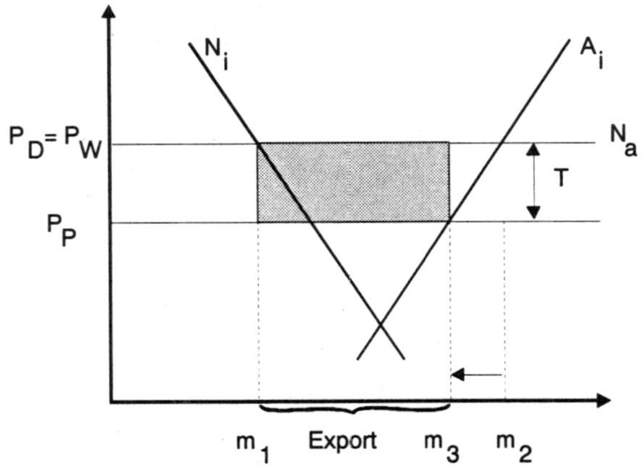

Für die Konsumenten gelte der Weltmarktpreis $p_W = p_D$, zu dem sie die Menge m_1 nachfragen. Auf dem Export wird die Steuer T in der Grösse p_W (Weltmarktpreis) minus p_P (Produzentenpreis) erhoben. Dadurch wird die Produktion von m_2 auf m_3 eingeschränkt. Dem Staat erwachsen auf Kosten der Produzenten Einnahmen im Umfang des schraffierten Rechtecks: Exportmenge $(m_3\text{-}m_1)$ mal die Steuer T.

3. Beeinflussung der inländischen Nachfrage

3.1 Subventionierung der Nachfrage

Abbildung 9.14 zeigt die Wirkungsweise und die ökomische Lastenverteilung bei einer Verbilligung des inländischen Angebotes. Ausgehend von einer Gleichgewichtssituation mit dem Gleichgewichtspreis p_g wird der Produzentenpreis behördlich auf p_1 angehoben. Bei diesem Preis wird die Menge m_s produziert. Um diese im Inland absetzen zu können, muss auf der Nachfrageseite der Preis auf das Niveau p_2 abgesenkt werden.

Abbildung 9.14: Wirkungsweise einer Angebotsverbilligung auf dem Inlandmarkt

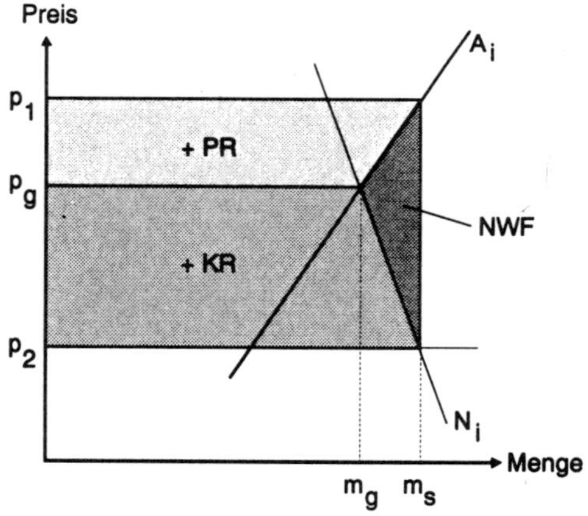

Die Staatsausgaben betragen die Preisdifferenz (p_1-p_2) über die ganze Angebotsmenge m_s, was der schraffierten Fläche entspricht. Die Produzentenrente steigt dabei dank der Produzentenpreiserhöhung um *+PR* an. Die Konsumentenrente nimmt ebensfalls um + *KR* zu. Es bleibt ein Netto-Wohlfahrtsverlust im Umfang von Dreieck *NWF*. Der ganze Agrarschutz stellt eine grosse Belastung für das Staatsbudget und damit für den Steuerzahler dar. Die Belastung ist umso grösser, je elastischer das inländische Angebot und je unelastischer die inländische Nachfrage sind.

3.2 Marktspaltung

Neben der eben besprochenen Subventionierung der Gesamtmenge eines Produktes besteht als Alternative dazu die Marktspaltung. Dabei wird das abzusetzende Angebot administrativ aufgespalten. Ein erster Teil soll ohne Verbilligung zum Zielpreis verkauft werden. In Abbildung 9.15 sei dies die Menge m_v. Übrig bleibt die Überschussmenge (m_g-m_v).

Abbildung 9.15: Wirkungsweise der Marktspaltung

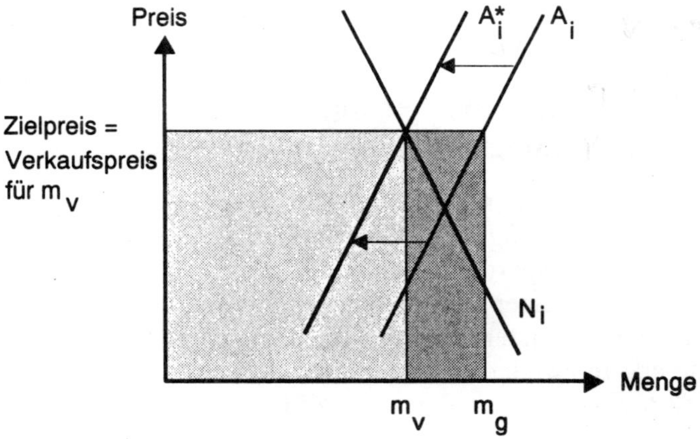

Für diese Überschussmenge wird nun ein Absatz gesucht, der den Absatz der Menge m_v zum Zielpreis in keiner Weise beeinflusst. Möglichkeiten dazu sind:

- zusätzlicher Export oder Schenkungen
- Verarbeitung zu Produkten, die keine Substitute zum Ausgangsprodukt darstellen (Trinkmilch zu Butter, Äpfel zu Most)
- inferiore Verwertung, z.B. als Futtermittel (Denaturierung)
- Abgabe an Nachfrager, die zum Zielpreis keine Nachfrage ausüben (z.B. an Minderbemittelte)

Diese Überschussmengen lassen sich in der Regel nur zu relativ tiefen Preisen absetzen bzw. der Absatz ist mit hohen Verarbeitungs- oder Transportkosten verbunden. Es stellt sich nun die Frage, ob eine Subventionierung des Gesamtangebotes oder eine Marktspaltung die bessere Alternative sei. Dazu lässt sich folgendes sagen:

- Subventionierung ist oft nicht möglich, da trotz Preissenkung nicht das ganze Angebot abgesetzt werden kann.
- Für die Konsumenten ist Subventionierung des Gesamtangebotes immer günstiger als Marktspaltung.
- Für den Staat ist in der Regel, d.h. wenn nicht zu grosse Verwertungskosten auftreten, Marktspaltung günstiger.
- Für die Produzenten spielt es keine Rolle, welches System gewählt wird, solange ihnen der Zielpreis garantiert wird.
- Die Kosten der Überschussverwertung fallen beim Steuerzahler an.

3.3 Verwertungszwang der Importeure (Importleistungssystem)

Der Absatz von inländischem Angebot kann ferner gefördert werden, indem die Importeure gleichartiger Produkte verpflichtet werden, anteilsmässig zum Import auch Inlandprodukte zu übernehmen. Diese Massnahme kann einer indirekten Einfuhrkontingentierung gleichgesetzt werden, da in erster Linie das Inlandangebot übernommen werden muss und erst in zweiter Linie noch soviel importiert werden kann, als zum Marktpreis zusätzlich abgesetzt wird.

4. Beeinflussung des inländischen Angebotes

4.1 Preis- und Absatzgarantie

Es wäre denkbar, dass der Agrarschutz ausschliesslich über Massnahmen an der Grenze erfolgt. Diese Massnahmen führen ja, wie oben dargelegt, zu einer Erhöhung der Marktpreise. In der Schweiz werden jedoch auch für Produkte, von denen importiert wird, Preis- und Absatzgarantien gewährt. Mit der Preisgarantie gewährt die Regierung den Produzenten einen sicheren, stabilen Preis, der sich in der Regel an den Produktionskosten orientiert. Vom Grundsatz produktionskostendeckender Preise ist die Schweiz aber seit kurzem abgekommen, da offentlichtlich wurde, dass die angestrebten Agrarziele nicht allein mit hohen Produzentenpreisen erreicht werden können[7] (siehe dazu die Ausführungen in Kapitel II).

Preisgarantie tritt in der Regel in Kombination mit Absatzgarantie auf. Dabei garantiert die Regierung den Produzenten die Übernahme der produzierten Menge zum garantierten Preis. Für den Absatz sorgt dann der Staat mit den oben besprochenen Instrumenten. Absatzgarantie bedeutet für den Produzenten, dass er die produzierte Menge vollumfänglich zum garantierten Preis an die behördliche Instanz abliefern kann. Preis- und Absatzgarantie sind die günstigsten Instrumente für die Landwirte. Es besteht für sie kein Marktrisiko und gleichwohl besitzen sie die Freiheit, die Produktionsmenge selber zu bestimmen. Der Landwirt als Polypolist sieht keine Veranlassung, seine individuelle Angebotsmenge zu reduzieren, sondern er kann seinen Gewinn maximieren, wenn er die quasi-fixen Betriebsfaktoren maximal auslastet und sein Angebot ausdehnt. Das Gesamtangebot der Landwirtschaft steigt, ohne dass die Nachfrageseite Schritt hält. In der Folge erwachsen der öffentlichen Hand, welche den einkommenspolitisch motivierten Produzentenpreis garantiert, zunehmende Kosten. Wird der Verwertungsaufwand zu gross, muss das Gesamtangebot beschränkt werden (Kontingentierung).

Bei der begrenzten Absatzgarantie wird der garantierte Preis (p_{gar}) auf eine bestimmte Menge (m_{gar}) begrenzt. Für die übrige Menge wird in der Regel ein für den Staat verlustfreier Preis bezahlt, etwa der Import-

7 vgl. Bundesrat, 1992, 7. Landwirtschaftsbericht, Bern

preis. Gegenüber einer unbeschränkten Preis- und Absatzgarantie verringert sich mit dieser Massnahme das Inlandangebot von m_i zu m'_i.

Abbildung 9.16: Begrenzte Preis- und Absatzgarantie

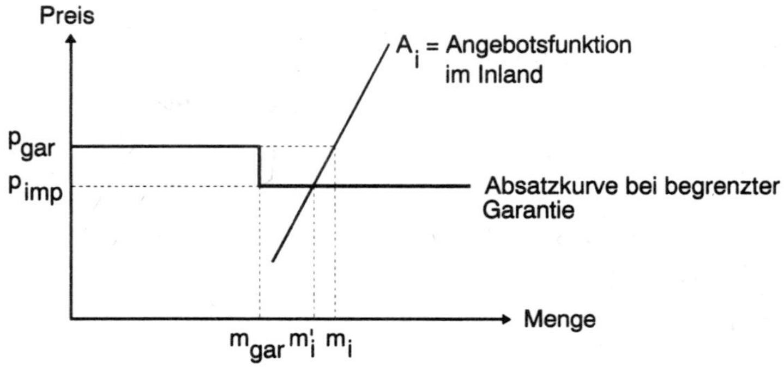

4.2 Kontingentierung

4.2.1 Allgemeine Wirkungsweise

Die allgemeine Wirkungsweise einer Kontingentierung des Angebotes ist in Abbildung 9.17 dargestellt:

Abbildung 9.17: Allgemeine Wirkung einer Angebotskontingentierung

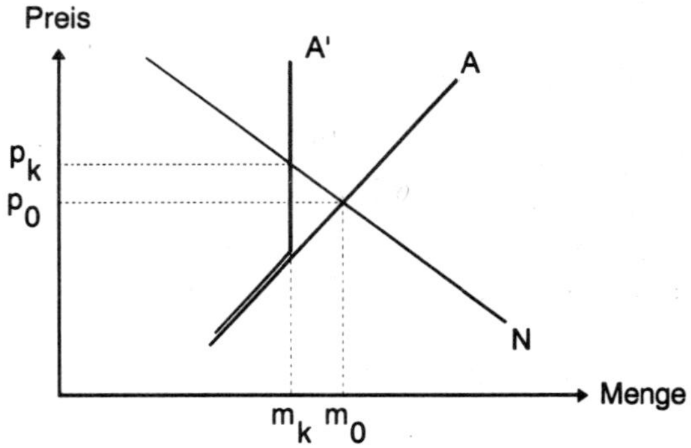

Gegenüber einem Marktpreis p_0 soll der Preis auf p_k angehoben werden. Dazu ist eine Beschränkung des Angebotes auf m_k nötig. Die neue administrativ festgelegte Angebotskurve A' verläuft im relevanten Bereich senkrecht. Grundsätzlich gibt es folgende Möglichkeiten der Angebotsbeschränkung:

Tabelle 9.1: Möglichkeiten der Angebotsbeschränkung

Kontingentierung der Produktionsfaktoren	Kontingentierung der Produktionsmengen	Preisdifferenzierung
• Anbaufläche • Arbeit • Kapital	• Gesamterzeugung • Angebotsmenge	• allgemein • individuell

4.2.2 Kontingentierung von Produktionsfaktoren

Bei der Kontingentierung der Angebotsfläche muss unterschieden werden zwischen a) einer Beschränkung der Angebotsfläche für eine bestimmte Kultur (z.B. Raps) und b) der generellen Beschränkung der landwirtschaftlichen Nutzfläche. Im ersten Fall weicht der Landwirt in der Regel aus auf andere, noch nicht kontingentierte Kulturen. Im zweiten Fall versucht der Staat über die Beschränkung der Gesamtkulturfläche mittels Flächenstillegung das gesamte landwirtschaftliche Angebot einzuschränken (vgl. Abschnitt 4.4).

Eine Kontingentierung der Arbeit ist administrativ meist nicht durchführbar und somit nicht relevant.

Die Kontingentierung von Kapital kann in Einzelfällen ein sinnvolles Instrument zur Produktionsbeschränkung sein. Besonders häufig wird sie im Zusammenhang mit ökologischen Auflagen vorgeschlagen (z.B. Beschränkung von GVE je ha oder Verbot von gewissen Pflanzenschutzmitteln, siehe auch Kapitel X). In der Tierhaltung sind Höchsttierbestände und Stallbaubewilligungspflicht einer Kontingentierung des Kapitals gleichzusetzen. Wie einschneidend eine solche Beschränkung im Einzelfall ist, hängt weitgehend davon ab, wie weit entfernt der Höchstbestand vom betriebswirtschaftlichen Optimum ist. Auch hier wird erstens tendenziell auf die Spezialisierungeffekte (Kostensenkung) verzichtet und zweitens bewirkt das "Produktionsrecht" der berücksichtigten Landwirte eine Rente gegenüber den nicht "Produktionsberechtigten".

4.2.3 Kontingentierung der Produktion

Die Beschränkung des Gesamtangebotes ist administrativ nur bei den Produkten sinnvoll, bei denen keine betriebsinterne Nutzung bzw. Weiterverarbeitung möglich ist. Beispiel dazu sind die Zuckerrüben, wobei die Schweizer Zuckermarktordnung eine Preisdifferenzierung (vgl. unten) vorsieht.[8]

Bei der Kontingentierung des marktrelevantes Angebots wird nur der "in Verkehr gebrachte Teil" des Gesamtangebotes auf eine Maximalmenge begrenzt. Dies entspricht bei der Milch der sogenannten Verkehrsmilch, bei der die zum Eigenkonsum, zur Kälbermast und in kleiner Menge zum Direktabsatz verwendete Milch nicht eingerechnet sind. Voraussetzung dazu sind die Vermarktung nach dem "Flaschenhalsprinzip" (z.B. Milchsammelstellen, Getreidesammelstellen...), Verbot oder Bewilligungspflicht für Direktvermarktung und der Schutz der inländischen Produkte durch einen wirksamen Aussenhandelsschutz.[9]

4.2.4 Preisdifferenzierung nach Kontingentsmengen

Bei einer Globalkontingentierung wird der volle Stützpreis nur für eine bestimmte Menge der Gesamtlieferung gewährt. Alle Produzenten erhalten, unabhängig von der Höhe ihrer individuellen angebotswirksamen Produktion, denselben Mischpreis. Beispiel dafür ist die Brotgetreideordnung der Schweiz, bei der für eine Garantiemenge ein (hoher) Stützpreis bezahlt wird. Übersteigt das gesamtschweizerische Angebot diese Basismenge, so reduziert sich der Getreidepreis um die Verwertungskosten der Übermengen.[10] Der Preis, den der einzelne Produzent für sein Produkt erhält, ist nicht von seinem individuellen Produktions- oder Angebotsverhalten abhängig. Der Anreiz für den einzelnen Landwirt zu Produktionsbeschränkung ist somit nach wie vor nicht gegeben.

Bei der individuellen Kontingentierung wird der Stützpreis nur bis zum betrieblich festgelegten Kontingent ausbezahlt; für die darüber hinaus abgelieferte Menge muss der Produzent eine (prohibitive) Preiseinbusse in Kauf nehmen. Der Mischpreis (Durchschnittspreis) ist hier (im Gegensatz zur allgemeinen Preisdifferenzierung) unmittelbar von der individuellen Angebotsmenge abhängig und somit vom Produzenten beeinflussbar. Die Schweiz kennt diese Form der individuell beschränkten Preisgarantie bei Zucker und Milch.

---

8 Rieder P., Egger U., Flückiger St., 1992, a.a.O., S. 86ff.

9 Kälin E., 1989, Die Milchkontingentierung in der Schweiz, Konstanz, S.45ff.

10 Rieder P., Egger U., Flückiger St., 1992, a.a.O., S. 21

Merkmale der Kontingentierung des Angebotes:

- Eine Veränderung der Nachfrage nach einem kontingentierten Produkt führt in der Regel zu starken Preisveränderungen, weil die Angebotskurve durch die Kontingentierung senkrecht wird. Um solche Preissprünge zu vermeiden, müssen die Kontingente laufend der Nachfrage angepasst bzw. auch die Preise staatlich fixiert werden.
- Kontingentierungen bei einem Produkt führen oft zur Produktionsausdehnung bei anderen Produkten. In der Folge stehen den Preis- und Gewinnerhöhungen beim kontingentierten Produkt oft Preis- und Gewinneinbussen bei anderen Produkten gegenüber.
- Die Faktorallokation ist suboptimal, da die komparativen Kostenvorteile durch die administrative Zuteilung der Produktionsrechte nicht ausgeschöpft werden können.
- Inhaber von Kontingenten erzielen Kontingentsrenten, nachdem sie einmal im Besitz der Kontingente sind und zwar zulasten der Konsumenten und der übrigen Landwirte.
- Die Begrenzung der Dispositionsfreiheit durch die Kontingentierung hemmt die Anpassung der betrieblichen Strukturen an veränderte Markt- und Produktionsbedingungen. Über die Handelbarkeit von Kontingenten (siehe nächster Abschnitt) könnte die Anpassung erleichtert werden.
- Der administrative Aufwand ist in der Regel hoch.
- Die administrative Zuteilung von Produktionsrechten kann als ungerecht und willkürlich empfunden werden.

Als Vorteile der Kontingentierung können genannt werden:

- Mengen und Preise sind direkt steuerbar und können zur Erreichung von agrarpolitischen Zielen eingesetzt werden.
- Preisstabilisierung auf der Angebots- und der Nachfrageseite ist möglich.
- Die Kosten der Überschussverwertung sind gering oder vermeidbar.

4.2.5 Handelbarkeit von Kontingenten

Unter Kontingentshandel wird die flächenunabhängige Übertragung der einzelbetrieblich zugeteilten Produktionsrechte verstanden. In der politischen Diskussion steht in der Schweiz zur Zeit die Handelbarkeit der Milchkontingente. Die dadurch erreichte Flexibilisierung erhöht die Effizienz der sektoralen Milchproduktion, da Fixfaktoren besser ausgelastet und entsprechend Kosten eingespart werden können. Andererseits werden Einkommen umverteilt. Die Kontingentsrenten bleiben bei den Kontingentsbesitzern, welche nicht mehr mit der Gruppe der Produzenten identisch sein müssen. Felder[11] untersucht drei Stufen einer **Liberalisierung des Milchmarktes**: Ein regional begrenzter Kontingentshandel führt zu höheren Sektoreinnahmen, insbesondere für das Berggebiet, zu einem leichten Rückgang der Zahl der Betriebe und zu einer ausgeprägten Arbeitsteilung zwischen verschiedenen Betriebstypen (Spezialisierung). Ist der Kontingentshandel jedoch innerhalb des ganzen Sektors frei, "wandert" der Grossteil der Kontingente in das Talgebiet; paralell dazu ergibt sich eine beträchtliche Einkommensverschiebung zugunsten des Talgebietes. Der Rückgang der Betriebe ist erheblich und die Arbeitsteilung zwischen Berg- und Talgebiet akzentuiert sich. Bei einer vollständigen Aufhebung der Milchkontingentierung und gleichzeitiger Aufhebung der Stallplatzbeschränkung ergibt sich c.p. eine Verdoppelung der Milchmenge. Soll das Globalkontingent (entspricht in etwa dem möglichen Absatz) dennoch nicht überschritten werden, so muss eine Senkung des Milchpreises um 30% erfolgen.

Je liberaler die Milchmarktordnung ist. desto grössere Effizienzgewinne lassen sich erzielen; desto schwieriger ist es aber auch, die verteilungspolitischen Zielsetzungen zu erreichen. In Anbetracht der grossen Bedeutung der Milchpreisstützung für die Einkommenssicherung im Sektor Landwirtschaft dürfen die letzteren nicht vernachlässigt werden.

---

[11] Felder St., 1993, Wirksamkeit staatlicher Massnahmen in der Tierhaltung und im Getreidebau, ETH-Diss. Nr. 10430, Zürich

4.3 Beeinflussung von Produktionsmittelpreisen[12]

Angebotssteuerung und Einkommenssicherung lässt sich auch betreiben, indem Produktionsmittel (z.B. Düngersubvention in vielen Drittweltländern für Exportkulturen oder Wassersubvention für US-Farmer bzw. günstige Energiepreise für Hollands Glashausgärtner) subventioniert werden. Damit sollen die Produktionskosten gesenkt werden. Die Auswirkungen dieser Politik sind vielfältig und lassen sich wegen der gegenseitigen Abhängigkeiten auf den jeweiligen Märkten nur schlecht graphisch wiedergeben.

Auf die Faktorverteuerung wollen wir in Kapitel X: Agrarbezogene Umweltpolitik näher eingehen.

4.4 Flächenstillegung[13]

Eine Reduktion der Anbaufläche kann grundsätzlich über drei Wege erzielt werden:

- Anbaukontingentierung: Stabilisierung oder Einschränkung der Fläche einer bestimmten Kultur. Die Begrenzung der Anbaufläche macht es möglich, den Produktpreis im Vergleich zu nicht kontingentierten Produkten auf relativ höherem Niveau zu halten. Das Angebot kann nur über Ertragssteigerungen ausgedehnt werden.
- Alternative Nutzungsmöglichkeiten: Mit wirtschaftlich attraktiven alternativen Nutzungen sollen gesättigte Märkte entlastet werden: z.B. Förderung des Futtermittelanbaus zur Entlastung des Brotgetreidemarktes, Förderung des Anbaus nachwachsender Rohstoffe, Überführung von Landwirtschaftsland in Erholungsraum (Golfplätze) etc.
- Stillegung von Flächen: Auf jegliche physischen Erträge wird verzichtet.

Wir wollen uns im folgenden auf die Flächenstillegung beschränken. Die einzelbetriebliche Wirkung von Stillegungsprämien wird in Abbildung 9.18 dargestellt:

---

[12] vgl. dazu Gardener B., 1987, Economics of Agricultural Policies, New York, Kapitel 4: Price Support and Faktor Markets

Abbildung 9.18: Wirkung der Flächenstillegung

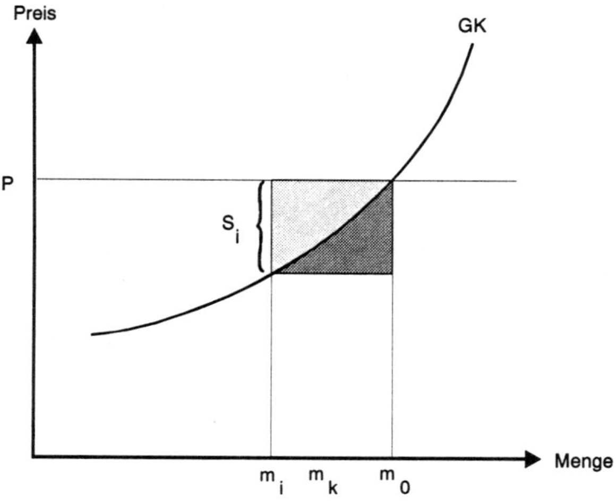

Ohne Stillegung wird zur Gewinnmaximierung bei einem Preis p die Menge m_0 produziert. Mit der m_i-ten Produktionseinheit wird ein Grenzgewinn von S_i erwirtschaftet. Die Entschädigung für den Verzicht auf die Produktion der m_i-ten Einheit muss mindestens S_i entsprechen. Wird S_i für die ganze Menge m_0-m_i ausbezahlt, so wird einerseits der Verlust (hell schraffierte Fläche) entschädigt, andererseits erzielt der Betrieb eine Stillegungsrente (dunkle Fläche). Die Stillegungsrenten können verkleinert werden, wenn die Stillegungsprämien versteigert werden.

Allokationswirkungen von Flächenstillegungen:

- Bei pauschalen Stillegungsprämien entstehen Renten, da mit zunehmendem Flächeneinsatz die Grenzgewinne sowohl innerhalb des Betriebes als auch innerhalb des Sektors abnehmen und somit überkompensiert werden.
- Wenn auf eine administrative Festlegung der Prämien zugunsten eines Versteigerungsverfahrens verzichtet wird, können Renten vermieden werden.

[13] Die folgenden Ausführungen stützen sich weitgehend auf: Meier B., 1992, Allokations- und Verteilungswirkungen von Flächenstillegungen, unveröffentlichte Diplomarbeit am IAW ETH, Zürich

- Wenn Renten entstehen, steigt der Bodennutzungspreis. Die Allokation des Bodens zugunsten wettbewerbsstärkerer Betriebe wird vermindert, da es für konkurrenzschwache Betriebe ökonomisch attraktiver wird, Land stillzulegen statt zu verpachten.
- Flächenstillegung führt indirekt zu höheren Produktionskosten aufgrund höherer Bodenpreise und den Verzicht auf die kostensenkende Wirkung des Strukturwandels.
- Flächenstillegung ist besonders interessant für Betriebe mit knappem Faktor Arbeit, hohen Opportunitätskosten der Arbeit oder variablen Lohnkosten. Dazu zählen insbesondere Nebenerwerbsbetriebe.
- Durch die höheren Bodennutzungspreise steigt der Einsatz von Kapital und Arbeit auf den übrigen Flächen, was zu einer Intensivierung der Produktion führt
- Die Mengenwirkung von Flächenstillegung ist nach den Erfahrungen in der EU und den USA kleiner als erwartet. Gründe dafür sind: Intensivierung auf den restlichen Flächen; Stillegung des unproduktivsten Landes; "Stillegung" von Flächen, die gar nicht zur Marktproduktion dienten bzw. schon brach lagen.

Verteilungswirkungen von Flächenstillegungen:

- Für den **Agrarsektor** bedeuten Flächenstillegungen eine Stützung der Einkommen; direkt durch die preiserhöhende Wirkung der Mengenreduktion und indirekt über die Stützung der Bodenrenten. Die Bodenrenten fliessen allerdings nur den Bodenbesitzern zu und kommen auch Besitzern ausserhalb der Landwirtschaft zugute. Innerhalb des Sektors Landwirtschaft werden also die Bodenbesitzer und insbesondere die konkurrenzschwachen Betriebe bevorteilt, während aufstockungswillige Betriebe mit höheren Bodenpreisen belastet werden.
- Flächenstillegungsprogramme dienen der Stützung der Produktpreise. Dadurch wird der Strukturwandel gebremst und es kann auch längerfristig kaum mit **Konsumenten**preissenkungen gerechnet werden, es sein denn, die Importe steigen und lassen die Bildung eines Mischpreises zu.
- Für den **Staat** ergeben sich Kosten durch die Prämienzahlungen und den administrativen Aufwand. Die Mengeneffizienz der Massnahme

ist als schlecht zu beurteilen. Einsparungen sind möglich, wenn sich der Mitteleinsatz zur Überschussverwertung (Exportsubventionen, Deklassierung) verringert.

Bei der Stillegung von Flächen, insbesondere in Form von Rotationsbrachen, bleibt das Produktionspotential grundsätzlich erhalten. Bei steigenden Flächenerträgen (biologisch-technischer Fortschritt), stagnierender Nachfrage und aussenwirtschaftlichem Druck zur Senkung des Selbstversorgungsgrades bei gleichzeitiger Verzögerung der strukturellen Anpassungsprozesse nimmt der Bedarf an Brachfläche ständig zu.

5. Direkte Einkommensübertragungen

5.1 Wende in der Agrarpolitik

Über Jahre hinweg waren Interventionen über den Marktpreis in den Industrieländern die wichtigsten Instrumente der Agrarpolitik, obwohl diese Politik im Widerspruch zu den Interessen der Konsumenten steht, die Intensivierung der Landwirtschaft fördert (Probleme mit Überschüssen bei gleichzeitiger Belastung der Umwelt) und die Einkommensprobleme von Landwirten in peripheren Regionen (z.B. Berggebiet) nicht löste, sondern im Gegenteil verstärkte. Dazu kommt, dass die Instrumente volkswirtschaftlich ineffizient sind und zu sogenannten '**dead weight losses**' führen. Dies sind volkswirtschaftliche Mehrkosten, die weder den Konsumenten noch den Produzenten als Renten zukommen.[14] Die genannten Probleme führten dazu, dass der Wahl der in der Landwirtschaft verwendeten Instrumente zunehmend grössere Bedeutung in Wissenschaft und angewandter Agrarpolitik zukommt. Dies lässt sich mit folgender Übersicht darstellen:

---

[14] vgl. Gardner B.L., 1987, a.a.O.; Kapitel VIII, Abschnitt 2.3

Tabelle 9.2: Reform der Agrarpolitik und Auswirkungen auf die Wahl von agrarpolitischen Instrumenten[15]

Prinzipien der Politik-Reform	Auswirkungen auf die Wahl der Instrumente
• Abbau des gesamten Agrarschutzes	• vermehrte Tendenz zu ziel-gerichteten Instrumenten, Absage an das Giesskannen-Prinzip
• Abbau der Marktverzerrungen	• höhere Produktionsneutralität bessere Transfer-Effizienz Abbau des Grenzschutzes
• Verstärkte Bedeutung der internen und externen Preise als Marktsignale	• Übergang zu preisneutralen Instrumenten
• grössere Verteilgerechtigkeit	• erhöhte Transparenz beim Agrarschutz, klare Bezugskriterien, verstärkte Lastenverteilung vom Konsumenten auf den Steuerzahler

Unter dem Begriff Direktzahlungen werden Einkommenszuschüsse zusammengefasst, welche nicht an den Produktpreis gebunden sind, sondern "direkt" den Landwirten ausbezahlt werden. Sie können auch als Abgeltung gemeinwirtschaftlicher Leistungen[16] der Landwirtschaft durch die öffentliche Hand angesehen werden.

---

[15] Burrell A., OECD, The Role of direct income support in agricultural policy reform, in: Lehmann B., Popp H., Stucki E. (Hrsg.), 1993, Paiements directs dans les politiques agricole et régionale, Konstanz

[16] vgl. dazu Kapitel VIII

Nach den Zielen, die die einzelnen Beiträge verfolgen, lassen sich vier Gruppen bilden:[17]

- **Intrasektorale Ausgleichszahlungen** sollen die klimatisch und topografisch bedingten Standortnachteile innerhalb des Sektors Landwirtschaft ausgleichen. Die Beiträge sind in der Regel faktorgebunden, d.h. die Berechnungsgrundlage bildet entweder die Fläche oder die Anzahl Grossvieheinheiten (GVE).
- **Intersektorale Ausgleichszahlungen** stellen ein die Preispolitik ergänzendes Instrument dar, die Einkommen der Landwirtschaft gegenüber anderen Sektoren zu stützen. Sie sind im allgemeinen weder an einen einzelnen Faktor noch an ein Produkt gebunden, sondern werden innerhalb gewisser Strukturgrenzen pro Betrieb ausbezahlt.
- **Produktionslenkungsbeiträge** (in Ergänzung zu den unter Punkt 4 dargestellten Instrumenten) sind Beiträge, mit denen die Differenz zwischen Zielpreis und Marktpreis - direkt oder indirekt produktgebunden - abgegolten wird. Werden diese Beiträge abgestuft nach Produktionsstufen ausbezahlt, so wirken sie gleichzeitig als intrasektorale Ausgleichszahlungen.
- **Ökologische Ausgleichszahlungen** sollen eine Ertragseinbusse bzw. einen Mehraufwand, wie sie sich aufgrund von ökologischen Auflagen oder Leistungen ergeben, abgelten (siehe dazu Kapitel X).

Ein wichtiges Argument zugunsten von Direktzahlungen (mit Ausnahme der produktgebundenen Zahlungen!) ist die **Produktionsneutralität**, d.h. dass mit Direktzahlungen keine Anreize geschaffen werden sollten, welche die Faktorallokation beeinflussen oder die Produktionsmenge betreffen. Solange nämlich der einzelne Landwirt mit seinen Produktionsentscheiden die Höhe des direkten Einkommens beeinflussen kann, solange sind Direktzahlungen nicht produktionsneutral und überlagern die Preissignale. Wenn trotzdem Direktzahlungen an die landwirtschaftliche Produktion gebunden werden (z.B. Kostenbeiträge für Viehhalter im Berggebiet bzw. die Kuhhalterbeiträge an die Anzahl nicht verkehrsmilch-produzierende Kühe), so müssen die Zahlungen

[17] zur Einteilung von Direktzahlungen nach verschiedenen Kriterien siehe auch Stucki E., Paiements directs: Clarification des notions, in: Lehmann B., Popp H., Stucki E. (Hrsg.), 1993, a.a.O.

wenigstens an eine feste, historische Referenzgrösse gebunden sein, damit die Produktionsneutralität eingehalten werden kann.[18]

Am Beispiel der Kostenbeiträge für Tierhalter im Berggebiet - die ältesten und umfangmässig wichtigsten Direktzahlungen in der Schweizer Agrarpolitik - soll die Wirkungsweise aus statischer und dynamischer Sicht gezeigt werden. Kostenbeiträge werden pro Grossvieheinheit ausgezahlt, sind aber auf 15 GVE je Betrieb beschränkt. Hauptbedingung für die Beitragsberechtigung ist eine angemessene betriebseigene Rauhfutterbasis,

Bei einem Viehbestand bis 15 GVE wirken Kostenbeiträge wie eine Faktorsubvention, d.h. wie ein zusätzlicher Erlös pro GVE. Somit verändert sich die Grenzerlöskurve von *GE* zu *GE'*, was den Landwirt veranlasst, den Viehbestand innerhalb bestehender Strukturen (Stallkapazität, Arbeitskräftepotential, Rauhfuttergrundlage) zu erhöhen.

Abbildung 9.19: Die Wirkungsweise von Kostenbeiträgen

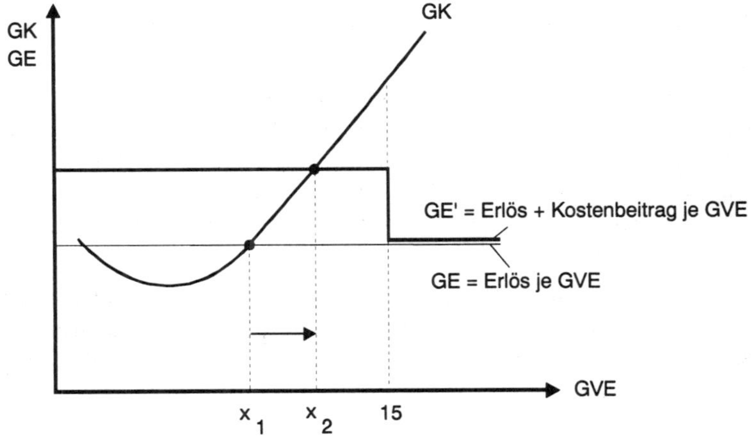

Jenseits der 15 GVE-Obergrenze fällt dieser Anreiz weg: die Kostenbeiträge wirken wie ein Betriebsbeitrag. Da Betriebe bis 15 GVE im Verhältnis zur Fläche und zum Viehbestand am stärksten von den Kostenbeiträgen profitieren, haben die Beiträge einen strukturerhaltenden Charakter für kleine und mittlere Betriebe.

---

18 vgl. dazu Burell A., a.a.O. und Anwander S. et al., 1990, Direktzahlungen an die Berglandwirtschaft - Eine Gesetzesevaluation, Zürich, S. 52ff.

Abschliessend die wichtigsten charakteristischen Punkte zu den Direktzahlungen:

- Der Agrarschutz wird vom Steuerzahler getragen.
- Direktzahlungen sind dann produktionsneutral, wenn sie an einen fixen Faktor bzw. an eine von der aktuellen Produktion losgelöste Bezugsgrösse gebunden sind.
- Direktzahlungen haben den Vorteil, dass sie zielgerichtet (Abstufungen nach Erschwerniszone oder nach Betriebsgrösse) und leistungsgerecht (Entschädigung für das Erbringen von öffentlichen Leistungen etwa im Bereich der Kulturlandpflege oder der dezentralen Besiedlung) ausbezahlt werden können. Durch die klare Zielvorgabe ist eine Wirkungskontrolle vermehrt möglich.
- Direktzahlungen vermindern Faktorfehlallokationen, weil mit dieser Form der Einkommenssicherung dem Preis wieder vermehrt die Funktion als Marktsignal zukommt.
- Direktzahlungen erhöhen die Transparenz beim Agrarschutz, womit der Interessenkampf auch innerhalb der Landwirtschaft offengelegt wird.
- Mit dem Instrument der Direktzahlungen werden die internen Agrarprobleme (Erhaltung der Anbaubereitschaft für Krisenzeiten, Einkommenstützung für Marginalbetriebe oder -regionen, Abgeltung der öffentlichen Leistungen der Landwirtschaft) weitgehend intern gelöst und ermöglichen eine marktkonformere Ordnung des Aussenhandels.
- Noch wenig bekannt und erforscht sind die langfristigen Auswirkungen von direkten Einkommensübertragungen auf die Agrarstruktur. Es besteht jedoch eine starke Tendenz zur Abschwächung des Strukturwandels.

X. Agrarbezogene Umweltpolitik

Die Landwirtschaft ist die flächenmässig bedeutendste Form der Umweltnutzung. Damit kommt dem Verhalten landwirtschaftlicher Betriebe in ihrer Gesamtheit besondere Bedeutung für die Umwelt zu. Der Ruf nach einer "Ökologisierung der Landwirtschaft" und nach Instrumenten für eine agrarbezogene Umweltpolitik entspringt der Sorge um den gemeinsamen Lebensraum.[1] Durch die zunehmende Intensivierung der landwirtschaftlichen Flächennutzung traten vielfältige ökologische Probleme auf. Die gewaltigen Produktionssteigerungen der Landwirtschaft in der Schweiz wie in den Industriestaaten allgemein waren begleitet und bedingt durch

- die erfolgreiche Verbreitung und Anwendung von biologisch-technischem Fortschritt,
- die zunehmende Kapitalisierung der Landwirtschaft verbunden mit der Freisetzung landwirtschaftlicher Arbeitskräfte,
- das weitgehende Aufbrechen vormals geschlossener Stoffkreisläufe,
- Preis-Kosten-Verhältnisse, welche den zunehmenden Einsatz von mineralischem Dünger und chemischen Pflanzenschutzmitteln ökonomisch lohnend machten.

Die Schweiz hat auf die zunehmende Gefährdung der natürlichen Ressourcen mit einer regen Gesetzgebungstätigkeit reagiert, die in Teilen auch die Landwirtschaft betreffen. Darauf wollen wir im folgenden eingehen.

---

1 vgl. dazu Schweiz. Bund für Naturschutz, 1986, Naturschutz und Landwirtschaftspolitik, Grundsatzpapier; Knoepfel P. und Zimmermann W., Ökologisierung der Landwirtschaft, in: Schweiz. Landwirtschaftliche Forschung 25 (2) 1986, S. 195 ff.; Schweiz. Gesellschaft für Umweltschutz und Schweiz Stiftung zur Förderung des biologischen Landbaus, 1989, Studie: Ökologisierung der Landwirtschaft; Landwirtschaftliche Forschung in der Schweiz - Stand und Ziele, Wissenschaftspolitik Beiheft 38, 1988; ETH-Bulletin, 1992, Landwirtschaft und Umwelt, Zürich, Nr. 242

1. Umweltpolitik des Bundes

1.1 Allgemeine Umwelt- und Gesundheitsgesetzgebung

Der Bund betreibt schon seit Jahren Umweltpolitik im weiteren Sinne. Auf Verfassungsebene gibt es mehrere Artikel, welche die Grundlage der heutigen Umweltpolitik (inkl. Tierschutz) auch in der Landwirtschaft bilden:

- Tierschutzartikel (Art. 25 *bis*, Volksabstimmungen 1893 und 1973)
- Gewässerschutzartikel (Art. 24 *bis*, Volksabstimmungen 1953, 1975)
- Natur- und Heimatschutzartikel (Art. 24 *sexies*, Volksabstimmungen 1962 und 1987)
- Raumplanungsartikel (Art. 24 *quater*, Volksabstimmung 1969)
- Umweltschutzartikel (Art. 24 *septies*, Volksabstimmung 1971)

Die umweltpolitischen Massnahmen des Bundes für die Landwirtschaft finden sich im Landwirtschaftsgesetz, aber auch in Gesetzen, die alle Wirtschaftssektoren betreffen und jeweils besondere Bestimmungen für die Landwirtschaft enthalten:

Tabelle 10.1: Allgemeine Umweltschutz- und Gesundheitsgesetzgebung mit Relevanz für die Landwirtschaft

Jahr	Gesetz	Jahr	Verordnung
1966	Natur- und Heimatschutzgesetz (NHG)	1977	V über d. Bundesinventar der Landschaften und Naturdenkmäler
		1981	V über das Bundesinventar der schützenswerten Ortsbilder
		1991	Hochmoorverordnung
		1991	Verordnung über den Natur- und Heimatschutz
		1992	Auenverordnung
1969	Giftgesetz (GG)	1983	Giftverordnung
1971	Gewässerschutzgesetz (GschG)	1972	Allgemeine Gewässerschutzverordnung
		1975	V über Abwassereinleitungen
1978	Tierschutzgesetz (TschG)	1981	Tierschutzverordnung
1979	Raumplanungsgesetz (RPG)	1989	Raumplanungsverordnung
1983	Umweltschutzgesetz (USG)	1985	Luftreinhalteverordnung
		1986	Stoffverordnung
		1986	Verordnung über Schadstoffe im Boden
		1988	V über Umweltverträglichkeitsprüfung
		1990	Technische Verordnung über Abfälle
1992	Lebensmittelgesetz (LmG)	1986	Fremd- und Inhaltsstoffverordnung
		1994	Lebensmittelverordnung (LmV)

1.2 Landwirtschaftliche Gesetzgebung

Die landwirtschaftliche Gesetzgebung enthält eine Reihe von Gesetzen und Verordnungen von umweltpolitischer Bedeutung: Im **Landwirtschaftsgesetz** (LwG) finden wir Bestimmungen über die Beschränkung von Massentierhaltungen (Art. 19a-f), über landwirtschaftliche Hilfsstoffe (Kontrolle, Information und Bewilligungspflicht, Art. 70-76), über die Rücksichtsnahme auf die Umwelt - besonders das

Trinkwasser-, die Natur, das Landschaftsbild und die Vögel bei Bodenverbesserungen (Art. 79) sowie eine Bewirtschaftungspflicht für brachliegende Grundstücke (Art. 87). Neu sind der Art. 31 a und b, die im Zuge der Neuorientierung der Agrarpolitik die Grundlage für die Ökologisierung der Landwirtschaft darstellen. Die darin vorgesehenen (ergänzenden) Direktzahlungen werden von der Einhaltung von Umweltvorschriften abhängig gemacht (Art. 31a) bzw. verlangen - auf vertraglicher Basis - über das gesetzliche Minimum hinausgehende ökologische Leistungen (Art. 31b).

Bereits vor der Neuorientierung der Agrarpolitik waren eine Reihe von Direktzahlungen von der Erfüllung ökologischer Auflagen abhängig. Dies gilt für die Tierhalterbeiträge, die Kostenbeiträge an Viehhalter im Berggebiet und die Beiträge an Kuhhalter ohne Verkehrsmilchproduktion.

Tabelle 10.2: Bestimmungen mit umweltpolitischer Bedeutung in der landwirtschaftlichen Gesetzgebung

Jahr	Titel (System. Rechtssammlung)
1955	HilfsstoffV (SR 916.051)
1972	Düngemittelbuch (SR 916.052)
1977	Pflanzenschutzmittelbuch (SR 916.052)
1983	V über Kostenbeiträge an Viehhalter im Berggebiet (SR 916.313.1)
1989	V über Beiträge an Kuhhalter ohne Verkehrsmilchproduktion (SR 916.350.132.1)
1989	V über Bewirtschaftungsbeiträge an die Landwirtschaft mit erschwerten Produktionsbedingungen (SR 910.21)
1991	V über Produktionslenkung und extensive Bewirtschaftung im Pflanzenbau (SR 910.17)
1993	V zu LwG Art. 31 a und b (SR 910.131 und SR 901.132)

1.3 Nicht-landwirtschaftliche Umwelt-Gesetzgebung mit Bedeutung für die Landwirtschaft

- **Lebensmittelgesetz**

  Auf dem Lebensmittelgesetz (LmG) beruht die Verordnung vom 27.2.86 über Fremd- und Inhaltsstoffe in Lebensmitteln. Sie enthält die Vorschriften über Rückstände von Pflanzenschutzmitteln, Medikamenten, Schwermetallen und natürlichen Inhaltsstoffen von landwirtschaftlichen Produkten. Auf den 1.1.95 sollen ein revidiertes Lebensmittelgesetz und die sich darauf abstützenden Verordnungen in Kraft treten. Es sieht vor, den Geltungsbereich des Gesetzes im Interesse des Gesundheitsschutzes der Konsumenten auf die Produktion von Nahrungsmittel, also auch auf die Landwirtschaft, auszudehnen. Dies wird sich auf die Zulassung und Anwendung von landwirtschaftlichen Hilfsstoffen auswirken.

- **Natur- und Landschaftsschutz**

  Der Vollzug des Natur- und Landschaftsschutzes (Biotopschutz) ist Sache der Kantone. Der Bund hat dazu ein Grundsatzgesetz erlassen (NHG). Eine weitere Grundlage des Biotopschutzes ist das Raumplanungsgesetz (RPG). Gemäss RPG sorgen Bund, Kantone und Gemeinden für eine haushälterische Nutzung des Bodens. Die Massnahmen in der Raumplanung sollen u.a. die Bestrebungen unterstützen, "die natürlichen Lebensgrundlagen wie Boden, Luft, Wasser, Wald und die Landschaft zu schützen" (RPG Art.1). Der Biotopschutz ist soweit als möglich auf der gesamten landwirtschaftlich genutzten Fläche wahrzunehmen, die Interessen der Landwirtschaft sind dabei zu berücksichtigen (NHG Art. 18 und 18b). Er wird grundsätzlich durch raumplanerische Massnahmen (Schutzzonen, RPG Art. 17) und privatrechtliche Verträge (NHG Art. 18c) sichergestellt.

  Von grosser Bedeutung für die Landwirtschaft ist der "Anspruch auf angemessene Abgeltung, wenn die Landwirte im Interesse des Schutzzieles die bisherige Nutzung einschränken oder eine Leistung ohne entsprechenden wirtschaftlichen Ertrag erbringen" (NHG Art. 18c). Einen besonderen Schutz auf Verfassungsgrundlage geniessen Moore und Moorlandschaften (Rothenturminitiative 1987).

Auf internationaler Ebene gibt es diverse Abkommen, die sich auf Natur- und Landschaftsschutz beziehen. Auf nationale Ebene übernommen wurde 1981 die Artenschutzverordnung. An der Konferenz der Vereinten Nationen für Umwelt und Entwicklung 1992 in Rio wurde die Konvention zum Schutz der biologischen Vielfalt verabschiedet, die nun durch die Parlamente und /oder Regierungen der unterzeichnenden Staaten ratifiziert werden müsste. Ob die Ratifizierung der Artenschutzkonvention eine Auswirkung auf die schweizerische Landwirtschaft haben könnte, lässt sich zum jetzigen Zeitpunkt nicht beurteilen.

- **Umweltschutz**

Im Zweckartikel (Art. 1) des Umweltschutzgesetzes (USG) wird festgehalten:

- Dieses Gesetz soll Menschen, Tiere und Pflanzen, ihre Lebensgemeinschaften und Lebensräume vor schädlichen oder lästigen Einwirkungen schützen und die Fruchtbarkeit des Bodens erhalten.
- Im Sinne der Vorsorge sind Einwirkungen, die schädlich oder lästig werden können, frühzeitig zu begrenzen.

Das USG enthält zahlreiche Instrumente zur Einhaltung der in Art. 1 festgelegten Ziele. Im Vordergrund stehen, wie bei der Umweltschutzgesetzgebung überhaupt, Vorschriften aller Art. Institutionelle Neuerungen sind die Einrichtung von kantonalen Umweltschutzfachstellen (Art. 42), Erhebungen über die Umweltbelastung durch Bund und Kantone (Art. 44) und ein Beschwerderecht für Umweltorganisationen (Art. 55). Obwohl gemäss USG Art. 59 die Kosten von Umweltschutzmassnahmen nach dem Verursacherprinzip übernommen werden müssen, fehlt bis heute die Rechtsgrundlage für marktwirtschaftliche Instrumente, wie sie z.B. Lenkungsabgaben oder Emissionszertifikate darstellen. Dies soll in der derzeitigen Revision des USG geändert werden[2]. Dem Bundesrat soll u.a. die Kompetenz erteilt werden, bei Bedarf auf Mineraldünger, Hofdüngerüberschüssen und Pflanzenschutzmitteln Lenkungsabgaben einzuführen.

---

2 Botschaft zu einer Änderung des Bundesgesetzes über den Umweltschutz (BBl 32/II, 1993). Die Revision des USG wird eine Reihe zusätzlicher Bestimmungen für die Landwirtschaft enthalten.

Die auf dem USG beruhenden Verordnungen enthalten verschiedene Bestimmungen, die für die Landwirtschaft von Bedeutung sind.

Luftreinhaltung: Die Luftreinhalteverordnung enthält Vorschriften über Emissionen und Immissionen (Grenzwerte). Grundsätzlich profitiert die Landwirtschaft von den Bemühungen zur Reduktion der Luftbelastung (z.B. beim Ozon oder den Schwermetallimmissionen). Eingeschränkt wird die Landwirtschaft hingegen durch Vorschriften für Tier-Haltungsanlagen zur Reduktion von Geruchsemissionen (Mindestabstände, Lüftungsnormen, Verlegung oder gar Schliessung von Betrieben).

Umweltgefährdende Stoffe: Die Stoffverordnung soll über Produktinformation, Ausbildung und Beratung die Anwendung von umweltgefährdenden Stoffen auch in der Landwirtschaft verbessern. Sie enthält ausserdem detaillierte Vorschriften über Abgabe und Verwendung von Pflanzenschutzmitteln und Düngern.

Bodenschutz: Ziel von Art. 33 des USG und der darauf beruhenden Verordnungen ist die Erhaltung bzw. Wiederherstellung der Multifunktionalität des Bodens. Werden Richtwerte der Bodenbelastung überschritten, soll der Boden primär durch Massnahmen bei den Emissionsquellen geschützt werden. Neu soll dem Bundesrat jedoch die Kompetenz erteilt werden, in Fällen, wo nachhaltige Schäden drohen, konkrete Vorschriften zu erlassen (z.B. Verbot des Anbaus von Hackfrüchten in Hanglagen). Bei bereits belasteten Böden (chemisch, biologisch, physikalisch) soll entweder eine Nutzungsänderung angestrebt oder im Extremfall das Erdreich ausgetauscht werden.

Umweltverträglichkeit: Gemäss Verordnung zur Umweltverträglichkeitsprüfung (UVP) müssen für grössere Landwirtschaftsprojekte - Meliorationen (Güterzusammenlegungen, Be- und Entwässerungen, Terrainveränderungen, Gesamterschliessungen) und Hochbauten (Tierhaltung) - Umweltverträglichkeitsprüfungen durchgeführt werden.

Abfälle: Die technische Verordnung über Abfälle enthält verschiedene Vorschriften für die Landwirtschaft, z.B. über das Rezyklieren von Plastikfolien (Gemüsebau) oder die Kompostierung pflanzlicher Abfälle.

- **Gewässerschutz**

  Der Gewässerschutz wird in einem separaten Gesetz (GschG, 1971) geregelt. Das hängt damit zusammen, dass die Gewässerverschmutzung zuerst als dringliches Umweltproblem erkannt wurde. Das GschG enthält zahlreiche Vorschriften für die Landwirtschaft, z.B. über die Lagerung und Verwertung von Hofdüngern. Seit anfang der 80er Jahre wurden zahlreiche Lagereinrichtungen für Hofdünger saniert, z.T. unterstützt durch Subventionen. Zur Vereinheitlichung des Vollzugs des GSchG durch die Kantone werden bereits 1979 die "Wegleitung für den Gewässerschutz in der Landwirtschaft" herausgegeben. Das neue Gewässerschutzgesetz (1991) enthält den "Güllenartikel" (Art. 14), der eine ausgeglichene Düngerbilanz verlangt und die Beschränkung der Grossvieheinheiten je Hektar vorschreibt. Für einen Abbau von Tierbeständen oder die Stillegung von Betrieben können während maximal 5 Jahren Finanzhilfen ausgerichtet werden.

- **Tierschutz**

  Im Tierschutzgesetz von 1978 werden die Rahmenbedingungen für die Tierhaltung festgelegt. Tiergerechte Haltungsformen sollen mittels detaillierter Vorschriften und Verboten (z.B. Batteriehaltung für Legehennen) erreicht werden.

2. Theoretische Aspekte der Umweltpolitik

Umweltpolitik beruht auf wohlfahrtsökonomischen Überlegungen. Umweltbelastungen beeinträchtigen letztlich das menschliche Wohlbefinden. Umweltpolitische Massnahmen haben deshalb die Förderung der Gesamtwohlfahrt der Gesellschaft zum Ziel. Da es nicht nur Gewinner, sondern auch Verlierer umweltpolitischer Massnahmen gibt, muss der Netto-Effekt positiv sein. Aus wohlfahrtstheoretischer Sicht ist eine übermässige Umweltbelastung ineffizient, da der damit verbundene Schaden grösser als der gestiftete Nutzen ist.

Gleichzeitig stützt sich die Umweltpolitik auf normative Grundsätze: Zum einen bestehen Vorstellungen darüber, wer die Kosten umweltpolitischer Massnahmen zu tragen hat, nämlich der physische Verursacher von Umweltbelastungen (Verursacherprinzip), zum anderen sollen Umweltbelastungen möglichst vermieden werden (Vorsorgeprinzip). In der praktischen Ausgestaltung der Umweltpolitik wird oftmals von diesen Grundsätzen abgewichen, wie auch das umweltpolitische Instrumentarium für die Schweizer Landwirtschaft zeigt.

In den folgenden Abschnitten werden theoretische Konzepte in ihren Grundzügen vorgestellt. Sie sollen helfen, das bestehende Instrumentarium zu verstehen und mögliche Wirkungen besser abzuschätzen. Allen Ansätzen gemeinsam ist das Ziel, externe Kosten zu internalisieren.

2.1 Optimale Umweltbelastung

Umweltbelastende wirtschaftliche Aktivitäten verursachen neben Kosten auch Nutzen. Das heisst aber auch, dass die Einschränkung von Umweltbelastung mit Kosten verbunden ist. Die Kosten sind abhängig von der Knappheit der Ressourcen. Mittel, die für eine Verminderung der Umweltbelastung verwendet werden, fehlen bei anderen wirtschaftlichen Aktivitäten. Der Nutzenentgang, der dadurch entsteht, dass auf die nächstbeste wirtschaftliche Aktivität verzichtet werden muss, entspricht den Kosten der Umweltpolitik (Opportunitätskosten). Angestrebt wird deshalb nicht eine vollständige Beseitigung von Umweltbelastungen, die viel zu teuer käme, sondern die Reduktion bis zu einem Optimum, wie dies Abbildung 10.1 zeigt. Der Ansatz beruht auf der Annahme, dass die Umweltbelastung reversibel ist, d.h. dass in der Abbildung eine Bewegung von rechts nach links möglich ist. Doch viele Umweltprobleme weisen einen irreversiblen Charakter auf.

Abbildung 10.1: Optimum an Umweltbelastung

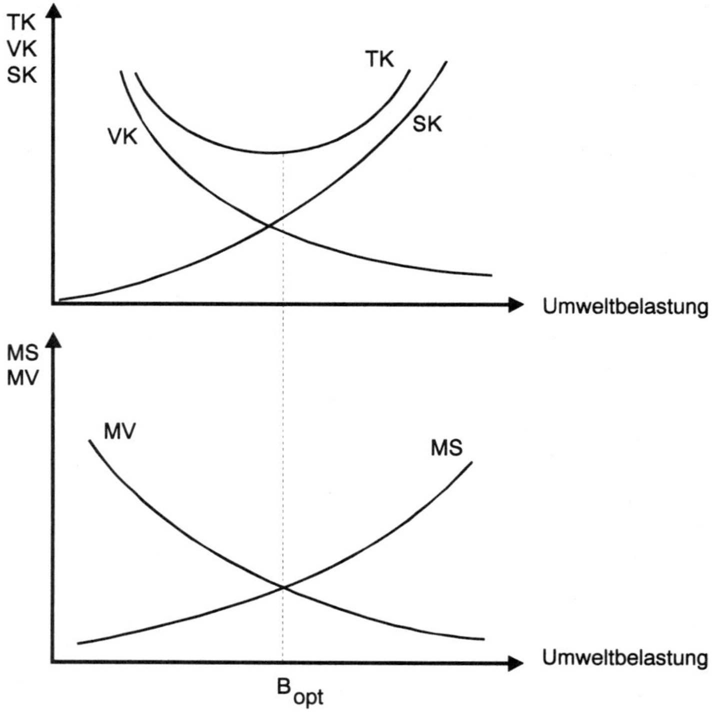

Quelle: Pearce, 1976, Environmental Economics, London, S.74

Zur Herleitung der optimalen Umweltbelastung müssen zwei Funktionen bekannt sein:

1. Die Schadenskosten *SK* (bzw. der Gewinn aus der Schadensbeseitigung) stellen die monetäre Bewertung physischer Umweltschäden dar. Es wird angenommen, dass die Schadenskosten mit zunehmender Schadstoffemission steigen.
2. Die Schadensbeseitigungs- oder Vermeidungskosten *VK* sind die Kosten, welche den Verursachern bei der Schadstoffvermeidung oder -beseitigung anfallen. Es wird davon ausgegangen, dass die Vermeidungskosten für die erste beseitigte Schadstoffeinheit am kleinsten sind und nachher kontinuierlich von rechts nach links zunehmen.

Im oberen Teil der Abbildung 10.1 werden die beiden Kostenkomponenten *SK* und *VK* zu den totalen Kosten *TK* addiert. Die optimale Umweltbelastung befindet sich im Minimum der Totalen Kosten, also dort, wo sich die marginalen Schadenskosten *MS* und die marginalen Vermeidungskosten *MV* schneiden (unterer Teil der Abbildung). Die marginalen Schadenskosten oder Grenzkosten der Umweltbelastung müssen zu den privaten Grenzkosten der Produktion dazugezählt werden, um die tatsächlich entstehenden sozialen Kosten zu erhalten.

Ziel der Umweltpolitik ist es nun, Instrumente bereitzustellen, um an dieses Optimum heranzukommen.

3. Instrumente der Umweltpolitik

3.1 Pigou-Steuer als optimale Umweltsteuer

Nur die Internalisierung externer Effekte über Preise vermag den Landwirten die nötigen Signale über den Markt zu geben, Umweltschäden zu vermeiden und Umweltgüter in genügendem Ausmasse zu produzieren. Ein theoretischer Lösungsansatz dazu ist die "Pigou-Steuer"[3], mit der die Differenz zwischen privaten und sozialen Kosten ausgeglichen werden soll. Unter der Annahme vollständiger Konkurrenz sieht sich ein einzelnes Unternehmen einer vollkommen elastischen Nachfrage gegenüber (Grenzerlös = Preis). Ohne staatlichen Eingriff wird das Unternehmen in Abbildung 10.2 beim Preis p die optimale Produktionsmenge q_p erzeugen. Der gesamten Volkswirtschaft werden dann externe Kosten im Umfang der Fläche *Ocd* anfallen. Sie entstehen durch das Auftreten negativer Effekte bei der Produktion. Damit das Unternehmen im sozialen Optimum q_s produziert, schlug Pigou eine Steuer auf der Produktion vor, welche der Differenz zwischen privaten und sozialen Grenzkosten (in Abbildung 10.2 der Strecke *ab*) entspricht.

3 Benannt nach Pigou A., der in seinem Buch "The economics of Welfare", London 1920, als erster diese Idee veröffentlichte.

Abbildung 10.2: Privates und soziales Produktionsoptimum

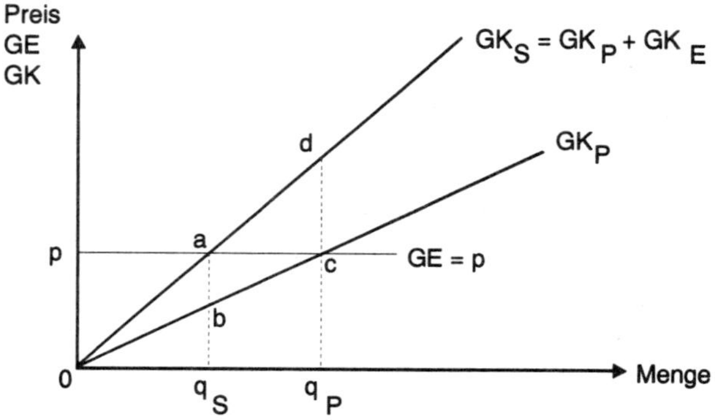

Die Steuer bewirkt eine Internalisierung der externen Kosten. Die private Kostenkurve entspricht dann der sozialen Kostenkurve. Die Pigou-Steuer wirft in ihrer praktischen Anwendung Probleme auf. Um eine Pigou-Steuer festzulegen, muss der Verlauf der sozialen Kostenkurve bekannt sein, was die bekannten Probleme der physischen Messbarkeit und der ökonomischen Bewertung von externen Effekten aufwirft. Ein weiteres Problem stellt die Bedingung der vollkommenen Konkurrenz dar. Abbildung 10.3 zeigt, dass die Erhebung einer Steuer bei einer Monopolsituation noch weiter vom sozialen Optimum in *d* wegführen kann.

Das Unternehmen wird ohne staatlichen Eingriff sein Produktionsoptimum in *b* wählen und die Menge q_p zum Preis p_p verkaufen. Durch die Erhebung einer Steuer (vertikale Distanz zwischen GK_p und GK_s) wird es sich nicht dem sozialen Optimum *d* nähern, sondern noch weiter davon entfernen und in *a* produzieren.

Wir haben es hier mit einem Beispiel der 'second-best'-Problematik zu tun[4]: Beim Vorliegen mehrere Marktunvollkommenheiten (hier unvollkommene Konkurrenz und externe Effekte) ist es theoretisch unmöglich zu sagen, ob durch die Beseitigung nur eines der beiden Marktversagen die Wohlfahrt verbessert wird oder nicht.

---

4 Das second-best-Theorem formuliert in: Lipsey R.G., Lancaster K., 1956, The general theory of second best, Review of Economic Studies, 24, 11-32, S. 218-220

Abbildung 10.3: Wirkung der Pigou-Steuer bei Monopol

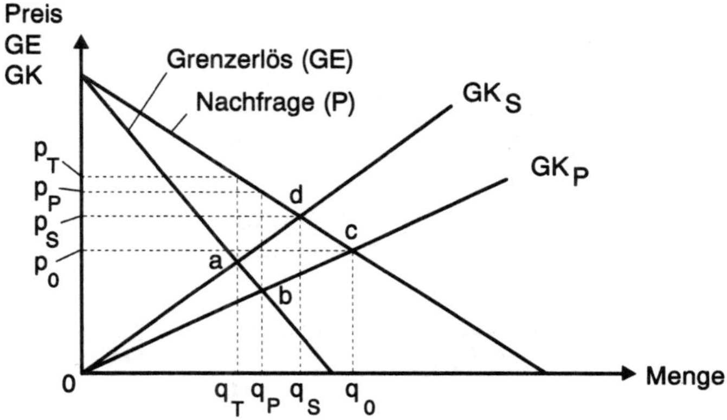

Quelle: Pearce, 1976, a.a.O., S.77

3.2 Preis-Standard-Ansatz

Beim Preis-Standard-Ansatz wird der Anspruch auf eine optimale Umweltpolitik im Sinne einer (pareto-)optimalen Internalisierung externer Kosten aufgegeben. Ein bestimmtes Mass an Umweltbelastung (Umweltstandard) wird also nicht aufgrund von Kosten-Nutzen-Überlegungen, sondern aufgrund politischer Entscheide festgelegt. Der Staat geht dabei von Analysen über die Schäden von Umweltbelastungen aus und setzt Immissionswerte (quantitative Zielvorgaben für die Umweltqualität) fest, ohne den monetären Nutzen dieses Grenzwertes zu kennen. Ziel der Umweltpolitik ist es nun, diesen Umweltstandard effizient, d.h. kostenminimal mit Hilfe einer Umweltsteuer zu erreichen. Dazu müssen die marginalen Vermeidungskosten *MV* (Abb. 10.4) bekannt sein. Die Umweltsteuer *T* (Preis; daher der Name Preis-Standard-Ansatz) wird nun optimalerweise so festgelegt, dass sie den marginalen Vermeidungskosten für die Erreichung des politisch gewünschten Umweltstandards S_{pol} entspricht.

Abbildung 10.4: Preis-Standard-Ansatz

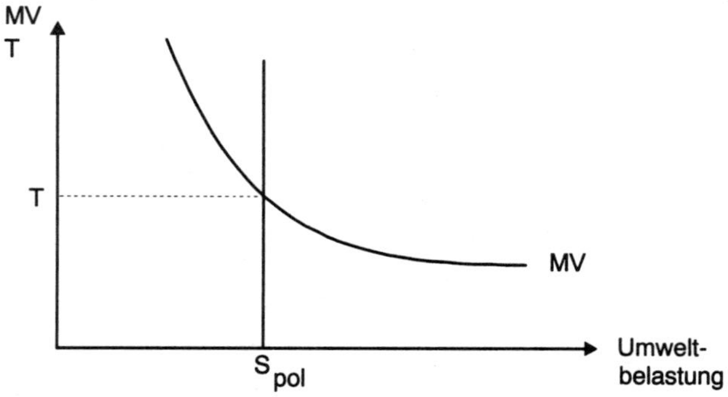

3.3 'Second-Best'-Instrumente

Mit der Wahl von 'Second-best'-Instrumenten wird im vorneherein auf eine 'First-best'-Lösung, d.h. eine pareto-effiziente Internalisierung[5] der Umweltkosten verzichtet, weil die Erhebung der Vermeidungskosten, und der Schadenskosten einen erheblichen Aufwand erfordert oder gar unmöglich ist. In der umweltpolitischen Praxis wählt man deshalb Instrumente, bei denen weder Schadenskosten *SK* noch Vermeidungskosten *VK* bekannt sein müssen.

Wir unterscheiden dabei Instrumente einer Weichen Politik und einer Harten Politik.

3.3.1 Weiche Politik

Das Ziel der Instrumente der weichen Politik ist es, die privaten Grenzkosten an die sozialen Grenzkosten heranzubringen, damit das individuell rationale Verhalten nahe dem gesellschaftlich erwünschten Verhalten ist.

- **Lenkungsabgaben:** sind die pragmatische Umsetzung der Preis-Standards. Mit der Lenkungssteuer sollen preisliche Anreize das Verhalten von Produzenten und Konsumenten in Richtung der gesetzten Umweltstandards lenken. Genaue Kenntnisse der externen

5 Unter Pareto-Effizienz verstehen wir, dass mit einer Massnahme näher an das Pareto-Optimum herangerückt wird. Das Pareto-Optimum selber wird als Situation bezeichnet, welche für ein einzelnes Individuum nur verbessert werden kann, wenn dadurch ein anderes Individuum einen Nutzenentgang erleidet.

Kosten *SK* und der Vermeidungskosten *VK* sind nicht nötig, wohl aber Kenntnisse über Preiselastizitäten von Angebot und Nachfrage der belasteten Güter. Sind diese nicht oder nur ungenau bekannt, ist es schwierig, die Reaktionen auf Lenkungsabgaben im voraus abzuschätzen. Man müsste theoretisch mit schrittweisem Anpassen der Abgabensätze die nötige Umweltsteuer *T* finden. In der Praxis würde dieses Vorgehen Verunsicherung auslösen, so dass die Lenkungssteuern mehr von finanzpolitischen Überlegungen oder der politischen Akzeptanz abhängig gemacht werden. Andererseits gibt es Formen, bei denen sich die optimalen Abgabensätze "von selber", also über den Markt einpendeln würden. Dieser Idee entsprechen die

- **Emissionszertifikate**. Dabei handelt es sich um handelbare Umweltlizenzen, die ihren Besitzern das Recht geben, während einer bestimmten Periode eine limitierte Menge genau definierter Schadstoffe an die Umwelt abzugeben. Aufgrund von Emission-Immissionsmodellen wird berechnet, wieviele Emissionseinheiten in einer Region zulässig sind. Der Staat gibt entsprechend diesen Berechnungen zeitlich limitierte Emissionszertifikate aus. Die Erstzuteilung erfolgt entweder kostenlos an die bisherigen Verursacher oder über Versteigerung. Betriebe, die auf eine weniger umweltbelastende Technologie umstellen, können ihre Emissionszertifikate zum Verkauf geben. Je nach Höhe von Angebot und Nachfrage sinkt oder steigt der Preis und werden tiefere oder höhere Anreize für weitere Emissionsreduktionen geschaffen.

- **Verhandlungslösungen**: Die für den Umweltschutz zuständigen Behörden vereinbaren mit einzelnen Unternehmen oder Branchenverbänden das anzustrebende Emissionsziel, die Fristen zu dessen Erreichung und die notwendigen Kontrollen. Druckmittel ist die Androhung einschneidenderer Massnahmen aus dem Katalog der "Harten Politik". Einen solchen "Vertrag" stellt die Ergänzung des Landwirtschaftsgesetzes mit Artikel 31 a und b dar, worauf wir unter Abschnitt 4 näher eintreten wollen.

- Auch **private Abmachungen** zwischen Landwirten und Handel (z.B. Migros Sano-Produktion), zwischen Tourismusgemeinden und deren Landwirten (Pflege einer attraktiven, abwechslungsreichen Landschaft unter Verzicht auf weitere Intensivierung) oder zwischen Umweltschutzorganisationen (z.B. WWF und SBN) und einzelnen Landwirten zählen zu den Verhandlungslösungen. Sie sind ökonomisch besonders interessant, weil die Verursacher ihr Wissen und ihre Kenntnisse einsetzen können, um die Emissionsreduktion betriebswirtschaftlich optimal zu vollziehen. Sind die Verhandlungspartner allerdings zu zahlreich, steigen die Verhandlungs- und Kontrollkosten rasch an, und die Gefahr von Trittbrettfahrern wird gross.

- Wichtig sind zudem **Forschung, Beratung** und **Aufklärung**, um die Landwirte für eine umweltschonendere Bewirtschaftung zu sensibilisieren, ihnen die nötigen Kenntnisse zu vermitteln und die betriebswirtschaftlichen Kosten einer Umstellung auf eine umweltschonendere Landwirtschaft zu reduzieren.

Weil die Massnahmen der Weichen Politik allein offensichtlich nicht genügen oder weil noch die rechtlichen Grundlagen für deren Durchsetzung fehlen, haben die Instrumente der Harten Politik traditionellerweise eine grosse Bedeutung in der praktischen Umweltpolitik, gerade auch für die Landwirtschaft:

3.3.2 Harte Politik

Auch hier legt der Staat Grenzwerte (Umweltstandards) fest. Zur Erreichung dieser Werte werden z.B. Emissionsgrenzwerte vorgegeben oder den Produzenten und Konsumenten werden vom Staat Vorschriften für Konsum, Produktion und Investition gemacht. Umweltschutz wird durch direkte Vorschriften und Kontrollen erzwungen. Dafür kommen drei Instrumente in Frage:

- Bei **Geboten** handelt es sich um staatliche Vorschriften, bestimmte Vorkehrungen zum Schutz der Umwelt zu ergreifen (z.B. Vorschriften über die Mindestmasse von Hofdüngeranlagen).
- **Verbote** sind darauf ausgerichtet, umweltschädigende Tätigkeiten zu verhindern (z.B. Verbot bei Schnee Hofdünger auszubringen).
- **Auflagen** stellen Bedingungen dar, welche Gesuchsteller erfüllen müssen, damit ihnen eine bestimmte Tätigkeit durch den Staat erlaubt wird oder um in den Genuss von Subventionen zu kommen. (z.B. Auflagen bezüglich einer ausreichenden betriebseigenen Rauhfutterbasis bei den Kostenbeiträgen für das Berggebiet).

Die Instrumente des Harten Politik gelten als wirksam, da umweltschädigendes Verhalten direkt verboten wird. Sie wirken im allgemeinen ohne zeitliche Verzögerung. Gebote, Verbote und Auflagen gelten auch als gerecht, da alle den gleichen Beitrag zum Umweltschutz leisten müssen. In Krisensituationen (z.B. Smogalarm) oder bei der Gefahr von irreversiblen Schäden (z.B. Ausrottung von Tier- und Pflanzenarten) sind sie die einzig adäquaten Massnahmen. Aus ökonomischer Sicht sind sie jedoch nicht effizient, denn die gleiche ökologische Wirkung liesse sich zumindest theoretisch mit kleineren volkswirtschaftlichen Kosten erreichen.

3.4 Beurteilungskriterien für Umweltinstrumente

In der Praxis zeigt sich allerdings, das es nicht das Instrument der Wahl gibt. Vielmehr bedarf jedes Umweltproblem einer spezifischen umweltinstrumentellen Lösung.[6] Hauptkriterien für Auswahl und Einsatz des jeweils geeignetsten Instruments sind Effektivität und Effizienz.

Dabei verstehen wir unter "Effektivität" einen Beurteilungsmasstab für die Eignung eines Instrumentes zur Verwirklichung umweltpolitischer Zielsetzungen (Zielerreichungsgrad). Die "Effizienz" hingegen ist der Masstab, um den Grad der Zielerreichung unter Berücksichtigung der dabei anfallenden Kosten zu beurteilen (Kosten-Nutzen-Analyse).[7] Eine Übersicht über weitere Kriterien zur Beurteilung von Umweltschutzmassnahmen gibt Tabelle 10.3:

6 Wicke L., 1982, Umweltökonomie, München, S. 244
7 Wytrzens H.K., Reichsthaler R. et al., 1990, Agrar-Umweltökonomie, Wien, S. 53

Tabelle 10.3: Beurteilungskriterien für Umweltinstrumente

Ökologische Kriterien	- Erhöhung der Umweltqualität / Wirkungssicherheit - Stabilisierbarkeit eines Umweltqualitätsniveaus - räumliche Differenzierbarkeit - Unmittelbarkeit der Wirkung/zeitliche Treffsicherheit - Vermeidung von Belastungsverschiebung
Ökonomische Kriterien	- Allokationseffizienz im Sinne von Pareto-Optimalität - Kosten-Nutzen-Wirkung (setzt deren Erfassung und Bewertung voraus) - Inzidenz (Verteilung von Vor- und Nachteilen auf die verschiedenen Bevölkerungsgruppen) - Innovationsförderung bei Umwelttechnologie - Anreizwirkung, die Umweltbelastung über einen Minimalstandard aus zu vermindern - wettbewerbspolitische Auswirkungen / Vermeidung von Marktzutrittsschranken - strukturpolitische Auswirkungen - Auswirkungen auf den Staatshaushalt - Konformität mit anderen wirtschaftspolitischen Zielen
Praktische Einsatzmöglichkeit	- Möglichkeiten der Informationsbeschaffung - Minimierung des Verwaltungsaufwandes - Durchsetzbarkeit - Kontrollierbarkeit - politische und gesellschaftliche Akzeptanz - internationale Abstimmung

Quelle: nach Wytrzens H.K., Reichsthaler R. et al., 1990, a.a.O., S.52 und Baur P., 1992, Einführung in die Umweltökonomie - Vorlesungsunterlagen IAW-ETHZ, S. 50

4. Instrumente zur Beschränkung der allgemeinen Intensität

4.1 Zusammenhang zwischen Intensität und Umweltbelastung

Aus ökologischer Sicht sind insbesondere Düngung, hoher Tierbesatz, Pflanzenschutz, vereinfachte Fruchtfolgen und ausgeräumte Landschaften kritische Aspekte unserer intensiv produzierenden Landwirtschaft. Ihnen ist grösstenteils die Ursache für Gewässerverschmutzung, Rückstände in Nahrungsmitteln, den Verlust der biologischen Vielfalt und die Beeinträchtigung der Bodenfruchtbarkeit zuzuschreiben.

Ein Zusammenhang zwischen (gestützten) hohen Agrarpreisen und dem Verbrauch von spezifischen Inputfaktoren lässt sich international beobachten:

Tabelle 10.4: Agrarstützung und Verbrauch von Dünger in ausgewählten Ländern

	Agrarstützung (in % PSE) 1979-89	Verbrauch von Mineraldüngern b) (kg/ha Ackerland und Dauerkulturen) 1985
Argentinien a)	-38	4
Thailand a)	-4	21
Indien a)	-2	50
Australien	11	24
Brasilien a)	22	42
USA	30	94
Kanada	35	50
Oesterreich	36	255
EG-10	39	303
Schweden	46	141
Süd-Korea a)	61	376
Japan	68	427
Schweiz	**71**	**437**
Norwegen	73	277

a) PSE nur für 1982-87 (Webb et al., 1990) alle übrigen Angaben : OECD, 1990
b) Totaler Verbrauch von N-, P- und K-Düngern

Quelle: Anderson K., 1992, "Effects on the Environment and Welfare of Liberalizing World Trade: the Cases of Coal and Food", in: Anderson K., Blackhurst R. (Hrsg.), 1992, The Greening of World Trade Issues, New York, S. 162

Die allgemeine Intensität, lässt sich grundsätzlich senken durch

- die Senkung der Preise für landwirtschaftliche Produkte (Änderung der Preispolitik,
- eine Erhöhung der Preise für spezifische Inputfaktoren ("Internalisierung") oder
- Senkung der Preise für nicht-spezifische Inputfaktoren ("Direktzahlungen")

Die Senkung der allgemeinen Intensität beruht auf einer Reduktion des Outputs (Extensivierung) bei tieferem Einsatz aller Faktoren. In Abschnitt 5 soll auf die Wirkung einzelner Gesetze eingegangen werden. Diese bewirken in der Regel eine Reduktion des Einsatzes eines spezifischen, ökologisch problematischen Faktors (meist Dünger oder Pestizide).

4.2 Änderung der landwirtschaftlichen Preispolitik (LwG Art. 31a)

In der Botschaft zur Änderung des schweizerischen Landwirtschaftsgesetzes vom 27. Januar 1992 wird festgehalten, dass "... die bisherige Preispolitik nach dem Grundsatz kostendeckender Preise nicht mehr so weitergeführt werden kann. Die Preise werden inskünftig vermehrt von markt- und aussenwirtschaftlichen Faktoren bestimmt." Das bedeutet eine Annäherung an das Preisniveau der EU, welches bei pflanzlichen Produkten rund 60% und bei tierischen Produkten rund 50% tiefer liegt als in der Schweiz.

Die Reduktion der landwirtschaftlichen Einkommen soll über Direktzahlungen aufgefangen werden, welche eine Abgeltung für gemeinwirtschaftliche Leistungen der Landwirtschaft darstellen. Bezugsberechtigt sind alle Betriebe, welche verschiedene Strukturbedingungen erfüllen (Mindestfläche, Höchstanteil familienfremder Arbeitskräfte etc.) und die den gesetzlichen Anforderungen nach Art. 14 des Gewässerschutzgesetzes (vgl. unten) nachkommen und gegen keine Vorschriften des Natur- und Heimatschutzgesetzes, des Tier-, Gewässer- und Umweltschutzgesetzes verstossen. Die Direktzahlungen sind aufgeteilt in einen Betriebsbeitrag und einen Flächenbeitrag. Somit werden die beiden nicht-spezifischen Produktionsfaktoren Arbeit und Boden subventioniert.

Abbildung 10.5: Betriebliche Auswirkungen einer Produktpreissenkung mit ergänzenden Direktzahlungen

a) Abnahme der allgemeinen Intensität

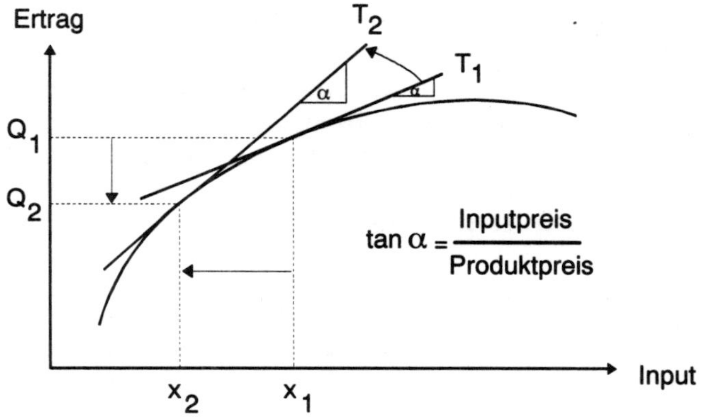

b) Einfluss auf Kosten und Erlöse

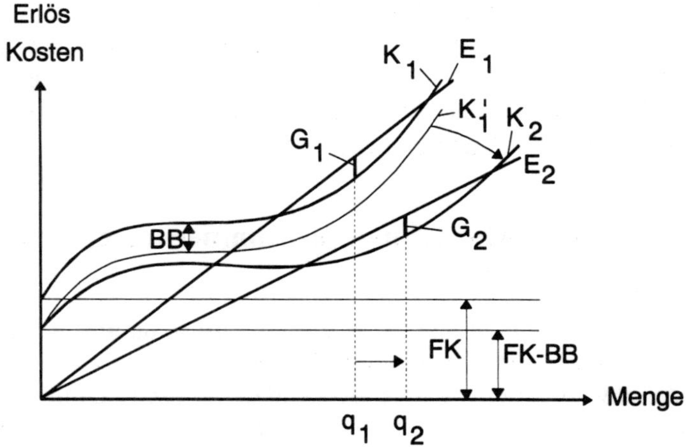

Wenn wir zuerst auf die physischen Auswirkungen einer Produktpreissenkung mit ausgleichenden Direktzahlungen unter Wahrung von Umweltauflagen eingehen, so ändert sich das Verhältnis von Input- und Produktpreisen, welche die Lage der Tangente an die Ertragsfunktion bestimmen. Als Folge der Drehung von T_1 zu T_2 in Abbildung 10.5 a) nehmen der Ertrag pro Hektare wie auch der Input pro Hektare ab.

Die Direktzahlungen nach LwG Art. 31 a setzen sich einerseits aus einem Sockel- oder Betriebsbeitrag *BB*, der die Fixkosten *FK* reduziert und die Kostengerade K_1 parallel zu K_1' verschiebt, und andererseits aus einem flächenabhängigen Beitrag zusammen. Der letztere dreht die Kostengerade K_1' zu K_2, wie in Abbildung 10.5 b) ersichtlich. Die Senkung des Preisniveaus dreht die Erlösgerade von E_1 zu E_2. Damit ergibt sich eine Verschiebung der optimalen Menge von q_1 (bei G_1) zu q_2 mit dem Gewinn G_2. Zur Repetition: die optimale Menge ergibt sich im Punkt, an dem die Differenz zwischen Erlösgerade und Kostengerade am grössten ist.

In der Abbildung 10.5 b) kommt das neue Produktionsoptimum rechts vom alten Optimum q_1 zu liegen. Das würde eine Mengenausdehnung als Folge des neuen Artikels LwG 31a bedeuten. Dies ist aber nicht zwingend der Fall, sondern hängt vielmehr vom Ausmass der Drehungen der Kostenkurven und Erlösgeraden ab. Daraus folgt, dass das Verhältnis von Produktpreissenkungen zu den Flächen- und Betriebsbeiträgen ein Element der Angebotssteuerung ist. Je kleiner einerseits die Flächenbeiträge und je grösser die Betriebsbeiträge sind und je grösser andererseits die Produktpreissenkungen ausfallen, desto geringer ist der Mengeneffekt bzw. desto wahrscheinlicher kommt das neue Produktionsoptimum links vom alten zu liegen.

4.3 Vertragliche Abmachung zur Limitierung der Intensität (LwG Art. 31b)

Nach LwG Art. 31 b kann der Staat Verträge mit Landwirten eingehen, die gewillt sind, besondere ökologische Leistungen zu erbringen. Das Ziel ist dabei weniger eine flächendeckend ökologische Landwirtschaft, sondern vielmehr die gezielte Förderung des Angebots an Umweltleistungen. Die Beiträge werden auf Gesuch hin gewährt für

- ökologische Ausgleichsflächen
- die Integrierte Produktion und den Biologischen Landbau
- die kontrollierte Freilandhaltung von Nutztieren

4.3.1 Verfahren der Abgeltung

Bei der Abgeltung der erbrachten Leistungen lassen sich grundsätzlich zwei Verfahren unterscheiden:

- **handlungsorientierte Honorierung**: Die Vergütung richtet sich nach den ökonomischen Kriterien der Opportunitätskosten. Die Höhe der Abgeltung schätzt sich also nach Mindererertrag oder Mehraufwand, deren Höhe durch alternative Faktoreinsatzmöglichkeiten bestimmt wird. Das bedeutet, dass für das gleiche Umweltelement unterschiedliche Entschädigungen ausbezahlt würden, je nach Bonität des Bodens, der Höhenstufe (und theoretisch: nach einzelbetrieblichen Faktorverwendungsmöglichkeiten). Die Entschädigungen sind zudem abhängig vom herrschenden Agrarpreisniveau.
- **zielorientierte Honorierung**: Die Höhe der Abgeltung richtet sich nach der Bedeutung der Massnahme z.B. für den Arten- und Biotop-Schutz. Das bedeutet, dass für das gleiche Umweltelement bei gleichen betrieblichen Voraussetzungen unterschiedliche Entschädigungen ausbezahlt würden, je nachdem wie knapp ein bestimmtes Umweltelement in einer Region ist.

4.3.2 Ökologische Ausgleichsflächen

Das Ausscheiden ökologischer Ausgleichsflächen sowie die Neuanlage und Pflege verschiedener Landschaftselemente bringen dem landwirtschaftlichen Betrieb unterschiedlich grossen Mindererertrag bzw. Mehraufwand. Zu den ökologischen Ausgleichsflächen, die bei den Zahlungen berücksichtigt werden, gehören:

- Extensive Wiesen und Weiden: Verallgemeinernd lässt sich sagen, je weniger gedüngt und geschnitten wird, desto artenreicher ist eine Wiese. Tabelle 10.5 enthält eine Zusammenstellung verschiedener Typen extensiver Wiesen:

Tabelle 10.5: Charakterisierung extensiver Wiesentypen

	Fromental-wiese	Goldhafer-wiese	Magerwiese	Pfeifengras-wiese
	wenig intensiv		extensiv genutzt	
Düngung	mässig	mässig	keine	keine
Schnitt	2-3 / Jahr	1-2 /Jahr	1x spät	1x spät
Ertrag	65 dt TS/ha	35 dt TS/ha	30-40 dt TS/ha	Streue
Artenzahl	35-45	vielfältig	70	40-60

Quelle: nach "zB" 2/93

- Grünlandstreifen: helfen mit, Ackerwildkräuter zu erhalten
- Hecken- und Waldkrautsaum: ungedüngte, wenig geschnittene Krautstreifen entlang von Hecken und Waldrändern
- Feldhecken und Feldgehölze: bieten zahlreichen Tier- und Pflanzenarten Schutz und Lebensraum. Schützen gleichzeitig vor Winderosion.
- Hochstammobstgärten: Bieten Lebensraum für Vögel und üben eine wichtige Funktion bei der Erhaltung von Kulturlandschaften aus.

4.3.3 Anerkennung und Förderung der Integrierten Produktion (IP) und des Biologischen Landbaus

Die IP wie auch der biologische Landbau werden als umweltfreundliche, nachhaltige Produktionssysteme anerkannt. Sie werden nur auf gesamtbetrieblicher Basis gefördert. Die Anerkennung und Kontrolle basiert auf privatrechtlicher Ebene durch bestimmte staatlich anerkannte Organisationen. Mit diesen Beiträgen wird neu anerkannt, dass biologisch (integriert) produzierte Produkte nicht nur einen privaten Charakter aufweisen (höhere innere Qualität, gesündere Nahrungsmittel), der über einen Mehrpreis vom Konsumenten abgegolten werden kann, sondern es wird diesen Produktionsrichtungen eine sozial positive Komponente zugestanden (weniger Umweltbelastung). Solange die von der Landwirtschaft verursachten Umweltschäden nicht internalisiert werden, ist es richtig, umweltschonendere Produktionsweisen zu belohnen.

Auch zeigen verschiedene **Modellrechnungen**, dass die Kosteneinsparung auf der Inputseite den Minderertrag nicht abgelten.[8]

Bei den Ackerkulturen betragen die Ertrageinbussen beim Anbau nach den Richtlinien für Biologischen Anbau (VSBLO) 10 - 30% je nach Kultur, beim Anbau nach den IP-Richtlinien 5-15% gegenüber einer ortsüblichen konventionellen Bewirtschaftung. Dabei sind die Einbussen bei Getreide höher als bei den Hackfrüchten.

Da für Direktzahlungen nach LwG Art. 31b der ganze Betrieb umgestellt werden muss, ergeben sich Änderungen in der Produktionsstruktur, um den Anforderungen (5% ökologische Ausgleichsfläche, teilweise extensive Wiesennutzung, ausgeglichene Nährstoffbilanz) gerecht zu werden. Dies hat zur Folge, dass der landwirtschaftliche Rohertrag gegenüber dem intensiv wirtschaftenden Betrieb beim Bio-Betrieb um 15-20% und beim IP-Betrieb gut 10% tiefer ausfällt. Bei den Direktkosten[9] ergeben sich beim Bio-Betrieb Einsparungen in der Grössenordnung von 25%, beim IP-Betrieb von 20-25% gegenüber dem konventionellen, intensiven Betrieb. Ohne Direktzahlungen nach LwG Art. 31 b würden die Kosteneinsparungen nicht ausreichen, um den Minderertrag auszugleichen. Mit den Direktzahlungen erreicht der IP-Betrieb einen leicht höheren Direktkostenfreien Ertrag (DfE) als der konventionelle Betrieb. Der DfE des Bio-Betriebs fällt hingegen rund 10% tiefer aus.

Die Direktzahlungen nach LwG Art. 31 b vermögen einen entscheidenden Anstoss zu geben, auf die IP-Produktion umzustellen - sie kompensieren Mindererträge vollständig. Auch für den Bio-Landbau bilden die neuen Ökobeiträge einen starken Anreiz zur Umstellung. Dies trifft insbesondere für Betriebe mit hohem Grünlandanteil zu. Die Direktzahlungen vermögen zwar die Mindereinnahmen nicht ganz auszugleichen, zusammen mit unternehmerischen Massnahmen im Bereich von Spezialbetriebszweigen, Direktvermarktung und Labelproduktion kann der Bio-Landbau jedoch als wirtschaftlich lohnend bezeichnet werden. Mit der zu erwartenden Aufstockung der Beiträge unter LwG Art. 31 b bei gleichzeitig sinkenden Produktpreisen könnte der Bio-Landbau sogar

8 Malitius O., 1994, IP- und Bio-Landbau: Ertrags- und Einkommensunterschiede, in: Agrarforschung 1(6): 259-262

9 Unter Direktkosten werden die variablen Einzelkosten verstanden, die direkt einer Aktivität zugeordnet werden können (insbesondere Dünger, Pflanzenschutz, Kraftfutter, Arbeit durch Dritte, Maschinenmiete...).

zur wirtschaftlichsten Produktionsform werden.[10] Damit wird ein wesentlicher Beitrag zu einer flächendeckenden Extensivierung ohne die Gefahr freiwerdender Flächen geleistet.

4.3.4 Tierschutzgesetz und kontrollierte Freilandhaltung

Die kontrollierte Freilandhaltung - ebenso wie die im Vergleich zum Ausland strengen Auflagen des Tierschutzgesetzes - verursachen eine Kostensteigerung in der Tierhaltung. Allerdings wirken sie sich je nach Betriebsstruktur und Verlauf der Stückkosten sehr unterschiedlich aus. Aus folgenden Gründen ist anzunehmen, dass die Kostensteigerung in kleinen, alten Betrieben höher sein werden:

- Neuere Ställe entsprechen weitgehend den Tierschutzauflagen. Bei älteren Ställen sind die baulichen Anpassungen entweder aufwendig oder unmöglich - die Einhaltung des Tierschutzgesetzes würde einen Neubau bedingen. Die Einhaltung der Tierschutznormen kann alte Betriebe durch einen Neubau zur Substitution der oft reichlich vorhandenen Zeit durch den knappen Faktor Kapital zwingen.
- Verschiedene tiergerechte Haltungsformen sind erst ab einer Mindestgrösse rentabel (z.B. Laufstall).
- Mehr Auslauf und Freilandhaltung bedingt mehr Flächeneinsatz, welcher auf kleinen Betrieben ein knapper und somit teurer Faktor darstellt. Liegt der Stall zudem im Dorf oder in Strassennähe, oder sind Weiden weit vom Hof entfernt (was bei kleineren, schlecht arrondierten Betrieben oft der Fall ist), ist die Weidehaltung mit hohem Arbeitsaufwand verbunden.

10 vgl. dazu die Modellrechnungen von Pezzatti M.G., 1994, Auswirkungen möglicher agrarpolitischer Ereignisse auf die langfristige Strukturentwicklung der Landwirtschaftsbetriebe im Kanton Zürich, unveröffentliche Diplomarbeit, IAW ETH, Zürich

Abbildung 10.6: Betriebliche Auswirkungen von Auflagen in der Tierhaltung

grosser neuer Betrieb kleiner alter Betrieb

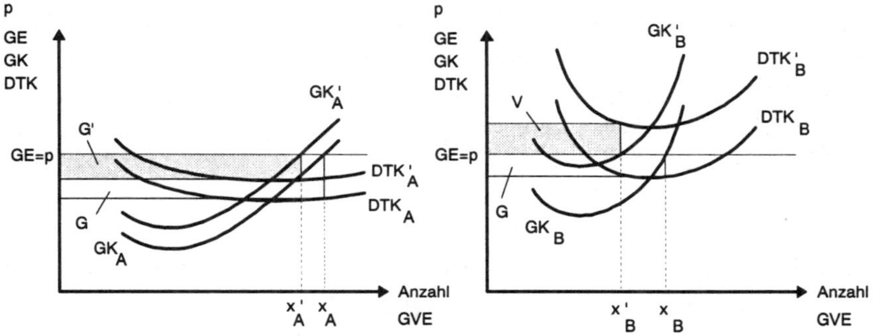

Der grosse Betrieb in Abbildung 10.6 mit neuen Ställen ist von den Auflagen wenig betroffen, die Grenzkosten steigen nur gering an. Der Gewinn reduziert sich von *G* zu *G'*.

Betrieb B sei ein kleiner Betrieb mit alten Ställen, welcher eine ungünstige Kostenstruktur aufweist. Vor Einführung der Auflagen realisiert er den Gewinn *G*. Die geforderten Auflagen zwingen den Betrieb zu teuren baulichen Massnahmen oder gar zu einem Neubau, so dass die Kosten stark ansteigen. Damit gerät der Betrieb in die Verlustzone und steht vor der Existenzfrage.

Weil kleine, schlecht arrondierte Betriebe oft in Grenzregionen stehen, in denen man die Landwirtschaft aus regionalpolitischen Gründen erhalten will, kommt es in der Praxis zu Vollzugsdefiziten.[11]

4.4 Flächenstillegung aus ökologischer Sicht[12]

Viele Agrarpolitiker im Inland, aber auch im Ausland (vor allem in der EU und den USA) sehen die Lösung der beiden Problemkreise Überproduktion und ökologische Belastung in der Stillegung landwirt-

[11] NZZ , 1993, Strenges Tierschutzgesetz - mangelhafter Volllzug, Studie der Geschäftsprüfungskommission, Nr. 270, Zürich

[12] Die folgenden Ausführungen stützen sich u.a. auf Meier B., 1992, Allokations- und Verteilungswirkungen von Flächenstillegungen, unveröffentlichte Diplomarbeit IAW ETHZ und auf Poggensee K., 1993, Die Flächenstillegungsprogramme der EG - Analyse und Beurteilung, Agrarwirtschaft Sonderheft 139, Kiel

schaftlich genutzter Flächen und deren Überführung in Grünbrache oder ökologische Ausgleichsflächen. In den USA[13] werden bereits seit den 30er Jahren Flächenstillegungsprogramme durchgeführt, die ursprünglich primär ökologischen Charakter hatten. Die Erfahrungen zeigen aber, dass die bei kurzfristiger Betrachtung bestechende Lösung ohne korrigierende Massnahmen unerwünschte Auswirkungen zeigt.

Mit der Flächenstillegung wird der in der sektoralen Betrachtung ohnehin begrenzte Faktor Boden künstlich verknappt. Dies kann zu folgenden Wirkungen führen:

- Die verbleibende Fläche wird c.p. intensiver genutzt. (vgl. Abb. 10.7)
- Durch die Intensivierung auf der Restfläche ist die Wirkung auf die Produktion nur von mittelfristiger Bedeutung. Zudem werden vor allem Flächen mit unterdurchschnittlicher Ertragskraft stillgelegt, so dass die Effizienz dieser Massnahme in bezug auf die Produktionslenkung als schwach zu beurteilen ist.
- Die Tendenz, dass die Gewinne (Renten) agrarpolitischer Massnahmen letztendlich den Eigentümern desjenigen Faktors zukommt, welcher am knappsten und fixesten ist (meist der Boden), wird durch diese Massnahme verstärkt[14]. Die Gefahr ist umso grösser, je allgemeiner das Flächenstillegungsprogramm formuliert wird. (Herausnahme aus der landwirtschaftlichen Produktion bzw. Reduktion beispielsweise der Weizenfläche), das heisst je geringer die Möglichkeiten einer alternativen Flächennutzung sind.

Vor der Stillegung liegt die spezielle Intensität unter Annahme der Faktorpreisverhältnisses K_0 (Isokostenkurve) bei H_0 / B_0. Dabei wird in Punkt P_0 der Output I_0 erreicht. Die Bodennutzungspreise steigen unter Flächenstillegungsprogramme einerseits durch die steigende (Eigen-) Nachfrage nach Boden durch die Programmteilnehmer und andererseits durch das sinkende Angebot auf dem Pachtlandmarkt. Beim neuen Kostenverhältnis K_1 wird derselbe Output I_0 im Punkt P_1 mit weniger Fläche (höhere Bodenproduktivität) und höherem Hilfsstoffeinsatz erreicht (tiefere Kapital- und Arbeitsproduktivitäten). Zur Erreichung der Mi-

---

13 Soil Conservation and Domestic Allotment Act (1936): Förderung von bodenerhaltenden Massnahmen (Deckkulturen, Gräser, Leguminosen, Bäume) und Aufkauf marginaler Anbauflächen durch den Staat)

14 Für genauere Analyse der Auswirkungen agrarpolitischer Massnahmen auf die Faktormärkte siehe Gardener B., 1987, The Economics of Agricultural Policies, New York, S. 86ff

nimalkostenkombination muss die spezielle Intensität erhöht werden und die negativen Externalitäten nehmen zu.

Abbildung 10.7: Optimale Faktorkombination bei Flächenstillegung

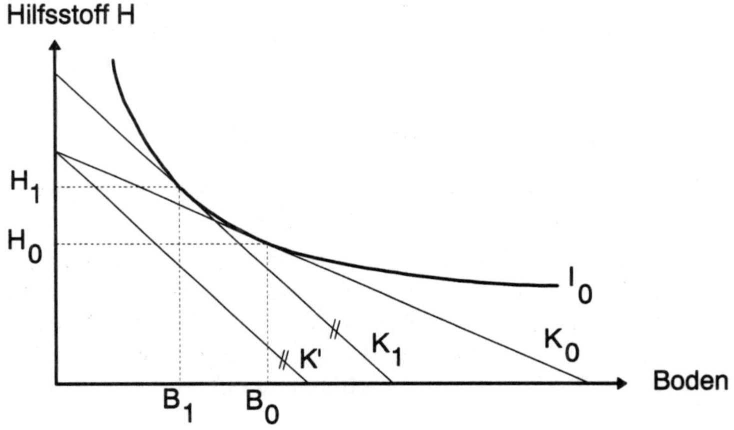

Durch die Stillegung steigt also das durchschnittliche Ertragsniveau auf den verbleibenden Flächen. Dieser ertragssteigernde Effekt des Flächenstillegungsprogramms kann dadurch abgeschwächt werden, dass die Prämien entweder nach Bodenqualität abgestuft werden oder an die Verpflichtung zu einer extensiveren Bewirtschaftung der in der Produktion verbleibenden Flächen geknüpft wird.

5. Instrumente zur Lenkung der speziellen Intensität

Unter der speziellen Intensität verstehen wir wie erwähnt den Einsatz von ertragssteigernden Hilfsstoffen (Dünger Kraftfutter, Pflanzenschutz) je Flächeneinheit.

5.1 Bewirtschaftungsbeiträge im Berggebiet[15]

Die Ziele der Bewirtschaftungsbeiträge (Flächen- und Alpungsbeiträge) sind im Gesetz (SR 910.21) wie folgt festgelegt:

> Zur Förderung und Erhaltung der Landwirtschaft in Lagen mit erschwerten Produktionsbedingungen sowie für den Schutz und die Pflege der Kulturlandschaft richtet der Bund jährlich Bewirtschaftungsbeiträge aus und verpflichtet die Grundeigentümer, die Bewirtschaftung und die Pflege von Brachland zu dulden.

Es werden zwei Zielsetzungen verfolgt, nämlich

- die Erhaltung der Landwirtschaft in Lagen mit erschwerten Produktionsbedingungen über die Sicherung der Einkommen und die Abgeltung des Mehraufwandes und
- die Sicherstellung von Schutz und Pflege von Grenzertragsland über die Beitragszahlungen und die Duldungspflicht.

Entsprechend der praktischen Bedeutung der Beiträge wollen wir uns im folgenden nur auf die zweite Zielsetzung konzentrieren.

In Abbildung 10.8 wird die Wirkung der Flächenbeiträge ebenfalls am ökonomischen Konzept der Minimalkostenkombination dargestellt:

---

15 Anwander S. et al., 1990, Direktzahlungen an die Berglandwirtschaft - eine Gesetzesevaluation, Zürich, S. 94ff.

Abbildung 10.8: Optimale Faktorkombination mit und ohne Flächenbeiträge

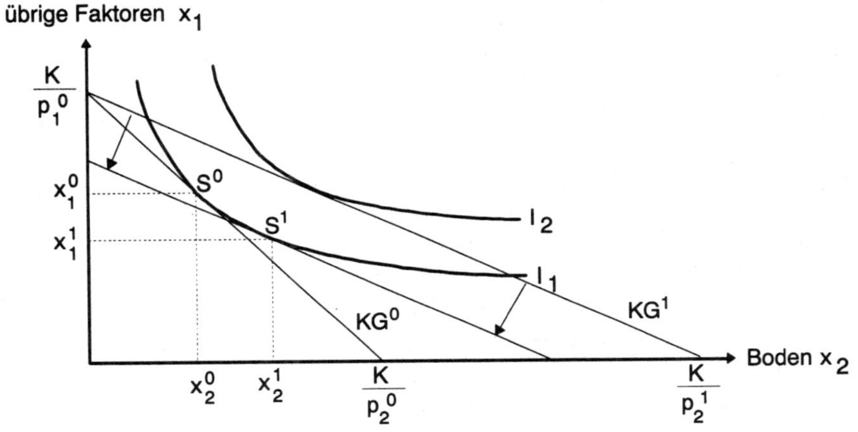

I_1, I_2	= Isoquanten (Produktionsniveaus mit gleichem Output)
x_2	= Faktor Boden
x_1	= übrige Faktoren
KG^0,KG^1	= Kostengeraden
S^0, S^1	= Tangentialpunkte der Kostengerade an die Isoquanten

Wird durch die Flächenbeiträge der Faktor Boden verbilligt, so ändern sich die Kostenverhältnisse zwischen x_1 und x_2. Zu gleichen Kosten können mehr Einheiten Boden (x_2) gekauft oder gepachtet werden (neue Kostengerade KG^1). Verschiebt man diese parallel bis zur Tangente von Isoquante I_1, so ergibt sich eine neue optimale Faktorkombination von x_1^1 und x_2^1 am Punkt S^1, um die gleiche Menge I_1 zu produzieren. Der Einsatz der übrigen Faktoren nimmt entsprechend ab.

Die Flächenbeiträge wurden 1979 unter dem Druck der Brachlandproblematik geschaffen. Es zeigt sich, dass die Flächenbeiträge eine grosse Bedeutung haben, wenn wegen Abwanderung aus der Landwirtschaft die Nutzung von Grenzertragsland aufgegeben wird. Dank der Auszahlung von Flächenbeiträgen, findet eine extensivere Bewirtschaftung der guten Flächen und eine erneute Nutzung von Grenzertragslagen statt, sofern diese in mechanisierbaren Hanglagen liegen. Ist eine maschinelle Bearbeitung des Landes nicht möglich (keine Erschliessung, zu steiles oder unebenes Gelände), so genügen auch die bestehenden Flächenbeiträge nicht, die Entstehung von Brachland zu verhindern.

Durch die direkte oder indirekte Bindung verschiedener agrarpolitischer Massnahmen an den Faktor Boden (z.B. Milchkontingente, Voraussetzung ausreichender Rauhfuttergrundlage bei den Kostenbeiträgen, Gewässerschutzbestimmungen etc.) und die zunehmende Hangmechanisierung, die erlaubt, mehr Fläche zu bewirtschaften, ist die Nachfrage nach Land auch im Berggebiet so gross, dass Land in Hanglage (mechanisierbar) auch ohne Bewirtschaftungsbeiträge genutzt würde. Brachland ist vielmehr ein lokales Problem und meist Folge eines Zusammenspiels von negativen Faktoren: tiefes Ertragspotential, schlechte Strukturen, wenig Arbeitskräfte, rückläufige Viehzahlen. Da es sich um ein meist begrenztes Problem handelt, sollten auch lokale Lösungsansätze anstelle linearer Erhöhungen von Bewirtschaftungsbeiträgen erwogen werden.

Die Wirkung der Flächenbeiträge ist dann besonders hoch bzw. die Gefahr der Überwälzung auf die Pachtzinsen ist dann besonders tief, wenn a) das Land im Besitz des Bewirtschafters ist, b) der Faktor Land nicht völlig fix ist, sondern Land z.B. nach einer Betriebsaufgabe frei wird, c) bei schlechter Qualität des Bodens, weil danach eine geringere Nachfrage besteht und wenn d) die Betriebsdichte gering ist (wenig potentielle Nachfrager). Oder ökonomisch ausgedrückt: die Wirkung auf die Pachtzinsen ist abhängig vom Wertgrenzprodukt der jeweiligen Flächen.

5.2 Gewässerschutz (Beschränkung des Tierbesatzes)[16]

Ein zu hoher Tierbesatz führt zu Ungleichgewichten in der betrieblichen Nährstoffbilanz. Überschüssige Nährstoffe können zu folgenden Problemen führen:

- erhöhte Übertragung von flüchtigem Stickstoff in die Atmosphäre und von wasserlöslichem Stickstoff ins Grundwasser und in offene Gewässer,
- erhöhte Abschwemmung des an Bodenteilchen gebundenen Phosphors bei starken Regenfällen,

[16] Die folgenden Ausführungen stützen sich u.a. auf Roos M., 1994, Wirtschaftliche Folgen der Reduktion der Hofdüngerbelastung in der vorlapinen Hügelzone, ETH-Dissertation Nr. 10381, Zürich

- unerwünschte Veränderung der botanischen Zusammensetzung von Wiesen bei unangepasster Nutzungsintensität,
- bei zu kleinen Hofdüngerbehältern den Zwang, Hofdünger auch bei ungünstigen Witterungsverhältnissen und auf ungeeignete Flächen auszubringen.

Für die Betriebe mit Nutztierhaltung wird deshalb in Art.14 des Gewässerschutzgesetzes folgendes festgehalten:

1 Auf jedem Betrieb mit Nutztierhaltung ist eine ausgeglichene Düngerbilanz anzustreben.

2 Hofdünger muss umweltverträglich und (...) landwirtschaftlich oder gartenbaulich verwendet werden.

3 Auf dem Betrieb müssen Lagereinrichtungen mit einer Kapazität von mindestens drei Monaten vorhanden sein.(...)

4 Der Betrieb muss über eine so grosse eigene, gepachtete oder vertraglich gesicherte Nutzfläche verfügen, dass auf 1 ha höchstens 3 Grossvieheinheiten entfallen.(...) mindestens die Hälfte des im Betrieb anfallenden Hofdüngers (muss) auf der eigenen oder gepachteten Nutzfläche verwertet werden (können). (...)

5 Düngerabnahmeverträge müssen (...) genehmigt werden.

6 Die kantonale Behörde setzt die pro ha zulässige Düngergrossvieheinheiten herab, soweit (...) erforderlich.

7 Der Bundesrat kann Ausnahmen (...) vorsehen. (...)

Die Einhaltung dieser Bedingungen ist Voraussetzung für die Auszahlung von Direktzahlungen nach LwG Art. 31a. Gemäss Betriebszählung 1990[17] weisen rund 10% aller Betriebe einen Tierbesatz auf, welcher die zulässigen 3 GVE übersteigt. Davon sind 36% Kleinstbetriebe und 42% bodenunabhängige Mastbetriebe mit je weniger als 1 ha Fläche. Bei rund der Hälfte der betroffenen Betriebe dürfte die Einkommenswirkung der Beschränkung so gross sein, dass sie existenzgefährdet sind. Die anderen Betriebe werden die Einkommenseinbusse verkraften, weil

- sie sogenannte Hobbybetriebe sind, also nur unwesentlich zum Gesamteinkommen eines Haushaltes beitragen,
- die Tierhaltung abgebaut und eine andere Faktorverwendung realisiert werden kann oder

---

17 BfS, 1990, Landwirtschaftliche Betriebszählung

- sie eine Ausnahmebewilligung erhalten (z.B. Käsereibetriebe).

Abbildung 10.9: Einzelbetriebliche Auswirkung einer GVE-Beschränkung

a) mittlerer Betrieb b) Kleinbetrieb

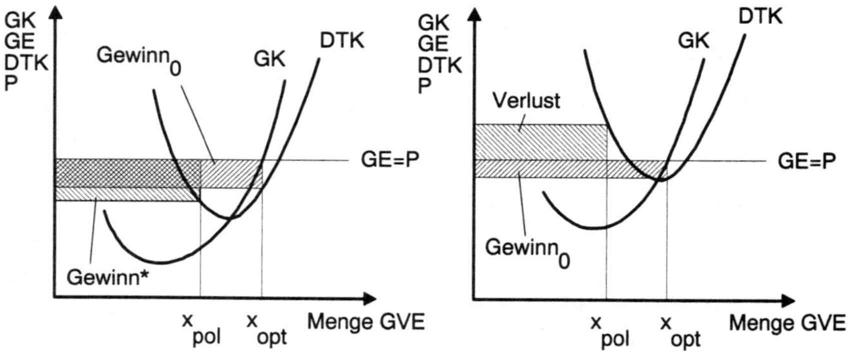

Sowohl der Betrieb in Abbildung 10.9 (a) als auch derjenige in Abbildung (b) weisen ein Produktionsoptimum (Grenzerlös *GE* = Grenzkosten *GK*) auf, das über der 3 GVE-Beschränkung liegt. Durch die Beschränkung erleidet Betrieb A eine Reduktion seines Gewinnes von G_0 zu G^*. Betrieb B hingegen mit einer ungünstigeren Kostenstruktur (Stückkostenprogression) kommt durch die GVE-Beschränkung in die Verlustzone.

Das Gewässerschutzgesetz wirkt sehr restriktiv. Die 3-GVE-Limite muss eingehalten werden, wenn ergänzende Direktzahlungen nach LwG Art. 31a beansprucht werden. Das bedingt betriebliche Anpassungen, indem entweder der Tierbestand abgebaut oder die Betriebsfläche über Kauf oder Zupacht vergrössert wird. Eine Ausweichmöglichkeit, die im Gesetz vorgesehen ist, besteht im Abschluss von Gülleübernahmeverträgen für maximal die Hälfte der anfallenden Hofdüngermenge.

Die Gewässerschutznorm von 3 GVE/ha ist eine weitgehend politisch festgelegte Grösse. Vom Umweltschutz her ist eine ausgeglichene betriebliche Nährstoffbilanz, wie sie bei der Integrierten Produktion (IP) gefordert wird, relevanter. Nebst der Reduktion des Tierbestandes kann durch Änderungen in der Fütterung (verminderter Kraftfuttereinsatz durch besseres Grundfutter bzw. phosphat- und nitratarmes Kraftfutter) der Nährstoffeintrag vermindert werden. Daneben gibt es verschiedene technische Möglichkeiten, "überschüssigen" Hofdünger wegzubringen, wovon die Trocknung und der anschliessende Verkauf als Handelsdünger die wichtigste ist.

Die GVE-Beschränkung zeigt aber auch sektorale Auswirkungen: Das Gesamtangebot an Fleisch wird tendenziell zurückgehen, da das Angebot bodenunabhängig produzierender Mastbetriebe wegfällt und auch Kleinbetriebe mit innerer Aufstockung in Schweine- und intensiver Ochsenmast bei fehlenden Zupachtmöglichkeiten ihr Angebot reduzieren müssen. Während im Schweizer Durchschnitt nur rund 6% des Rindviehs in Betrieben mit mehr als 3 GVE/ha gehalten werden, sind es bei den Schweinen 61,5% und bei den Hühnern gar 72,5%.[18] Gantner[19] schätzt die nötige Reduktion des Tierbestandes auf 12%, wobei vor allem die Kantone Thurgau (29%), Nidwalden (22%) und St.Gallen (20%) betroffen sind. Nicht berücksichtigt ist dabei allerdings die Möglichkeit zum Abschluss von Gülleverträgen.

Durch den Angebotsrückgang steigen die Produzentenpreise vorübergehend an. Dies bewirkt eine Angebotsausdehnung bei extensiveren Mastformen: Weidemast, Mutterkuhhaltung, Pferdemast, extensive, tierfreundliche Schweinemast. Die Beschränkung des Tierbesatzes hat also keine langfristige Angebotsreduktion zur Folge, sondern eine Verlagerung zu extensiveren Mastformen. Solche Mastformen verlangen einen höheren Einsatz am Faktor Boden, so dass sich Auswirkungen auf dem Pachtlandmarkt zeigen können, wie sie in Abbildung 10.10 dargestellt werden.

---

18 Gebhard F., 1987, Auswirkungen einer Begrenzung des Tierbesatzes auf drei DGVE/ha Nutzfläche, SBS, Brugg

19 Gantner U., 1990, Dynamik der landwirtschaftlichen Bodennutzung - Themenbericht des nationalen Forschungsprogramms "Boden", Liebefeld-Bern, S. 59

Abbildung 10.10: Mögliche Auswirkungen auf den Pachtlandmarkt

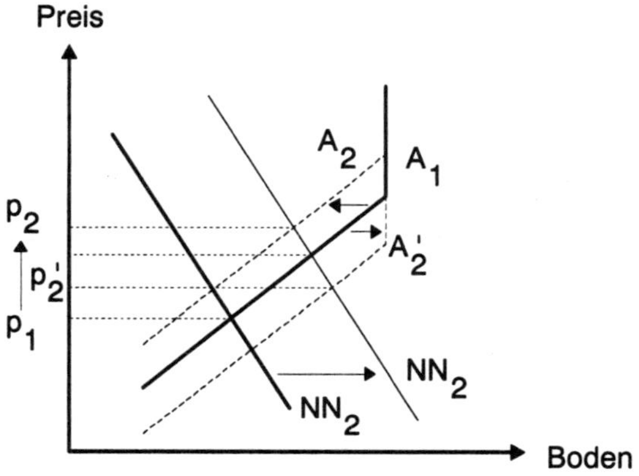

Die Nachfrage nach Pachtland wird tendenziell von NN_1 nach NN_2 ausgedehnt, weil die Hälfte des anfallendes Hofdüngers auf der eigenen oder zugepachteten Fläche ausgebracht werden muss. Das Angebot an Pachtland geht aber aus dem selben Grund von A_1 zu A_2 zurück, weil die Bodenbesitzer ihre Eigennachfrage nach Land erhöhen. (Die Angebotskurve ist geknickt gezeichnet, um auszudrücken, dass Pachtland "in vernünftiger Nähe zum Betriebsstandort" liegen muss und somit absolut begrenzt ist.) Man kann sich aber ebensogut vorstellen, dass viele kleinere Betriebe mit alten Strukturen die landwirtschaftliche Tätigkeit aufgeben und ihr Land zur Pacht freigeben. In diesem Falle steigt das Angebot von A_1 zu A_2' - der Preisausschlag für Pachtland ist abgeschwächt. Die Auswirkungen agrar- und umweltpolitischer Massnahmen auf die Faktormärkte ist im allgemeinen nicht direkt ablesbar. Es müssten die jeweiligen Angebotselastizitäten und die Substitutionsmöglichkeiten zwischen Faktoren berücksichtigt werden.

5.3 Lenkungsabgaben auf Düngemittel

Voraussetzung für die seit dem Zweiten Weltkrieg realisierten Ertragssteigerungen waren einerseits züchterische Verbesserungen der Kulturen, welche eine Produktion auf höherem Nährstoffniveau überhaupt möglich machten (Erhöhung des Ertragspotentials). Andererseits nahm der Nährstoffeintrag, insbesondere der Zukauf von Mineraldüngern ständig zu (Abb. 10.11).

Abbildung 10.11: Gesamtverbrauch von zugekauftem Reinstickstoff in der Schweiz

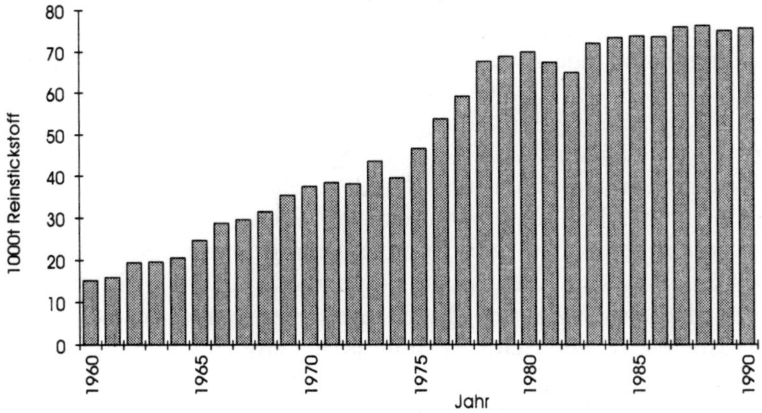

Quelle: SBS, Stat. Erhebungen und Schätzungen, div. Jhg.

Dieser Mehrverbrauch führte gesamtschweizerisch zu einer unausgeglichenen Nährstoffbilanz, wie Tabelle 10.6 zeigt:

Tabelle 10.6: Gesamtschweizerische Nährstoffbilanz, 1985

	Gesamtstickstoff	kurzfristig wirkender Stickstoff	Phophordünger (P_2O_5)	Kalidünger (K_2O)
Saldo Hofdüngerbilanz (t)	15858	-33154	-21408	-62637
Klärschlamm (t)	3800	3800	6400	320
Mineraldünger (t)	69000	69000	43900	65300
Torf, Naturdünger (t)	700	700	800	880
Total Bilanz Schweiz	**89358**	**40345**	**29692**	**3863**
Überschuss (kg/ha LN)	78	35	26	3

Quelle: Dürst, L., 1987, Versuch einer schweizerischen Düngerbilanz, Zürich

Die Schätzung ist eher vorsichtig, da neuere Arbeiten von einem höheren Nährstoffanfall je Grossvieheinheit ausgehen. Dabei muss aber in Rechnung gezogen werden, dass die Hofdüngerlagerung und -ausbringung mit Verlusten verbunden sind, die in ihrer Höhe von der verwendeten Technik abhängen. Nicht in diese Berechnung fliesst der wachsende Nährstoffeintrag aus der Luft ein.

Die Gefahren einer Überdüngung liegen vorwiegend in der Gewässerverschmutzung. Eine Reduktion der Überschüsse ist a) durch tieferen Mineraldüngereinsatz, b) durch kleinere Tierbestände oder c) durch tieferen Düngeranfall je GVE (z.B. durch phosphatarme Fütterung) möglich. Wir wollen im folgenden auf die Möglichkeiten eines verminderten Mineraldüngereinsatzes als Folge einer Lenkungsabgabe auf Mineraldünger und überschüssigem Hofdünger eingehen.[20] Dabei wird von einer 40%-igen Abgabe auf der Basis der Preise von 1992 ausgegangen. Überschüssiger Hofdünger (GVE-Limite) wird mit der gleichen Abgabe je Nährstoffäquivalent belegt. Aufgrund ökonometrischer Schätzungen in verschiedenen Ländern Europas ist ein Nachfragerückgang von 20-50% zu erwarten. Der Rückgang ist nicht bei allen Nährstoffen gleich und auch stark abhängig von Begleitmassnahmen (z.B. Förderung des Anbaus von Leguminosen). In der zitierten Arbeit wurden die Auswirkungen dieser Lenkungsabgabe auf verschiedene Betriebstypen in der Schweiz mittels linearer Programmierung (LP) untersucht. Es lässt sich folgendes festhalten:

1. Lenkungsabgaben erhöhen die Faktorpreise und sind grundsätzlich geeignet, flächendeckend eine Extensivierung der Produktion in Bezug auf den belasteten Faktor zu erreichen. Sie bewirken Änderungen beim Mineral- und Hofdüngereinsatz sowie bei der Produktionsstruktur. Eine 40%-ige Abgabe hat jedoch noch keinen Einfluss auf den Tierbesatz (GVE/ha), weil Substitutionsmöglichkeiten bestehen.
2. Aus der Sicht der Landwirtschaft ist es einkommenspolitisch besser, eine verlangte Extensivierung über die Erhöhung der Input- als über eine Senkung der Outputpreise zu erreichen.
3. Bei LP-Berechnungen wird von einer optimalen Verwendung der Mineral- und Hofdünger ausgegangen (wie dies in der Praxis kaum

[20] Die folgenden Ausführungen stützen sich auf Lehmann B., Bär L. und Keusch A., Lenkungsabgaben auf Mineraldünger und überschüssigem Hofdünger, in: Agrarwirtschaft und Agrarsoziologie 1/94

der Fall ist). Unter diesen Voraussetzungen reagieren Ackerbaubetriebe am flexibelsten auf Lenkungsabgaben, sofern die Übernahme von Hofdünger oder die Erhöhung des Tierbesatzes möglich ist. Die möglichen Anpassungen sind in Abbildung 10.12 dargestellt.

4. Auf Futterbaubetrieben, wo Veränderungen in der Betriebsstruktur stärkere Konsequenzen nach sich ziehen würden, ist nur eine geringe Extensivierung zu beobachten.
5. Eine deutliche Substitution von Mineral- durch Hofdünger ist einzig im Ackerbau zu erwarten. Ackerbaubetriebe werden gegenüber Betrieben mit ausreichendem Hofdüngeranfall durch die Abgabe stark benachteiligt, da beim Hofdünger nicht alle, sondern nur die überschüssigen (GVE-Limite) Nährstoffe belastet werden.

Abbildung 10.12: Auswirkungen von Lenkungsabgaben auf Mineraldüngern und überschüssigem Hofdünger auf den betrieblichen Düngereinsatz

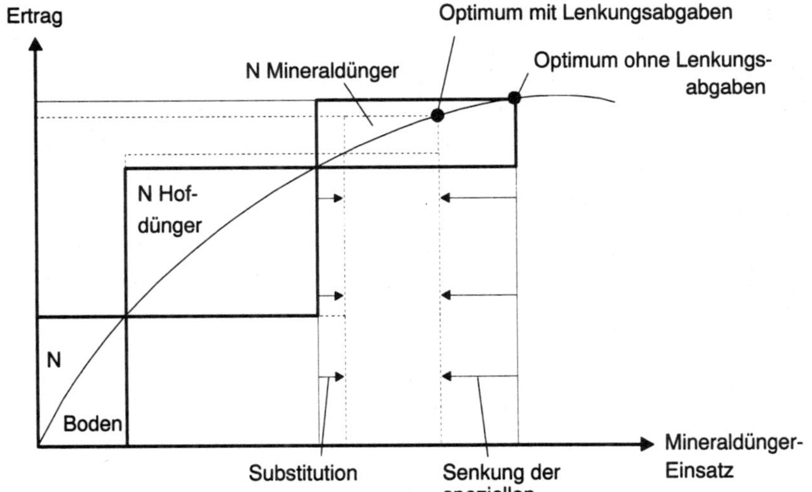

Quelle: Bidaux A., 1991, Comment freiner l'emploi des engrais mineraux et des pesticides en agriculture?, ETH-Diss. Nr. 9598, Zürich, S. 21

Grundsätzlich lassen einzelbetriebliche Berechnungen mittels Linearer Programmierung (LP) (unter der Voraussetzung eines optimalen Düngereinsatzes) nur geringe Preiselastizitäten für die Nachfrage nach Mineraldünger erwarten, welche weit unter den ökonometrischen Schätzungen liegen. Es ist deshalb anzunehmen, dass das reale Verhalten der Landwirte von der neo-klassischen Produktionstheorie abweicht und offenbar das Phänomen des Luxuseinsatzes von Mineral- und Hofdünger besteht. Dieses lässt sich mit einem risiko-aversem Verhalten der Landwirte erklären: Der Landwirt setzt tendenziell mehr Dünger ein, als der von der Forschung für den Idealfall ermittelte exakte Bedarf. Damit vermindert er das Risiko, dass in irgendeiner Vegetationsperiode zuwenig Nährstoffe zur Verfügung stehen. Die Prämien für die Reduktion des Risikos sind die Kosten des eventuellen Luxuseinsatzes von Mineraldünger. Ziel der Agrarpolitik muss es deshalb sowohl aus ökonomischen als auch aus ökologischen Überlegungen sein, möglichst viele Landwirte zu einem effizienteren Einsatz der Düngemittel zu bringen. Dabei sind Information sowie Aus- und Weiterbildung unerlässliche Begleitmassnahmen einer Lenkungsabgabe auf Düngemittel.

5.4 Verbot gewisser Hilfsstoffe

Bei der Diskussion um mögliche Instrumente zur Lenkung der speziellen Intensität nimmt das Verbot bestimmter Hilfsmittel oder Verfahren einen wichtigen Platz ein, dies sowohl im Pflanzenbau (v.a. Wuchsstoffe, aber auch bestimmte Herbizide) als auch in der Tierhaltung (z.B. BST = bovines Somatotropin).

Am Beispiel des Wachstumsregulators CCC soll in Abbildung 10.14 gezeigt werden, welche Auswirkungen das Verbot gewisser Hilfsstoffe haben kann. Für das bessere Verständnis werden in Abbildung 10.13 charakteristische Ertragsfunktionen im Weizenanbau skizziert.

Abbildung 10.13: Charakteristischer Verlauf der Ertragsfunktion in der pflanzlichen Produktion bei unterschiedlichen Produktionsverfahren

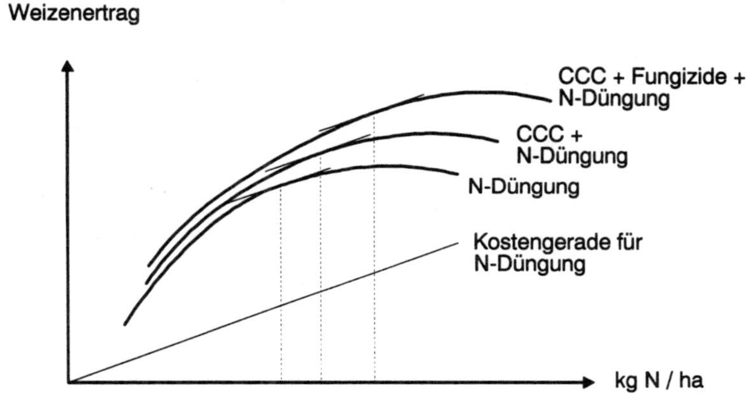

Quelle: Henrichsmeyer, Witzke, 1991, Agrarpolitik Band 1, Stuttgart, S. 231

Der Einsatz von Wuchsstoff ermöglicht eine andere Intensitätsstufe (Verschiebung der Ertragsfunktion nach oben). Diese ist ihrerseits Voraussetzung für die weitere Intensivierung mit Fungiziden. Wird der Wachstumshemmer CCC verboten, so kommt dies einer Verteuerung der Produktion gleich. Diese kann - sofern umweltpolitische Massnahmen einkommensneutral sein sollen - entweder mit einer Prämie (Erhöhung des Produktpreises) oder mit einer Direktzahlung (Beitrag je ha Anbaufläche) abgegolten werden. Die betriebliche Anpassung wird wie aus Abbildung 10.14 ersichtlich ist, unterschiedlich ausfallen.

Ein Verbot von CCC verschiebt die Kostengerade - unabhängig von der Kompensationsform - von TK_1 zu TK_2, weil bei einem ansonst gleichem Faktoreinsatz ein kleinerer Hektarertrag resultiert. In Abbildung 10.14 a) wird diese Kostensteigerung durch eine Prämie, die den Produktpreis erhöht, ausgeglichen. Dadurch verschiebt sich die Erlösgerade E_1 zu E_2. Die optimale Produktionsmenge liegt ohne CCC-Verbot bei der Menge y_1 und es resultiert der Gewinn G_1. Eine Verlustminimierung auf V_1 bei Produktion mit CCC-Verbot ergibt sich bei der neuen optimalen Produktionsmenge y'_1. Soll nach Auszahlung der Prämie der gleiche Gewinn wie vor dem CCC-Verbot erwirtschaftet werden, so muss die Produktionsmenge wieder auf y_2 ausgeweitet werden.

Abbildung 10.14: Auswirkungen eines CCC-Verbotes bei unterschiedlicher Kompensation

a) CCC-Verbot und Prämie pro Produkteinheit

b) CCC-Verbot und Direktzahlung je Fläche

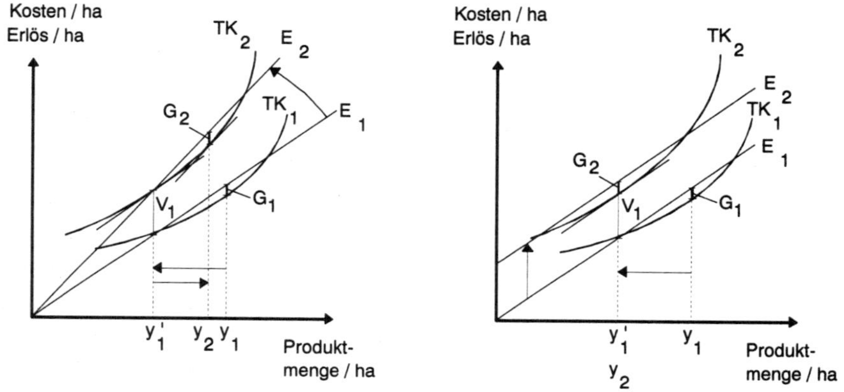

Die Abbildung 10.14 b) entspricht dem Programm "Extenso", welches die Eidgenössische Getreideverwaltung den Landwirten seit 1992 anbietet. Die spezielle Intensität wird per Vertrag gesenkt (kein CCC, keine Fungizide, reduzierte Kopfdüngung), was den Hektarertrag analog zu Abbildung 10.14 a) sinken lässt und die Kostenkurve von TK_1 zu TK_2 verschiebt. Das Optimum der Produktion geht dabei von y_1 zu y'_1 zurück, wobei anstelle des Gewinnes G_1 der Verlust V_1 entstehen würde. Die Direktzahlungen pro Fläche verschieben die Erlösgerade parallel nach oben. Damit wird erneut ein Gewinn in der Grösse von G_2 erzielt.

Beim Vergleich dieser zwei Kompensationsmodelle wird ersichtlich, dass der Produktionslenkungseffekt bei der Variante "Direktzahlungen" gegenüber der Variante "Prämie" viel grösser ist.

XI. Ernährungssicherung und internationaler Agrarhandel

1. Ernährungssicherung

1.1 Konzept der Ernährungssicherung

Fast täglich werden wir durch Presse und Fernsehen auf Hunger und Unterernährung in Entwicklungsländern und in Kriegsgebieten aufmerksam gemacht. Durch die politischen und wirtschaftlichen Veränderungen in den ehemals kommunistischen Ländern des Ostblocks haben auch dort grosse Bevölkerungsteile Schwierigkeiten, den täglichen Bedarf an ausgewogener Nahrung sicherzustellen. Aber auch in den reichen Industrieländern wird im Zusammenhang mit der Neuen Armut darauf hingewiesen, dass speziell gesellschaftliche Randgruppen an Unterernährung leiden. Dazu zählen etwa Rentner, Langzeitarbeitslose, Alleinerziehende und Jugendliche, die den Einstieg in die Gesellschaft nicht gefunden haben. Armut bedeutet, dass den betroffenen Menschen die Mittel für ein gesundes, aktives Leben fehlen. Innerhalb der Strategien zur Bekämpfung der Armut ist der Zugang zu ausreichender Ernährung ein zentraler Punkt.

Bereits 1948 wurde im Rahmen der UNO-Menschenrechtsdeklaration das Recht auf ausreichende Ernährung postuliert. Neue Bedeutung erlangte es erst in den 80er Jahren - die Hungersnöte in Afrika (1984/85) und die negativen Auswirkungen der Strukturanpassungs-Programme auf die Ernährungssituation armer Bevölkerungsschichten waren die Hauptgründe für die Ausarbeitung eines umfassenden Konzepts der Ernährungssicherung. An der internationalen Konferenz für Ernährung (1992 in Rom), die unter dem Patronat der FAO[1] und der WHO[2] stand, wurde die internationale Deklaration und der Aktionsplan für Ernährung ausgearbeitet. Die einzelnen Länder verpflichteten sich durch ihre Unterschrift, Anstrengungen zu unternehmen und den Aktionsplan zu verfolgen, um die Ernährung in den jeweiligen Ländern zu verbessern.

---

1 Food and Agriculture Organization der UNO
2 World Health Organization der UNO

Abbildung 10.1: Ernährungssicherung: Ziele, Ansatzpunkte und wirtschaftliches Umfeld

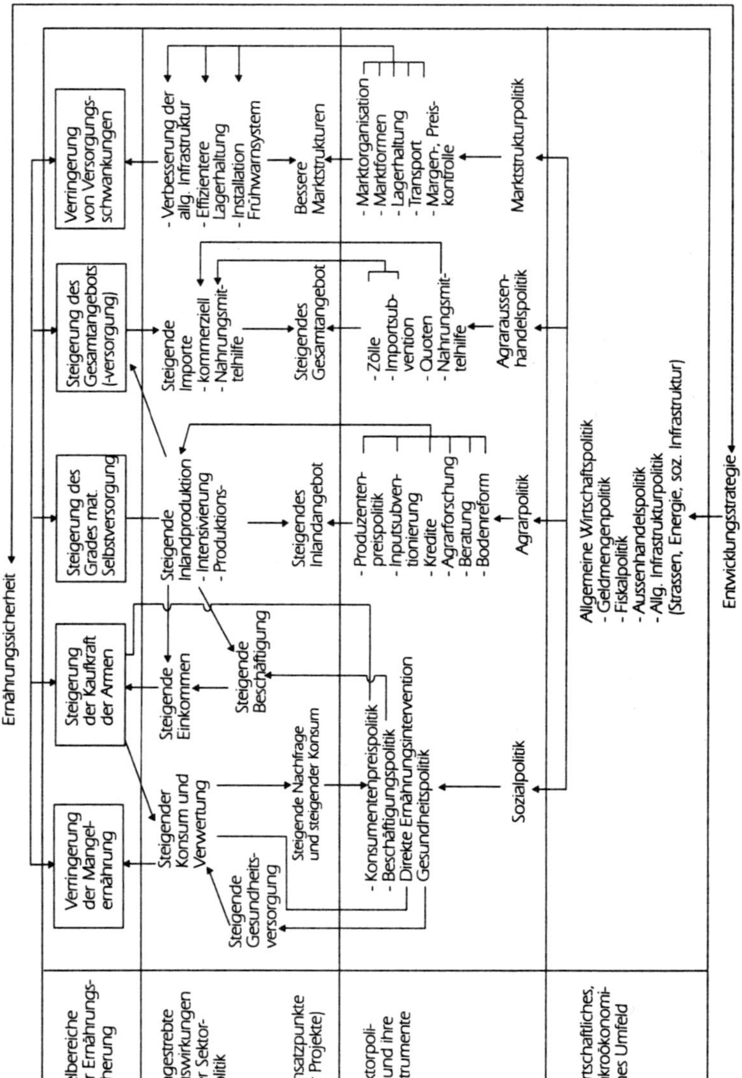

Quelle: Bravo-Baumann H., 1988, Aspekte der Ernährungssicherung in Projekten der Entwicklungszusammenarbeit, Institut für Agrarwirtschaft, Zürich

Ernährungsicherheit bedeutet, dass für jeden Menschen jederzeit der ausreichende Zugang zu genügend Nahrung für ein aktives, gesundes Leben gewährleistet ist. Sie bedingt einerseits eine ausreichende Verfügbarkeit von Nahrungsmitteln und andererseits genügend Kaufkraft in der Hand der Armen, um sich den Zugang zu diesen Nahrungsmitteln zu sichern.

Wie Abbildung 11.1 zeigt, können fünf Unterziele der Ernährungssicherung definiert werden, die jedoch nicht alle über agrarpolitische Massnahmen erreicht werden können:

- die Steigerung des Gesamtangebotes
- die Steigerung der materiellen Selbstversorgung
- die Steigerung der Kaufkraft bei den Armen
- die Verringerung der Mangelernährung
- die Verringerung der Versorgungsschwankungen.

1.2 Ernährung und Selbstversorgung in verschiedenen Ländern

Global gesehen beträgt die durchschnittliche Verfügbarkeit an Nahrungsmitteln 2600 Kalorien pro Person und Tag.[3] Das ist mehr als die 2000 Kalorien, welche als Minimum für ein gesundes Leben betrachtet werden. Trotzdem leiden mehr als 780 Millionen Menschen an Unterernährung, hauptsächlich in Afrika, in Südasien und in Lateinamerika. Deshalb muss das Welternährungsproblem auch unter dem Aspekt der ungleichen Verteilung betrachtet werden. Ungleiche Verteilung von Nahrungsmitteln gibt es innerhalb der Welt, innerhalb von Ländern, Regionen, Dörfern und sogar innerhalb von Familien.

Schon in den 60er Jahren überstieg in den Entwicklungsländern die Zunahme des Verbrauchs deutlich das Produktionswachstum an Nahrungsmitteln. Seit den 70er Jahren hat auch Osteuropa einen zunehmenden Importbedarf an Nahrungsmitteln. In den Industrieländern überstieg hingegen das Produktionswachstum deutlich die Zunahme der inländischen Nachfrage. So konnten die überschüssigen Nahrungsmittel für die steigende Nachfrage in den Entwicklungsländern bereitgestellt werden. 1979 haben die Entwicklungsländer erstmals mehr Nahrungs-

---

[3] FAO und WHO, 1992, Nutrition, le défi mondial, Conférence internationale sur la nutrition, Rom

mittel (ohne Getränke) eingeführt als sie im gleichen Jahr exportiert haben.[4] Innerhalb der Entwicklungsländer zeichnen sich insbesondere die arabischen Länder und Schwarzafrika durch einen rasch sinkenden Selbstversorgungsgrad bei Grundnahrungsmitteln aus, während in Asien die Produktion in den 70er und 80er Jahren sogar stärker als der Verbrauch gestiegen ist.

1.3 Grenzen der Agrarproduktionssteigerung

Das Potential der Nahrungsmittelproduktion weist in den verschiedenen Teilen der Erde grosse Unterschiede auf. Die Agrarproduktion ist durch die "Verfügbarkeit" bestimmter Ressourcen determiniert. Darunter sind v.a. Boden bzw. Bodenqualität, Klima, Wasser bzw. Wasserqualität und genetische Ressourcen zu verstehen. Die Verfügbarkeit natürlicher Ressourcen ist heute - zumindest seit dem Bericht an den Club of Rome[5] - nicht nur quantitativ, sondern vorwiegend qualitativ als begrenzt zu beurteilen. Gefordert wird heute eine nachhaltige Entwicklung (sustainable development), um die langfristige Nutzung der natürlichen Ressourcen sicherzustellen:

Boden und Bodenqualität: Produktionssteigerungen können grundsätzlich durch Ertrags- oder Flächenzunahmen realisiert werden. Letztere sind durch Expansion der Anbauflächen oder durch beschleunigte Kulturrotation zu erzielen. Bei den Produktionssteigerungen über die Flächenerträge ist das Potential schwierig abschätzbar. Bei den Flächenausdehnungen hingegen sind klare Grenzen gesetzt. Die FAO schätzt, dass von den weltweit maximal zur Verfügung stehenden 13,3 Mrd. ha Landfläche lediglich 3,0 Mrd. ha potentiell anbaubar sind (Tab. 11.1). Davon wird heute ungefähr die Hälfte effektiv bewirtschaftet. Über 10 Mrd. ha sind für den Ackerbau ungeeignet, 3,2 Mrd. ha entfallen unter anderem auf Dauerweiden, 4,1 Mrd. ha auf Wald.[6]

Weniger als ein Drittel der potentiell anbaubaren Fläche befindet sich in den entwickelten Ländern, davon werden bereits 77 % bewirtschaftet. Den Entwicklungsländern steht demnach ein doppelt so grosses Land-

---

4 Weltbank, 1986, Weltentwicklungsbericht, Washington

5 Meadows D., 1972, The Limits of Growth, Bericht an den Club of Rome, New York, dt.Übersetzung: 1972, Die Grenzen des Wachstums, Stuttgart

6 FAO, 1991: World Soil Resources, Report 66, Rom

potential zur Verfügung, wovon sie erst 36 % nutzen.[7] Dieser Durchschnittswert sagt wenig über die grossen Abweichungen in den einzelnen Regionen aus. In Afrika und Süd- bzw. Zentralamerika überwiegt mehrheitlich eine extensive, in asiatischen Regionen eine intensive Bodennutzung. In Asien werden über 90 % der potentiell anbaubaren Flächen bereits bewirtschaftet (Tab.11.1). Die Bevölkerungszahl pro Fläche gibt die Intensität der Nutzung an. In den Industrieländern beträgt dieses Verhältnis etwa 2 Personen auf eine Hektare Land, in den Entwicklungsländern sind es durchschnittlich fast 5 pro Hektare. Ausserdem sind die Böden des Nordens durchschnittlich von besserer Qualität und werden von Niederschlägen begünstigt.[8]

Tabelle 11.1: Landnutzung und Bevölkerung in verschiedenen Weltregionen

	Afrika	Asien	Süd/ Zentral-Amerika	Welt
Landfläche in mio ha	2'886	2'690	2'042	13'340
Anteil an Weltfläche in %	22	20	15	100
Kultivierte Fläche in mio. ha	167	430	160	1'475
Flächenpotential in mio. ha	789	472	894	3'030
Anteil kultivierte Fläche an Flächenpotential in %	21	91	18	49
Bevölkerung in mio.	427	2'332	358	
Anzahl Einwohner pro ha	2.5	6	2	

Quelle: FAO, 1991, World Soil Resources, Report 66, Rom

Die Landerschliessung ist teilweise mit hohen Kosten verbunden. Die FAO schätzt die Erschliessungskosten in den Entwicklungsländern auf durchschnittlich 750 $/ha, resp. auf 2300 $/ha bei Bewässerung.[9] Bei der Erschliessung von Grenzertragsböden, vielfach bedingt durch das Abdrängen von marginalen Gruppen ohne Bodenrechtstitel, drohen in vielen Teilen der Welt verschiedene Arten von Verlust der Bodenfruchtbarkeit, bedingt durch Wind- und Wassererosion, Vernässung oder Versalzung. Die FAO schätzt, dass jährlich weltweit zwischen 5

---

7 Marincek I., 1991, Der Hunger ist (noch) nicht ein Produktionsproblem, In: Landwirtschaft Schweiz, Band 4

8 FAO, 1991, a.a.O.

9 Marincek I., 1991, a.a.O.

bis 7 mio. ha bewirtschaftetes Ackerland durch Erosion und Degradation verloren gehen, über 1,2 Mrd. ha seien bereits zerstört.[10]/[11] Auch wenn die weltweiten Bodenreserven beträchtlich erscheinen (Tab. 11.1), bringt doch die geringe Wachstumsrate der gesamten Ackerfläche von 0.8% pro Jahr zum Ausdruck, wie schwierig bzw. wie teuer die Erschliessung dieses Potentials effektiv ist. Die Produktionssteigerung der Weltlandwirtschaft erfolgt denn auch zu 1/4 durch Flächenausdehnungen und zu 3/4 durch Ertragssteigerungen.[12] Bei Intensitätssteigerungen besteht die Gefahr einer Übernutzung, dies vor allem auf den fragilen Böden in den tropischen und subtropischen Zonen.

Verfügbarkeit von Wasser und Wasserqualität: Der Bewässerungslandbau nimmt lediglich 17 % der bewirtschafteten Landfläche in Anspruch, darauf werden jedoch 1/3 der Weltagrarproduktion erzeugt.[13] Wassermangel ist ein limitierender Faktor in der Agrarpoduktion: Als Folge von ungeeignetem Bewässerungsmanagement, fehlenden Drainagen oder abnehmenden Wasserqualitäten drohen Anreicherungen von Salz im Boden, die Pflanzenschädigungen verursachen. Versalzungsprobleme entstehen meistens deshalb, weil Wasser in vielen Ländern subventioniert wird und somit kein Anreiz für wassersparende Technologie besteht. Traditionelle Fehler beim Wassermanagement werden nur vermieden werden können, wenn das Wasser für die Nutzer seinen Preis hat. Dadurch wird eine optimale Allokation der knappen Ressource Wasser erzielt[14]. Die FAO schätzt, dass 2/3 der Landexpansion in Entwicklungsländern von 1982 bis 2000 im Bewässerungslandbau stattfinden werden.

Klimatische Rahmenbedingungen: Das Produktionspotential von Nahrungsmitteln wird durch die anthropogenen Klimaänderungen mitbeeinflusst werden. Modellberechnungen zeigen, wie sich beispielsweise die Globalerwärmung (Treibhauseffekt) auf die limitierenden Wachstumsfaktoren auswirkt. Daraus gehen deutliche regionsspezifische Unterschiede hervor, die aufzeigen, dass die Agrarproduktion der tieferen

---

10 ebenda

11 NZZ, 1993, Warnung der FAO vor Zerstörung von Ackerflächen, Nr. 161, Zürich oder Norse D., 1994, Multiple threats to regional food production: environment, economy, population? in Food Policy, volume 19 number 2

12 Alexandratos N., 1988, World Agriculture: Toward 2000, FAO Study, Belhaven Press, London

13 Crosson P., Anderson J.R., 1992, Resources and Global Food Prospects, World Bank Technikal Paper, Nr. 184, Washington

14 Alexandratos N., 1988: a.a.O.

Breiten voraussichtlich stärker benachteiligt sein wird als jene der mittleren und höheren Breiten. Da sich in tieferen Breiten hauptsächlich Entwicklungsländer befinden, muss befürchtet werden, dass sich das Nord/Süd-Gefälle noch verschärfen wird.

Genetische Ressourcen: Die "grüne Revolution" ist in den Entwicklungsländern noch voll im Gange. Die durch Hochleistungssorten ermöglichten Produktionssteigerungen führten jedoch andererseits zu einem Verlust an genetischer Vielfalt, weil viele lokale Sorten, die seit Beginn des Feldbaus herausgezüchtet worden waren und sich bewährt hatten, verdrängt wurden.[15] Die Zucht auf Sorten mit verbessertem Ertragspotential wird heute wieder vermehrt in Richtung geringerer Anfälligkeit gegenüber Pflanzenkrankheiten sowie Verbesserung der Trockenheitsresistenz und der Salztoleranz ausgerichtet. Nicht nur die gezielte Sortenzucht, sondern auch der Verlust von Tier- und Pflanzenarten durch Vernichtung ihrer Lebensräume (Rodung, Monokultur) stellt eine massive Gefährdung der Artenvielfalt dar.

Züchterische Erfolge werden langfristig nur auf breiterer genetischer Basis gewährleistet werden können. Deshalb wird die Erhaltung des Reichtums an Sorten gefordert. Angesichts der Tendenz, dass sich das landwirtschaftlich nutzbare Genmaterial auf immer weniger Kulturpflanzenformen konzentriert und der Tatsache, dass Bestrebungen zur Patentierung von Sortenzüchtungen im Gange sind, versuchen auch die Entwicklungsländer, ihre Rechte in der Diversitätsfrage zu wahren. Immerhin stammen 90 % der Flora und Fauna aus den Tropen und Subtropen.[16] Heute wird versucht, die Biodiversität in situ (Sortenerhaltung in ursprünglicher Umgebung) und ex situ (Genbanken, Zellkulturen) sicherzustellen.[17]

Menschliche Ressourcen: Schätzungen gehen davon aus, dass sich die Nachfrage nach Nahrungsmitteln in den nächsten 40 Jahren weltweit verdoppelt (man spricht gar von einer Verdreifachung in den Entwicklungsländern)[18]. Gleichzeitig sind die natürlichen Resourcen - wie oben dargelegt - begrenzt, das heisst eine Ausdehnung der Anbaufläche, der Menge an Bewässerungswasser etc. wäre mit hohen ökonomischen und

---

15 NZZ, 1993, Agrarforschung und biologische Vielfalt, Nr. 240, Zürich

16 ebenda

17 FAO, 1993, Conservation et utilisation des ressources génétiques, in: Valorisons la diversité de la nature, Rom

18 Crossen P., Anderson J.R., 1994, a.a.O.

ökologischen Kosten verbunden. Angesichts dieser Tatsachen hat sich die Überzeugung herausgeschält, dass dem Faktor Mensch grösste Bedeutung für die Steigerung der Agrarproduktion und die Ernährungssicherung zukommt. Dies betrifft sowohl die Forschung, Ausbildung und Beratung als auch institutionelle Rahmenbedingungen wie die Festlegung von klaren und einklagbaren Eigentumsrechten an Boden und Wasser. Dieser Weg weist zwei Vorteil auf: erstens ist die Angebotselastizität, also die mengenmässige Reaktion der Produzenten, von Investitionen in diesem Bereich am grössten, und zweitens sind die ökonomischen und v.a. ökologischen Kosten am kleinsten.[19]

1.4 Nahrungsmittelhilfe

Die Nahrungsmittelhilfe ist ein ambivalentes Mittel der internationalen Entwicklungspolitik und deshalb Gegenstand zahlreicher Kontroversen. Einerseits erlaubt die Nahrungsmittelhilfe Menschen bei Naturkatastrophen und kriegerischen Auseinandersetzungen vor dem Hunger zu bewahren. Andererseits wird durch die Nahrungsmittelhilfe oft die Entwicklung der inländischen Nahrungsmittelproduktion erschwert. Die Nahrungsmittelhilfe macht rund 10% der gesamten Nahrungsmittelimporte der Entwicklungsländer aus.[20] Getreide ist mit einem Anteil von über 90% der Nahrungsmittelhilfe das wichtigste Produkt. Allein 1989 wurden etwa 12 Millionen Tonnen Getreide als Nahrungsmittelhilfe an die Entwicklungsländer verteilt. Danach folgen Milchprodukte und Pflanzenöle.

Die Nahrungsmittelhilfe kann wie folgt unterteilt werden:[21]

- Die **Katastrophen- und Nothilfe** macht rund 10% der gesamten Nahrungsmittelhilfe aus.
- Weitere 25% fliessen in die **Projekthilfe** (z.B. food for work), die im Rahmen von konkreten Entwicklungsprojekten geleistet wird.
- Der grösste Teil der Nahrungsmittelhilfe, rund 65%, fliesst in die **Programmhilfe**. Bedürftigen Ländern werden dabei konstengünstig oder gratis Nahrungsmittel ohne besondere Auflagen zur Verfügung

---

19 ebenda

20 Nohlen D., Nuscheler F. (Hrsg.), 1992, Handbuch der Dritten Welt, Band 1, Grundprobleme, Theorien und Strategien, Bonn

21 FAO, WHO, 1992, a.a.O.

gestellt. Diese Form der Nahrungsmittelhilfe kann deshalb als indirekte Zahlungsbilanzhilfe betrachtet werden.

Von den drei erwähnten Formen der Nahrungsmittelhilfe ist die Katastrophenhilfe unumstritten. International wird anerkannt, dass bei Naturkatastrophen oder Kriegen und den damit verbundenen Flüchtlingsbewegungen humanitäre Hilfe zu leisten ist. Was die Projekt- und Programmhilfe anbelangt, sind die Meinungen geteilt. *Dafür* sprechen folgende Punkte:

- In manchen armen Ländern besteht aufgrund natürlicher Gegebenheiten ein strukturelles Defizit an Nahrungsmitteln.
- Verschiedene Länder sind in den 80er Jahren in die Verschuldungskrise geraten, so dass sie sich kommerzielle Nahrungsmittelimporte nicht mehr in genügendem Ausmasse leisten können.
- Negative Auswirkungen der Massnahmen der Strukturanpassung auf arme Bevölkerungsschichten sollen durch die Nahrungsmittelhilfe gelindert werden.
- Nahrungsmittelhilfe erhöht das Netto-Einkommen des Empfängerlandes. Mit diesem Zuwachs lassen sich entwicklungsfördernde Massnahmen durchführen.
- Nahrungsmittelhilfe ermöglicht niedere Grundnahrungsmittelpreise vor allem für die städtische Bevölkerung

Gegner der Projekt- und Programmhilfe führen an, dass diese Form der Nahrungsmittelhilfe nur durch die Überproduktion als Folge protektionistischer Agrarpolitik in den Industrieländern möglich ist bzw. ein Instrument zur Überschussverwertung darstelle, indem agrarpolitische Probleme auf Kosten des Entwicklungshilfebudgets gelöst werden sollen. Die wesentlichen Kritikpunkte sind:[22]

- Da Getreide aus Nahrungsmittelhilfe billig ist, können lokale Produzenten nicht konkurrieren und müssen die Produktion für den Markt einstellen. Die Tendenz zur Landflucht und zur Verstädterung wird dadurch verstärkt.
- Die Nahrungsmittelhilfe kommt aus innenpolitischen Gründen und wegen ungenügender Transportinfrastruktur vorwiegend den Eliten und der städtischen Bevölkerung zu gute.

---

22 Nohlen D., Nuscheler F. (Hrsg.), 1992, a.a.O.; Rieder P., Egger U., 1987, Internationale Agrarmärkte und Unterernährung in der Dritten Welt, Zürich

- Bemühungen um eine nationale Selbstversorgung werden durch langfristige Nahrungsmittellieferungen unterlaufen. Die Regierungen stellen sich auf die bequeme Hilfe von aussen ein.
- Die Abhängigkeit von den Industrieländern wird weiter verstärkt, die Anfälligkeit für den Einsatz von Weizen als politische Waffe vergrössert.
- Nahrungsmittelhilfe verändert die Konsumgewohnheiten in den Empfängerländern und verdrängt traditionelle Produkte.
- Die Nahrungsmittellieferungen sind vor allem ein Ventil für die Überschüsse der Industrieländern. Bei Versorgungsengpässen auf dem Weltmarkt (z.B. 1973/74) fallen sie aus und verstärken die Versorgungsschwankungen.

Nahrungsmittelhilfe kann in genau definierten Katastrophenfällen ein geeignetes Mittel sein, kurzfristige Not zu lindern. Langfristige Nahrungsmittellieferungen verstärken jedoch die Empfängermentalität und verhindern den Aufbau eines eigenständigen Agrarsektors und die Erhaltung dezentraler Erwerbsmöglichkeiten.

1.5 Thesen zum Hunger

Nach der Darlegung der Eigenarten des Welternährungsproblems möchten wir in einigen Thesen eine Synthese der produktions- und verteilungsorientierten Sichtweise versuchen.

1. **Auch in Zukunft vermag die globale Agrarproduktion mit dem Bevölkerungswachstum Schritt zu halten.** Voraussetzungen dafür sind:

- Umfangreiche Investitionen in die Agrarforschung und in die Ausbildung und Beratung der Bauern und Bäuerinnen.
- Institutionelle Veränderungen, indem Männern und Frauen klare und einklagbare Eigentumsrechte an den wichtigsten Ressourcen Boden und Wasser zugestanden werden.
- Schutz des bestehenden Ackerlandes vor Erosion und Versalzung und Möglichkeit zur Ausdehnung der Ackerfläche.
- Umfangreiche Investitionen in Bewässerungsanlagen. Gleichzeitig muss durch Kostenwahrheit beim Faktor Wasser ein sparsamer Um-

gang mit dieser knappen Ressource erzwungen werden, was auch die Versalzung der Böden verhindert.

- Steigerung des Inputs an Dünger und Pestiziden, was nur möglich ist, wenn Bauern und Bäuerinnen einen freien Zugang zu Krediten und Produktionsfaktoren haben.
- Verbesserung des Pflanzenmaterials durch herkömmliche Züchtung und Gentechnologie.
- Reduktion der immensen Verluste nach der Ernte durch bessere Lagerung und Haltbarmachung.

2. Hunger und Unterernährung sind in Gebieten verbreitet, wo die Einkommen chronisch tief und ungleich verteilt sind.

In Ländern, in denen im Durchschnitt ein Drittel oder gar die Hälfte des Einkommens für Nahrungsmittel ausgegeben werden müssen, kann davon ausgegangen werden, dass die Ernährungssicherheit nicht immer und für alle Bevölkerungskreise gegeben ist. Diese Gefahr vergrössert sich insbesondere dann, wenn die Unterschiede zwischen reichen und armen Bevölkerungsschichten wie z.B. in Guatemala (vgl. Tabelle 11.2) sehr ausgeprägt sind.

Tabelle 11.2: Einkommen und Ernährung

Land	BSP/Kopf in US$ (1990)	Einkommensverteilung			Verbrauch pro Kopf in Kal.	Ausgaben für Ernährung in % der Haushaltausgaben
		Erhebungsjahr	unterste zwei Quintile	oberste zwei Quintile		
Bangladesh	210	1985-86	23,7	59,1	2037	59
Indien	350	1983	20,4	63,4	2229	52
Côte d'Ivoire	750	1986/87	13,0	74,0	2568	40
Guatemala	900	1979-81	14,1	73,7	2254	36
Brasilien	4780	1983	8,1	81,2	2730	35
Australien	17000	1985	15,5	67,0	3302	13
USA	21790	1985	15,7	66,9	3642	13
Schweiz	34678	1990	15,8	65,0	3565	13

Quelle: Weltbank, 1990 und 1992, Weltentwicklungsbericht; FAO, 1991, Production Yearbook; NZZ, 1993, Statistisches Jahrbuch, Zürich

3. **Arme und ökonomisch verletzbare Bevölkerungsgruppen (wie Kinder, alleinerziehende Mütter, alte Menschen) sind am meisten den zusätzlichen Unsicherheiten der internationalen Preisschwankungen ausgesetzt.** Sie haben vorwiegend die Last der durch natürliche Bedingungen ausgelösten Nahrungsmittelknappheiten zu tragen und sind oft auf spezielle Hilfsprogramme angewiesen.

4. **In verschiedenen Ländern liegt die Kompetenz zur Verbesserung der Situation der Armen bei den nationalen Regierungen.** Demokratisierung, allgemeines Wirtschaftswachstum, Sicherstellung einer minimalen Infrastruktur im Bereich Gesundheitswesen und Bildung sowie ein für alle gesicherter Zugang zu Produkt-, Kapital- und Faktormärkten sind wichtige Voraussetzungen zur Verbesserung der Ernährungssituation. Andere Länder mit schlechten natürlichen Voraussetzungen sind längerfristig auf die internationale Hilfe angewiesen, wobei auch dann der Stärkung des Agrarsektors und der Förderung der Eigenproduktion grosse Bedeutung zukommt.

5. **Für ländliche und städtische Gebiete braucht es unterschiedliche Strategien im Kampf gegen den Hunger.**

   Die Steigerung der Eigenproduktion und die Verbesserungen der dezentralen Lagermöglichkeiten ist in ländlichen Gebieten der beste Weg, gegen Unterernährung und Versorgungsschwankungen anzugehen. In städtischen Gebieten - wo in vielen Entwicklungsländern bereits der Grossteil der Bevölkerung lebt - sind andere Strategien (Arbeitsplatzbeschaffung, Nahrungsmittelvergünstigungen für unterste Einkommensschichten, Ernährungsprogramme für besonders gefährdete Bevölkerungsgruppen, insbesondere von Kindern) angezeigt. Wichtig ist, dass die Tendenz zur Landflucht gestoppt werden kann.

Tabelle 11.3: Verstädterung: Trends und Projektionen

	Anteil städtische Bevölkerung						
Region	1950	1960	1970	1980	1990	2000	2025
Afrika	14,5	18,3	22,9	27,8	33,9	40,7	57,1
Lateinamerika	41,5	49,3	57,3	65,0	71,5	76,4	84,2
Südostasien	14,8	17,6	20,2	24,0	29,9	36,9	55,4
Südasien	16,0	17,3	19,5	23,1	27,3	32,8	51,5
Westasien	23,9	32,9	43,2	51,5	62,7	70,3	79,8

Quelle: United Nations, 1990, Revision of Estimates and Projections of Urban Populations, New York

6. **Für Ernährungskrisen bei kriegerischen Auseinandersetzungen und natürlichen Katastrophen braucht es ein Frühwarnsystem und internationale Solidarität.** Viele Ernährungsengpässe sind bedingt durch akute Krisen, die oft auch grosse Flüchtlingsströme auslösen. In solchen Fällen ist Nahrungsmittelhilfe unumgängllich. Sobald als möglich sollte aber die Eigenproduktion angeregt und ermöglicht werden.

2. Bedeutung des internationalen Agrarhandels[23]

2.1 Handelsflüsse

2.1.1 Welthandel

Der gesamte Welthandel wird mit einem Anteil von etwa 80% entscheidend von den Industrieländern geprägt. Die Entwickungsländer sind nach einem vorübergehenden Anstieg in den 70er Jahren (Erdölpreissteigerungen) mit rund einem Fünftel daran beteiligt. Während der Handel der Entwickungsländer überwiegend (mit abnehmender Tendenz) auf die Industrieländer ausgerichtet ist, spielt der Handel innerhalb der Industrieländer eine viel wichtigere Rolle. Der Grund für diese regionalen Unterschiede liegt in der traditionellen **internationalen Arbeitsteilung,** welche sich unter anderem aus dem Kolonialismus ergeben hat. Dabei exportieren die Entwicklungsländer Rohstoffe in die Industrieländer und importieren dafür Industrieprodukte.

Aufgrund der Anteile von Agrarprodukten und verarbeiteten Gütern an den Exporten aus den Entwicklungsländern zeigt sich deutlich, dass diese komplementäre Arbeitsteilung an Bedeutung verliert. Dieser Abbau beruht insbesondere auf den Entwicklungserfolgen in den asiatischen Ländern, während in vielen der ärmeren Ländern (oft nur ein bis zwei) Rohstoffe weiterhin über 80% der Exporterlöse bringen. So betrugen die Anteile der Hauptexportprodukte an den Gesamtexporten im Durchschnitt der Jahre 1987 und 1988 in Burundi 80% (Kaffee), in Kuba 85% (Zucker), in Ghana 91% (Kakaoprodukte) und in Uganda 96% (Kaffee). [24]

---

23 vgl. dazu Egger U., Rieder P., Clemenz D., 1992, Internationale Agrarmärkte, Zürich

24 Unctad, 1990, zitiert in Henrichsmeyer W., Witzke H.P., 1991, Agrarpolitik Band 1, Agrarökonomische Grundlagen, Stuttgart, S. 170

Tabelle 11.4: Zusammensetzung der Exporte in Industrie- und Entwicklungsländern (in Prozent des Welthandels), 1965 und 1989

	Jahr	Brennstoffe, mineral. Rohstoffe	Nahrungsmittel, Agrarrohstoffe	Verarbeitete Produkte
Entwicklungsländer[25]	1965	25	49	26
	1989	26	21	53
Industrieländer	1965	12	20	68
	1989	9	21	80
insgesamt	1965	15	26	59
	1989	12	14	74

Quelle: Weltbank, 1991

2.1.2 Internationale Agrarhandelsflüsse

Der internationale Agrarhandel hat sich in seinem Umfang seit 1965 wegen verbesserter Transport- und Lagertechnik mehr als verdoppelt.[26] Wertmässig verlor er jedoch in den letzten Jahren an Bedeutung. Während er 1970 noch rund 20% des gesamten Welthandels ausmachte, sank sein Anteil auf 15% (1980) bzw. 13% (1988).[27]

Rund die Hälfte des internationalen Agrarhandels wickelte sich innerhalb der Gruppe der westlichen Industrieländer ab. Die Länder der Dritten Welt sind einerseits mit dem Export von tropischen Produkten in den Handel mit den Industrieländern eingebunden, andererseits sind sie zu wichtigen Importeuren von Nahrungsmitteln (Getreide, Milch) geworden. Die ehemals sozialistischen Staaten hatten bisher nur einen kleinen Anteil am Weltmarkt.[28] Die Zentralverwaltungswirtschaften in Zentral- und Osteuropa waren im Comecon zusammengeschlossen. Mit dem Auseinanderfallen dieses Wirtschaftssystems kam der Agrarhandel (früher oft an Lieferquoten oder Austauschgeschäfte gebunden) zwischen diesen Ländern praktisch zum Erliegen. Dafür bemühen sich diese Länder um Exporte in die westlichen Industriestaaten.

---

25 Als Entwicklungsländer werden vereinfachend Länder mit einem jährlichen BSP pro Kopf von weniger als 6000 $ bezeichnet.

26 FAO, Trade Yearbook, div. Jhg.

27 Unctad, 1990

28 Rieder P., Egger U., 1987, a.a.O.

Abbildung 11.2: Agrarhandelsflüsse

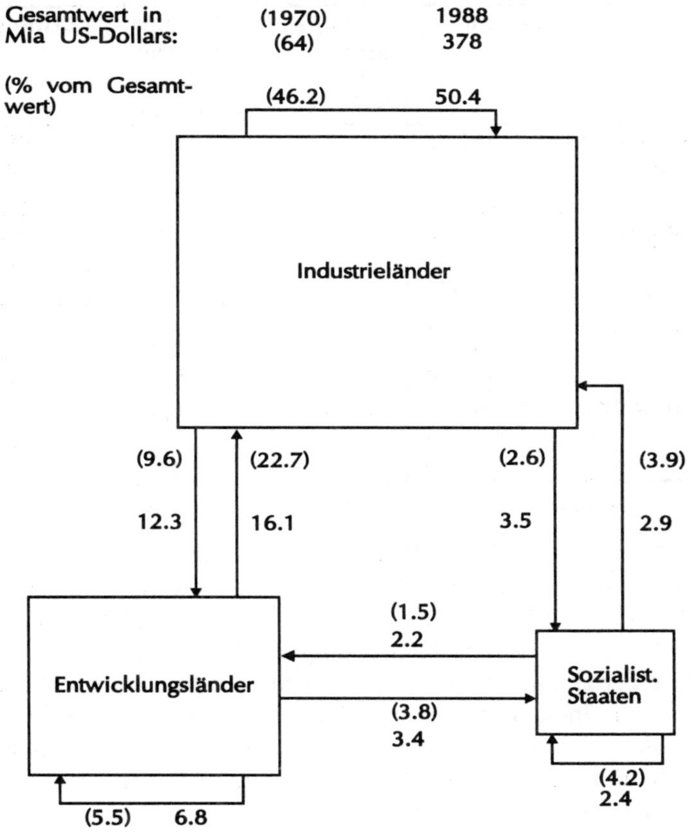

dabei: Sozialistische Staaten = Transformationsgesellschaften[29]
Entwicklungsländer = vereinfachend alle Länder mit BSP/Kopf < 600$

Wenn wir den Agrarhandel in Tabelle 11.5 nach Getränken (Kaffee, Kakao und Tee), Nahrungsmitteln und Agrarrohstoffen (Baumwolle, Jute, Kautschuk und Tabak) aufteilen, so werden die Gewichtsverschiebungen zwischen den Industrie- und den Entwicklungsländern deutlich.

29 Zentralverwaltungswirtschaften auf dem Übergang zur Marktwirtschaft

Tabelle 11.5: Exportanteile bei bedeutenden Agrarprodukten in Prozent[30], 1960 -1989

	Jahr	Industrieländer	Transformationsgesellschaften	Dritte Welt
Getränke (Kaffee, Tee, Kakao)	1961-63	1,7	0,2	98,1
	1982-84	4,7	0,4	94,9
	1988-89	6,4	0,5	93,1
Nahrungsmittel	1961-63	46,2	8,9	44,8
	1982-84	62,7	3,0	34,2
	1988-89	77,6	4,3	18,1
Rohstoffe	1961-63	23,5	7,3	69,2
	1982-84	24,0	10,7	65,3
	1988-89	26,4	9,0	64,6
Agrarprodukte total	1961-63	30,5	6,4	63,1
	1982-84	47,9	3,6	48,4
	1988-89	59,9	4,3	35,8

Quelle: nach Egger U., Rieder P., Clemenz D., 1992, a.a.O., S. 12

Während die Länder der Dritten Welt ihre starke Position bei den Getränken aus anbautechnischen Gründen halten konnten, haben sie beim Handel mit Nahrungsmitteln sehr grosse Marktanteilsverluste hinnehmen müssen. Dies ist einerseits bedingt durch den steigenden Eigenbedarf bei einer rasch wachsenden Bevölkerung. Ebenso wichtig ist aber auch, dass die Industrieländer, vorab die EU, ihre Exporte subventionieren, so dass Nahrungsmittelexporte aus der Dritten Welt nicht mehr konkurrenzfähig sind; vielfach lohnt sich nicht einmal mehr die Produktion für den eigenen Markt.

2.2 Preisentwicklung auf internationalen Agrarmärkten

Weltmarktpreise bringen globale Knappheits- und Überschussituationen bei Agrargütern zum Ausdruck. Abbildung 11.3 zeigt die langfristige Entwicklung der Weltmarktpreise für Nahrungsmittel seit Beginn dieses Jahrhunderts. Die Preise der einzelnen Nahrungsmittel wurden gewichtet und in einen Index einbezogen.

30 Die Exportmengen wurden mit den Durchschnittspreisen der Weltexporte 1978-82 gewichtet.

Abbildung 11.3: Entwicklung der Nahrungsmittelpreise, 1900-1990

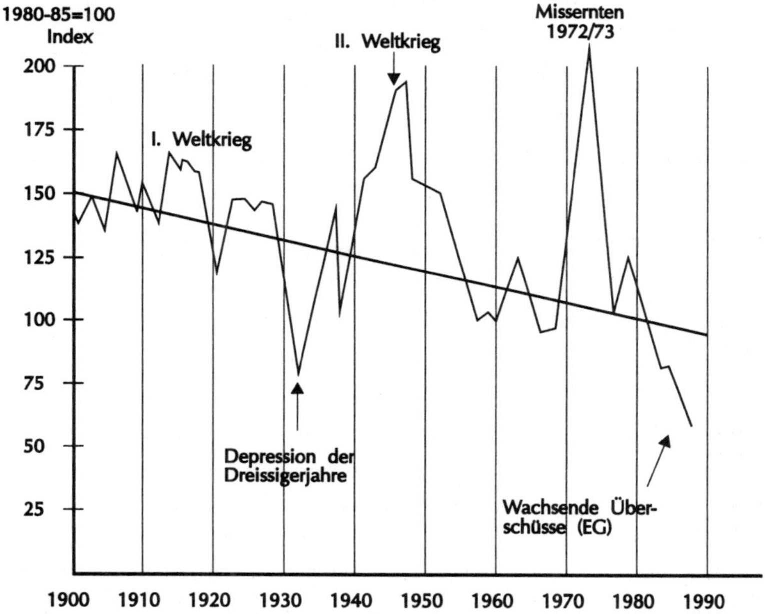

Quelle: nach Anderson K., 1987, On why Agriculture Declines with Economic Growth, in: American Journal of Agricultural Economics, Vol. 1, no.3

Die Weltmarkt-Agrarpreise weisen eindeutig fallende Tendenz auf, weil die Angebotsausdehnungen physisch betrachtet grösser waren als die Nachfragesteigerungen.

Gründe dafür sind auf der Angebotsseite

- Produktionssteigerung infolge biologisch-technischen Fortschritts,
- verstärkte Anwendung von biologisch-technischem Fortschritt in Ländern mit Preisgarantien für Agrarprodukte (preisinduzierter technischer Fortschritt) und
- Exportsubventionen speziell in der EU und den USA.

und auf der Nachfrageseite

- stagnierende Bevölkerungsentwicklung in den kaufkräftigen Industrieländern,
- mit steigendem Einkommen abflachende Nachfrage nach Grundnahrungsmitteln (Engel'sches Gesetz),
- die Kaufkraftzunahme in den Entwicklungsländern hält nicht mit dem Bevölkerungswachstum Schritt.

Um diesen Trend gibt es unregelmässige Preisschwankungen, die bedingt sind durch

- natur- und wetterbedingte Angebots - und Nachfrageschwankungen,
- konjunkturelle Nachfrageschwankungen,
- krisenbedingte Angebots- und Nachfrageschwankungen,
- Agrar- und versorgungspolitische Schwankungen auf nationaler Ebene mit internationalen Auswirkungen und
- zyklische Schwankungen, besonders auf dem Fleischmarkt.

Im zeitlichen Ablauf treten diese Ursachen einzeln oder kombiniert auf.[31] So führte der erste Weltkrieg zu Knappheiten auf dem Weltmarkt mit entsprechenden Preisanstiegen. Darauf folgten typische Nachkriegszusammenbrüche, indem die forcierten nationalen Produktionskapazitäten zu Nachkriegs-Überschüssen und Preisstürzen führten. Der grosse Preiseinbruch um 1930 wurde durch die Weltwirtschaftskrise ausgelöst, indem die mangelnde Kaufkraft der Konsumenten einen Nachfragerückgang bewirkte. Auch nach dem zweiten Weltkrieg trat 1950 eine Nachkriegsdepression ein. Um 1963 sind die Auswirkungen der Kuba-Krise sichtbar.

Von besonderer Relevanz ist der gewaltige Preisanstieg von 1973/74 und in abgeschwächter Form jener von 1980. Deren Ursache waren weder Kriege noch Wirtschaftskrisen, sondern mehrere sich überlappende Effekte:

- zufälliges Zusammentreffen geringer Ernten in den zwei grossen Agrarexportregionen Nordamerika und Ozeanien,
- die Sowjetunion tritt infolge schlechter Getreideernte als grosser Nachfrager auf dem Weltmarkt auf,

---

31 Die folgenden Ausführungen nach Egger U., Rieder P., Clemenz D., 1992, a.a.O., S. 14

- Aufhebung der fixen Wechselkurse,
- zyklisches Mengentief in der Welt-Fleischproduktion,
- allgemeine Verunsicherung wegen der gleichzeitigen Energiekrise und
- Beginn der Sensibilisierung für die Endlichkeit der Ressourcen nach der Umweltschutzkonferenz von Stockholm.

Das rasche Zusammenbrechen der Preise nach 1975 erklärt sich aus physischen Mengenschwankungen und zwar in den Ländern mit grossen Angebots- (USA) bzw. Nachfragepotentialen (UdSSR). Der Preisabfall nach 1980 lässt sich nur mit der Agrarpolitik der Industrienationen erklären, insbesondere mit den Exportsubventionen der EU und der USA.

2.3 'Terms of Trade'[32]

Die Preisentwicklung für Nahrungsmittel und deutlicher jene für Agrarrohstoffe blieb (mit Ausnahme der frühen 70er Jahre) hinter der Preisentwicklung für verarbeitete Güter zurück. Insgesamt sind sie seit 1950 um 1% (Nahrungsmittel) bzw. um 1,5% (Agrarrohstoffe) langsamer gestiegen als die Preise verarbeiteter Produkte. Die langfristig sinkende Tendenz der agrarsektoralen 'Terms of Trade' ist unbestritten. Sie ist mit bestimmten Eigenschaften der Agrarmärkte begründbar:

Für die Entwicklungsländer hat Prebisch bereits 1950 die Verschlechterung der gesamten 'Terms of Trade' vorausgesagt, da ihre Exporte vorwiegend aus Agrarprodukten bestehen. Diese These soll im Folgenden diskutiert werden:

Bei Vernachlässigung anderer Finanzierungsmöglichkeiten kann ein Land maximal die dem Wert der Exporte entsprechende Menge an Gütern importieren. Deshalb gilt für den Fall nur je eines Import- und Exportgutes bei voller Ausschöpfung der Importkapazität

$$P_x * Q_x = P_m * Q_m$$ wobei P_x, Q_x : Exportpreis, -menge
P_m, Q_m: Importpreis, -menge

32 Die folgenden Ausführungen stützen sich auf Henrichsmeyer W., Witzke H.P., 1991, a.a.O., S. 184ff.

Oder umgestellt ergibt sich:

$$TOT_c = P_x/P_m = Q_m/Q_x$$

Dabei entspricht das Preisverhältnis dem reziproken Mengenverhältnis.

Bei einer Vielzahl gehandelter Güter müssen die Einzelpreise durch Preisindices für Import- und Exportgüter ersetzt werden. Diese Darstellung realer Austauschverhältnisse durch das Verhältnis des Exportpreisindexes zum Importpreisindex bezeichnet man mit 'Commodity Terms of Trade' (TOT_c). Sie ist die meist verwendete Darstellung des Konzepts der 'Terms of Trade'.

Aus sinkenden 'Commodity Terms of Trade' folgt nicht unbedingt eine verminderte Verfügbarkeit an Importgütern, wenn gleichzeitig mehr exportiert wird, also die Menge Q_x ansteigt. Diese Beziehung wird als 'Income Terms of Trade' (TOT_i) bezeichnet.

$$TOT_i = (P_x * Q_x) / P_m = Q_m$$

Die 'Income Terms of Trade' geben die Menge Güter an, welche durch die Einnahmen (Devisen) aus dem Export importiert werden können.

Eine weitere Möglichkeit zur Berechnung der 'Terms of Trade' ist der Einbezug der faktoralen Austauschbeziehungen ('Double Factoral Terms of Trade'). Dabei wird der Produktivitätsindex der Exportindustrie eines Landes im Verhältnis desjenigen der Industrien anderer Länder, die Importgüter für das betrachtete Land produzieren, mit in die Berechnung einbezogen. Aufgrund mangelnder Verfügbarkeit an Daten kann der Produktivitätsindex für Lieferländer häufig nicht berechnet werden, so dass oftmals nur das einseitige faktorale Austauschverhältnis betrachtet wird ('Single Factor Terms of Trade').

Werden in der Literatur keine Angaben zur Berechnung der 'Terms of Trade' gemacht, so handelt es sich in der Regel um 'Commodity Terms of Trade'. So auch in der untenstehenden Tabelle, in der die Entwicklung der 'Terms of Trade' für verschiedene Ländergruppen in den vergangenen Jahren aufgezeigt wird:

Tabelle 11.6: Jährliche Veränderungen der 'Terms of Trade' (in %) in verschiedenen Ländergruppen, 1965 -1989

Ländergruppe	1965-73	1973-80	1980-87	1987	1988	1989
Entwicklungsländer	0,1	2,1	- 3,7	0,3	- 2,0	0,9
Schwarzafrika	- 6,7	5,4	- 5,7	0,6	- 5,4	1,2
Ostasien	3,3	0,3	- 2,3	- 0,5	1,2	2,5
Südasien	3,3	- 3,1	1,3	0,6	1,8	- 1,8
Mittlerer Osten, Nordafrika	n.a.	5,7	- 4,3	3,3	- 9,7	- 6,0
Lateinamerika	3,1	1,2	- 3,9	- 3,9	2,2	7,2
Industrieländer (OECD)	- 1,1	- 3,3	1,4	-0,4	0,5	- 0,4

Quelle: Weltbank, 1991

Die eingangs erwähnte These, die 'Terms of Trade' der Entwicklungsländer würden sich allgemein verschlechtern, lässt sich aufgrund der Entwicklungen der letzten dreissig Jahren nicht erhärten. So zeigt sich, dass sich nur in den 80er Jahren eine Verschlechterung der 'Terms of Trade' bei den ärmeren Ländern ergab. In Schwarzafrika oder Südasien gab es aber andere Perioden, die weitaus ungünstiger waren. Dennoch gilt es festzuhalten:

- Die Preise vieler Agrarprodukte weisen aufgrund verschiedener Faktoren im Verhältnis zu verarbeiteten Produkten langfristig eindeutig sinkende Tendenz auf (vgl. dazu auch Abschnitt 3.2).
- Für Länder mit hohen Exportanteilen an Agrarprodukten ergeben sich daraus sinkende 'Commodity Terms of Trade'.
- Es ergeben sich daraus keine generellen Nachteile im Aussenhandel für die Entwicklungsländer, denn
  - viele Entwicklungsländer sind Netto-Importeure von Agrarprodukten,
  - bei vielen Agrarprodukten werden die Preissenkungen durch entsprechende Produktivitätsfortschritte bzw. Produktionssteigerungen bei Exportgütern kompensiert,
  - für die Entwicklungsländer insgesamt verliert die traditionelle internationale Arbeitsteilung zunehmend an Bedeutung (neue Industriestaaten in Ostasien, zunehmende Industrialisierung der Schwellenländer).

3. Mechanismen des internationalen Agrarhandels

3.1 Anbieter und Nachfrager im Weltagrarhandel

Die Grundlagen zur Theorie des internationalen Handels wurden in Kapitel VIII erläutert. Im folgenden soll auf die spezifischen Aspekte der Agrarweltmärkte näher eingegangen werden. Um die Vorgänge auf diesen Märkten besser zu verstehen, werden die Länder in je drei Gruppen von Anbietern und Nachfragern eingeteilt, wie dies in Abbildung 11.4 dargelegt wird.

Abbildung 11.4: Anbieter und Nachfrager auf den Weltagrarmärkten

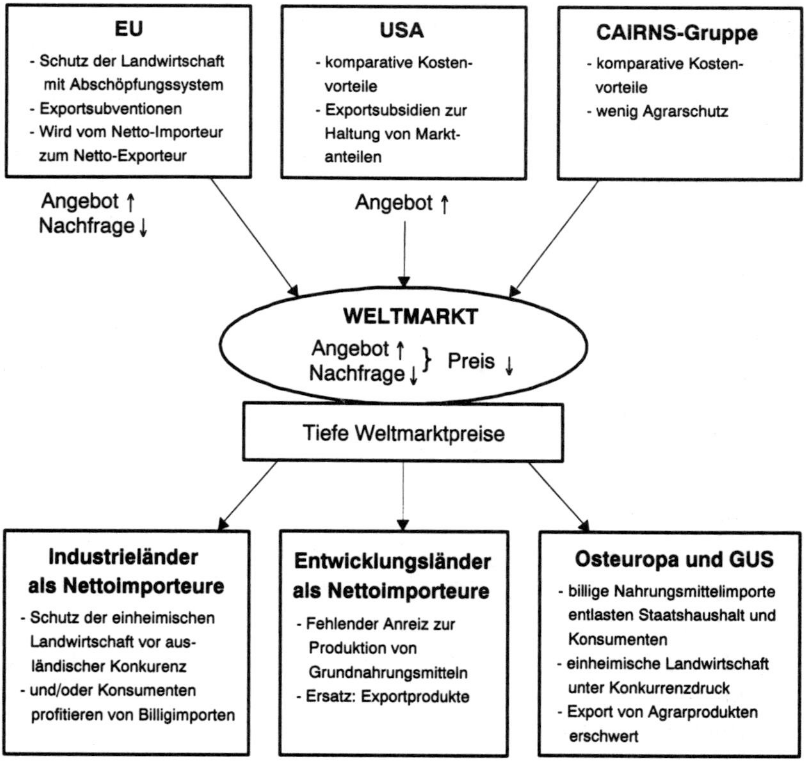

Angebotsseite:

Europäische Union (EU)

Die Länder der Europäischen Union betreiben eine gemeinsame Agrarpolitik (GAP). Darin ist festgelegt, dass die Landwirtschaft durch ein Abschöpfungssystem[30] vor ausländischer Konkurrenz geschützt werden soll. Den Bauern in der EU wird ein (im Verhältnis zum Weltmarktpreis) hoher Stützpreis garantiert. Damit steigt die inländische Agrarproduktion. Die EU reduziert ihre Nachfrage auf dem Weltmarkt und zwar unabhängig vom dort herrschenden Preisniveau. Beim weiteren Anstieg der inländischen Produktion wird die EU vom Netto-Importeur zum Netto-Exporteur. Damit sie ihre Produkte auf dem Weltmarkt absetzen kann, verbilligt sie ihre Überschüsse (Exportsubventionen). Das Angebot auf dem Weltmarkt steigt also unabhängig vom herrschenden Weltmarktpreis.

USA

Die USA sind traditionellerweise ein Agrarexportland. Die USA garantieren ihren Landwirten bei den wichtigsten Agrarprodukten einen Mindestpreis, der (meist) höher liegt als der Weltmarktpreis. Gleichzeitig engagiert sich die Regierung in verschiedenen Programmen zur Förderung von Agrarexporten, um den Stützpreis im Landesinnern halten zu können. Oftmals haben die Nahrungsmittellieferungen zu besonderen Konditionen aber auch einen politischen Charakter. Das Angebot der USA für den Weltmarkt steigt also insgesamt, unabhängig vom dort herrschenden aktuellen Preisniveau.

Cairns-Gruppe

Die Cairns-Gruppe (benannt nach der australischen Stadt Cairns) hat sich im Rahmen der GATT-Uruguay-Runde als Interessengruppe von Ländern gebildet, die alle über komparative Kostenvorteile in der Agrarproduktion verfügen, ihre Landwirtschaft wenig stützen und an einem liberalen Weltmarkt für Agrargüter interessiert sind. Insbesondere setzen sie sich für den Abbau von Exportsubventionen, den verbesserten Marktzutritt und die schrittweise Senkung der Zölle auf

---

30 Auf das Abschöpfungssystem wird in Kapitel IX näher eingegangen. Im Rahmen der GATT-Uruguay-Runde muss jedoch auch das Aussenhandelsschutzsystem der EU neu konzipiert werden (Tarifizierung).

Agrarimporten ein. Damit erhoffen sie sich einen Anstieg des Weltmarktpreisniveaus und bessere Absatzchancen für ihre Produkte.

Zu dieser Gruppe gehören: Australien, Argentinien, Brasilien, Kanada, Chile, Kolumbien, Indonesien, Malaysia, Neuseeland, Philippinen, Thailand, Ungarn, Uruguay

Ihr Angebot auf dem Weltmarkt folgt - im Gegensatz zur EU und zu den USA - den Preisbewegungen auf dem Weltmarkt.

Nachfrageseite

Industrieländer als Netto-Importeure

Diese Gruppe profitiert am meisten von der aktuellen Lage auf den Weltagrarmärkten. Es gelingt ihr, die eigene Landwirtschaft zu schützen und ihr ein gutes landwirtschaftliches Einkommen über Direktzahlungen und gestützte Preise zu garantieren. Auf - angesichts der herrschenden Überschusssituation meist billige - Agrarimporte wird aber nicht verzichtet: Sie ermöglichen eine relativ günstige Versorgung der einheimischen Bevölkerung mit Nahrungsmitteln (Mischpreise) und /oder die teilweise Finanzierung des Agrarbudgets über Zollzuschläge an der Grenze. Da es sich um reiche Länder handelt, fällt es diesen nicht schwer, auch in Zeiten mit knappem Angebot auf den Weltmärkten zu entsprechend hohen Preisen die für die Versorgung der Bevölkerung notwendigen Importe zu tätigen. Zu dieser Gruppe zählen etwa die Schweiz, Japan und die skandinavischen Länder.

Entwicklungsländer als Netto-Importeure

Arme Länder sind finanziell nicht in der Lage, ihre Landwirtschaft zu schützen, wenn deren Produkte durch billige Importe konkurrenziert werden. Das inländische Preisniveau fällt auf das Weltmarktpreisniveau, das wegen subventionierten Überschüssen meist sehr tief liegt. Die Landwirte können ihre Produkte nicht mehr absetzen, sie schränken die Produktion für den Markt ein; der Selbstversorgungsgrad dieser Länder sinkt. Zudem haben viele Entwicklungsländer überbewertete Währungen, welche Importe zusätzlich verbilligen und keine Exportanreize schaffen.

Die Entwicklungsländer importieren Grundnahrungsmittel, obwohl genügend Produktionskapazitäten im Inland vorhanden wären. Solange der Weltmarktpreis tief ist, ermöglichen billige Importe eine günstige

Versorgung der wachsenden städtischen Bevölkerung. Steigen aber die Preise auf dem Weltmarkt an (Schwankungen des Angebotes oder der Nachfrage z.B. infolge Ernteausfällen), so fehlen diesen Ländern die Devisen, um die Nachfrage nach Nahrungsmitteln über Importe zu decken. Die Abhängigkeit von den Instabilitäten des Weltmarktes deckt sich nicht mit den Erfordernissen einer elementaren Ernährungssicherung.

Wegen der in der Regel tiefen Produktionskosten werden in diesen Ländern anstelle von Grundnahrungsmitteln grosse Flächen mit Exportprodukten wie Kaffee, Tee und Bananen angepflanzt Aus klimatischen Gründen ist deren Produktion auf Standorte in Entwicklungsländern beschränkt; sie weisen jedoch in den Industrieländern eine grosse, aber stagnierende Nachfrage auf.

Transformationsgesellschaften (Osteuropa und GUS-Staaten)

Seit dem Zusammenbruch der Zentralverwaltungswirtschaften im ehemaligen Ostblock befindet sich der Agrarsektor in diesen Ländern im Wandel. In verschiedenen Ländern ist die Privatisierung der Landwirtschaft mehr oder weniger harzig im Gange. Wo dieser Übergang noch nicht vollzogen ist, hat die Produktion sinkende Tendenz. In vielen Ländern erweist sich die Faktorausstattung in der Landwirtschaft und auf der Ebene der Verarbeitung als veraltet. Die Auflösung der staatlichen Genossenschaften mit Landverteilung führte zu Kleinbetrieben, die in erster Linie auf Subsistenzproduktion ausgerichtet sind. Zudem fehlen meist die finanziellen Mittel für nötige Investitionen. Der Verarbeitungssektor ist zumeist noch in staatlichen Händen und befindet sich in einer monopsonistischen Stellung gegenüber der Vielzahl der kleinen Produzenten.

Mit der Freigabe der Preise sind in allen Ländern die ehemals stark verbilligten Preise für Lebensmittel enorm angestiegen, was zusammen mit den real gesunkenen Einkommen zu einem enormen Kaufkraftschwund führte. Dem Staat fehlen oftmals die Devisen, um Nahrungsmittel in genügendem Umfange zu importieren, die Nachfrage auf den Weltmärkten ist - unabhängig vom herrschenden Preisniveau - rückläufig. Die Länder mit einem traditionell starken Agrarsektor wie etwa Ungarn (das Mitglied der Cairns-Gruppe ist) oder Bulgarien haben wegen des Agrarprotektionismus praktisch keinen Zugang zu westlichen, zahlungskräftigen Märkten. Der Absatz im Innern des ehemaligen Ostblocks ist stark zurückgegangen, da die Kompensationsverträge (z. B.

Nahrungsmittel gegen Energieträger) nicht mehr bestehen. Zudem lässt sich im Handel mit den ehemaligen Ostblockstaaten keine dringend benötigten Devisen erwirtschaften. Viele ehemalige Verträge, vor allem mit der UdSSR, sind ohnehin nur unter Druck zustande gekommen und werden jetzt freiwillig nicht mehr eingegangen. Über die künftige Rolle dieser Staaten auf dem Weltmarkt kann zum jetzigen Zeitpunkt nur spekuliert werden. Sie ist abhängig

- vom Umfang der internen Reformen für den Agrarsektor (Privatisierung, Modernisierung, Anpassung der Qualität an internationale Standards),
- von den Chancen einer Liberalisierung der Weltagrarmärkte bzw. von den Fortschritten, die bei den Integrationsverhandlungen mit der EU erzielt werden (Umfang des Marktzutrittes) und
- von der Erholung der Wirtschaft allgemein und damit der Kaufkraft, um auf den Weltmärkten als Nachfrager aufzutreten.

3.2 Agrarprotektionismus

Das Grundschema des internationalen Handels haben wir in Kapitel VIII bereits erklärt und dargestellt. Wir können uns deshalb im folgenden auf die spezifischen Aspekte der internationalen Agrarmärkte beschränken.

In den meisten Ländern bestehen Unterschiede im Niveau zwischen Weltmarkt- und Inlandpreisen. Die Industrieländer versuchen, mit verschiedenen protektionistischen Instrumenten die Produzentenpreise über das Weltmarktniveau anzuheben. In den Entwicklungsländern hingegen liegen die inländischen Preise oft unter den Weltmarktpreisen, um eine billige Versorgung der (städtischen) Bevölkerung mit Nahrungsmitteln zu erreichen.

3.2.1 Auswirkungen auf die Weltagrarmärkte[31]

In Abbildung 11.5 wird von einer Situation ohne Protektionismus ausgegangen. Dabei ergibt sich auf dem Weltmarkt aufgrund von Angebot und Nachfrage der Weltmarktpreis P_W. Mit protektionistischen Massnahmen greifen einzelne Staaten in die Marktabläufe ein. Die diesbezüglich bedeutendste Massnahme ist die Festlegung von Garantiepreisen mit dem Ziel der Einkommensstützung für Landwirte.

---

31 nach Egger U., Rieder P., Clemenz D., 1992, a.a.O., S. 8ff.

Mit einer ständigen Ausweitung der Preisstützung wurde die EU vom Importeur im Ausmass (Q_3-Q_1) zum Exporteur im Ausmass (Q_2 - Q_4). Die intern nicht absetzbaren Überschüsse werden für den Export verbilligt und führen zu einer Angebotsausdehnung auf dem Weltmarkt im selben Ausmass (neue Angebotskurve E_A'). Da die EU gleichzeitig als Nachfrager ausfällt, geht auch die Nachfrage auf dem Weltmarkt auf E'_N zurück. Daraus resultiert ein tieferer Weltmarktpreis P_W'.

Für traditionelle Exportländer wie die USA, aber auch die Länder der Cairns-Gruppe, verringern sich die Exportmöglichkeiten von (Q_6-Q_5) auf (Q_7-Q_8). Wenn den amerikanischen Landwirten der bisherige Weltmarktpreis P_w gesichert werden soll, muss der Staat den Exporteuren Ausfuhrerstattungen im Ausmass *S* (schraffierte Fläche) ausrichten.

Abbildung 11.5: Preisbeeinflussung durch Agrarprotektionismus

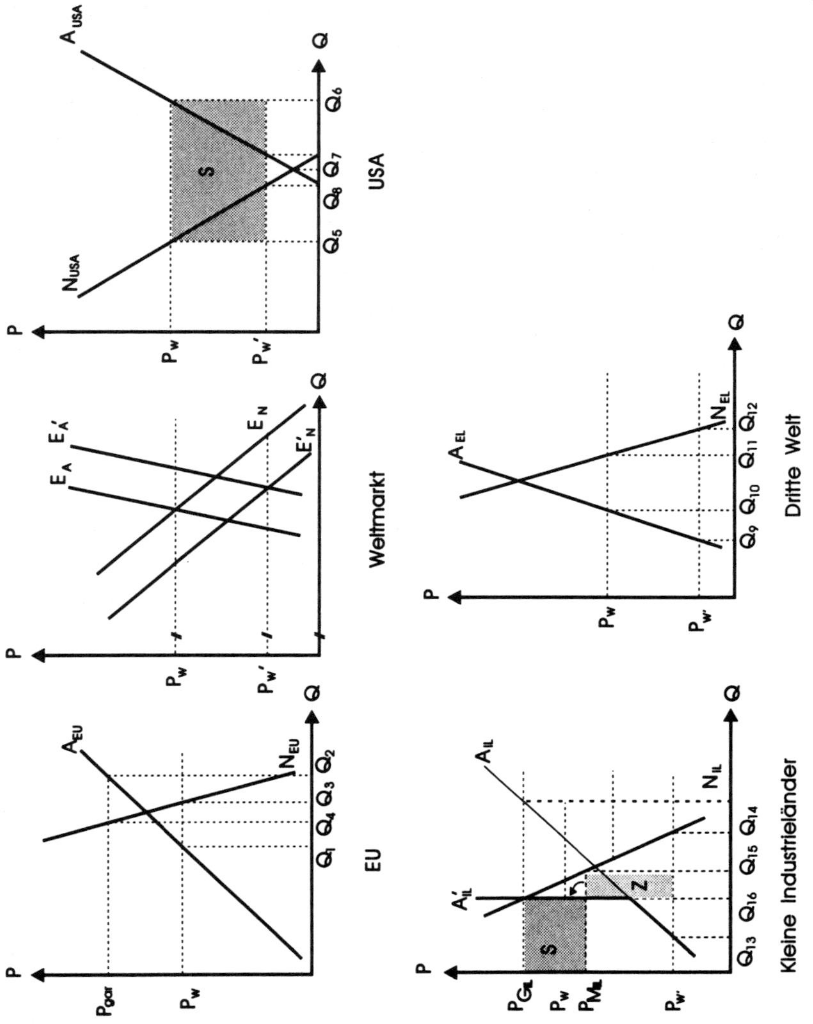

Quelle:nach Egger U., Rieder P., Clemenz D., 1992, a.a.O., S. 9

Die kleinen Industrieländer gewähren ihren Produzenten wie die EU einen Garantiepreis P_{GIL}, der über dem Weltmarktpreis liegt, allerdings meist nur für eine beschränkte Menge (Kontingente), um weiterhin Importe tätigen zu können. Für die Konsumenten bildet sich ein Mischpreis P_{MIL}, wodurch die Importe von (Q_{14}-Q_{13}) auf (Q_{15}-Q_{16}) zurückgehen. Die Importe werden an der Grenze verteuert; die Zolleinnahmen *Z* helfen mit, die Kosten für die Stützung *S* der Landwirtschaft zu decken.

In Importländern der Dritten Welt ohne Möglichkeiten, ihre Landwirtschaft vor ausländischer Konkurrenz zu schützen, geht die Eigenproduktion bei einem Absinken der Weltmarktpreise von P_w auf P_w' von Q_{10} auf Q_9 zurück und die Importe nehmen von (Q_{11}-Q_{10}) auf (Q_{12}-Q_9) zu. Davon profitieren die mehrheitlich städtischen Konsumenten, deren Abhängigkeit von Nahrungsmittelimporten ebenfalls zunimmt. Gleichzeitig gehen für die Landwirte Produktionsanreize verloren; ihre Absatzmöglichkeiten sinken, ebenso ihre Einkommen. Die Tendenz zur Landflucht nimmt zu.

3.2.2 Tarifäre und nicht-tarifäre Handelshemmnisse

Das wichtigste Instrument des Agrarprotektionimus ist der Aussenhandelsschutz, der erlaubt, interne Produzentenpreise gegenüber viel tieferen Agrarpreisen auf dem Weltmarkt zu isolieren. Daneben ergreifen viele Länder weitere Massnahmen, um die Landwirtschaft zu fördern und die Einkommen der Bauern zu stützen.[32]

Das GATT in Genf hat über 800 Arten von Schutzinstrumenten aufgelistet, welche freilich nicht nur auf den Agrarmärkten zur Anwendung gelangen. Sie lassen sich grundsätzlich in zwei Kategorien einordnen:

- **tarifäre Handelshemmnisse:** Sie umfassen alle Grenzschutzinstrumente, die in Form von Zöllen auf den Einfuhrpreis geschlagen werden.
- **nicht- tarifäre Handelshemmnisse:** Sie umfassen eine Vielzahl von Handelsbeschränkungen, welche sich ihrerseits in 5 Gruppen einteilen lassen:
  - Spezifische Begrenzungen des Handels: Mengenbegrenzungen (Importkontingente), freiwillige Exportbegrenzungen, sanitarische und hygienische Reglementierungen, Embargos, Minimumpreise

---

32 vgl. dazu Kapitel IX

- Einfuhrbelastungen: Abschöpfung, finanzielle Hinterlegungen, spezifische Einfuhrrechte, interne Taxen
- Normen und Vorschriften: Herstellungsnormen, Verpackungsnormen, Normen für Etikettierung und Auszeichnung
- Intervention der Regierung im Austausch: Käufe der öffentlichen Hand, Exportsubventionen, Kompensationsrechte
- administrative Einfuhrverfahren: Import nur an speziellen Tagen oder an bestimmten Zollämtern möglich

Ein wichtiges Ziel der GATT-Uruguay-Runde war es, alle nicht-tarifären Handelshemmnisse erstmals auch im Agrarhandel in Zölle umzuwandeln (Tarifizierung)[33], um dann in Zollabbau-Runden zu einem liberaleren Welthandel zu kommen. In der Vergangenheit ist im Industriebereich allerdings das Gegenteil eingetreten. Parallel zu den erfolgreichen Zollabbaurunden wurde das Netz von nicht-tarifären Handelshemmnissen ausgebaut, da diese viel schwieriger zu überprüfen sind als die Zölle.

3.2.3 Masstäbe des Protektionismus

a) Nominelle Protektionsrate und Protektionskoeffizient

Einfachstes Mass für den Protektionismus ist die prozentuale Abweichung des Produzentenpreises im Inland vom Weltmarktpreis; sie wird als nominelle Protektionsrate *NPR* bezeichnet:

$$NPR = \frac{p_i - p_w}{p_w}$$

p_i : Produzentenpreis im Inland zum offiziellen Wechselkurs

p_w: Weltmarktpreis an der Grenze in lokaler Währung

Als Protektionskoeffizient *PK* wird das Verhältnis von (gestütztem) Inlandpreis zum Weltmarktpreis bezeichnet:

$$PK = \frac{p_i}{p_w}$$

33 vgl. dazu Kapitel IX, Abschnitt 2

Die nominellen Protektionsraten wie auch Protektionskoeffizienten sind aber nur ein grober Massstab für Protektionismus:

- Preisvergleiche können auf verschiedenen Stufen (Produzent, Verarbeitung, Grosshandel) mit unterschiedlichen Resultaten vorgenommen werden.
- Sie vernachlässigen Preisunterschiede in den Vorleistungen infolge protektionistischer Massnahmen.
- Qualitäts- und Sortenunterschiede werden ungenügend berücksichtigt.
- Über- oder unterbewertete Wechselkurse führen zu Verzerrrungen der Protektionsrate und der Protektionskoeffizienten, weil die Weltmarktpreise in lokaler Währung ausgedrückt werden.
- Nicht-tarifäre Handelshemmnisse (welche sich nicht auf den Preis, sondern auf den Marktzutritt auswirken) werden nicht erfasst.

Tabelle 11.7: Protektionskoeffizienten für ausgewählte Länder und Produkte, 1980-1982

		Weizen	Futtergetreide	Reis	Milchprod.	Zucker	gew. Durchschnitt
Industrieländer							
Australien		1.40	1.00	1.15	1.30	1.00	1.04
Kanada		1.15	1.00	1.00	1.95	1.30	1.17
EG-12		1.25	1.40	1.40	1.75	1.50	1.54
EFTA-5		1.70	1.45	1.00	2.4	1.80	1.84
Japan		3.80	4.30	3.30	2.9	3.00	2.44
Entwicklungsländer							
Ägypten	(c)	0.60	0.75	0.50	2.50	0.90	1.17
Nigeria		2.20	2.00	1.90	3.00	1.50	1.88
China	(d)	1.50	1.30	0.90	2.80	1.15	1.05
Indonesien	(d)	1.00	1.30	1.00	2.00	2.60	1.20
Korea, Rep.	(a)	2.30	2.35	2.55	3.00	1.00	2.74
Taiwan	(a)	1.90	1.90	2.45	3.00	1.00	1.57
Brasilien	(b)	1.30	0.90	0.80	1.60	0.80	0.96
Mexiko	(a)	0.90	1.30	1.00	2.80	0.70	1.46

Quelle: Tyers, Anderson, 1986

Aufgrund von Tabelle 11.7 lassen sich folgende Aussagen machen:

- Alle Industrieländer schützen ihre Landwirtschaft, allerdings in sehr unterschiedlichem Ausmasse. Japan und die EFTA-Staaten weisen die höchsten Differenzen zwischen Weltmarktpreis und Produzentenpreis im Inland auf.
- Bei den Entwicklungsländern müssen vier Gruppen von Ländern unterschieden werden:
  a) Schwellen- und neuindustrialisierte Länder mit relativ hohen Protektionsraten für ihre Landwirtschaft (Nigeria allerdings kann sich dank hoher Einnahmen aus Erdölexporten ebenfalls die Stützung seiner Landwirtschaft leisten)
  b) Länder, in denen Agrarexporte einen wichtigen Wirtschaftszweig darstellen, mit negativer Stützung: die Agrarexporte werden besteuert und finanzieren dadurch die Entwickung des Landes bzw. in Realität oftmals eine aufgeblasene Bürokratie.
  c) Arme Länder mit grossem Anteil städtischer Bevölkerung und gutem Zugang zu internationaler Nahrungsmittelhilfe, die je nach Produkt Agrarstützung oder -besteuerung machen.
  d) Länder mit weitgehend liberaler Agrarpolitik
- Nicht alle Produkte werden gleich gestützt. In allen Ländern sowohl der Industrie- als auch der Entwicklungsstaaten weicht der Preis für Milchprodukte zum Teil erheblich vom Weltmarktpreis ab, während die Zuckerproduktion relativ schlecht geschützt ist. Die Preise der Grundnahrungsmittel Weizen und Reis widerspiegeln die jeweilige Ernährungssicherungspolitik eines Landes.

b) 'Producer Subsidy Equivalents' bzw. 'Consumer Subsidy Equivalents'

Anfangs der 70er Jahre entwickelte T. Josling das Konzept der 'Producer Subsidy Equivalents' (PSE) und der 'Consumer Subsidy Equivalents' (CSE)[34]. Der Absolutbetrag der PSE entspricht dem Wert aller Einkommenseffekte agrarpolitischer Massnahmen bzw. dem Einkom-

34 Formal werden die CSE wie folgt dargestelt: CSEu = Qc * (MTu + OTu), wobei Qc die konsumierte Menge und MTu der Markttransfer je Einheit ist. Der Markttransfer drückt die Differenz zwischen Weltmarktpreis und Inlandpreis auf Konsumentenstufe aus. Wegen der untergeordneten Bedeutung der CSE wollen wir im folgenden nicht näher darauf eingehen.

mensverlust, den die Produzenten bei Wegfall dieser Massnahmen erleiden würden.

Dieses Konzept wurde in den 80er Jahren von der OECD[35] zur Quantifizierung des Agrarprotektionismus in verschiedenen Ländern aufgegriffen und weiterentwickelt.[36] .

Die PSE setzen sich zusammen aus

1) **Marktpreisstützungen:**

   Die auf verschiedene Massnahmen an der Grenze zurückgehende Differenz zwischen Inlandpreis und Weltmarktpreis wird multipliziert mit der Inlandangebotsmenge.

2) **Staatsausgaben ohne unmittelbare Produktpreiswirkung:**

   - faktorgebundene Zahlungen wie Flächenbeiträge, Zinsvergünstigungen, welche die Inputpreise senken
   - Direktzahlungen im engeren Sinne (betriebsgebunden) [37]
   - sonstige Zahlungen für Forschung, Beratung, Vermarktung, regionale Förderprogramme, welche langfristig wirken und entsprechend den Marktanteilen auf die einzelnen Produkte umgelegt werden.

3) **Verteuerung der Futtermittel:**

   Bei den sogenannten "Netto-PSE" wird die protektionsbedingte Verteuerung der Futtermittel bei den tierischen Produkten von den "Brutto-PSE" (= Summe der ersten beiden Komponenten) abgezogen. Die Protektion der anderen Inputfaktoren wird nicht berücksichtigt.

Das Konzept der PSE fand auch Verwendung bei der im Dezember 1993 abgeschlossenen Uruguay-Runde des GATT, welche unter anderem eine Liberalisierung des Weltagrarmarktes zum Ziele hatte. Dabei wurden von verschiedenen Verhandlungspartnern Modifikationen vorgeschlagen, die gewisse Zahlungen unter Punkt 2 als nicht "handelsverzerrend" ausklammern würden.

---

35 Organization of Economic Cooperation and Development

36 OECD, 1987, National Policies and Agricultural Trade, Paris

37 Hingegen werden Zahlungen im Rahmen der Sozialpolitik oder auch Steuerentlastungen wegen Schwierigkeiten beim länderübergreifenden Vergleich nur unvollständig erfasst.

Die folgende Darstellung zeigt die prozentualen Netto-PSE (absolute PSE / Produzenteneinnahmen) für 1990. Die PSE werden auch vom Weltmarktpreisniveau und den jeweiligen Wechselkursen beeinflusst. Daher können sie von Jahr zu Jahr stark schwanken. Die Schweiz nimmt mit Norwegen und Japan zusammen die Spitzenposition ein, während insbesondere Australien und Neuseeland sehr tiefe PSE aufweisen.

Abbildung 11.6: Prozentuale Netto-PSE in den OECD-Ländern, 1990

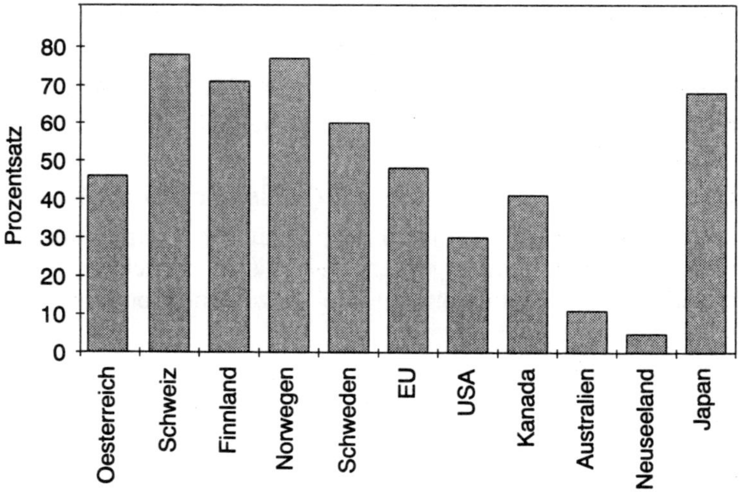

Quelle: Tracy M., 1993, Food and Agriculture in a Market Economy, Kent, S. 215

Allerdings setzen sich die PSE in den einzelnen Ländern unterschiedlich zusammen. Wichtigstes Instrument des Agrarschutzes ist in fast allen Ländern die Marktpreisstützung, die aber auch am meisten "handelsverzerrend" wirkt. Einzig in Norwegen sind die Direktzahlungen von ebenso grosser Bedeutung. In den Ländern mit (eher) liberaler Agrarpolitik (USA, Kanada, Australien) überwiegt die Finanzierung von Struktur-, Forschungs- und Ausbildungsprogrammen (zusammengefasst unter sonstige Zahlungen) Sehr grosse Unterschiede von Land zu Land mit je unterschiedlicher Agrarstruktur ergeben sich auch, wenn man die PSE je landwirtschaftliche Arbeitskraft oder auf die Fläche bezogen berechnet, wie das in Tabelle 11.8 gemacht wird.[38]

[38] OECD, 1991, Agricultural Policies, Markets and Trade, Monitoring and Outlook, Paris

Tabelle 11.8: Umfang und Zusammensetzug der PSE in ausgewählten Ländern der OECD, 1990

	PSE (%)	PSE pro ha (US $)	PSE pro AK (US$)	Marktpreis-stützung (%)	Direkt-zahlungen (%)	Sonstige Zahlungen (%)	Zuschläge Abgaben 1) (%)
Schweiz	78	1938	30'000	90	10	11	-11
Österreich	46	806	11'000	106	4	9	-19
Norwegen	77	3437	39'000	57	53	10	-20
EG - 12	48	773	12'000	91	10	14	-15
Japan	68	8104	15'000	85	7	8	0
USA	30	102	22'000	57	19	24	0
Kanada	41	106	18'000	60	13	32	- 5
Australien	11	3	4'000	37	0	70	- 7
OECD	44	171	15'000	81	13	16	-10

Quelle: OECD, 1991

1) Selbstbehalte von Produzenten, Abgaben auf der Produktion und Futtermittelzuschläge

3.3 Internationale Agrarabkommen

3.3.1 Instabilitäten auf Weltagrarmärkten

Der internationale Agrarhandel führt unter der Voraussetzung von Freihandel nicht nur zur Ausnützung der Vorteile internationaler Arbeitsteilung aufgrund der komparativen Kostenvorteile, sondern trägt auch zur Stabilisierung der Agrarmärkte bei. Wenn beispielsweise in einem Land wegen einer Missernte bei geschlossener Volkswirtschaft die Preise stark ansteigen würden, wird diese Reaktion bei Freihandel durch das Angebot aus anderen Ländern gedämpft.

Internationaler Agrarhandel kann aber auch zu grösseren Abhängigkeiten von Ernteschwankungen in zum Teil weit entfernten Ländern führen (z.B. Frost in Brasilien führt zu Preisanstiegen beim Kaffee, Dürren in den USA haben Auswirkungen auf den Getreidepreis). Es liegt deshalb im Interesse einzelner Länder, ihre Konsumenten vor solchen weltmarktbedingten Preisschwankungen zu schützen. Diese Protektionsmassnahmen vermehren die Instabilitäten auf den "restlichen" Weltmärkten, wie dies Abbildung 11.7 zeigt.

Abbildung 11.7: Entwicklung der Weltmarktpreise für Getreide

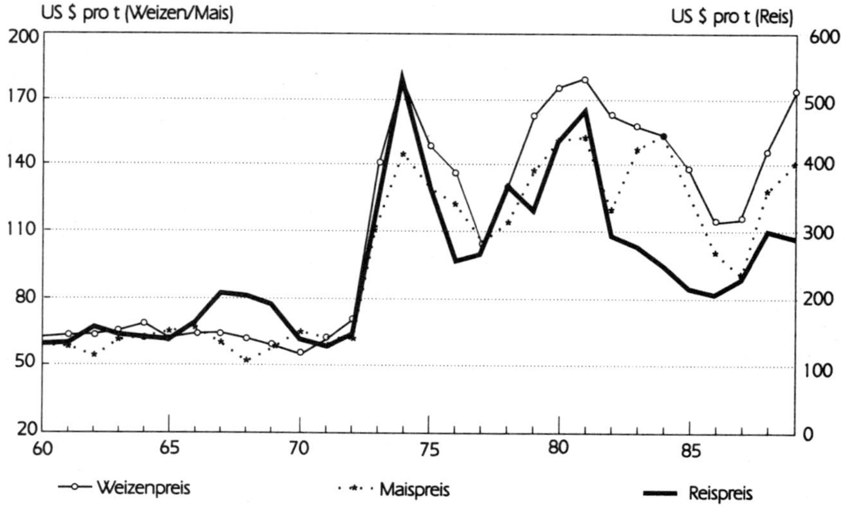

Quelle: UNCTAD, Monthly Commoditiy Price Bulletin, div. Jhg.

Es zeigt sich in dieser Abbildung eine deutliche Zunahme der Preisschwankungen ab Mitte der 70er Jahre. Von diesem Zeitpunkt an fragte die Sowjetunion grössere Mengen von Getreide nach, vorab zur Steigerung der inländischen Fleischproduktion. Es wurden langjährige Lieferabkommen zwischen den USA und der UdSSR geschlossen. Der Anteil Getreide, der über den freien Markt gehandelt wird, wurde dadurch kleiner und stärkeren Schwankungen ausgesetzt. Ohne auf weitere Einzelheiten einzugehen, seien weitere Charakteristika des Getreidemarktes erwähnt, welche die Preisbildung beeinflussen: wenige Exportländer, Konzentration des Weizenhandels bei fünf internationalen Handelsunternehmen, Warentermingeschäfte (Spekulation), Exportsubventionen für Überschussgetreide aus den USA und der EU, Substitutionsbeziehungen zwischen Reis und Weizen, aber auch zwischen Mais und Weizen. [39]

[39] Einzelheiten zum internationalen Getreidemarkt, siehe Egger U., Rieder P., Clemenz D., 1992, a.a.O., S. 41ff.

3.3.2 Internationale Versuche zur Marktstabilisierung

Schon seit Beginn dieses Jahrhunderts gibt es zahlreiche Versuche, die Weltmarktpreise über internationale Abkommen zu stabilisieren. Im Rahmen der 1964 gegründeten UNO-Sonderkommission UNCTAD[40] kämpfen jedoch Vertreter der Dritten Welt darum, die Rohstoffproblematik (sinkende Preistendenz, hohe Instabilitäten) gesamthaft anzugehen und nicht für einzelne Produkte den internationalen Handel über separate Abkommen zu regeln. Ein Integriertes Rohstoffprogramm (IRP) kam 1989 (überraschenderweise) gegen den Widerstand der Industrieländer zustande, wurde aber nicht umgesetzt. Nicht zuletzt im Rahmen der im Dezember 1993 abgeschlossenen GATT-Verhandlungen bekamen Verfechter des Freihandels stärkeren Auftrieb, so dass interventionistische Massnahmen, wie im IRP verabschiedet, zur Zeit keine grosse Chance zur Implementierung haben.[41]

Grundsätzlich lassen sich Märkte durch Interventionen beim Angebot, bei der Nachfrage, bei den Preisen oder durch eine Kombination davon beeinflussen. Neben dem Stabilisierungsziel verfolgen verschiedene Rohstoffabkommen weitere Ziele wie Wachstum des Handelsvolumens oder Steigerung der Markteffizienz. Massnahmen können von ihrem Grundmechanismus her in preis- und erlösstabilisierende bzw. -erhöhende Instrumente eingeteilt werden. Dabei ist zwischen multilateralen und bilateralen Abkommen zu unterscheiden.[42]

Zu den **multilateralen Instrumenten** zählen:

Exportquoten

Durch eine Beschränkung des Angebotes soll in Abbildung 11.8 ein Mindestpreis P_Z gestützt werden. Dieser liegt höher als der Marktpreis P_0, wie er sich ohne Intervention ergibt. Damit P_Z gehalten werden kann, muss das Angebot auf das Gesamtkontingent von Q_1 beschränkt werden. Daraus resultiert ein Wohlstandsgewinn für die Exporteure im Ausmass des Vierecks *a* , abzüglich eines Verlustes im Ausmass von Dreieck *b*. Bei einem Nachfragerückgang von N_1 auf N_2 (z.B. infolge von Substitutionseffekten) muss das Gesamtkontingent der Anbieter auf Q_2 verkleinert werden.

---

40 United Nations Conference on Trade and Development

41 vgl. Egger U., Rieder P., Clemens D., 1992, a.a.O., S. 21

Abbildung 11.8: Mechanismus eines Exportquotensystems

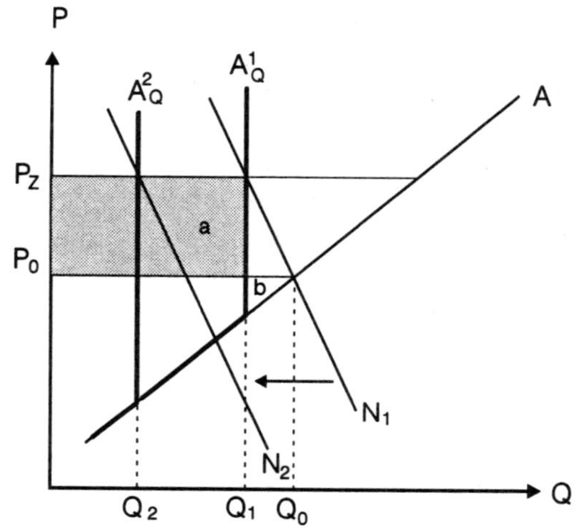

Quelle: nach Egger U., Rieder P., Clemenz D., 1992, a.a.O., S. 24

Preisband mit 'Bufferstocks'

Solange sich der Preis, wie er sich aus Angebot und Nachfrage ergibt, innerhalb eines ausgehandelten Preisbandes (Abb. 11.9) bewegt, wird nicht interveniert. Droht der Preis jedoch unter die untere Begrenzung zu sinken, wird das Angebot mit Käufen auf Lager durch die Abkommensbehörde künstlich verkleinert. Diese Lager ('Bufferstocks') stehen für Interventionen bereit, wenn der Preis droht, über die obere Begrenzung zu steigen. Die dann auf den Markt geworfenen Vorräte vergrössern das Angebot und lassen die Preise wieder sinken.

42 Eine ausführliche Darstellung mit Bewertung der verschiedenen Abkommensarten findet sich in: Decurtins M., 1985, Bilaterale Agrarhandelsabkommen als entwicklungspolitisches Instrument, ETH Diss. 7878, Zürich

Abbildung 11.9: Mechanismus des Preisbandes mit 'Buffer-Stock'

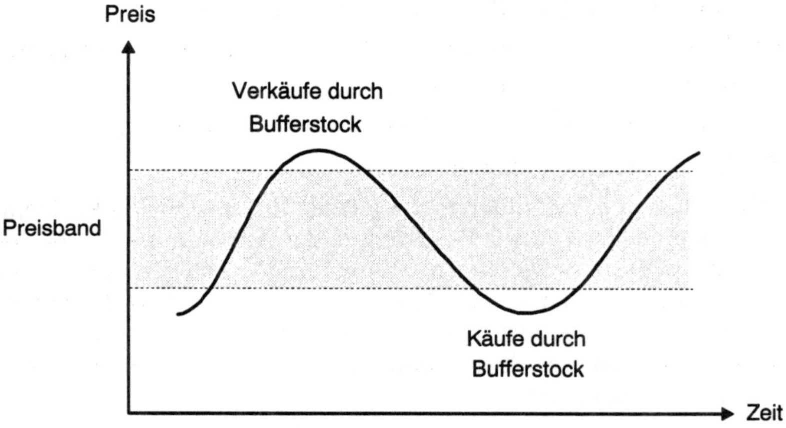

Weitere Instrumente zur multilateralen Agrarmarktstabilisierung sind:

- Liefer- und Abnahmeverpflichtungen (starker Eingriff in das Marktgeschehen mit Verpflichtung zum Handeln gegen die Preisentwicklung)
- Indexierung (Anpassung der Preise an den Index eines Referenzwarenkorbes)
- Anbieterkartell (Quasimonopol mit Mengenfixierung; bei Agrargütern praktisch nicht möglich wegen beschränkter Lagerbarkeit und grosser Zahl von Produzentenländern)
- Nachfragekartell (analog)

Am Beispiel des Internationalen Kaffeeabkommens von 1962, welches 1989 nach mehrmaliger Erneuerung zusammenbrach, soll gezeigt werden, wo die Gründe zu suchen sind, dass Agrarmarktabkommen immer wieder scheitern.[43]

---

[43] Die folgenden Ausführungen stützen sich auf Egger U., Rieder P., Clemenz D., 1992, a.a.O., S. 200ff.

Inhalt des Abkommens zwischen Produzenten- und Konsumentenländern mit den Zielen Preisstabilisierung, Verhinderung von Überschüssen und Erhöhung der Kaufkraft der Exportländer war:

- Die Festlegung von Produktionszielen für alle Produzentenländer,
- Exportquoten mit Ausfuhrlizenzen,
- Begrenzung der Importe aus Nicht-Mitgliedsländern und
- die Festlegung einer unteren Preisgrenze

Die Massnahmen durchzuführen oblag dem "Internationalen Kaffeerat", der sich zu gleichen Teilen aus Vertretern der Ausfuhr- und Einfuhrländern zusammensetzte. Die ersten Erfolge der Preispolitik stellten sich bald ein, doch stieg darauf das Angebot stark an, so dass die Preisuntergrenze nur mit grossen Lagerkäufen gehalten werden konnten. 1980 wurde ein Preisband mit Interventionsverpflichtung an der oberen und unteren Grenze eingeführt.

Die Gründe für das Scheitern 1989 lassen sich wie folgt zusammenfassen:

- 'Buffer-Stocks' eignen sich nur zur Stabilisierung von kurzfristigen Angebotsschwankungen. Werden die Überschüsse strukturell, können die Lager nicht mehr abgebaut werden. Damit steigen die Lagerkosten und im Fall verderblicher Agrargüter die Verlustkosten sehr rasch an.
- Die Produzentenländer sind meist nur solange am Abkommen interessiert, als die Preise tief sind. Stiegen die Preise (meist infolge Frost in Brasilien), verlor sich ihr Interesse an internationaler Solidarität. Damit verlieren die finanzkräftigen Importländer ihrerseits das Interesse an solchen Ausgleichslagern.
- Die feste Quotenverteilung aufgrund der Vorjahresmenge führte dazu, dass erstens zuwenig flexibel auf die Sortenwünsche der Nachfrager eingetreten wurde und dass zweitens neuen Produzentenländern quasi der Zutritt zu diesem Markt verwehrt blieb. Diese ausgeschlossenen Länder bildeten ein Kontingent von Anbietern auf dem nicht dem Abkommen unterstellten Parallelmarkt.
- Der starke Druck zur Devisenerwirtschaftung (Verschuldungsproblematik, Exportsteigerung im Rahmen von Strukturanpassungsprogrammen) führt zu mangelnder Solidarität unter den Produzentenländern und kurzfristiger Erlösmaximierung.

- Bei anderen Rohstoffen kommt als weiterer Grund für das Scheitern von internationalen Abkommen die Substitution durch Produkte aus den Industrienationen dazu. (Rohrzucker contra Rübenzucker und künstliche Süssstoffe, Kautschuk contra Gummi auf Erdölbasis, Baumwolle contra künstliche Textilien). Inwiefern die Gentechnologie diese Tendenz noch verstärkt, lässt sich erst erahnen. Bereits heute hat künstlich erzeugtes Vanillin eine weltweit grössere Bedeutung als das natürlich gewonnene.

Bei den **bilateralen Abkommen** können grundsätzlich die selben Instrumente eingesetzt werden. Erlösstabilisierende Abkommen werden immer bilateral abgeschlossen und stellen einen Transfer von einem Land an ein anderes dar. Das bekannteste Beispiel dafür ist das STABEX-Abkommen, das die EU mit den 61 AKP-Staaten (Länder von Afrika, der Karibik und des Pazifiks) im Rahmen des sogenannten Lomé-Abkommens geschlossen haben. Dabei gleicht die EU Erlöseinbussen bei bestimmten Agrarprodukten aus, welche einen Mindestanteil an den Ausfuhren eines Landes ausmachen. Die Einbussen müssen einen bestimmten Prozentsatz vom 4-Jahres-Schnitt abweichen, so dass Einbussen aufgrund langfristig sinkender Preise (z.B. infolge struktureller Überschüsse) nicht ausgeglichen werden.[44]

---

44 Einzelheiten dazu siehe Decurtins M., 1985, a.a.O., S. 191ff.

4. Liberalisierung des Agrarhandels

4.1 Agrarhandel im GATT (Uruguay-Runde)

Das Ziel des 1948 geschlossenen Abkommens 'General Agreement on Tariffs and Trade' (GATT) ist die schrittweise Liberalisierung des Welthandels. Die verschiedenen Verhandlungsrunden seit den 60er Jahren brachten bei den Industriegütern einen Abbau der Zölle von 40% auf rund 5% in den 80er Jahren. Beim Agrarhandel ist gerade eine umgekehrte Tendenz festzustellen, nämlich der Anstieg der Zölle auf rund 40%.[45] Dieser Gegensatz zwischen der verstärkten Integration der Weltwirtschaft bei gleichzeitig zunehmender Abschottung der nationalen Agrarmärkte stellt eines der zentralen Spannungsfelder im Welthandel zu Beginn der 90er Jahre dar.

Die gesamthaft unbefriedigende Situation auf dem Agrarweltmarkt führte im Rahmen der Uruguay-Runde (Beginn 1986) zur erstmaligen Aufnahme der Agrarfrage in die GATT-Verhandlungen. Ziel des am 15. Dezember 1993 nach fast 6-jährigen Verhandlungen zustandegekommenen Abkommens ist es, die Verzerrungen des internationalen Agrarhandels in den einzelnen Ländern abzubauen und auch in diesem Sektor den Freihandel zu fördern. Dies bedeutet den Abbau von Importbarrieren, Bestimmungen über zulässige direkte und indirekte Subventionen an die Landwirtschaft sowie den Abbau nicht-tarifärer Handelshemmnisse (z.B. Importkontingente).

Von den in Tabelle 11.9 aufgeführten Element der Schlussakte wirkt der Abbau der Exportsubventionen am stärksten bindend, da hier der Spielraum bei der Anpassung am kleinsten ist. Die Gewährung des Marktzutrittes zu den Bedingungen der Referenzperiode bringt an sich noch keine wesentliche Öffnung der Märkte und auch der Mindestmarktzutritt von 5% am Ende der Übergangsphase kann vielfach durch geschickte Aggregierung von Zollpositionen in seiner Wirkung abgeschwächt werden. Die generelle Tarifizierung bei allen Produkten erlaubt die bessere Vergleichbarkeit des jeweiligen Aussenhandelsschutzes der einzelnen Länder und bildet die Basis für einen allgemeinen Zollabbau. Was die interne Stützung betrifft, so fordert das GATT-Abkommen lediglich einen globalen Abbau bei den produktbezogenen

---

45 Hofreither M.F., Was bringt die Liberalisierung des Weltagrarhandels? in: Agrarische Rundschau Nr.4, Sept. 1990

Zahlungen, die direkt marktverzerrend wirken. Hingegen ist der Schutz des Agrarsektors über Direktzahlungen oder mit Struktur-, Forschungs- und Marketingprogrammen (sonstige Zahlungen) weiterhin möglich.

Tabelle 11.9: Elemente der Schlussakte der Uruguay-Runde im Agrarbereich

Interne Stützung	Marktzutritt	Exportsubventionen
nicht produktgebunden: ('green box'; z.B. Direktzahlungen) keine Reduktion **produktgebunden, aber produktionsbeschränkend:** Keine Reduktion während der Übergangsperiode **produktgebunden (Rest)**: Reduktion um 20%	**Tarifizierung:** ohne Ausnahme **Zollabbau:** 36% im Mittel (mind. 15%) **Marktzutritt:** - Beibehaltung der Importmöglichkeiten von 1986/88 zu gleichen Bedingungen - Steigerung der Importmöglichkeiten von 3 auf 5% des Konsums bis zum Ende der Übergangsperiode	**bezüglich Menge:** Abbau um 21% (ohne verarbeitete Landwirtschaftsprodukte) **bezüglich Budget:** Abbau um 36% je Produkt
Basisjahre: 1986/88 Übergangsperiode: 6 Jahre	Basisjahre: 1986/88 Übergangsperiode: 6 Jahre	Basisjahre: 1986/90 Übergangsperiode: 6 Jahre

Quelle: Bundesamt für Landwirtschaft

4.2 Modelle und Ergebnisse

Zur Abschätzung, welche Auswirkungen eine vollständige oder teilweise Liberalisierung des Weltagrarhandels auf verschiedene Ländergruppen hat, entwickelten Agrarökonomen eine Vielzahl von Modellen. Die meisten davon befassen sich nur mit ganz spezifischen Fragestellungen des Agrarhandels: Wenige Modelle beziehen den gesamten Agrarhandel mit ein.

Zum Modellaufbau

Alle diese Modelle sind in ihrer Grundstruktur und hinsichtlich der grundlegenden Annahmen gleich gebaut. Sie bilden für ein Land oder eine Region drei ökonomische Akteure ab: Produzenten, Konsumenten und Regierungen. Sie basieren meist auch auf den gleichen Ausgangsdaten, nämlich den Supply Utilizations Accounts der FAO. Die einzelnen Modelle werden durch weitere Informationen ergänzt, die in ihrem Umfang und ihrer Qualität sehr unterschiedlich sind.[46]

Die Agrarpolitik wird entweder gesamthaft mit dem PSE/CSE-Ansatz abgebildet, mit einzelnen Instrumenten wie Zöllen und Kontingenten oder mit sogenannten Transmissionsfunktionen, welche Veränderungen der Weltmarktpreise auf die nationalen Preise übertragen.[47] Alle diese Modelle sind **Gleichgewichtsmodelle**, das heisst Produzenten und Konsumenten tauschen Güter, bis ein Gleichgewicht auf dem Markt erreicht wird. Partielle Modelle berücksichtigen im Gegensatz zu allgemeinen Gleichgewichtsmodellen nur einen Teil der wirtschaftlichen Aktivitäten. Sie berücksichtigen die Märkte für landwirtschaftliche Produkte, nicht aber die für die Landwirtschaft relevanten Faktormärkte, welche durch Massnahmen der Agrarpolitik beeinflusst werden. Somit fehlt in diesen Modellen die Verbindung zwischen der Landwirtschaft und den anderen Wirtschaftssektoren.

Zusammenfassend kann festgehalten werden, dass Modelle nur einen Teil der Wirklichkeit abzubilden vermögen. So bleiben in den erwähnten Modellen externe Effekte, wie sie etwa zwischen Landwirtschaft und Umwelt bestehen, unberücksichtigt. Sie erfüllen dennoch die an sie gestellten Erwartungen und geben Auskunft über die **Tendenz** der Auswirkungen, welche von einer Handelsliberalisierung zu erwarten sind.

Zu den Resultaten der Modellrechnungen

Gemäss den Modellrechnungen führt eine multilaterale Verringerung der Agrarprotektion tendenziell zu einem Anstieg der Weltmarktpreise. Dies trifft besonders für Rindfleisch, Milch und Zucker zu. Die Preise für Schweinefleisch und Geflügel verändern sich hingegen nur wenig, wie dies aus Tabelle 11.10 ersichtlich wird.

---

46 Golding I., Knudson O., 1990, Agricultural Trade Liberalization, Implication for Developing Countries, OECD, Paris

47 Frohberg K., 1992, Analyse einer Liberalisierung des Agrarhandels mit Simulationsmodellen: Möglichkeiten, Ergebnisse und Grenzen, in: Internationalisierung und ihre Folgen für die Landwirtschaft, Bundesministerium für Land- und Forstwirtschaft, Wien

Tabelle 11.10: Auswirkung einer Liberalisierung des Agrarhandels auf Weltmarktpreise (Abweichungen in % von der Basis 1981-83)

Modell (Vergleichsjahr)	Weizen	Futter-getreide	Zucker	Rind-fleisch	Milch	Ge-flügel
SWOPSIM (1986)	23	22	29	16	81	16
Tyers & Anderson (1995)	19	2	27	43	90	8
Runs (1986)	15	8	57	18 1)	k.A.	k.A:
IIASA (2000)	18	11	k.A.	17	31	0

k.A.: keine Angaben
1) Fleisch insgesamt
Quelle: Frohberg, 1992, a.a.O.

Die Ergebnisse dieser partiellen Gleichgewichtsmodelle dürfen nur als Trends verstanden werden, da Interaktionen zwischen einzelnen Produkten nur teilweise erfasst werden. Insgesamt ist aber doch anzunehmen, dass durch das Wegfallen von Überschüssen aus den Industrienationen allgemein stabilere und höhere Weltmarktpreise resultieren werden.

4.3 Gewinner und Verlierer einer Liberalisierung

Die Auswirkungen einer Agrarhandelsliberalisierung sind nicht für alle Länder(gruppen) gleich. Tabelle 11.11 stützt sich auf ein Modell von Anderson und Tyers[48]. Es zeigt die Auswirkungen eines freien Agrarhandels auf die Netto-Wohlfahrtsgewinne einzelner Länder und die Auswirkungen auf den Umfang der Agrarproduktion. Die Autoren unterscheiden zwischen einer Situation, in der allein die Industrieländer ihren Agrarschutz abbauen und andererseits einer Situation, in der auch die Entwicklungsländer ihre handelsverzerrenden Praktiken aufgeben (insbesondere überbewertete Wechselkurse, Subventionierung der Nahrungsmittel für die Konsumenten und Besteuerung der Exporte).

48 Anderson K., Tyers R., 1991, Global Effects of Liberalizing Trade in Farm Products, London

Tabelle 11.11: Auswirkungen einer Liberalisierung des Agrarhandels (Basisjahr 1990)

	Reform nur in den Industrieländern				Reform sowohl in IL als auch in EL			
	Jährlicher Netto-Wohlfahrts-gewinn (Mia US$)	Veränderung der Produktion (in %) Getreide	Rind-/ Schaf-fleisch	Zucker	Jährlicher Netto-Wohlfahrts-gewinn (Mia US$)	Veränderung der Produktion (in %) Getreide	Rind-/ Schaf-fleisch	Zucker
Australasien	3.0	3	11	8	0.5	-9	1	-19
Japan	23.0	-45	-77	-72	40.8	-49	-84	-79
N -Amerika	5.5	3	10	-14	7.8	-6	-10	-26
Westeuropa	15.1	-20	-50	-28	24.2	-25	-76	-44
Total IL	**46.6**	**-5**	**-15**	**-23**	**73.3**	**-12**	**-36**	**-40**
China	2.9	2	26	8	12.9	2	102	15
Indien 1)	1.4	1	13	7	1.6	-1	11	4
Thailand 2)	0.9	3	38	6	0.6	2	-7	-21
EL Asien	4.6	2	21	3	23.7	1	36	1
Argentinien	5.4	11	37	0	5.1	11	97	111
Brasilien	2.9	8	19	23	0.8	14	43	34
S-Amerika	12.7	9	28	8	7.6	12	66	38
Nordafrika/ Naher Osten	-2.6	0	5	3	-0.2	0	17	0
S- Afrika	1.9	1	17	2	2.2	9	47	42
Total EL	**16.6**	**3**	**22**	**5**	**33.4**	**4**	**50**	**19**
Total Welt	**62.4**	**-0.2**	**2.6**	**-1.5**	**106.5**	**-2.8**	**4.4**	**4.2**

1) Indien, Bangladesh und Pakistan 2) Thailand, Indonesien, Malaysia

Quelle: Anderson K., 1992, a.a.O.

Für die Modellresultate in Tabelle 11.11 gelten die obengenannten Vorbehalte - die Zahlen sind als Trends aufzufassen. Zudem wird bei den Modellrechnungen davon ausgegangen, dass die Liberalisierung vollständig stattfindet (unmittelbare Aufgabe jeglichen Agrarschutzes) und dass die Reaktionen auf Produktions- und Konsumseite ohne zeitliche Verzögerung eintreten. Beide Annahmen sind wenig realistisch. Die Zahlen können immerhin ein Bild vermitteln, wie der internationale Agrarhandel 1990 ausgesehen hätte, wenn 1970 sämtliche handelsverzerrenden Massnahmen aufgehoben worden wären.[49]

49 Osteuropa und die UdSSR bleiben ausgeklammert, da zuwenig verlässliche Daten über Angebots- und Nachfrage-Elastizitäten vorhanden sind.

Die gesamte Agrar-Produktion hätte sich ziemlich deutlich in die Entwicklungsländer verschoben, und zwar umso deutlicher, je mehr die Entwicklungsländer ihrerseits die Massnahmen aufheben, die ihre Landwirtschaft diskriminieren. Besonders deutlich ist diese Verschiebung beim Fleisch und beim Zucker. Innerhalb der Entwickungsländer würde die Produktion insbesondere in Lateinamerika und in Schwarzafrika ansteigen. "Verlierer" sind dabei die Entwicklungsländer, die Netto-Importeure von Nahrungsmitteln sind und innerhalb der Entwicklungsländer die Konsumenten. Sie kommen heute in vielen Ländern in den Genuss von subventionierten Grundnahrungsmitteln. Steigen die Weltmarktpreise an und geben die Entwicklungsländer ihre Politik der Nahrungsmittelverbilligungen auf, so ist die Versorgung der armen städtischen Bevölkerung bedroht. Allerdings gibt es andere Autoren, die meinen, die Produktion von Grundnahrungsmitteln in den Entwicklungsländern werde infolge gestiegener Produzentenpreise schneller als der Verbrauch anwachsen, so dass die Preise eher sinken als steigen werden. Wird gleichzeitig von einem allgemeinen Wirtschaftswachstum in der Dritten Welt ausgegangen, so werde hingegen die Nachfrage nach Fleisch und Milchprodukten überproportional ansteigen und eine Erhöhung der Preise für diese Produkte nach sich ziehen.[50]

Grosse "Verlierer" sind auch die Produzenten in den Industrie-Staaten, während sich der Abbau des Agrarschutzes positiv auf die Konsumenten und/oder Steuerzahler auswirkt. Besonders gross ist der Rückgang der Produktion in den stark geschützten Agrarwirtschaften Japans und Westeuropas.

Aufgrund dieser Ausführungen könnte man annehmen, das grosse Tauziehen in der GATT-Uruguay-Runde finde zwischen den Industriestaaten und den Ländern der Dritten Welt statt. Tatsächlich sind aber die grossen Kontrahenten die USA einerseits, unterstützt von den Ländern der Cairns-Gruppe, und die EU andererseits. Die Länder der EFTA und Japan schliessen sich mehr oder weniger der Position der EU an, die ihrerseits durch die Interessen der Landwirtschaft in den einzelnen Mitgliedsländern bestimmt ist. Tabelle 11.12 soll den Interessenkonflikt innerhalb der Industriestaaten etwas verdeutlichen:

---

50 Zietz J., Valdés A., in: Brown M., Goldin I., 1992, The Future of Agriculture: Developing Countries Implications, OECD, Paris

Tabelle 11.12: Auswirkungen einer multilateralen Liberalisierung der Agrarmärkte aller Industrieländer auf die Handelsströme wichtiger Agrargüter (in Mrd. US$)

Produkt	USA	Kanada	Westeuropa	Australasien	Japan	Restl. Welt 1)
Rindfleisch	2.5	0.2	-5.3	1.9	-1.1	1.8
sonst. Fleisch	1.0	0.1	-1.7	0.2	-1.9	2.3
Milchprodukte	-1.2	-0.3	-0.2	2.2	-0.8	0.3
Weizen	0.7	0.7	-1.5	0.9	-0.4	-0.4
Futtergetreide	0.3	-0.2	-0.7	0.1	-0.1	0.6
Reis	0	0	-0.2	0	-2.4	2.6
Ölsaaten	0.4	0.2	-0.6	0	0	0
Zucker	-0.8	0	-0.4	0.3	-0.2	1.1
andere	-0.1	0	-0.3	0	-0.1	0.5
Total	2.8	0.7	-10.9	5.6	-7.0	8.8

1) In dieser Gruppe dominieren die (noch) nicht industrialisierten Mitglieder der Cairns-Gruppe

Quelle: SWOPSIM (Roningen, Dixit, 1989) zitiert in: Hofreither, 1990, a.a.O.

Die Fortschritte in der Liberalisierung des Agrarhandels sind von zentraler Bedeutung für die künftige Entwicklung der Weltwirtschaft. Nicht nur, weil der Abschluss der GATT-Uruguay-Runde mit 13 nichtlandwirtschaftlichen Dossiers mit zentralen Themen wie etwa der Freihandel mit Dienstleistungen oder der Schutz des geistigen Eigentums von der Unterzeichnung des Agrar-Dossiers abhängt, sondern weil viele Länder der Dritten Welt und Osteuropas ihre Devisen vorerst nur über den Export von Agrargütern beschaffen können. Die Frage der Entschuldung der Dritten Welt und die Voraussetzung für politische und wirtschaftliche Stabilität in Osteuropa und der ehemaligen Sowjetunion hängen entscheidend davon ab, wie weit die Industrieländer ihre Grenzen für frische und verarbeitete Agrarprodukte aus diesen Ländern öffnen.

5. Internationaler Handel und Umwelt[51]

Die Fragen grenzüberschreitender Umweltprobleme lassen sich in drei prinzipielle Kategorien einteilen:

- Auswirkungen von Freihandel auf die Umwelt (Erweiterung der klassischen Aussenhandelstheorie durch die reellen Kosten des Transportes)
- Auswirkungen nationaler Umweltmassnahmen aufgrund lokal oder national auftretender Umweltprobleme auf die internationale Wettbewerbsposition
- Probleme der Durchsetzung internationaler Umweltschutzmassnahmen aufgrund physisch grenzüberschreitender Umweltverschmutzung ('**Spill-overs**')

5.1 Auswirkungen von Freihandel mit Agrargütern auf die Umwelt (ohne nationale Umweltschutzpolitik)

Die traditionelle neoklassische Aussenhandelstheorie untersucht die ökonomische Beziehung zweier an sich identischer Länder, die eine unterschiedliche Ausstattung mit Produktionsfaktoren und damit unterschiedliche inländische Güterpreise aufweisen. Die Technologie ist fix und für alle Länder gleich. Dieser sehr stark vereinfachte Ansatz (bekannt als Heckscher-Ohlin-Modell) soll den folgenden Überlegungen zugrunde gelegt werden. Internationaler Handel ist letztlich immer auf unterschiedliche inländische Güterpreise in den einzelnen Ländern zurückzuführen. Durch den Austausch der Güter gleichen sich die Preise international an, es bildet sich ein Weltmarktpreis. Der Unterschied zwischen den inländischen relativen Preisen (relativ in Bezug auf andere Güter der Volkswirtschaft) bestimmt das Ausmass des Handels, die Spezialisierung und die Wohlfahrt der am Austausch beteiligten Akteure. Das Modell geht aber noch von weiteren, für die Umwelt verhängnisvollen Annahmen aus: alle Kosten werden internalisiert (was aber, wie wir in den Kapiteln VIII und X gesehen haben, nicht zutrifft)

---

51 Die folgenden Ausführungen stützen sich weitgehend auf: Anderson K., Blackhurst R., 1992, The greening of World Trade Issues, New York, daraus die folgenden Aufsätze: "The standard welfare economics of policies affecting trade and the environment" und "Effects on the environment and welfare of liberalizing world trade: the cases of coal and food" beide von K.Anderson

und es treten keine Transaktionskosten, also auch keine Transportkosten auf. Spezialisierung nach den relativen Preisen ohne vollständige Internalisierung der externen Kosten ist ineffizient: die Preise geben falsche Anreize zur internationalen Arbeitsteilung.[52]

Das erklärte Ziel der GATT-Uruguay-Runde ist die Liberalisierung des Welthandels, nicht nur wie bis anhin mit Industriegütern, sondern auch mit Dienstleistungen und mit Agrargütern. Aus Umweltschutzkreisen wurden skeptische Stimmen laut, welche befürchten, dass die durch Freihandel erzielten Wohlfahrtsgewinne durch eine Verschlechterung der Umweltsituation, insbesondere durch das vermehrte Verkehrsaufkommen wieder aufgehoben würden und dass dadurch ein Netto-Wohlfahrtsverlust resultieren könnte.

Die Ausdehnung der umweltbelastenden Produktion oder des Konsums eines Gutes führt grundsätzlich zu einer Mehrbelastung der Umwelt, wenn nicht auf umweltschonendere Technologien umgestiegen wird. Dieser Umstieg geschieht im allgemeinen nicht freiwillig (ausser bei marktbedingter Verteuerung der Energie, wie anlässlich der Erdölkrise 1973), sondern wird durch die Erhebung von Umweltsteuern (Internalisierung externer Kosten) gefördert bzw. durch Gebote und Auflagen erzwungen. Da eine berechtigte Skepsis besteht, dass wirksame Umweltsteuern tatsächlich gleichzeitig mit einer Handelsliberalisierung eingeführt werden, stellt sich vorerst die Frage:

Welche Auswirkungen auf die Umwelt hat der Freihandel mit Nahrungsmitteln?

Wir unterscheiden im weiteren stark vereinfachend "reiche Länder", die sich einen Agrarschutz leisten können und oft auch ihre Agrarexporte subventionieren auf der einen Seite und "arme Länder", die meist die Nahrungsmittel im Inland subventionieren und damit die eigene Landwirtschaft diskriminieren auf der anderen Seite. Diese Länder werden im folgenden als "restliche Welt" bezeichnet.

Ganz allgemein herrscht weitgehend die Überzeugung, dass landwirtschaftliche Produktion umweltbelastend und zum Teil auch gesundheitsschädigend sein kann. Die negativen Externalitäten wie Eutrophierung von Gewässern, Erosion, Luftverschmutzung, Bodenbelastung, Rückstände in Nahrungsmittel wiegen die positiven Externalitäten (v.a.

---

52 Brunetti A., Umwelt und Aussenwirtschaft, in Frey R., 1991, Mit Ökonomie zur Ökologie, Basel, S. 145

Kulturlandschaftbewirtschaftung) zum Teil bei weitem auf. Eine alternative Nutzung von Landwirtschaftsland bzw. von landwirtschaftlichen Arbeitskräften ist v.a. in den reichen Industrieländern meist umweltfreundlicher (Abwanderung der Faktoren in den umweltfreundlichen Dienstleistungssektor oder in die Industrie mit meist strengen Umweltauflagen).

Abbildung 11.10: Auswirkung einer Liberalisierung des Agrarhandels auf reiche und arme Länder

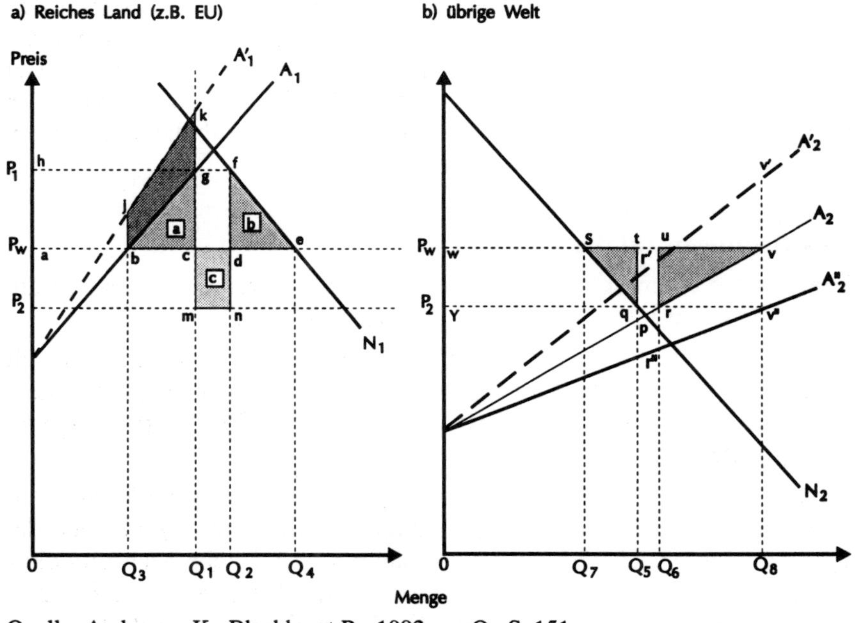

Quelle: Anderson K., Blackhurst R., 1992, a.a.O., S. 151

In Abbildung 11.10 ist P_1 der garantierte Stützpreis im reichen Land. Bei Protektion wird die Menge $(Q_2\text{-}Q_1)$ eingeführt. Vollständige Handelsliberalisierung führt zu einer Preissenkung (von P_1 auf P_W) in den reichen Ländern und zu einem Preisanstieg (von P_2 auf P_W) in der übrigen Welt. Zu diesem Preis wird der Import im reichen Land ausgedehnt auf die Menge $(Q_4\text{-}Q_3)$. Die Menge entspricht dem Export aus den armen Ländern $(Q_8\text{-}Q_7)$. Der Preiseffekt ist umso grösser, je inelastischer (steile Kurve) die Nachfrage der reichen Länder ist bzw. je elastischer (flache Kurve) das Angebot der übrigen Welt ist.

Auswirkungen von Freihandel auf reiche Länder :

Die Produzentenrente sinkt um *abgh*, die Konsumentenrente steigt um *aefh* und die Staatseinnahmen sinken um den Importzollausfall *mngf*. Es bleibt ein Netto-Wohlfahrtsgewinn von a + b - c, welcher positiv oder negativ sein kann.

Da die Nahrungsmittelproduktion annahmegemäss negative Effekte auf die Umwelt hat, wird für die reichen Länder die soziale Grenzkostenkurve A'_1 über der privaten Angebotskurve A_1 zu liegen kommen. Durch die Preissenkung auf das Niveau P_W resultiert ein zusätzlicher volkswirtschaftlicher, nicht direkt monetärer Wohlfahrtsgewinn im Umfang von *bjkg* durch das Vermeiden der Umweltbelastung, indem die Agrarproduktion um (Q_1-Q_3) reduziert wird.

Auswirkungen auf die übrige Welt:

Die Konsumentenrente sinkt um *yqsw*, die Produzentenrente steigt um *yrvw*. Daraus resultiert ein Netto-Wohlfahrtsgewinn.

In der "übrigen Welt" ist eine tendenzielle Mehrbelastung der Umwelt durch den zusätzlichen Verbrauch an Mineraldüngern und Pestiziden, durch die Ausdehnung der Bewässerung und durch die Bearbeitung von neugerodetem Land zu erwarten.

Eine endgültige Abschätzung der aus Freihandel mit Agrargütern resultierenden Umweltbelastung müsste aber alternative Verwendungen der Faktoren berücksichtigen: Wenn die landwirtschaftliche Mehrproduktion Kleinbauern in Form von Subsistenzwirtschaft an erosionsgefährdete Hänge verdrängt oder wenn zusätzliche Weidefläche durch Rodung von Urwald gewonnen würde, müsste von mittel- und langfristig höheren sozialen Kosten ausgegangen werden, d.h. die Soziale Grenzkostenkurve A_2' käme über die Kurve der privaten Kosten zu liegen, die Auswirkungen des Feihandels wären als negativ zu beurteilen (nicht-monetäre Kosten im Umfang von *rr'vv'* fallen an). Wenn hingegen die Landwirtschaft insgesamt die Umwelt weniger belastet, als wenn die Produktionsfaktoren (Arbeitskräfte, Kapital) in der oft stark verschmutzenden Industrie eingesetzt werden, so käme die soziale Grenzkostenkurve A_2'' unter die Kurve der privaten Kosten zu stehen -

der Feihandel hätte einen zusätzlichen positiven Effekt im Umfang von *rr''vv''*. Die Situation ist von Land zu Land unterschiedlich zu bewerten.

Die Lage der sozialen Grenzkostenkurve muss auch unter dem Aspekt der Nachhaltigkeit und des intergenerationellen Austausches betrachtet werden. Es zeugt von kurzfristigem Denken, wenn die sozialen Kosten als inexistent dargestellt werden, nur weil die jetzige Generation der privaten Güterversorgung höhere Priorität einräumt. Denn Bodenerosion, Verlust der Artenvielfalt, Erschöpfung des Grundwassers, Abbau von Ressourcen stellen sehr wohl volkswirtschaftliche Kosten dar, wenn künftigen Generationen die Produktions- und Lebensgrundlage geraubt wird.

Weitere problematische Punkte sind:

- Der **Transport**, auch über weite Strecken, verursacht in der Theorie weder Kosten noch ökologische Belastungen. Richtigerweise müssten zu den Güterpreisen im Inland die privaten Kosten des Transports (Treibstoffverbrauch, Autobahngebühren, Kosten des Verderbs und der Qualitätseinbusse, Kosten der Verkaufsanbahnung etc.) addiert werden, wie dies realistischerweise auch im täglichen Handel gemacht wird. Mit der Einführung einer internationalen CO_2-Steuer könnte zumindest ein Teil der externen Kosten internalisiert werden. Die effektive Preisdifferenz zwischen Inland und Ausland würde dadurch reduziert; der Distanzschutz nähme zu. Offen bleibt, wer eine solche Steuer erheben könnte, wer das Geld verwaltet, was mit dem Geld gemacht wird.

  Gesamthaft wird zwar das Verkehrsaufkommen bei Freihandel eher zunehmen, doch wird ein Grossteil des Agrarwelthandels wenig umweltbelastend auf Schiffen transportiert, so dass eine verkehrsbedingte Verschlechterung der Umweltsituation weltweit gesehen wenig wahrscheinlich ist.

- Es wird von der Annahme ausgegangen, dass sich Wohlfahrtsgewinne beliebig addieren lassen, unabhängig davon, bei welcher Gruppe sie anfallen: bei den Konsumenten, bei den Produzenten, bei den Steuerzahlern oder bei der Allgemeinheit (inklusive nachfolgende Generationen bei irreversiblem Ressourvenverbrauch). In der Realität (beschrieben durch die Politische Ökonomie) zeigt sich jedoch, dass sich Produzentengruppen mit für den einzelnen meist grossen, klar erkennbaren Vor- oder Nachteilen sehr viel leichter organisieren lassen als die Vielzahl der Konsumenten und die noch vagere Interessengruppe der Umweltschützer. Kaum eine Lobby haben die künftigen Generationen.[53] Für die Durchsetzung einer Umweltschutzpolitik ist deshalb das wohlfahrtsökonomische Konzept der Renten nur theoretisch relevant.

5.2 Auswirkung einer nationalen Umweltsteuer auf die internationale Wettbewerbsfähigkeit

Ein wichtiges Argument gegen die Einführung von Umweltsteuern ist die mögliche Beeinträchtigung der Wettbewerbsfähigkeit unter der Annahme von Freihandel. Ist das Argument auch stichhaltig?

Wir wollen dabei von folgenden Voraussetzungen ausgehen:

- Die Produktion, nicht aber der Konsum, sind umweltbelastend.
- Die negativen Externalitäten haben lokalen oder höchstens nationalen Charakter.

Abbildung 11.11: Auswirkungen einer Umweltsteuer auf ein kleines Importland wie die Schweiz

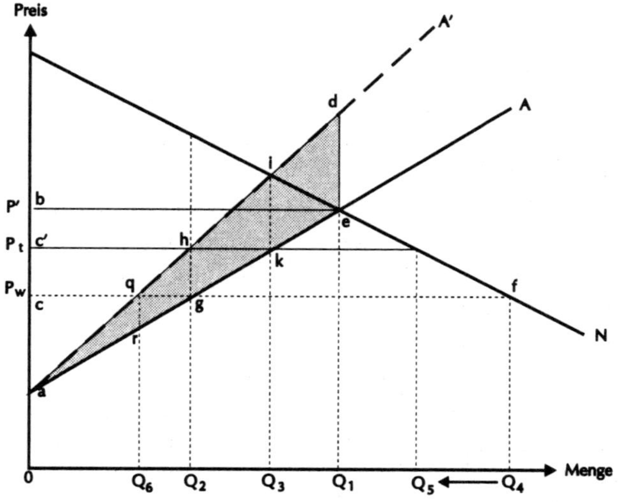

Quelle: nach Anderson K., Blackhurst R., 1992, a.a.O., S. 28

53 Jonas H., 1979, Das Prinzip Verantwortung, Frankfurt am Main

In der Gleichgewichtslage in Abbildung 11.11 ergeben sich volkswirtschaftliche Kosten im Umfang von *ade*, was der Differenz von privaten und sozialen Kosten über den ganzen Produktionsumfang OQ_1 entspricht. Unter Annahme von Freihandel sinkt der Preis auf das Weltmarktniveau P_W. Die Schweiz ist in der Position des Mengenanpassers ('price taker').

Die einheimische Produktion geht um $(Q_1$-$Q_2)$ zurück. Die Produzentenrente sinkt um *bcge*, die Konsumentenrente steigt um *bcfe* und die Umwelt wird im Umfang von *hged* entlastet.

Nun wird die Einführung einer "optimalen" Umweltsteuer beschlossen. Diese entspricht explizit der Pigou-Steuer[54] und die Steuer wird unmittelbar an der Quelle der Verschmutzung erhoben. Sie entspricht der vertikalen Differenz zwischen *A* und *A'* in Abbildung 8.7. Neue Gleichgewichtslage ist nach der Internalisierung der externen Kosten der Schnittpunkt zwischen sozialer Grenzkostenkurve *A'* und der Nachfragekurve *N*. Die Gleichgewichtsmenge (vor Öffnung der Grenzen) reduziert sich dadurch um $(Q_1$-$Q_3)$. Die optimale Steuer beträgt *ik* für jede produzierte Einheit. Es werden externe Kosten im Umfang von *kedi* vermieden, was unter Abzug der reduzierten Produzentenrente zu einer Wohlfahrtssteigerung im Umfang von *ied* führt.

Unter Annahme von Freihandel beträgt die "optimale" Steuer *gh* pro produzierte Einheit, was den Preis im Inland auf P_t ansteigen lässt. Dadurch geht der Konsum zulasten des Importes im Umfang von $(Q_4$ - $Q_5)$ zurück, wenn auch die Importe mit einer Steuer in der Höhe von *gh* belastet werden. Bleiben die Importe unbesteuert, so geht die einheimische Produktion um $(Q_2$ - $Q_6)$ weiter zurück und es wird eine Steuer von *qr* erhoben - der Umweltschutz geht ganz zulasten der einheimischen Produzenten. Gewinner ist die "Allgemeinheit" der Schweiz, die lokal zu sauberem Trinkwasser, zu mehr Artenvielfalt in den Wiesen oder zu Böden mit geringerer Schwermetallbelastung kommt. Gewinner sind auch die Produzenten im Ausland, die mehr in die Schweiz exportieren können.

In der statischen Betrachtung haben unilaterale Umweltschutzmassnahmen wenig Aussicht auf Erfolg, denn die Produzenten als meist gut organisierte Interessengruppe wehren sich gegen die ihnen auferlegten Wettbewerbsnachteile. In der dynamischen Betrachtung kann sich eine strenge Umweltpolitik sehr wohl auszahlen, zwingt sie doch die Produ-

---

54 vgl. Kapitel VIII

zenten (Unternehmer) zu ressourcenschonenden Innovationen. Führen andere Länder später auch strengere Umweltauflagen ein, so hat das erste Land einen zweifachen Wettbewerbsvorteil: Seine Produkte entsprechen bereits den höheren Standards und es kann die dafür benötigte Technologie exportieren. Ein Beispiel aus der Landwirtschaft ist sicher der Integrierte Obstbau, der in absehbarer Zeit in Europa zur Norm werden wird. (Hier hat allerdings nicht der Staat Druck ausgeübt, sondern der Handel). Ein Beispiel, bei dem dieser Effekt (bis heute) auf Produktebene nicht gespielt hat, ist das Verbot der Batterie-Hühnerhaltung in der Schweiz (1991).

5.3 Internationale 'Spill-overs' und Ansätze zu internationaler Zusammenarbeit

Umwelt wurde in der jüngsten Zeit zum klassischen internationalen Gut. Treibhauseffekt, Zerstörung der Ozonschicht, Meeresverschmutzung und die Abholzung des Tropenwaldes machen es deutlich: Mit den Instrumenten des Nationalstaates allein lassen sich diese Probleme nicht lösen. Ein Land kann zwar vorbildliche Umweltpolitik betreiben und trotzdem durch unfreiwillige Importe ausländischer Umweltverschmutzung beeinträchtigt werden. Viele Formen der Umweltverschmutzung machen nicht an nationalen Grenzen halt. Bisher wurde von der Annahme ausgegangen, dass alle Akteure dem gleichen politisch-institutionellen Rahmen unterstellt sind. Fällt in einem solchen System ein (umweltpolitischer) Entscheid, so garantiert das Rechtssystem, dass alle Akteure sich daran halten müssen. Ein solches einheitliches System fehlt im internationalen Kontext.[55]

Obwohl die meisten negativen Effekte der Agrarproduktion überwiegend von lokaler Bedeutung (Erosion, Eutrophierung von Gewässern, Schwund an Artenvielfalt) sind, trägt die Landwirtschaft sowohl in den Industrieländern als auch in den Ländern der Dritten Welt zum Problem des Treibhauseffektes bei (IL: Ausstoss von Methan in der Viehhaltung, hoher Energieverbrauch pro Kalorie Nahrung, Nitrifizierung von Düngern ; EL: Ausstoss von Methan im Reisanbau, Abholzung der Regenwälder). Allerdings verursacht die intensive Landwirtschaft in den Industrieländern mehr externe Kosten als die im allgemeinen extensivere Bewirtschaftung in der Dritten Welt. Die externen Effekte der Land-

---

55 Brunetti A., 1991, a.a.O., S. 143

wirtschaft werden in den reichen Industrieländern als schädlich oder störend empfunden (Auseinanderklaffen von privater und sozialer Grenzkostenkurve). Für die Entwicklungsländer wird angenommen, dass die negativen Effekte der Agrarproduktion nicht oder kaum als solche erkannt werden (Abweichung der sozialen von der privaten Grenzkostenkurve vernachlässigbar klein).

In Abbildung 11.12 werden nun die Auswirkungen einer Handelsliberalisierung bei umweltschädigender Produktion mit 'spill-over'-Effekten. Wir betrachten dabei ein grosses Exportland wie die USA (oder analog dazu eine Gruppe kleinerer Länder mit gemeinsamer Agrar- Politik wie die EU), den Weltmarkt als solchen und die übrigen Länder der "Dritten Welt". Die Bezeichnung "gross" für das grosse Exportland weist neu zwei Aspekte auf:

- ökonomisch: Das inländische Angebot und die inländische Nachfrage beeinflussen den Weltmarktpreis.
- ökologisch: Die wirtschaftlichen Aktivitäten im Inland haben einen 'spill-over'-Effekt auf andere Länder bzw. auf die globale Umwelt, insbesondere Luft und Klima.

Abbildung 11.12: Auswirkungen einer Handelsliberalisierung bei umweltschädigender Produktion mit 'spill-over'-Effekt

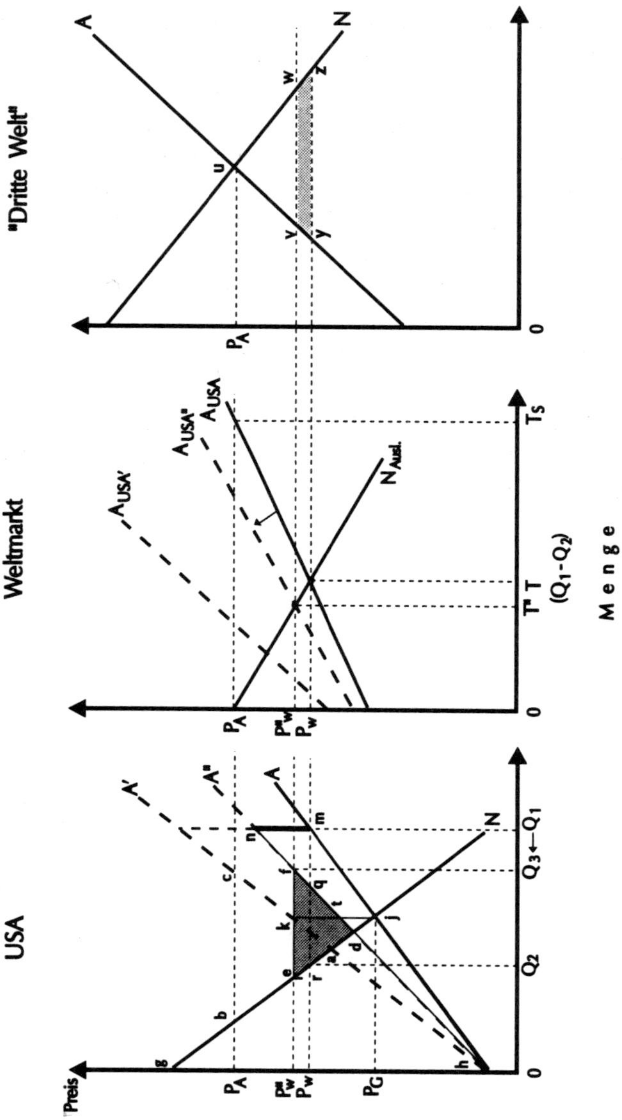

Quelle: nach Anderson K., Blackhurst R., 1992, a.a.O., S.38

Legende:

A = private (monetäre) Grenzkostenkurve (ohne Berücksichtigung der Umwelt)

A' = soziale Grenzkostenkurve bei ausschliesslicher Produktion im Inland (direkte und indirekte Umweltverschmutzung)

A" = soziale Grenzkostenkurve bei 'spill-over'-Effekt: Wenn das grosse Land seine umweltschädliche Produktion mit einer Steuer belasten würde, so ginge die Produktion im Inland zurück. Gleichzeitig stiege die Produktion und damit die Umweltbelastung in den übrigen Ländern, in denen die Umweltverschmutzung nicht als solche wahrgenommen wird (die sozialen Grenzkosten weichen nur geringfügig von den privaten Grenzkosten ab). Wegen des 'spill-over'-Effektes würde das grosse Land trotz eigener strenger Umweltpolitik wieder eine Verschlechterung des Umweltzustandes erleiden. A'' drückt somit die Einschätzung der Einwohner des grossen Landes aus, wie stark die Reduktion der eigenen Produktion kompensiert würde durch erhöhte Immissionen aus dem Ausland. Die Differenz zwischen A' und A'' ist bedingt,

1. durch das Ausmass, mit dem die Entlastung der Umwelt durch die Reduktion der Produktion im Inland im Verhältnis zur importierten Umweltverschmutzung durch vermehrte Produktion im Ausland eingeschätzt wird (z.B. findet eine direkte Verfrachtung von Schadstoffen statt?)
2. durch den Grad der Abweichung zwischen den Umweltauflagen im Ausland und denjenigen im Inland.

Da die Kurve der sozialen Grenzkosten unter Annahme von 'spill-over'-Effekten tiefer liegt als ohne 'spill-over'-Effekte, ergibt sich auch eine tiefere optimale Umweltsteuer für das grosse Land. Die Bemühungen um eine Reduktion der Umweltbelastung werden also teilweise zunichte gemacht durch die Immissionen aus dem Ausland. Nur über internationale Abmachungen zur gemeinsamen Reduktion der globalen Umweltbelastung kann eine wirksame Reduktion der Umweltbelastung erzielt werden. Je höher der 'spill-over'-Effekt eingestuft wird, desto grösser ist die Notwendigkeit und die politische Bereitschaft zu globalen Lösungen - kleineren Ländern bleibt nur diese Möglichkeit.

Bei Freihandel ist das grosse Land (USA) Exporteur im Umfange (Q_1-Q_2), was auf dem Weltmarkt der Menge *OT* entspricht. Bei Besteuerung der Produktion im Umfang *mn* verschiebt sich die Angebotskurve der USA auf dem Weltmarkt nach links (A_{USA}''). Der Weltmarktpreis steigt auf P_W''.

Für das grosse Land USA ist die Einführung einer Umweltsteuer sinnvoll, denn ohne Steuer könnten die sozialen Kosten der Umweltbelastung im Umfang von *qmn* grösser sein als der Netto-Gewinn aus Freihandel, also als die nach Abzug der sozialen Kosten verbleibende Fläche *rdq*. Nach der Einführung einer Umweltsteuer resultiert sicher ein volkswirtschaftlicher Gewinn aus der Liberalisierung. Dieser Gewinn setzt sich zusammen aus: (zusätzliche) Vermeidung von Umweltkosten durch Steuern im Umfang von *qmn* und Verbesserung der 'terms of trade' im Umfang von *erfq*.

Für die Länder der Dritten Welt, die annahmegemäss keinen Wohlfahrtsverlust aus Umweltbelastung erleiden, führt die Einführung einer Umweltsteuer im grossen Exportland zu einem (geringen) Wohlfahrtsverlust im Umfang *yzwv*.

Nur wenn grosse Länder oder viele kleinere Länder gemeinsam Umweltschutzpolitik betreiben, können die globalen Umweltprobleme angegangen werden. Als Beispiel werden kurz entsprechende Diskussionen im GATT und in der EU vorgestellt. Es sei aber auch auf die im Rahmen der UNO (vgl. Weltgipfel über Umwelt und Entwicklung 1992 in Rio, bei der insbesondere die Erhaltung der Artenvielfalt ein wichtiges Thema war) oder auf der Ebene von Europa (Paneuropäische Konferenz der Umweltminister, bei denen die ökologische Sanierung Ost- und Mitteleuropas und die Einführung einer europaweiten Lenkungssteuer auf CO_2 im Zentrum standen, 1993 in Luzern) stattfindenden Konferenzen und Verhandlungen hingewiesen.

Umwelt im GATT

Der bisherige GATT-Vertrag enthält den Begriff Umwelt nicht, obwohl Handel und wirtschaftliche Entwicklung durchaus etwas mit dem Verbrauch von Ressourcen zu tun haben. Auch ist es sicher sinnvoll, im GATT die Vermeidung von Öko-Dumping auszuhandeln und verbindlich zu erklären. Denn die durch Freihandel erzielten Wohlfahrtsgewinne nützen der Menschheit als Ganzes wenig, wenn damit irreversible Schäden an der Umwelt entstehen. Und es kann auch nicht Ziel der Verhandlungen sein, den Ausverkauf der natürlichen Ressourcen noch weiter voranzutreiben. Das GATT kennt zwar bereits Ausnahmebestimmungen zugunsten der Gesundheit von Mensch und Umwelt, doch werden diese Paragraphen bis heute relativ restriktiv gehandhabt, um nicht unter diesem Aspekt nicht-tarifäre Handelshemmnisse zu sanktionieren. Wenn es über die Liberalisierung der Märkte gelingt, den Ländern der Dritten Welt und Osteuropas den Zugang zu den kaufkräftigen Märkten zu öffnen, dann besteht auch eine Chance, dass kurzfristige, ökologisch verheerende Beschaffungsmöglichkeiten für Devisen weniger nötig sind (Abholzen von Tropenwäldern, Aufkauf von Sondermüll, Ansiedlung von stark umweltbelastender Industrie). Realistisch wird diese Chance allerdings erst, wenn die Umweltpolitik international verbindlicher wird und die Industrieländer sich nicht vor stärkeren Auflagen in ihren Mutterländern drücken, indem sie ihre umweltbelastenden Aktivitäten in die Drittweltländer auslagern. Das GATT umfasst heute 110 Mitgliedsländer - je grösser die Zahl der Verhandlungspartner ist und je geringer die 'spill-over'-Effekte sind, desto grösser ist die Tendenz der einzelnen Länder, sich auf die Abwarte- und Trittbrettfahrer-Position zurückzuziehen.

Umwelt in der Europäischen Union

Eine gemeinsame Umweltpolitik ist umso erfolgversprechender, je näher die Länder institutionell zusammenrücken und je dringender das Problem von der Bevölkerung aufgefasst wird. Beide Voraussetzungen sind in der EU erfüllt. Im vierten Programm der EG (1987-1992) wird der Umweltschutz zu einem wesentlichen Bestandteil der Wirtschafts- und Sozialpolitik erklärt. Vieles ist bis jetzt zwar noch Absichtserklärung, doch auch Länder, welche bis anhin dem Umweltschutz keine hohe Priorität zugemessen haben, werden gezwungen, mitzumachen. Immer mehr arbeiten die Länder der EU in einem gleichen, für alle verbindlichen institutionellen Rahmen. Damit ist die oben erwähnte Gefahr der Trittbrett-Fahrer sehr viel kleiner geworden. Zudem muss ein Wirtschaftsraum gross genug sein, um einen Effekt auf den Weltmarkt und auf die Umweltsituation zu haben, damit eine eigenständige Umweltpolitik sinnvoll wird (vgl. Abb. 11.12).

Auf der anderen Seite wird mit der Realisierung des Binnenmarktes ein viel höheres Verkehrsaufkommen prognostiziert - die privaten Kosten des (Strassen-)Transportes entsprechen nicht den sozialen Kosten. Die externen Effekte müssten internalisiert werden, um das sich abzeichnende umweltpolitisch verheerende Verkehrsproblem in den Griff zu bekommen.

Literaturverzeichnis

Bücher und Monographien

Ahlert D., 1991, Distributionspolitik, Stuttgart/Jena

Anderson K., Blackhurst R.(Hrsg.), 1992, The greening of World Trade Issues, New York

Anderson K., Tyers R., 1991, Global Effects of Liberalizing Trade in Farm Products, London

Anwander S. et al., 1990, Direktzahlungen an die Berglandwirtschaft - Eine Gesetzesevaluation, Zürich

Arndt H., 1973, Markt und Macht, Tübingen

Bartling H., 1971, Wirtschaftliche Macht unter wettbewerbspolitischem Aspekt, Berlin

Bernegger U. und Egger U. (Hrsg.), 1990; Agrarökonomische Forschung in der Schweiz - Erfahrungen und Perspektiven, Zürich

Bickel W., 1973, Die Volkswirtschaft der Schweiz, Aarau

Bidaux A., 1991, Comment freiner l'emploi des engrais mineraux et des pesticides en Agriculture?, ETH-Diss. Nr. 9598, Zürich

Bombach G., Gahlen B., Ott A. E. (Hrsg.), 1985, Industrieökonomik: Theorie und Empirie, Tübingen

Brandt K. et al., 1976, Mikroökonomie, Freiburg

Bressler R., King A., 1970, Markets, Prices and Interregional Trade, New York

Brugger H., 1956, Die schweizerische Landwirtschaft in der ersten Hälfte des 19. Jahrhunderts, Frauenfeld

Buchs M., 1987, Zur Methodik von Marktuntersuchungen, Bern

Budde H.J., 1974, Optimale Anpassung der Schweineproduktion an zyklische und saisonale Preisbewegungen, Hannover

Bundesrat, 1992, Siebter Landwirtschaftsbericht, Bern

Cournot, A., 1924, Untersuchungen über die mathematischen Grundlagen der Theorie des Reichtums Jena, dt. Übersetzung der Originalausgabe, 1838, Paris

Decurtins M., 1985, Bilaterale Agrarhandelsabkommen als entwicklungspolitisches Instrument, ETH Diss. 7878, Zürich

Durtschi E., 1961, Landwirtschaftliche Marktlehre, Frauenfeld

Egger U., Rieder P., Clemenz D., 1992, Internationale Agrarmärkte, Zürich

Egli G., 1980, Ein Multiperiodenmodell der linearen Programmierung für die schweiz. Ernährungsplanung in Krisenzeiten, Dissertation Universität Fribourg, Bern

Felder St., 1993, Wirksamkeit staatlicher Massnahmen in der Tierhaltung und im Getreidebau, ETH-Diss. Nr. 10430, Zürich

Fourastié, J., 1949, Le grand espoir du XXème. siècle, Paris, dt. Übersetzung, 1969, Die grosse Hoffnung des zwanzigsten Jahrhunderts, Köln

Frey B., 1981, Theorie der Wirtschaftspolitik, München

Frey René L. et al. (Hrsg.), 1991, Mit Ökonomie zur Ökologie, Basel

Gabler, 1989, Wirtschaftslexikon, 12. Auflage, Wiesbaden

Gardener B., 1987, The Economics of Agricultural Policies, New York

Golding I., Knudson O., 1990, Agricultural Trade Liberalization, Implication for Developing Countries, OECD, Paris

Gruner, E., 1956, Die Wirtschaftsverbände in der Demokratie, Erlenbach-Zürich

Haettenschwiler P., 1984, Risikoanalyse zur Ernährungsplanung, Dissertation ETH Nr. 7638, Zürich

Hansen U., Algermissen J., 1979, Handelsbetriebslehre 2, Taschenlexikon, Göttingen

Hauser A., 1961, Schweizerische Wirtschafts- und Sozialgeschichte, Erlenbach

Hauser J.A., 1974, Bevölkerungsprobleme der Dritten Welt, Bern

Hauser J.A., 1990, Bevölkerungs- und Umweltprobleme der Dritten Welt, Stuttgart

Henrichsmeyer W., Gans O., Evers J., 1990, Einführung in die Volkswirtschaftslehre, Frankfurt

Henrichsmeyer W., Witzke H.P., 1991, Agrarpolitik Band 1, Agrarökonomische Grundlagen, Stuttgart

Herdzina K. (Hrsg.), 1975, Wettbewerbstheorie, Köln

Heuss E., 1965, Allgemeine Markttheorie, Tübingen

Heuss E., 1970, Grundelemente der Wirtschaftstheorie, Göttingen

Hölzler H., Satzky H., 1980, Wettbewerbsverzerrungen durch nachfragemächtige Handelsunternehmen, Köln, Berlin, Bonn, München

IHA (Institut für Marktanalysen AG), 1991, Detailhandel Schweiz, Hergiswil

Jonas, H., 1979, Das Prinzip Verantwortung, Frankfurt am Main

Jörin R., Rieder P., 1985, Parastaatliche Organisationen im Agrarsektor, Bern

Kälin E., 1989, Die Milchkontingentierung in der Schweiz, Konstanz

Kleinewefers H., Pfister R., Gruber W., 1993, Die schweizerische Volkswirtschaft 4. Auflage, Frauenfeld

Köster U., 1981, Landwirtschaftliche Marktlehre, München

Kühne R., 1984, Nachfragemacht zwischen Einzelhandel und Konsumgüterindustrie, Bern

Lademann, R., 1988, Machtverteilung zwischen Industrie und Handel, Göttingen

Lehmann B., Popp H., Stucki E. (Hrsg.), 1993, Paiements directs dans les politiques agricole et régionale, Konstanz

Machlup F., 1966, Wettbewerb im Verkauf, Göttingen

Maslow A.H., 1954, Motivation and Personality, New York

Meadows D., 1972, The Limits to Growth, Bericht an den Club of Rome, New York, dt. Übersetzung: 1972, Die Grenzen des Wachstums, Stuttgart

Musgrave, R., 1974, Finanztheorie, Tübingen

Nerlove M., 1958, The dynamics of supply, Baltimore

Nohlen D., Nuscheler F. (Hrsg.), 1992, Handbuch der Dritten Welt, Band 1, Grundprobleme, Theorien und Strategien, Bonn

ORL ETH (Hrsg.), 1971, Landesplanerische Leitbilder der Schweiz, Zürich

Ott A.E., 1968, Grundzüge der Preistheorie, Göttingen

Pearce D.W., 1976, Environmental Economics, London

Peters, H.-R., 1988, Sektorale Strukturpolitik, München

Pigou A., 1920, The economies of Welfare, London

Poggensee K., 1993, Die Flächenstillegungsprogramme der EG - Analyse und Beurteilung, Agrarwirtschaft Sonderheft 139, Kiel

Porter M., 1980, Competitive Strategy - Techniques for Analyzing Industries and competitors, New York, dt. Übersetzung: 1992, Wettbewerbsstrategie, 7. Auflage, Frankfurt am Main

Rieder P., Egger U., 1987, Internationale Agrarmärkte und Unterernährung in der Dritten Welt, Zürich

Rieder P., Egger U., Flückiger St., 1992, Schweizerische Agrarmärkte, Zürich

Roos M., 1994, Wirtschaftliche Folgen der Reduktion der Hofdüngerbelastung in der voralpinen Hügelzone, ETH-Dissertation Nr. 10381, Zürich

Siebert H., 1987, Economics of the Environment, Theory and Policy, Second revised and enlarged edition, Springer Verlag

Sölter A., 1960, Nachfragemacht und Wettbewerbsordnung, Düsseldorf

Spiller A., 1990, Marktstrukturen und Marketingstrategien im Europäischen Lebensmittel-Einzelhandel, Duisburg

Steinhauser H., Langbehn C., Peters U., 1992, Einführung in die landwirtschaftliche Betriebsführung, Band 1: Allgemeiner Teil, Stuttgart

Täger U.C., Lachner J., 1987, Die Konzentration in der Konsumgüterdistribution in der EG und ihre Auswirkungen auf die Nachfragemacht, München

Tracy M., 1993, Food and Agriculture in a Market Economy, Kent

Trüeb M., 1990, Un nouveau "Plan Wahlen" est-il réalisable en cas de crise ou de guerre?, Fribourg

Varian H.R., 1992, Grundzüge der Mikroökonomik, Wien

Vögeli E., 1975, Zielsetzungen der Agrargesetzgebung nach der schweizerischen Bundesverfassung, Zürich

Weber M., 1972, Wirtschaft und Gesellschaft, 5. Auflage, Tübingen

Wicke L., 1982, Umweltökonomie, München

Wilcox W.W. et al., 1974, Economics of American Agriculture, Englewood Cliffs

Wilde O., 1979, Wettbewerbsverzerrungen und Wettbewerbsbeschränkungen durch Nachfragemacht, Freiburg

Woll A., 1971, Allgemeine Volkswirtschaftslehre, München

Wytrzens H.K., Reichsthaler R. et al., 1990, Agrar-Umweltökonomie, Wien

Aufsätze und Artikel

Alexandratos N., 1988, World Agriculture: Toward 2000, FAO Study, London

Arndt H., Wettbewerb der Nachahmer und schöpferischer Wettbewerb, in: Herdzina K.(Hrsg.), 1975, Wettbewerbstheorie, Köln

Anderson K., 1987, On why Agriculture Declines with Economic Growth, in: American Journal of Agricultural Economics Vol. 1 / 3

Anderson K., Effects on the Environment and Welfare of Liberalizing World Trade: the Cases of Coal and Food, in: Anderson K., Blackhurst R. (Hrsg.), 1992, The Greening of World Trade Issues, New York

Anderson K., The Standard Welfare Economics of Policies Affecting Trade and the Environment, in: Anderson K., Blackhurst R. (Hrsg.), 1992, The Greening of World Trade Issues, New York

Baur P., 1992, Einführung in die Umweltökonomie, Vorlesungsunterlagen, Institut für Agrarwirtschaft ETH, Zürich

Blöchliger H., Staehelin-Witt E., Öffentliche Güter, Externalitäten und Eigentumsrechte, in: Frey R.L. et al. (Hrsg.), 1991, Mit Ökologie zur Ökonomie, Basel

Bravo-Baumann H., 1988, Aspekte der Ernährungssicherung in Projekten der Entwicklungszusammenarbeit, Institut für Agrarwirtschaft, Zürich

Brunetti A., Umwelt und Aussenwirtschaft, in: Frey R.L. et al. (Hrsg.), 1991, Mit Ökologie zur Ökonomie, Basel

Bundesministerium für Land- und Forstwirtschaft, 1992, Internationalisierung und ihre Folgen für die Landwirtschaft, Wien

Bundesamt für Statistik, 1992, Szenarien zur Bevölkerungsentwicklung der Schweiz 1991 - 2040, Bern

Bundesamt für Wirtschaftliche Landesversorgung, 1988, Die Rolle der wirtschaftlichen Landesversorgung im Lichte neuer Bedrohungsformen, Bern

Burrell A., The Role of direct income support in agricultural policy reform, in: Lehmann B., Popp H.W., Stucki E. (Hrsg.), 1993, Paiements directs dans les politiques agricole et régionale, Konstanz

Coase Ronald H., 1960, The Problem of Social Cost, Journal of Law and Economics, Vol 3

Crosson P., Anderson J.R., 1992, Resources and Global Food Prospects, World Bank Technical Paper Nr. 184, Washington

Deutsche Monopolkommission, 1985, Die Konzentration im Lebensmittelhandel, Sondergutachten 14; Baden-Baden

Doebeli H.P., 1992, Konsum 2000, in: Schweiz. Volksbank, Die Orientierung Nr. 101

Dürst L., 1987, Versuch einer schweizerischen Düngerbilanz, Zürich

Eidg. Preisbildungskommission, 1957, Kartell und Wettbewerb, Bern

Eidg. Zentralstelle für Kriegswirtschaft, 1950, Die Schweizerische Kriegswirtschaft 1939/48, Bern

Escher F., 1994, Entwicklungen der Lebensmitteltechnologie, in: Agrarwirtschaft und Agrarsoziologie, 2/94

ETH-Bulletin, 1992, Landwirtschaft und Umwelt, Nr. 242, Zürich

Ezekiel M., 1938, The Cobweb Theorem, in: Quaterly Journal of Economics

FAO und WHO, 1992, Nutrition, le défi mondial, Conférence internationale sur la nutrition, Rom

FAO, 1991, World Soil Resources, Report 66, Rom

FAO, 1993, Conservation et utilisation des ressources génétiques, in: Valorisons la diversité de la nature, Rom

Frohberg K., 1992, Analyse einer Liberalisierung des Agrarhandels mit Simulationsmodellen: Möglichkeiten, Ergebnisse und Grenzen, in: Internationalisierung und ihre Folgen für die Landwirtschaft, Bundesministerium für Land- und Forstwirtschaft, Wien

Galbraith J.K., Gegengewichtige Marktmacht, in: Herdzina K. (Hrsg.), 1975, Wettbewerbstheorie, Köln

Gantner U., 1991, Dynamik der landwirtschaftlichen Bodennutzung, Themenbericht des NFP "Boden", Bern-Liebefeld

Gebhard F., 1987, Auswirkungen einer Begrenzung des Tierbesatzes auf drei DGVE/ha Nutzfläche, SBS, Brugg

Hättenschwiler P., Moresino M., 1986, Energieplanung für die Ernährungssicherung in Krisenzeiten, NFP-Projekt 44, Fribourg

Heuss E., Die Wettbewerbs- und Wachstumsproblematik des Oligopols, in: Herdzina K. (Hrsg.), 1975, Wettbewerbstheorie, Köln

Hofer, H., 1990, Die Genossenschaften Europas unter veränderten Rahmenbedingungen - Herausforderungen und Lösungsansätze, Bern

Hofreither M.F., 1990, Was bringt die Liberalisierung des Weltagrarhandels? in: Agrarische Rundschau Nr.4, Wien

Johnson G.L., 1972, The overproduction Trap, in: US Agriculture, Washington

Jörin R., Konsum und Konsumverhalten - Perspektiven für die Zukunft, in: Bernegger, U. und Egger U., (Hrsg.), 1990, Agrarökonomische Forschung in der Schweiz, Erfahrungen und Perspektiven, Zürich

Jörin R., 1993, Deregulierung der Agrarmärkte, in: Landwirtschaft Schweiz Band 6(8)

Jörin R., 1994, Skript zur Oligopoltheorie, Institut für Agrarwirtschaft ETH, Zürich

Kantzenbach E., Die Funktionsfähigkeit des Wettbewerbs: Weite Oligopole als Wettbewerbsbedingung: in Herdzina K. (Hrsg.), 1975, Wettbewerbstheorie, Köln

Kartee W., 1976, Der Schutz des Leistungswettbewerbes im Kartellrecht, in: Wettbewerb in Recht und Praxis

Kleinewefers H., 1972, Wirtschaftspolitische Konzeption und Umweltproblematik: Das Beispiel der Agrarpolitik, in: Schweiz. Zeitschrift für Volkswirtschaft und Statistik, Nr. 3,

Knoepfel P., Zimmermann W., 1986, Ökologisierung der Landwirtschaft, in: Schweiz. Landwirtschaftliche Forschung 25 (2)

Landwirtschaftliche Forschungskommission (Hrsg.), 1988, Landwirtschaftliche Forschung in der Schweiz - Stand und Ziele, Wissenschaftspolitik Beiheft 38

Lebensmittelzeitung, 1992, Dokumentation EG-Binnenmarkt: Perspektiven - Strategien - Konzepte

Lehmann B., Bär L., Keusch A., Lenkungsabgaben auf Mineraldünger und überschüssigem Hofdünger, in: Agrarwirtschaft und Agrarsoziologie 1/94

Lipsey R.G., Lancaster K., 1956, The general theory of second best, Review of Economic Studies 24, 11-32

M + M Eurodata, 1993, Strukturen, Umsätze und Vertriebslinien des Lebensmittelhandels Food / Nonfood, Frankfurt am Main

Malitius O., 1994, IP und Bio-Landbau: Ertrags- und Einkommensunterschiede, in: Agrarforschung 1(6)

Marincek I., 1991, Der Hunger ist (noch) nicht ein Produktionsproblem, in: Landwirtschaft Schweiz, Band 4

Meier B., 1992, Allokations- und Verteilungswirkungen von Flächenstillegungen, unveröffentlichte Diplomarbeit IAW ETH, Zürich

Minder W., Agrarhandel und Agrargütertransporte in Europa - Perspektiven zum Agrarhandel in Europa unter den Aspekten gleichzeitiger Handelsliberalisierung und der externen Transportkosten, unveröffentlichte Diplomarbeit IAW ETH, Zürich

Nestlé Deutschland, 1989, 42 Thesen zu "Mensch und Ernährung 2000" und "Ernährung und Kreativität 2000"

Norse D., 1994, Multiple threats to regional food production: environment, economy, population? in: Food Policy, vol. 19 number 2

NZZ (Neue Zürcher Zeitung), 1992, Die Schweizer Branchenstruktur im Wandel, Nr. 277, Zürich

NZZ, 1993, Agrarforschung und biologische Vielfalt, Nr. 240, Zürich

NZZ, 1993, Warnung der FAO vor Zerstörung von Ackerflächen, Nr. 161, Zürich

NZZ, 1993, Strenges Tierschutzgesetz - mangelhafter Vollzug, Studie der Geschäftsprüfungskommission, Nr. 270, Zürich

OECD (Organization of Economic Cooperation and Development), 1987, National Policies and Agricultural Trade, Paris

OECD, 1991, Agricultural Policies, Markets and Trade, Monitoring and Outlook, Paris

Onigkeit D. et al., 1976, Schweizerischer Ernährungsplan für Notzeiten, Ernährungsplan 1975 (vertraulich), Zürich

Pfähler W., Wiese H., 1990, Oligopoltheorie aus spieltheoretischer Sicht, in: Wirtschaftswissenschaftliches Studium (WISU) Nr. 7

Pezzatti M.G., 1994, Auswirkungen möglicher agrarpolitischer Ereignisse auf die langfristige Strukturentwicklung der Landwirtschaftsbetriebe im Kanton Zürich, unveröffentlichte Diplomarbeit IAW ETH, Zürich

Rieder P., 1969, Studie über den Übergang von der Friedenswirtschaft zur Kriegswirtschaft in der Landwirtschaft und Ernährung, Zürich

Rieder P., 1979, Volkswirtschaftliche Kosten unterschiedlicher Agrarmarktsysteme, in: Schweiz. Zeitschrift für Volkswirtschaft und Statistik, 115. Jg., Heft 1

Rieder P., Huber R., 1992, Landwirtschaftlicher Bodenmarkt und Bodenpolitik, Schriftenreihe Institut für Agrarwirtschaft, Zürich

Rieder P., Jörin R., 1980, Mitverwaltung und Mitverantwortung von parastaatlichen Organisationen als ein Prinzip der Landwirtschaftspolitik, in: DISP Nr. 1

Roderick M., The concept of power: a critical defense, zit. in Kühne R., 1984, Nachfragemacht zwischen Einzelhandel und Konsumgüterindustrie, Bern

Romaniuc A., 1991, Les projections démographiques en tant qu'un instrument de prédiction, de simulation et d'analyse prospective, in: Bulletin démographique des Nations unies No 29, New York

Schluep W., 1977, Über den Begriff der Nachfragemacht, in: Festgabe für Henri Deschenaux, Fribourg

Schweiz. Bund für Naturschutz, 1986, Naturschutz und Landwirtschaftspolitik, Grundsatzpapier, Basel

SKK (Schweiz. Kartellkommission), 1976, Nachfragemacht und deren Missbrauch, Bern

Schweiz. Gesellschaft für Umweltschutz und Schweiz Stiftung zur Förderung des biologischen Landbaus, 1989, Ökologisierung der Landwirtschaft, Zürich und Oberwil

Senti R., Begleittext zur Vorlesung "Grundlagen der Wirtschaftswissenschaft", Teil 2: Aussenwirtschaft, WS 1993/94, ETH Zürich

Siebert H., 1981, Ökonomische Theorie natürlicher Ressourcen, in: Zeitschrift für Wirtschafts- und Sozialwissenschaften, Vol 101

Sölter A., 1968, Ungleichgewicht zwischen Angebot und Nachfrage, in: Wirtschaft und Wettbewerb

Sölter A., 1977, Nachfragefunktion, Nachfrageverhalten und Nachfragemacht, in: Wirtschaft, Recht und Politik

Stucki E., Paiements directs: Clarification des notions, in: Lehmann B., Popp H., Stucki E. (Hrsg.),1993, Paiements directs dans les politiques agricole et régionale, Konstanz

UNO, 1990, Revision of Estimates and Projections of Urban Populations, New York

UNO, 1991, World Population Prospects 1990, Washington

Zietz J., Valdés A., 1992, in: Brown M., Goldin I. (Hrsg.), The Future of Agriculture: Developing Countries Implications, OECD Paris

Rechtsquellen

Bundesverfassung der Schweizerischen Eidgenossenschaft, 29. Mai 1874, SR 101

BG über Kartelle und ähnliche Organisationen (Kartellgesetz KG) vom 20. Dezember 1962, SR 251

(Botschaft zur Revision des Kartellgesetzes vom 13. Mai 1981)

BG über die gebrannten Wasser (Alkoholgesetz) vom 21. Juni 1932, SR 680

BG über den Schutz der Gewässer (Gewässerschutzgesetz GSchG) vom 24. Jan. 1991, SR 814.20

BG über die Raumplanung RPG vom 22. Juni 1979, SR 700

(Botschaft zur Revision des RPG vom 30. Mai 1994; BBl 1994 II)

BG über den Umweltschutz (Umweltschutzgesetz USG) vom 7. Okt. 1983, SR 814.01

(Botschaft zur Revision des USG vom 7. Juni 1993; BBl 1993 II 1445)

Luftreinhalte-Verordnung (LRV) vom 16. Dez. 1985, SR 814.318.142.1

Lärmschutz-Verordnung (LSV) vom 15. Dez. 1986, SR 814.41

Verordnung über Schadstoffe im Boden (VSBo) vom 9.Juni 1986, SR 814.12

Verordnung über umweltgefährdende Stoffe (Stoffverordnung StoV) vom 9. Juni 1986, SR 814.013

Verordnung über die Umweltverträglichkeitsprüfung (UVPV) vom 19. Okt. 1988, SR 814.011

Technische Verordnung über Abfälle (TVA) vom 10. Dez. 1990, SR 814.015

BG über den Verkehr mit Giften (Giftgesetz) vom 21. März 1969, SR 814.80

BG betreffend den Verkehr mit Lebensmitteln und Gebrauchsgegenständen vom 8.Dez. 1905, SR 817.0

Verordnung über Fremd- und Inhaltsstoffe in Lebensmitteln (FIV) vom 27. Febr. 1986, SR 817.022

BG über den Natur- und Heimatschutz (NHG) vom 1.Juli 1966, SR 451

Tierschutzgesetz (TSchG) vom 9.März 1978, SR 455

BG über die wirtschaftliche Landesversorgung (Landesversorgungsgesetz LVG), vom 8.Okt. 1982, SR 531

BG über die Förderung der Landwirtschaft und die Erhaltung des Bauernstandes (Landwirtschaftsgesetz LwG) vom 3.Okt. 1951, SR 910.1

(Botschaft zur Änderung des Landwirtschaftsgesetzes vom 27. Jan. 1992, BBl. 9/II, 1992)

Verordnung über ergänzende Direktzahlungen in der Landwirtschaft (Direktzahlungsverordnung DZV) vom 26. April 1993, SR 910.131

Verordnung über Beiträge für besondere ökologische Leistungen in der Landwirtschaft (Oeko-Beitragsverordnung OeBV) vom 26. April 1993, SR 910.132

BG über Kostenbeiträge an Viehhalter im Berggebiet vom 28. Juni 1974, SR 916.313

Kostenbeitragsverordnung vom 20. April 1983, SR 916.313.1

BG über die Brotgetreideversorgung des Landes (Getreidegesetz) vom 20. März 1959, SR 916.111.0

Viehabsatzgesetz vom 15. Juni 1962, SR 916.301

Verordnung über Beiträge an Kuhalter ohne Verkehrsmilchproduktion. (Kuhbeitragsverordnung) vom 20. Dez.1989, SR 916.350.132.1

BG über Bewirtschaftungsbeiträge an die Landwirtschaft mit erschwerten Produktionsbedingungen, vom 14. Dez. 1979, SR 910.2

Verordnung über Bewirtschaftungsbeiträge an die Landwirtschaft mit erschwerten Produktionsbedingungen udn ökologische Leistungen vom 20. Dez. 1989, SR 910.21

Verordnung über Produktionslenkung und extensive Bewirtschaftung im Pflanzenbau vom 2. Dez. 1991, SR 910.17

Verordnung über landwirtschatliche Hilfsstoffe (Hilfsstoffverordnung) vom 4. Februar 1955, SR 916.051

Düngemittelbuch vom 26. März 1972, SR 916.052

Pflanzenschutzmittelbuch vom 29. August 1977, SR 916.052

Statistische Quellen

Bundesamt für Statistik, Landwirtschaftliche Betriebszählung, Bern, div. Jhg.

FAO (Food and Agricultural Organization of the United Nations), Trade Yearbook, Rom, div. Jhg.

FAO, Production Yearbook, Rom, div. Jhg.

NZZ, Statistisches Jahrbuch der Schweiz, Zürich div. Jhg. (vor 1990: Bundesamt für Statistik)

SBS (Schweizerischen Bauernsekretariat), Stat. Erhebungen und Schätzungen, Brugg, div. Jhg.

Schweizerische Genossenschaft für Schlachtvieh- und Fleischversorgung GSF, Geschäftsbericht, div. Jhg., Bern

Schweizerische Zentralstelle für Gemüsebau SZG, 1994, Das Gemüsejahr 1993, Koppingen

UNCTAD (United Nations Conference on Trade and Development), Monthly Commodity Price Bulletin, Genf, div. Jhg.

Weltbank, Weltentwicklungsbericht, Washington, div. Jhg

Stichwortverzeichnis